普通高等院校“十四五”规划教材·公共基础课系列

大学语文课程优秀教材

大学语文

主　编◎张鹏振　金敏　张祥平　　副主编◎李倩　胡苗苗　刘莉琳　裴蕾

華中科技大學出版社
http://www.hustp.com
中国·武汉

内 容 简 介

本书编选着眼于高等学校人文教育的需要，紧密联系高等学校语文教学的实际，采用文史脉络与体裁块面相融合的体例，系统而允当地向教学对象推介了古今中外有定评的文学精品。总体分中国文学（主体）、外国文学（附属）两大块：中国文学分先秦诗文、汉魏六朝诗文、唐五代诗歌、唐宋散文、宋元词曲、明清诗文、唐至清小说、现当代诗歌、现当代散文、现当代小说十章，体现了“一代有一代之文学”的文学发展观；外国文学分外国诗歌、外国散文、外国小说三章，展示了异域文学各类体裁创作的大体风貌。每章前为文史概况，后为作品选萃，每篇作品的品赏文字既具提示性，又具可读性，是体现本书编者心智和才情的一大亮点。

本书既便于教学，又易于自学，不仅可供不同类型高校非中文专业语文课程教学使用，而且可供广大文学爱好者作文学鉴赏之用。

图书在版编目(CIP)数据

大学语文/张鹏振，金敏，张祥平主编. —武汉：华中科技大学出版社，2021.7(2023.8 重印)
ISBN 978-7-5680-7301-1

Ⅰ.①大… Ⅱ.①张… ②金… ③张… Ⅲ.①大学语文课-高等学校-教材 Ⅳ.①H193.9

中国版本图书馆 CIP 数据核字(2021)第 122991 号

大学语文
Daxue Yuwen

张鹏振　金　敏　张祥平　主编

策划编辑：张　毅
责任编辑：张　毅
封面设计：廖亚萍
责任监印：朱　玢
出版发行：华中科技大学出版社(中国·武汉)　　电话：(027)81321913
武汉市东湖新技术开发区华工科技园　　邮编：430223
录　　排：武汉市洪山区佳年华文印部
印　　刷：武汉市洪林印务有限公司
开　　本：787 mm×1092 mm　1/16
印　　张：18.25
字　　数：456 千字
版　　次：2023 年 8 月第 1 版第 5 次印刷
定　　价：49.00 元

前言

大力提振人文精神，关系到整个人类文明的命运。作为高等院校，即便是以理工科为主的高等院校，高扬人文旗帜，力行人文教育，责无旁贷，任重道远！所幸，这一点已经得到高等教育界的广泛认同，大学语文课的普遍开设就是一个明证。

不过，还有些难以尽如人意的地方。一是大学语文在某些学校实质上被边缘化，二是大学语文教材建设不能完全适应教学的需要。第一个问题的解决，有待于相关学校决策层观念的深度转变；第二个问题的解决，则要靠我们每一个从事大学语文教学的人投注学科建设的热情。本此一念，我们不揣谫陋，编写了这本《大学语文》。

在教材定位上，我们把它作为一个文学选本。就目前情况来看，各院校大学语文课时极为有限，因而要求大学语文课本承载大学全部人文教育的使命，在客观上显然不可能。诚然，非文学的文化经典重要，非文学的实用文体重要，各文体的写作知识也重要……但把这诸多"重要"的东西塞进一只容量有限的"筐"里，又显然不妥，任何教材都应该保持相当的纯度，而不应该是那种"百宝箱"式的文化大杂烩。与其面面俱到，不如守根固本，文学即是大学语文之"根本"！

在编排体例上，作为主体部分的中国古代文学，既不全然以历史为线分段编排(其弊是易造成单元体裁混乱错杂)，也不通体按体裁类型分块编排(其弊是文章彼此时间跨度过大)，而是融合两者之长，把文史脉络与体裁块面较为科学地结合起来，使教材既具宏观的系统性，又具微观的单纯性。教学实践告诉我们，只有单元文章产生时代相近且体裁尽量统一，教学才易于进行并可望取得最佳效果。我们相信这种两头兼顾的编选方式，既便于学生整体把握文史发展轮廓，又便于他们相对集中地比较鉴赏同类作品。

在入选编目上，有这样几点值得提及：一是编选范围大，既重视母语文学，又重视异域文学，外国作品入选的数量和覆盖面已超过一般同类教材；二是选一流作品，处于某种文体雏形状态的作品，即使地位如何重要也不选，如诗歌不选远古歌谣，散文不选殷盘周诰，小说不选志怪志人；三是力避重复，除极少数名篇之外，凡中学语文统编教材上出现过的作品一般不选，同时，不重复选同一作家(即使顶尖级的多面手作家)不同体裁作品，以使选本尽可能容纳更多的"新面目"。

在解说文字上，注重审美性和可读性。我们致力于从审美的角度来品味古今中外文学精品，力求贴近文本实际，道出作品的情韵美、结构美和文辞美，以使学生真正领受到文学之美的熏染，有效提高审美情趣和文学修养。为了尽量减轻读书人的经济负担，为了真正达到以少少许胜多多许的教学效能，内中短评均以350余字为限，以便给主讲教师更多的课堂发挥空间。短评多为编者沉潜文本细嚼深味的真切心得，同时融会了前修今贤含英咀华的宝贵创获，虽不能说篇篇都无可挑剔，但绝不会给人似曾相识之感。

本书由张鹏振（武汉设计工程学院）、金敏（湖北商贸学院）、张祥平（湖北商贸学院）任主编，李倩（武汉设计工程学院）、胡苗苗（湖北商贸学院）、刘莉琳（武汉铁路职业技术学院）、裴蕾（武汉市仪表电子学校）任副主编。

在本书编写过程中，我们借鉴了多种同类教材和著作，以及大学语文教育领域内专家、学者的不少灼见妙解，但因教材编写结构所限难以逐一注明，在此郑重致歉并虔诚致谢！

古人云，智者千虑，必有一失。我们远非智者，其失必多。若能获得方家硕儒、同行师长不吝赐教，我们将深感荣幸并感激不尽！

编　者

2021 年 7 月

目录

第一章
先秦诗文

我国最早的文学产生于原始社会，但原始社会文学由于年代久远，没有文字记录，多已亡佚。流传至今的只有少数原始歌谣和原始神话，它们是我国文学的辉煌开端。

春秋时期出现了我国第一部诗歌总集《诗经》。《诗经》共收入西周初年到春秋中叶的诗歌 305 篇，按照音乐体制分类，共有“风”“雅”“颂”三部分。《诗经》中的篇章大都具有鲜明的时代感和人民性，自西周初至春秋中叶五百多年的丰富复杂的社会生活，以及当时人民多样的思想感情，都得到了真实、生动的反映。《诗经》中灵活运用赋、比、兴三种表现手法，初步形成民歌创作的艺术传统，为后世文学创作奠定了发展的基础。《诗经》之后，诗坛沉寂数百年。战国后期，以伟大的爱国主义诗人屈原为代表的楚国诗人，吸收了民间文学特别是楚声的形式，创造出一种以六言、七言为主，长短参差，灵活多变的骚体诗。骚体诗想象力丰富，文采华美，具有浓郁的浪漫主义色彩。西汉刘向集屈原、宋玉等人作品为一集，名为“楚辞”。屈原的代表作《离骚》是我国古代文学史上最宏伟瑰丽的长篇抒情诗。《诗经》《楚辞》在文学史上并称“风骚”，共同开创了我国古代诗歌现实主义和浪漫主义两大文学传统，影响深远，泽被百代。

先秦是中国散文的黄金时代。殷墟的甲骨卜辞、商代和周代的铜器铭文，《周易》中的卦、爻辞，《尚书》中的殷、周文诰等，是我国散文的萌芽，其中《尚书》是我国最早的散文总集。春秋战国时期，上承商周，下接秦汉，是中国历史上一个大放异彩的时期。这一时期，社会特征是礼崩乐坏，诸侯力征；文化特征是处士横议，百家争鸣。政治上的需要和环境的驱使，使一大批知识渊博的文士纷纷走上政治舞台，思想空前活跃，各家著书立说，由此带来了散文的勃兴。先秦诸子散文经历了由简短的语录、对话向长篇专题论文演进的过程。第一阶段（战国初期）以《论语》《墨子》为代表，基本上属语录体，有结论而少论证；第二阶段（战国中期）以《孟子》《庄子》为代表，由对话式的论辩文向专题论文演进；第三阶段（战国末期）以《荀子》《韩非子》为代表，已完全摆脱了对话体的束缚，发展成为专题论文。诸子散文体裁多样，风格各异：《论语》简朴含蓄，耐人寻味；《墨子》浅显明白，质朴无华；《孟子》言辞锋利，气势逼人；《庄子》想象丰富，汪洋恣肆；《荀子》说理严密，结构严谨；《韩非子》思精虑周，语言峭拔。与诸子散文辉映一时的，是以记事记言为主的历史散文。《春秋》是我国第一部编年体史书，行文简约，以严谨著称。而后是“春秋三传”，《左传》记事翔实，无论在史学上还是文学上，其价值都高于《谷梁传》和《公羊传》。著名的史著除《左传》外，还有国别体史书《国语》《战国策》。《国语》文辞浑厚隽永，而《战国策》行文铺张扬厉，富于纵横家的气息。先秦散文对后世思想、文学、史学均影响甚巨：诸子学说尤其是儒道学说影响历代思想界，史传散文的良史精神为后世治史垂范，汉初政论和唐宋古文运动均导源于先秦，后世各种散文品种体式多滥觞于先秦，不同散文风格多方面影响后世作家创作，为历代诗文、小说和剧本创作提供了素材。先秦散文与《诗经》《楚辞》一同构成了中国文学的基石。

秦统一六国之前，值得一提的文学作品是《谏逐客书》《吕氏春秋》。

东　山[1]

《诗经》

《诗经》是中国文学史上第一部诗歌总集，收入自西周初至春秋中叶500多年间的305篇作品，按照音乐体制分为“风”“雅”“颂”三部分。作品广泛地反映了诸如经济制度、生产发展、阶级矛盾、风俗民情等当时社会生活的各个方面，作为其精华的民间歌谣具有深刻的社会批判精神，充满浓厚的人本意识、人伦情感和乡土情韵。四言为主的诗歌体式，赋、比、兴的表现手法，重章叠句的章法结构，朴素自然的艺术风格，是《诗经》的基本艺术特征。《诗经》关注现实的“风雅”精神和高度的艺术成就，奠定了我国诗歌的现实主义传统和以抒情传统为主的发展方向。

我徂东山，慆慆不归[2]。我来自东，零雨其濛[3]。我东曰归，我心西悲[4]。制彼裳衣，勿士行枚[5]。蜎蜎者蠋，烝在桑野[6]。敦彼独宿，亦在车下[7]。

我徂东山，慆慆不归。我来自东，零雨其濛。果赢之实，亦施于宇[8]。伊威在室，蠨蛸在户[9]。町畽鹿场，熠耀宵行[10]。不可畏也，伊可怀也[11]。

我徂东山，慆慆不归。我来自东，零雨其濛。鹳鸣于垤，妇叹于室[12]。洒扫穹窒，我征聿至[13]。有敦瓜苦，烝在栗薪[14]。自我不见，于今三年。

我徂东山，慆慆不归。我来自东，零雨其濛。仓庚于飞，熠耀其羽[15]。之子于归，皇驳其马[16]。亲结其缡，九十其仪[17]。其新孔嘉，其旧如之何[18]？

【注　释】

[1]此诗选自《诗经·豳风》。　[2]徂（cú）：往。东山：在今山东境内，周公伐奄驻军之地。慆慆（tāo）：久。一作“滔滔”。　[3]零雨：徐雨，小雨。濛：天下微雨。　[4]悲：思念。　[5]裳衣：言下裳和上衣。古代男子衣服上衣下裳，但戎服不分衣裳。士：通“事”。行（héng）枚：行军时衔在口中以保证不出声的竹棍。　[6]蜎蜎（yuān）：幼虫卷曲。蠋（zhú）：毛虫，桑树间野生的蚕。烝：久，放置。　[7]敦：团状，身体蜷缩成团。[8]果赢（luǒ）：蔓生葫芦科植物，又名栝（guā）楼或瓜蒌。赢：裸的异体字。施（yì）：蔓延。宇：屋檐。　[9]伊威：一种小虫，生长在阴暗潮湿处，俗称土鳖。蠨蛸（xiāo shāo）：长脚蜘蛛。　[10]町畽（tīng tuǎn）：田舍旁边禽兽出没处。鹿场：鹿经行的途径。熠（yì）耀：闪闪发光的样子。宵行（háng）：磷火。一说即萤火虫。[11]“不可”两句：这样不可怕吗？是可怀念的啊！　[12]鹳（guàn）：鸟名，涉禽类，形似鹤，又名冠雀。垤（dié）：小土丘。　[13]穹窒（qióng zhì）：即“穹窒”。窒：堵塞。穹：空，空洞，此指鼠洞。一说“穹窒”指房

屋。我征：我出外远行的征夫。聿：语气助词，有“将要”的意思。 [14]敦：指圆的形状。瓜苦：犹言瓜瓠(hù)、瓠瓜，一种葫芦。古俗在婚礼上剖瓠瓜成两张瓢，夫妇各执一瓢盛酒漱口。栗薪：犹言聚薪、束薪。 [15]仓庚：黄鹂，又名黄莺，叫声浏亮。 [16]之子：此女，即妻子。于归：犹言出嫁。于：往。归：嫁。皇：黄白相间。驳：红白相间。 [17]亲：此指女方的母亲。结缡(lí)：将佩巾结在带子上，古俗嫁女时母为女结缡。缡：女子的佩巾。九十其仪：形容结婚仪式繁多。 [18]其新：指当年新婚。孔嘉：非常漂亮。孔：很。嘉：佳美。旧：指结婚多年的老夫妻。如之何：怎么样？

【评　析】

《东山》反映了统治阶级之间的战争给广大人民带来的深重痛苦。

全诗叙事抒情以战士的心理活动为线索展开。每章开首四句叙事和绘景，写出了士兵西归时的特定环境：阴雨连绵，景色凄然。“细雨织愁”的渲染描写，成为后代诗人最爱用的抒情手法。每章后八句叙事、描写、抒情，为抒情诗的主体。首章写士兵渴望归家的心情和归途行宿实况；次章写士兵悬想家园荒败的景象，景物描写被后人推崇为南朝诗人鲍照的“芜城赋之祖”；第三章悬想孤处的妻子，歌者不从正面直叙对妻子的怀念，而是倒过来设想妻子如何惦记远行在外的亲人，既符合生活真实，又不落俗套；末章回忆新婚的欢乐，与现实的悲苦构成鲜明对比，产生了强烈的艺术效果，使诗歌主题得到了更好的揭示。

《东山》用丰富的想象，铺叙着色的描写，真挚复杂的感情，生动真实的刻画，成功地塑造了一个退役士兵的形象。

【习　题】

1. 参读《诗经·小雅·采薇》，体会本诗所蕴含的复杂情感。
2. 谈谈本诗每章章首四句复叠歌吟的艺术效果。
3. 试分析本诗人物心理刻画的手法和作用。

山　鬼[1]

屈　原

屈原(约前340—约前278)，名平，字原，战国后期楚国丹阳(今湖北秭归)人。楚王同姓贵族，具有高度的文化修养和卓越的政治才能，曾任左徒、三闾大夫，楚怀王、顷襄王时两度被流放，最终悲愤交加，自投汨罗江而死。屈原是我国第一个伟大诗人，楚辞的创立者和代表作家，其作品表现出强烈的爱国激情、伟大的“美政”理想、坚韧的进取精神和美好的人格情操。其主要作品有《离骚》《九歌》《天问》《九章》《招魂》等。屈原作品中运用了大量的神话传说和奇妙比喻，想象丰富、构思奇特、辞藻华美，是古代浪漫主义诗歌的典范，也是中国古代抒情诗真正光辉的起点。

若有人兮山之阿[2]，被薜荔兮带女萝[3]。既含睇兮又宜笑[4]，子慕予兮善窈窕[5]。乘赤豹兮从文狸[6]，辛夷车兮结桂旗[7]。被石兰兮带杜衡，折芳馨兮遗所思[8]。余处幽篁兮终不见天[9]，路险难兮独后来[10]。表独立兮山之上[11]，云容容兮而在下[12]。杳冥冥兮羌昼晦[13]，东风飘兮神灵雨[14]。留灵修兮憺忘归[15]，岁既晏兮孰华予[16]！采三秀兮於山间[17]，石磊磊兮葛蔓蔓[18]。怨公子兮怅忘归[19]，君思我兮不得闲[20]。山中人兮芳杜若[21]，饮石泉兮荫松柏[22]。君思我兮然疑作[23]。雷填填兮雨冥冥[24]，猨啾啾兮狖夜鸣[25]。风飒飒兮木萧萧[26]，思公子兮徒离忧[27]。

【注　释】

[1]本文选自屈原《九歌》，为祭神歌曲。　[2]若有人：仿佛有人，指山鬼。阿：曲隅，偏僻的角落。　[3]被：同“披”。薜荔（bì lì）：香草名，常绿攀缘或匍匐性藤本植物，别名“木莲”。下文“石兰”“杜衡”“杜若”，均香草名。带女萝：以女萝为带。女萝：蔓生植物，又名“菟丝”。　[4]含睇（dì）：含情斜目而视。睇：斜视、流盼。宜笑：口齿美好，适宜于笑，笑时很美。　[5]子：指山鬼所爱慕的对方。予：山鬼自称。窈窕：美好的体态外貌。　[6]赤豹：毛赤而纹黑的豹。从：随行。文狸：毛黄黑相杂的狸猫。文：花纹。　[7]辛夷：香木名。结桂旗：结桂枝为旗。　[8]遗（wèi）所思：送给所思慕的人。　[9]余：山鬼自称。幽篁：深密的竹林。　[10]后来：迟到。　[11]表：高高挺立。　[12]容容：云翻涌浮动。　[13]杳：深沉。冥冥：昏暗不明。羌：发语词，无义。昼晦：白天昏黑。　[14]神灵雨：神灵下雨。　[15]留：等待，等候。灵修：山鬼所思念的人。憺（dàn）：安然。　[16]岁既晏：年华如果已经老大。晏：晚。华：通“花”。华予：认为我貌美如花。　[17]三秀：灵芝的别名。灵芝一年三次开花，故称“三秀”。於山间：在山间。一说於山即巫山。　[18]磊磊：乱石堆积。蔓蔓：蔓延，纠结悬垂。　[19]公子：指山鬼的恋人。　[20]“君思我”句：对方思念我而不得空闲前来。　[21]山中人：山鬼自指。芳杜若：像杜若一般芬芳。　[22]荫松柏：以松柏为遮蔽。　[23]然：肯定之词，犹言是这样。疑：怀疑。这句设想对方思念自己而自己又信疑交并。　[24]填填：雷声隆隆。　[25]啾啾：猿哀鸣声。猨（yuán）：同“猿”。狖（yòu）：黑色长尾猿。　[26]飒飒（sà）：风声。萧萧：风吹树木，动摇作声。　[27]徒：徒然。离：同“罹”，遭受。离忧：遭受相思煎熬。

【评　析】

《山鬼》描写了山鬼等候恋人的情景和心理活动，表现出坚贞不渝的纯洁情操。

全诗分成山鬼赴约、山鬼等候、山鬼哀怨三个段落。第一部分写山鬼体貌殊丽、仪仗隆盛奇美、途中焦急愧疚，表现山鬼对爱情的专注和执着。第二部分写山鬼由平静到焦灼的漫长等待，细腻地刻画了她在情人久候不至时的心理活动：忧美人迟暮—怨公子爽约—猜爽约缘由—生难释疑虑。山鬼越石攀葛采集灵芝之举，足见心系恋人、爱之弥深。第三部分写山鬼在阴森的氛围中的深沉慨叹，在分明绝望的情况下，仍保留着对公子的深深恋情和对爱情的执着期盼。山鬼是美的化身：她自然脱俗，温婉多情，专一坚贞，这个形象集中体现了古代劳动人民美好的生活理想和严肃的生活态度。在山鬼身上，也无疑寄托着诗人的身世之感和政治愿望。

本诗曲折细腻的心理独白，烘托氛围的景物描写，借情言政的深刻寄托，皆为妙处。

【习　题】

1. 分析诗中的山鬼形象，试与《诗经・卫风・硕人》比较，谈谈两诗形象塑造的不同特征。

2. 曲折细腻的内心独白是本诗一大特点，请结合作品做具体分析。

3. 联系屈原身世，谈谈本诗借情言政的深刻寄托及其对后世文学的影响。

秦晋殽之战[1]

《左传》

《左传》又称为《春秋左氏传》《左氏春秋》，与《公羊传》《谷梁传》合称为“春秋三传”。《左传》是我国第一部叙事详备的编年体史书，记述了春秋列国政治、外交、军事等方面的活动，总结历史经验和教训，借鉴于当时，垂诫于后世。《左传》善于叙写战争，尤其讲究谋篇，善于通过一系列具体情节的描写，使所叙述内容故事化，首尾完整，引人入胜。“其言简而要，其事详而博”，历史的真实性、思想倾向的鲜明性、语言的形象性三者有机结合，是《左传》的重大特色。这些特点对后代的史书及叙事散文的写作产生了很大影响。

冬[2]，晋文公卒[3]。庚辰[4]，将殡于曲沃[5]；出绛[6]，柩有声如牛[7]。卜偃使大夫拜[8]，曰：“君命大事[9]：将有西师过轶我[10]；击之，必大捷焉。”杞子自郑使告于秦[11]，曰：“郑人使我掌其北门之管[12]，若潜师以来[13]，国可得也。”穆公访诸蹇叔[14]，蹇叔曰：“劳师以袭远[15]，非所闻也。师劳力竭，远主备之，无乃不可乎！师之所为，郑必知之；勤而无所[16]，必有悖心[17]；且行千里，其谁不知？”公辞焉[18]。召孟明、西乞、白乙[19]，使出师于东门之外。蹇叔哭之，曰：“孟子[20]，吾见师之出，而不见其入也[21]。”公使谓之曰：“尔何知？中寿[22]，尔墓之木拱矣[23]。”蹇叔之子与师[24]，哭而送之，曰：“晋人御师必于殽[25]。殽有二陵焉，其南陵，夏后皋之墓也[26]；其北陵，文王之所辟风雨也[27]。必死是间，余收尔骨焉。”秦师遂东。

三十三年春，秦师过周北门[28]，左右免胄而下[29]，超乘者三百乘[30]。王孙满尚幼[31]，观之，言于王曰[32]：“秦师轻而无礼，必败。轻则寡谋，无礼则脱[33]，入险而脱，又不能谋，能无败乎？”及滑[34]，郑商人弦高将市于周[35]，遇之。以乘韦先[36]，牛十二，犒师。曰：“寡君闻吾子将步师出于敝邑[37]，敢犒从者[38]，不腆敝邑[39]，为从者之淹[40]，居则具一日之积[41]，行则备一夕之卫[42]。”且使遽告于郑[43]。郑穆公使视客馆，则束载、厉兵、秣马矣[44]。使皇武子辞焉[45]，曰：“吾子淹久于敝邑，唯是脯资饩牵竭矣[46]。为吾子之将行也，郑之有原圃[47]，犹秦之有具囿也[48]。吾子取其麋鹿，以间敝邑[49]，若何？”杞子奔齐[50]，逢孙、扬孙奔宋[51]。孟明曰：“郑有备矣，不可冀也[52]。攻之不克，围之不继[53]，吾其还也。”灭滑而还。

晋原轸[54]曰：“秦违蹇叔，而以贪勤民[55]，天奉我也[56]。奉不可失，敌不可纵[57]。纵敌患生，违天不祥。必伐秦师。”栾枝曰[58]：“未报秦施[59]，而伐其师，其为死君乎？”先轸曰：“秦不哀吾丧[60]，而伐吾同姓[61]，秦则无礼，何施之为？吾闻之，一日纵敌，数世之患也。谋及子孙[62]，可谓死君乎？”遂发命，遽兴姜戎[63]。子墨衰绖[64]，梁弘御戎[65]，莱驹为右[66]。夏，四月，辛巳，败秦师于殽，获百里孟明视、西乞术、白乙丙以归。遂墨以葬文公[67]。晋于是始墨[68]。

文嬴请三帅[69]，曰：“彼实构吾二君[70]，寡君若得而食之，不厌[71]，君何辱讨焉[72]！使归就戮于秦[73]，以逞寡君之志，若何？”公许之。先轸朝。问秦囚。公曰：“夫人请之，吾舍之矣[74]。”先轸怒曰：“武夫力而拘诸原[75]，妇人暂而免诸国[76]。堕军实而长寇雠[77]，亡无日矣[78]。”不顾而唾[79]。公使阳处父追之[80]，及诸河，则在舟中矣。释左骖[81]，以公命赠孟明[82]。孟明稽首曰："君之惠[83]，不以累臣衅鼓[84]，使归就戮于秦；寡君之以为戮[85]，死且不朽。若从君惠而免之[86]，三年，将拜君赐[87]。"

秦伯素服郊次[88]，乡师而哭[89]，曰："孤违蹇叔，以辱二三子，孤之罪也。"不替孟明[90]。"孤之过也。大夫何罪？且吾不以一眚掩大德[91]。"

【注　释】

[1]本文选自《左传》中的僖公三十二年、三十三年，标题从通行的选本。殽(xiáo)：又作"崤"，山名，在今河南洛宁北，东接渑池，西接陕西界。有东、西二殽，本文中所说的秦晋之战，发生在东殽的南北二陵之间。　[2]冬：指鲁僖公三十二年(前628年)冬天。　[3]晋文公：名重耳，"春秋五霸"之一，曾与秦穆公缔结秦晋之盟。　[4]庚辰：晋文公死后的第二天，据推算，为十二月初十。　[5]殡：殡葬。曲沃：地名，在今山西闻喜，是晋君祖坟所在地。　[6]出绛：(灵柩)运出绛地。绛：地名，晋国都城，故址在今山西翼城东南。[7]柩有声如牛：棺木传出像牛叫的声音。　[8]卜偃：晋国的卜筮官郭偃。使大夫拜：领着众官员向灵柩行礼。　[9]君命大事：晋文公发布军事命令。这是卜筮官借对"柩有声如牛"现象占卦，从而进行战争动员。[10]西师：指秦军。过轶：(车队)越境而过。　[11]杞子：秦大夫名，秦国派驻郑国的监护部队的长官。[12]掌：掌握。管：钥匙。　[13]潜师：秘密发兵。　[14]穆公：秦穆公，名任好。诸：之于。蹇(jiǎn)叔：秦国的老臣。　[15]劳师：使……军队疲劳。袭远：袭击远方的国家。　[16]勤而无所：劳而无功。勤：劳。[17]悖心：叛离的心思。　[18]辞：拒听(劝谏)。　[19]孟明、西乞、白乙：孟明视、西乞术、白乙丙，均为秦国将领。　[20]孟子：这里指孟明。　[21]入：返回。　[22]中寿：通常理解为中等寿命。　[23]墓之木拱：墓旁的树已有两臂合围那么粗了。此是穆公对蹇叔的诅咒。　[24]与师：随师出征。与：参与。　[25]御：抵抗，阻击。　[26]夏后皋：夏桀的祖父。　[27]文王：周文王。辟：同"避"。　[28]周北门：周天子都城(洛阳)的北门。　[29]左右：战车上的左右卫士。免胄：摘下头盔。　[30]超乘：跃而登车。刚一下车又跳上去，是对周天子的无礼举止。　[31]王孙满：周共王的儿子圉的曾孙。　[32]王：周襄王，当时的周天子。　[33]脱：粗略，此指不谨慎。　[34]滑：原为姬姓小国，在今河南滑县。本年为秦所灭，但"殽之战"后为晋所占。　[35]市于周：(去)周的都城(洛阳)做生意。　[36]乘(shèng)韦：四张熟牛皮。乘：代指四(每乘四马)。韦：皮革。先：先(送)。古人送礼，先轻后重。　[37]寡君：对郑国国君的谦称。吾子：对秦帅的尊称。敝邑：对本国(郑国)的谦称。　[38]敢：自言冒昧之词。　[39]不腆(tiǎn)：贫穷。腆：丰富、富饶。[40]淹：停留，驻扎。　[41]给：军需给养。　[42]卫：安全保卫工作。　[43]遽(jù)告：通过驿车迅速传递消息。遽：驿车。　[44]束载、厉兵、秣(mò)马：扎束行装、磨砺兵器、喂饱马匹，指做好了战斗准备。[45]皇武子：郑国大夫。辞：辞谢，下逐客令，请他们离开郑国。　[46]脯资饩(xì)牵：各种食物。脯：熟肉。资：粮食。饩：已杀的牲畜。牵：尚在栏内未杀的牲畜。　[47]原圃：郑狩猎之地。　[48]具圃：秦狩猎之地。　[49]间：通"闲"，休息。　[50]奔齐：逃往齐国。　[51]逢孙、扬孙：人名，皆为随从杞子驻郑的秦军将领。　[52]冀：希望(获胜)。　[53]继：继续。一说指援军。　[54]原轸(zhěn)：又名先轸，晋国大臣。[55]勤民：使百姓辛劳(指出征郑国)。　[56]奉：送，给予。　[57]纵：放纵，放跑。　[58]栾枝：晋国大夫。[59]报：报答。施：恩施，恩惠。死君：忘记国君(晋文公)。　[60]不哀吾丧：不为我国君之死而哀悼。[61]同姓：晋、郑两国国君均姬姓。　[62]谋及子孙：为国家的长远利益考虑。　[63]遽：急速。兴：征调。姜戎：晋国国内的一个部落。　[64]子：晋襄公，系晋文公之子。因当时晋文公尚未安葬，襄公尚未继位，故称子。墨：黑色。衰绖(cuī dié)：白色孝服和麻带。因出征之师着白色服装不吉利，故染黑。　[65]梁弘：晋国将领。御戎：驾驭兵车。　[66]莱驹：晋国将领。右：副将。　[67]墨以葬文公：穿着黑色的丧服为文公举行葬礼。　[68]始墨：开始形成着黑色丧服的风俗。　[69]文嬴：秦穆公之女，晋文公之妻，晋襄公之嫡母。请三帅：请求释放秦国的三个被俘将领。　[70]构：使……结怨。二君：两国之君。　[71]厌：同"餍"，满足，甘心。　[72]君何辱讨焉：您何必屈尊而去处罚他们呢？　[73]就戮于秦：到秦国受处罚。[74]舍：舍弃，放。　[75]拘：捉拿。原：原野，此指战场。　[76]暂：仓促，这里指轻易。免：赦免。　[77]

隳(huī):同"隳",损害,毁坏。军实:战果。长(zhǎng)寇雠(仇):助长敌方气焰。　[78]亡无日:距亡国的日子不长了。　[79]不顾:顾不上(在晋襄公面前的规矩)。一说顾指回头。　[80]阳处父:晋国大夫。[81]释左骖(cān):解下车子左边的马。　[82]以公命:假托晋襄公的名义。　[83]惠:恩惠。　[84]不以累臣衅鼓:意为"不把我等战俘杀死"。累臣:囚臣,孟明自称。衅鼓:古代用牲畜或战俘的血涂抹在钟鼓上的仪式。　[85]寡君:指秦穆公。之:若,如果。　[86]从君惠:顺从晋襄公的恩惠。　[87]拜君赐:拜谢晋君的恩赐。言外之意是说,将来定要报复。　[88]秦伯:秦穆公。素服:穿着丧服,这是表示对阵亡将士的哀悼和对自己的责备。郊次:等候在郊外。　[89]乡师:面对军队。乡:同"向"。　[90]不替:不撤换(孟明)。替:废弃。　[91]眚(shěng):眼力障碍,比喻小过错。

【评　析】

本文通过叙述秦国袭郑、灭滑而还、兵败于殽的经过,生动地揭露了秦国企图称霸中原开始东扩的野心,并揭示了其失败的原因。

全篇以"蹇叔哭师"这条暗线贯穿,笔锋先由晋而起,引出秦国(文公出殡、杞子密报、穆公拒谏、蹇叔哭师);由秦而郑,引出晋国(王孙满议师、弦高犒师、皇武子逐客、灭滑而还);由崤之战,引出释囚,最后收笔于秦(先轸论战、晋国发兵、秦军惨败、文嬴请释、先轸问囚、孟明谢赐、穆公郊迎),首尾完整,叙事错综,脉络分明,浑然一体。本文对殽之战的经过和结局笔墨无多,而对战前各方的活动则交代详细,以此突出秦军必败。虽以记事为主,但人物个性鲜明,如蹇叔忠贞耿介、见识深远,秦穆公刚愎自用、勇于认错,先轸老谋深算、耿直暴烈,弦高深明大义、机警善变。

文中外交辞令妙不可言,弦高犒师、皇武子逐客、孟明谢赐三段言辞,均委婉得体、曲折尽意。

【习　题】

1. 以本文为例,谈谈《左传》战争描写的特色。
2. 谈谈本文记事的条理性与生动性。
3. 体会文中外交辞令绵里藏针、意在言外的特点。

冯谖客孟尝君[1]

《战国策》

《战国策》是一部国别体史书,是战国时代各国史官记录策士言行的史籍,经汉代刘向辑录定名为《战国策》。书中着重记载一些策士谋臣在诸侯争斗中所进行的游说活动,尤其注重记叙纵横家的游说活动和斗争方略,以反映他们在这一历史时代中所起的作用。《战国策》兼有历史散文与诸子散文的特点,善于分析形势,指陈利害,又常常采取迂回战术,极善擒纵;表达上有意饰言巧辩,表现出铺张扬厉的风格;文思开阔,情理并茂,善于条陈铺叙,行文酣畅淋漓。《战国策》的文学特色,为《史记》以及后世的文学、史学著作的写作开了先河。

齐人有冯谖者，贫乏不能自存[2]，使人属孟尝君，愿寄食门下[3]。孟尝君曰："客何好？"曰："客无好也。"曰："客何能？"曰："客无能也。"孟尝君笑而受之曰[4]："诺。"

左右以君贱之也，食以草具[5]。居有顷，倚柱弹其剑[6]，歌曰："长铗归来乎[7]，食无鱼！"左右以告。孟尝君曰："食之，比门下之鱼客[8]。"居有顷，复弹其铗，歌曰："长铗归来乎，出无车！"左右皆笑之，以告。孟尝君曰："为之驾，比门下之车客[9]。"于是乘其车，揭其剑，过其友，曰："孟尝君客我[10]！"后有顷，复弹其剑铗，歌曰："长铗归来乎，无以为家！"左右皆恶之，以为贪而不知足。孟尝君问："冯公有亲乎？"对曰："有老母。"孟尝君使人给其食用，无使乏[11]。于是冯谖不复歌。

后孟尝君出记[12]，问门下诸客："谁习计会，能为文收责于薛者乎[13]？"冯谖署曰[14]："能。"孟尝君怪之[15]，曰："此谁也？"左右曰："乃歌夫'长铗归来'者也。"孟尝君笑曰："客果有能也！吾负之[16]，未尝见也。"请而见之，谢曰："文倦于事，愦于忧[17]，而性懧愚，沉于国家之事，开罪于先生[18]。先生不羞[19]，乃有意欲为收责于薛乎？"冯谖曰："愿之。"于是约车治装，载券契而行[20]，辞曰："责毕收，以何市而反[21]？"孟尝君曰："视吾家所寡有者[22]。"

驱而之薛，使吏召诸民当偿者悉来合券[23]。券遍合，起，矫命以责赐诸民[24]，因烧其券。民称万岁[25]。

长驱到齐，晨而求见[26]。孟尝君怪其疾也[27]，衣冠而见之，曰："责毕收乎？来何疾也？"曰："收毕矣。""以何市而反？"冯谖曰："君云'视吾家所寡有者'。臣窃计：君宫中积珍宝，狗马实外厩，美人充下陈[28]；君家所寡有者，以义耳[29]！窃以为君市义。"孟尝君曰："市义奈何？"曰："今君有区区之薛，不拊爱子其民，因而贾利之[30]。臣窃矫君命，以责赐诸民，因烧其券，民称万岁。乃臣所以为君市义也。"孟尝君不说[31]，曰："诺，先生休矣！"

后期年，齐王谓孟尝君曰："寡人不敢以先王之臣为臣[32]。"孟尝君就国于薛[33]。未至百里，民扶老携幼，迎君道中。孟尝君顾谓冯谖曰："先生所为文市义者，乃今日见之。"冯谖曰："狡兔有三窟，仅得免其死耳。今君有一窟[34]，未得高枕而卧也。请为君复凿二窟！"

孟尝君予车五十乘，金五百斤，西游于梁，谓梁王曰[35]："齐放其大臣孟尝君于诸侯[36]，诸侯先迎之者，富而兵强。"于是梁王虚上位，以故相为上将军，遣使者，黄金千斤，车百乘，往聘孟尝君[37]。冯谖先驱，诫孟尝君曰："千金，重币也；百乘，显使也。齐其闻之矣[38]。"梁使三反，孟尝君固辞不往也[39]。

齐王闻之，君臣恐惧，遣太傅赍黄金千斤，文车二驷，服剑一[40]。封书谢孟尝君曰："寡人不祥，被于宗庙之祟，沉于谄谀之臣[41]，开罪于君！寡人不足为也。愿君顾先王之宗庙，姑反国统万人乎[42]？"冯谖诫孟尝君曰："愿请先王之祭器，立宗庙于薛[43]。"庙成，还报孟尝君曰："三窟已就，君姑高枕为乐矣。"

孟尝君为相数十年，无纤介之祸者[44]，冯谖之计也。

【注　释】

[1]本文选自《战国策·齐策》。战国时期，养士之风盛行。本文记述的就是孟尝君食客之一的冯谖（xuān）为其营造三窟的故事。　[2]贫乏：贫穷。自存：自己养活自己。　[3]属：嘱托，请托。孟尝君：姓田，名文，孟尝君为其号，齐威王之孙。寄食门下：到孟尝君家做个食客，以解决生活问题。　[4]受之：接受冯谖作食客。之：他，代冯谖。　[5]左右：指孟尝君身边的办事人。以：因为。贱：贱视，看不起。草具：粗劣的食物。草：粗劣。具：饮食。　[6]居：停留，这里有"经过"的意思。有顷：不久。弹：用指头敲击。剑：

联系下文看，都指剑把。 [7]铗(jiá)：剑把。这里指剑。来：语末助词，无义。 [8]比门下之鱼客：照门下吃鱼的客人那样看待。鱼客：孟尝君分食客为上中下三等，下客住传舍食菜；中客住幸舍食鱼，故又称鱼客；上客住代舍食肉，出有舆车，故又称车客。 [9]为(wěi)之驾：给他准备车马。车马齐备叫做驾。 [10]揭：高举。过：访问，拜访。客我：把我当作上客看待。客：名词用作动词，意动用法。 [11]给：供给。其：她，代冯谖的老母。食用：动词用作名词，指吃的用的东西。无使乏：不要让她缺少(食用)。 [12]出：拿出。记：书状之类的文告，一说，记：账簿。 [13]习：熟悉。计会：会计工作。为文：给我。文，孟尝君自称其名。责(zhài)：同"债"。薛：战国时为齐邑。齐滑王三年，封其叔、孟尝君之父田婴于薛。 [14]署：签名。[15]怪之：以之为怪。怪：感到奇怪，形容词的意动用法。 [16]负：对不起。 [17]谢：道歉。倦于事：被琐事搞得疲劳。愦(kuì)于忧：被忧患弄得发昏。愦：昏乱。 [18]性忙(nuò)愚：天性懦弱愚呆。这是孟尝君的自谦之辞。忙：同"懦"。沉：沉溺，有"陷在……"的意思。开罪：得罪。 [19]不羞：不以此为羞。[20]约车：准备车马。约：拴系，把马系于车前。治装：整理行装。治：备办，整理。券契：指放债的凭证。券分为两半，双方各执其一，履行契约时拼而相契合，即下文所说"合券"。 [21]市：购买。反：同"返"。[22]视：看，这里有"估量"的意思。寡有：少有，缺少。所……者：所……的(东西)。 [23]悉：都。合券：将借贷双方收藏的借契合在一起进行核对。 [24]遍合：都核对过。起：站起来，表示郑重其事。矫命：假托(孟尝君的)命令。以责赐诸民：把债款赐给(借债的)老百姓，意即不要偿还。 [25]称：说，这里有"欢呼"的意思。 [26]长驱：一直赶车快跑，中途不停留。齐：指齐国国都临淄。 [27]怪其疾：以其疾为怪。[28]窃：私自，谦辞。计：考虑。宫：古代贵族居住的房屋。实：充满。厩：马棚，泛指牲口圈。与"宫中"相对而言，故称"外厩"。充：充满。下陈：古代统治者堂下陈列礼品、站列婢妾的地方。 [29]以：通"已"，副词，仅仅。义：这里指正义的行为及因行义而获得的声誉。耳：罢了，表示范围的仅此性和肯定语气。 [30]拊爱：爱抚，爱护。拊：同"抚"。子其民：以其民为子。贾：古代指设肆售货的商人，这里用作状语，意即"用商人的手段"。利之：从人民身上谋取利益。之：他们，代"民"。 [31]说：同"悦"。 [32]齐王：指齐滑王。先王：指滑王之父宣王。 [33]就国：到自己的封邑(薛)去。 [34]一窟：比喻市义买得了人心。未得：不能。高枕而卧：垫高枕头安卧，形容没有忧虑。 [35]梁：即魏国。当时都大梁(今河南开封)。梁王：原作惠王，据《古文观止》改为梁王。 [36]放：放逐。虚上位：让出最高的职位(国相)。 [37]虚：空着，形容词用作动词，使动用法。故相：原来的相。相：官名，百官之长。聘：聘请，请人担任职务。 [38]先驱：先赶车回去。这里的意思是：走在梁王使者前，赶车快跑，回到齐国。诫：告诫，预先提醒。重币：厚礼，指千金。币：古代礼物的通称。显使：显贵的使臣。 [39]三反：往返多次。反：同"返"。固辞：坚决推辞。辞：谢绝，推辞。 [40]太傅：春秋时晋国始置，其职为辅弼国君。赍(jī)：送。文车：雕刻或绘画着花纹的车。驷：四匹马拉的车，与"乘"同义。服剑：佩剑。 [41]祥：通"详"，审慎。被于宗庙之祟：受到祖宗神灵的祸祟惩罚。沉于谗谀之臣：被谄媚阿谀的臣子所迷惑。 [42]姑：姑且，暂且。反国：返回齐国国都临淄。反：同"返"。统：统率，治理。万人：指全国人民。 [43]"愿请先王"二句：希望你请求拿一部分先王的祭器，在薛地建立起先王的宗庙。古代宗法社会极为重视宗庙，薛邑若有了齐国先王的宗庙，齐王就不但不能取消薛邑，而且还要加以保护。 [44]纤介：介，通"芥"。纤维草芥，喻细微。

【评　析】

《冯谖客孟尝君》展示了冯谖豪爽洒脱、大智若愚的风采和孟尝君雍容大度、厚待寒士的个性。

全部情节都围绕着经营三窟以巩固孟尝君的政治地位这一中心展开，写得波澜迭出，曲折生动。"弹铗而歌"为垫场戏。此段文字似抑实扬，写出了冯谖的遭遇和另类性格。"焚券市义"为重头戏。突出冯谖的"能"，层次极为清晰：冯谖署记—矫命焚券—市义复命。此段写得波澜起伏，情节不断转化，细节巧妙呼应，冯谖的雄才奇略从这里开始由含蓄的闪现转向直接的袒露。"复凿二窟"为收场戏。冯谖以政治家和外交家的面目，周旋于齐梁政治舞台，二"凿"均举重若轻，曲线妙达。冯谖由隐忍不发而直言不讳，形象显得饱满丰实。

文章用主人公的活动作为主线编织情节，又精心设计次要人物，用来衬托主要人物。注意用个性化的语言描写，使冯谖这个深谋远虑、报效知己的平民政治家的形象"须眉浮动纸上"。

【习　题】

1. 简要分析本文所刻画的冯谖形象，并归纳形象塑造的特点。

2. 分析本文情节结构的特征，试述三场"戏"的内在联系。

3. 细读"焚券市义"一段，分析本文所流露出的思想倾向。

季氏将伐颛臾[1]

《论语》

《论语》是一部语录体散文集，儒家学派的经典著作，由孔子（春秋末期著名的思想家、政治家、教育家，儒家学派的创始人）的门人及再传弟子纂录而成。书中辑录了孔子及其弟子的言行，思想核心是"仁"。《论语》共二十篇，每篇又分成若干章节，它以端庄、严肃的文笔表达了孔子信而好古、亲亲仁民的思想，反映了孔子在哲学、政治、伦理、文学艺术、教育等各方面的思想见解。该书的义理阐发融经验于哲理，寓哲理于物象，言简意赅、平实深刻、形象隽永，为语录体的典范。它是我国思想文化史上具有深远影响的一部著作，对后代文学语言的形成和发展产生了巨大影响。

季氏将伐颛臾。冉有、季路见于孔子[2]，曰："季氏将有事于颛臾[3]。"孔子曰："求！无乃尔是过与[4]？夫颛臾，昔者先王以为东蒙主[5]，且在邦域之中矣，是社稷之臣也[6]。何以伐为[7]？"

冉有曰："夫子欲之[8]，吾二臣者皆不欲也。"孔子曰："求！周任有言曰[9]：'陈力就列[10]，不能者止[11]。'危而不持[12]，颠而不扶[13]，则将焉用彼相矣[14]？且尔言过矣[15]。虎兕出于柙[16]，龟玉毁于椟中[17]，是谁之过与？"

冉有曰："今夫颛臾，固而近于费[18]。今不取，后世必为子孙忧。"孔子曰："求！君子疾夫舍曰'欲之'而必为之辞[19]。丘也闻有国有家者[20]，不患寡而患不均，不患贫而患不安[21]。盖均无贫，和无寡，安无倾[22]。夫如是，故远人不服[23]，则修文德以来之[24]。既来之，则安之[25]。今由与求也，相夫子[26]，远人不服而不能来也；邦分崩离析而不能守也[27]，而谋动干戈于邦内。吾恐季孙之忧，不在颛臾，而在萧墙之内也[28]。"

【注　释】

[1]本文选自十三经注疏本《论语·季氏》。季氏：即季康子，鲁国贵族。颛臾（zhuān yú）：鲁国疆域内的附庸小国。　[2]冉有：名求，字有。季路：姓仲名由，字子路，又字季路。二人都是孔子的学生，当时，同

为季氏家臣。 [3]事:指季氏进攻颛臾的军事行动。 [4]无乃:推断之词,意思是恐怕、岂不。过:动词,责备。与:同“欤”,相当于“吗”。“是”用在“尔”“过”之间,起宾语前置的标志作用。全句意思是:这难道不该责备你吗? [5]以为东蒙主:委任(颛臾的君王)担任东蒙山祭礼的主持者。 [6]社稷(jì):称代国家的词,这里指鲁国。 [7]何以:以何,为什么。“何”在这里是疑问代词前置。为:表疑问语气。 [8]子:对季氏的敬称。欲之:要这样做,之:代“伐颛臾”一事。 [9]周任:古史官。 [10]陈力:发挥自己的才能。就列:担任某一职务。 [11]止:休止,指辞职。 [12]危:站立不稳。持:护持。 [13]颠:跌倒。扶:搀扶。[14]焉:何,什么。相:搀扶盲人走路的人。 [15]过:错误。 [16]兕(sì):独角犀牛。柙(xiá):兽笼。[17]椟(dú):木制的匣子。 [18]固:稳固,指颛臾的城池坚固。费(bì):季氏的封邑(领地),今山东费县西南。 [19]舍曰:不说。全句意思是:君子痛恨那种嘴里不说“想干什么”而一定要另外找一个借口的态度。[20]有国有家者:指诸侯国的君主和封邑的领主,即诸侯与大夫。 [21]患:顾虑。两句的“寡”同“贫”应互换位置,才与下文的“均无贫,和无寡”相一致。意谓不担心百姓财用不足,而担心贫富悬殊;不担心人口稀少,而担心上下不能相安。 [22]盖:连词,引出推断的原因。均无贫:应理解为“均,则无贫”,财富平均了,就无所谓贫穷了。后二句理解与上句相同。 [23]远人:泛指鲁国国境之外的人。不服:不臣服,不归顺。[24]修文德:与“动干戈”相对,意思是搞好礼乐教化。来之:使之来归服。 [25]既:已经。安之:安置好他们,让他们安居乐业。 [26]相夫子:辅助季氏,做季氏的家臣。 [27]邦:指鲁国。分崩离析:指鲁文公死后,孟孙、叔孙、季孙三家贵族分割鲁国。至季康子时,情形更甚。全句说二人辅助季氏,既没有做到招致远人,又没有做到维护鲁国的统一。 [28]萧墙:宫门内的照壁,或叫屏风。萧墙之内:暗指鲁国国君。

【评 析】

本文以季氏将伐颛臾为论题,表现了孔子政治敏感、忧患意识和政治主张。

师生三段精彩的对答构成此章。冉有把“伐”说成“有事”,淡化事情的严重性,以图避免孔子的责难。孔子力陈伐颛臾之毫无道理:颛臾昔乃主祭向受礼遇,不可伐;颛臾位处邦域不成威胁,不必伐;颛臾臣属于鲁未尝叛君,不当伐。冉有在老师深责下闪烁其词,孔子紧追不舍,先引良史名言为据,借用盲人扶相类比,后借虎兕龟玉管理为喻,陈述冉有、季路对季氏伐颛臾有不可推卸的责任。冉有以颛臾城池坚固、地近季氏封邑、“不取”贻患后世继续狡辩。孔子指斥季氏以漂亮幌子掩盖叵测居心的虚伪态度,正面阐明了如何治理域内、对待邦外的见解,最后揭穿季氏假公济私的狼子野心。

全文采用围绕论证中心,逐层加以驳斥的手法阐明政治主张。论辩性对话古朴明畅,言约意丰,人物内心活动和风度禀赋毕现于字里行间。

【习 题】

1. 说说本文批驳和立论相结合的论证特点。
2. 试析“虎兕出于柙,龟玉毁于椟中”深刻的比喻义。
3. 列举实例谈谈本文古朴明畅、言约意丰的语言特色。

马　蹄

庄　子

庄子(约前369—前286),战国晚期伟大的哲学家、文学家,名周,宋国蒙(今河南商丘)人,做过漆园吏。他继承并发展了老子的道家学说,把老子的道转化为一种心灵的境界,追求精神世界的逍遥自由。《庄子》是庄子及其弟子、后学著作的总汇,道家经典著作之一,是诸子散文中艺术成就最高、风格最为独特的作品。此书发展了老子的道家学说,表述对现实的不满和虚幻的追求,结构极富变化,想象海阔天空,笔墨奔放自由,比喻灵活多样,寓言恢诡谲怪,理趣精妙隽永,堪称哲理和诗情的奇妙化合,对后世文人的精神世界和文学创作影响甚巨。

马,蹄可以践雪霜,毛可以御风寒,龁草饮水[1],翘足而陆[2],此马之真性也。虽有义台、路寝[3],无所用之。及至伯乐曰:“我善治马。”烧之,剔之,刻之,雒之[4],连之以羁𫌘[5],编之以皁栈[6],马之死者十二三矣。饥之,渴之,驰之,骤之,整之,齐之[7],前有橛饰之患[8],而后有鞭筴之威[9],而马之死者已过半矣。陶者曰:“我善治埴[10],圆者中规,方者中矩。”匠人曰:“我善治木,曲者中钩,直者应绳[11]。”夫埴木之性,岂欲中规矩钩绳哉?然且世世称之曰[12]:“伯乐善治马,而陶、匠善治埴、木。”此亦治天下者之过也。

吾意善治天下者不然。彼民有常性[13],织而衣,耕而食,是谓同德[14];一而不党[15],命曰天放[16]。故至德之世[17],其行填填[18],其视颠颠[19]。当是时也,山无蹊隧,泽无舟梁;万物群生,连属其乡[20];禽兽成群,草木遂长[21]。是故禽兽可系羁而游[22],鸟鹊之巢可攀援而窥。夫至德之世,同与禽兽居[23],族与万物并[24],恶乎知君子小人哉[25],同乎无知[26],其德不离[27];同乎无欲,是谓素朴[28]。素朴而民性得矣。及至圣人,蹩躠为仁[29],踶跂为义[30],而天下始疑矣,澶漫为乐[31],摘僻为礼[32],而天下始分矣。故纯朴不残[33],孰为牺尊[34]!白玉不毁,孰为珪璋[35]!道德不废[36],安取仁义[37]!性情不离,安用礼乐!五色不乱,孰为文采[38]!五声不乱,孰应六律[39]!夫残朴以为器,工匠之罪也;毁道德以为仁义,圣人之过也!

夫马,陆居则食草饮水,喜则交颈相靡[40],怒则分背相踶[41]。马知已此矣[42]。夫加之以衡扼[43],齐之以月题[44],而马知介倪、闉扼、鸷曼、诡衔、窃辔[45]。故马之知而能至盗者[46],伯乐之罪也。夫赫胥氏之时[47],民居不知所为,行不知所之,含哺而熙[48],鼓腹而游[49]。民能以此矣。及至圣人,屈折礼乐以匡天下之形[50],县跂仁义以慰天下之心[51],而民乃始踶跂好知[52],争归于利,不可止也。此亦圣人之过也。

【注　释】

[1]龁(hé):咬嚼。　[2]翘(qiào):扬起。陆:通“踛”(lù),跳跃。　[3]义(é)台:即高台。义,通“峨”。路:大,正。寝:居室。　[4]烧之:指烧红铁器灼炙马毛。剔之:指剪剔马毛。刻之:指凿削马蹄甲。雒(luò)之:指用烙铁留下标记。雒,通“烙”。　[5]连:系缀,连接。羁:马络头。𫌘(zhì):同“絷”,绊马脚的绳索。　[6]皁(zào):饲马的槽枥。栈:安放在马脚下的编木,用以防潮,俗称马床。　[7]饥、渴、驰、骤、整、

齐:都是指驯养马的方法,使它能忍饥忍渴,能够快速奔跑,能够步伐、速度保持一致。 [8]橛(jué):马口所衔之木,今用铁制,谓马口铁。饰:指马络头上的装饰。 [9]筴(cè):同"策"。马鞭用皮制成叫"鞭",用竹制成就叫"策"。 [10]埴(zhí):黏土,可以制陶器。 [11]钩、绳:木匠用具,用以画线。应:符合。 [12]称:称举,赞扬。 [13]常性:不会改变的、固有的本能和天性。 [14]同德:指人类的共性。 [15]一:浑然为一体。党:偏私。 [16]命:名,称作。天放:任其自然。 [17]至德之世:人类天性保留最好的年代,即庄子理想的古代社会。 [18]填填:稳重的样子。 [19]颠颠:专一的样子。 [20]连属(zhǔ):混同的意思。乡:所居之地。意谓彼此相连,不分界限。 [21]遂:遂心地。 [22]系羁:用绳子牵引。 [23]同:混杂。 [24]族:聚合。并:比并。此言与万物聚居一处。 [25]君子、小人:当指统治者和被统治者。 [26]同:通"蠢",愚蠢。 [27]德:指上文"同德"。离:背离、丧失。 [28]素:未染色的生绢。朴:未加工的木料。"素朴"在这里喻指本色。 [29]蹩躠(bié xuè):步履艰难、勉力行走的样子。 [30]踶跂(tí qǐ):足跟上提、竭力向上的样子。 [31]澶(dàn)漫:放纵地逸乐。 [32]摘僻:烦琐。 [33]纯朴:完整的、未曾加过工的木材。 [34]牺(suō)尊:雕刻精致的酒器。"尊"亦作"樽"。 [35]珪璋:玉器;上尖下方的为珪,半珪形为璋。 [36]道德:这里指人类原始的自然本性。 [37]仁义:这里指人为的各种道德规范,与上句的"道德"形成对立。 [38]五色:谓青黄赤白黑,指天然的彩色。文采:错杂华丽的色彩。 [39]五声:谓宫商角徵羽五个音级,此指天然的声音。六律:指人为的音律,由多种声音配合而成。 [40]靡(mó):通"摩",触摩。 [41]分背:背对着背。踶:同"踢"。 [42]知:智能。已:止。 [43]衡:车辕前面的横木。扼:同"轭",叉马颈的条木。 [44]齐:限制。题:额。月题:形如新月的佩饰,一说即马的眼罩。 [45]介倪:即"齘(xiè)輗",咬破车衡上的零件。闉(yīn):屈曲。闉扼,此处指马弯曲着脖颈,想从轭下逃脱。鸷(zhì):凶猛。曼:狂突。鸷曼指马儿暴戾不驯。诡衔:意思是诡谲地想吐出口里的橛衔。窃辔:意思是偷偷地想脱出马络头。 [46]盗:与人抗敌的意思。 [47]赫胥氏:传说中的古代帝王。 [48]哺:口里所含的食物。熙:通"嬉",嬉戏。 [49]鼓腹:鼓着肚子,意指吃得饱饱的。 [50]屈折:矫造的意思。匡:端正,改变。 [51]县:同"悬"。县跂,意思是空悬而不可企及。 [52]跂:通"企",企望。

【评 析】

《马蹄》以马与埴木为喻,指斥儒家违反民性的政治举措,提倡尊重本性,绝圣弃智,无为而治。

文章扣题从马的"真性"谈起。言"善治马"的伯乐、"善治埴"的陶者和"善治木"的匠人,都以扼杀物的自然本性而欺世盗名。段末言治天下者的过错类同以上三种人,带出文章意旨。下文描绘"至德之世"的动人情景:人们生活安定,逍遥自在;民风淳朴,别无外求;万物浑茫,众生繁衍;天人和谐,各不相犯。"及至圣人"笔锋一转,言儒家提倡"仁"与"义"导致了知欲蠢动,推行"礼"与"乐"导致了分崩离析。段末强调工匠、圣人错误的性质无异——毁灭物或人的本性。最后一段又回到马的话题上来,前半呼应第一段,后半呼应第二段,段末结句呼应上两段末尾,反复强调"圣人之过",有一唱三叹之妙。

本文运用比喻,说理形象;排比反复,气盛言宜;前后呼应,结构完整,文学性与论说性并佳。

【习 题】

1. 本文阐发了老子"无为而治"的思想,你对庄子的政治态度如何评价?

2. 联系社会现实选择一个角度,谈谈这篇文章给人的启示。

3. 试分析本文行文衔接和语言表述的特色。

风　赋

宋　玉

宋玉(生卒年不详),先秦战国后期楚国诗人,楚国别邑郊郢(今湖北钟祥)人,稍晚于屈原,出身寒微,主要活动于楚襄王时代,做过宫廷文学侍从。宋玉从屈原的骚体开创出赋的体裁,是当时著名的辞赋家,文学史上历来"屈宋"并称。其代表作《九辩》是继《离骚》之后颇有独创性的长篇抒情诗。《高唐赋》《神女赋》《登徒子好色赋》《风赋》等均为宋玉名篇。辞赋或对当时社会政治作委婉的讽刺和批评,或对屈原忠而被逐表示痛惜之意,或抒发个人的消沉、哀伤之情。宋玉对两汉辞赋和后世骈文的兴起颇有影响。

楚襄王游于兰台之宫[1],宋玉、景差侍[2]。有风飒然而至,王乃披襟而当之,曰:"快哉此风!寡人所与庶人共者邪[3]?"宋玉对曰:"此独大王之风耳,庶人安得而共之?"

王曰:"夫风者,天地之气,溥畅而至[4],不择贵贱高下而加焉。今子独以为寡人之风,岂有说乎?"宋玉对曰:"臣闻于师,枳句来巢[5],空穴来风。其所托者然,则风气殊焉。"

王曰:"夫风,始安生哉?"宋玉对曰:"夫风生于地,起于青苹之末[6]。浸淫溪谷[7],盛怒于土囊之口[8]。缘泰山之阿[9],舞于松柏之下。飘忽淜滂[10],激飏熛怒[11],耾耾雷声[12],回穴错迕[13]。蹶石伐木[14],梢杀林莽[15]。至其将衰也,被丽披离[16],冲孔动楗[17]。眴焕粲烂[18],离散转移。故其清凉雄风,则飘举升降,乘凌高城[19],入于深宫。邸华叶而振气[20],徘徊于桂椒之间,翱翔于激水之上,将击芙蓉之精[21],猎蕙草[22],离秦衡[23],概新夷[24],被荑杨[25],回穴冲陵[26],萧条众芳,然后徜徉中庭,北上玉堂,跻于罗帷,经于洞房[27],乃得为大王之风也。故其风中人[28],状直憯凄惏栗[29],清凉增欷[30]。清清泠泠,愈病析酲[31],发明耳目[32],宁体便人。此所谓大王之雄风也。"

王曰:"善哉论事!夫庶人之风,岂可闻乎?"宋玉对曰:"夫庶人之风,塕然起于穷巷之间[33],堀堁扬尘[34],勃郁烦冤[35],冲孔袭门,动沙堁,吹死灰,骇溷浊[36],扬腐余[37],邪薄入瓮牖[38],至于室庐。故其风中人,状直憞溷郁邑[39],殴温致湿[40],中心惨怛[41],生病造热[42],中唇为胗[43],得目为蔑[44],啖齰嗽获[45],死生不卒[46]。此所谓庶人之雌风也。"

【注　释】

[1]楚襄王:楚怀王之子,战国后期楚国君主。兰台:宫苑名,旧址在今湖北钟祥。兰台的得名,西晋张华《博物志》称起源于舜帝。舜帝南巡曾驻帐于郢中高台,并亲手种下兰花、蕙草,于是楚人便将此台取名为兰台。　[2]景差:楚国辞赋作家,与宋玉齐名。　[3]庶人:众人,指百姓。　[4]溥畅:普遍畅通。　[5]枳句:指枳树的树杈。句,同"勾"。　[6]青苹:大水萍。　[7]浸淫:逐渐进入。　[8]土囊:大山洞。　[9]阿:山曲,山凹。　[10]飘忽:迅速的样子。淜滂(píng pāng):风击物声。　[11]激飏(yáng):疾飞的样子。熛(biāo)怒:像火焰一样地怒号。熛,火势飞扬。　[12]耾耾(hóng):雷声,这里喻风声如雷声。　[13]回穴:回旋。错迕:交错。　[14]蹶石:摇动石头。　[15]梢:击。林莽:树林深处。　[16]被丽披离:形容风力不集中,向四处分散。　[17]楗(jiàn):门闩。　[18]眴(xuàn)焕:鲜明的样子。　[19]乘凌:上升凌越。　[20]邸:通"抵",触。　[21]芙蓉:荷花。精:通"菁",即花。　[22]猎:掠过。蕙:香草名。　[23]离:历,掠过之

意。秦衡：产于秦地的香木杜衡。 [24]概：通“溉”，吹平。新夷：即辛夷，香木名。 [25]荑(tí)杨：初生的杨树。荑，同“稊”，植物的嫩芽。 [26]冲陵：冲击侵袭。 [27]洞房：内室。 [28]中(zhòng)人：风吹到人身上。 [29]直：特，但。憯(cǎn)凄：悲痛。惏(lín)栗：寒冷。 [30]增欷：抽泣声。 [31]析酲(chéng)：解除酒醉。 [32]发明耳目：使人耳聪目明。 [33]塕(wěng)然：风忽然刮起的样子。 [34]堀堁(kū kè)：突起尘土。 [35]勃郁：愤怒，形容风突然刮起尘土似乎愤怒不平。 [36]骇：作“搅起”讲。溷浊：污秽肮脏之物。 [37]腐余：残余的腐烂东西。 [38]邪薄：从旁侵入。邪：斜。薄：迫。瓮牖(yǒu)：瓮口大小的窗户。 [39]憞溷：烦浊的样子。郁邑：忧闷。 [40]敺：驱。 [41]惨怛(dá)：忧劳，悲伤痛苦。[42]造：招致，同前“致湿”之“致”。 [43]胗(zhěn)：唇疮。 [44]蔑：通“矆”，眼病。 [45]啖(dàn)：吃。龂(zé)：嚼。嗽：吮吸。获：通“嚄”(huò)：大叫，大唤。 [46]卒：终了。死生不卒：不死不活。

【评　析】

本文以“大王雄风”和“庶人雌风”的对比描写，揭示了贫富悬殊现象，隐寓讽刺之意。

宋玉和楚王对话是文章的主要内容。第一段是引子，交代对话地点、人物、环境、契机，宋玉提出大王之风和庶人之风不同。第二段是过渡，宋玉用“枳句来巢，空穴来风”譬喻，说明不同的原因：“所托”不同导致了风的气势不同。从“夫风生于地”到“离散转移”，描绘风“生”—“盛”—“衰”的动态过程，将不可视的风写得形象跃动而个性鲜明。接下来两段文字为文章主体，分别描写两种不同的风，均以“兴起—走向—影响”为序，做周密的铺叙。先铺叙“大王之雄风”，夸张雄风的奇妙效果；再描写“庶人之雌风”，突出雌风的可怕后果。作者借自然之物言人间不平，意在委婉讽谏楚王体恤百姓疾苦，不沉溺于骄奢。

文章层次清晰，主体部分对比昭然，铺叙细针密缝；多骈词俪句，辞采华丽，富于绘画美和音乐美。

【习　题】

1. 作者通过两种不同的风的对比，反映了怎样的社会现实？
2. 谈谈这篇文章在组织结构上所体现的特点。
3. 本文铺叙极为周密，试以“大王雄风”一段为例说明。

谏逐客书[1]

李　斯

李斯(？—前208)，战国末年楚国人。曾为楚上蔡(今属河南)小吏，后从荀况学帝王之术，学成后入秦为客卿，在秦灭六国事业中发挥重大作用。秦统一天下后拜为丞相，参与制定法律，统一车轨、文字、度量衡制度。李斯不仅是秦代著名的政治家，也是秦代的散文大家，其散文布局谋篇构思严密，设喻说理纵横驰骋，既重质实，又饶文采，在秦代文坛一枝独秀。李斯文章存世不多，主要见于《史记》所载，以奏疏和刻石文如《谏逐客书》《狱中上书》《泰山刻石》《琅琊台刻石》《会稽刻石》等闻名于后世。

臣闻吏议逐客，窃以为过矣[2]。

昔缪公求士[3]，西取由余于戎[4]，东得百里奚于宛[5]，迎蹇叔于宋[6]，来丕豹、公孙支于晋[7]。此五子者，不产于秦，而缪公用之，并国二十，遂霸西戎[8]。孝公用商鞅之法[9]，移风易俗，民以殷盛，国以富强，百姓乐用，诸侯亲服，获楚、魏之师，举地千里[10]，至今治强。惠王用张仪之计[11]，拔三川之地[12]，西并巴蜀[13]，北收上郡[14]，南取汉中[15]，包九夷[16]，制鄢郢[17]，东据成皋之险[18]，割膏腴之壤[19]。遂散六国之从[20]，使之西面事秦[21]，功施到今[22]。昭王得范雎[23]，废穰侯[24]，逐华阳[25]，强公室，杜私门[26]，蚕食诸侯，使秦成帝业。此四君者，皆以客之功。由此观之，客何负于秦哉？向使四君却客而不内[27]，疏士而不用，是使国无富利之实，而秦无强大之名也。

今陛下致昆山之玉[28]，有随和之宝[29]，垂明月之珠[30]，服太阿之剑[31]，乘纤离之马[32]，建翠凤之旗[33]，树灵鼍之鼓[34]。此数宝者，秦不生一焉，而陛下说之[35]，何也？必秦国之所生然后可，则是夜光之璧不饰朝廷[36]，犀、象之器不为玩好[37]，郑卫之女不充后宫[38]，而骏良駃騠不实外厩[39]，江南金锡不为用，西蜀丹青不为采[40]。所以饰后宫、充下陈[41]、娱心意、说耳目者，必出于秦然后可，则是宛珠之簪[42]、傅玑之珥[43]、阿缟之衣[44]、锦绣之饰不进于前，而随俗雅化、佳冶窈窕赵女不立于侧也[45]。夫击瓮叩缶，弹筝搏髀，而歌呼呜呜快耳目者[46]，真秦之声也。郑卫、桑间、韶虞、武象者[47]，异国之乐也。今弃击瓮叩缶而就郑卫，退弹筝而取韶虞，若是者何也？快意当前，适观而已矣[48]。今取人则不然，不问可否，不论曲直，非秦者去，为客者逐。然则是所重者，在乎色乐珠玉，而所轻者，在乎人民也。此非所以跨海内、制诸侯之术也。

臣闻地广者粟多，国大者人众，兵强则士勇。是以泰山不让土壤[49]，故能成其大；河海不择细流，故能就其深；王者不却众庶[50]，故能明其德。是以地无四方，民无异国，四时充美，鬼神降福，此五帝三王之所以无敌也[51]。今乃弃黔首以资敌国[52]，却宾客以业诸侯[53]，使天下之士，退而不敢西向，裹足不入秦，此所谓藉寇兵而赍盗粮者也[54]。

夫物不产于秦，可宝者多；士不产于秦，而愿忠者众。今逐客以资敌国，损民以益仇，内自虚而外树怨于诸侯，求国无危，不可得也。

【注　释】

[1]本文选自《史记·李斯列传》。谏：对尊长直言规劝。客：指客卿。凡他国人在秦为官，其位为卿，以客礼待之，称客卿。书：上书，古代一种向君王陈述意见的文体。　[2]逐客：前237年，韩国派著名的水利专家郑国游说秦王修渠灌田，以图消耗秦国人力财力，缓和对韩国的军事威胁。秦国王室贵族便借此为由劝秦王驱逐所有客卿。窃：私下，谦辞。过：错。　[3]缪公：即秦穆公，姓嬴，名任好，春秋五霸之一，都雍（今陕西宝鸡），在位三十九年。缪：通“穆”。　[4]由余：春秋晋国人。入戎，戎王命出使秦国，为秦穆公所用。献策攻戎，开境千里，使穆公称霸。　[5]百里奚：春秋楚国人，曾为虞国大夫，晋灭虞后被俘，作陪嫁奴仆入秦，后逃回故乡宛地（今河南南阳）。秦穆公以五羖（公羊）皮赎回，任用为相。　[6]蹇叔：春秋时西戎岐（今陕西境内）人，寓居于宋国，经百里奚推荐入秦，穆公厚礼聘为上大夫。　[7]丕豹：春秋晋国人，父丕郑为晋惠公所杀，逃到秦国，穆公任用为将。公孙支：秦岐人，寓居于晋，后归秦，穆公用为大夫。　[8]并国二十：指秦吞并西戎二十部落。　[9]孝公：战国秦君，名渠梁，在位二十四年。商鞅：即公孙鞅，战国卫人，又称卫鞅。因秦封其于商，故名商鞅。商鞅曾辅佐秦孝公实行变法，使秦国得以富强，奠定统一六国基础。[10]获楚魏之师：战胜楚国、魏国的军队。举：攻克，占领。　[11]惠王：即秦惠王，也称惠文王，秦孝公之子，名驷。张仪：战国魏人，与苏秦同为纵横家。秦惠王时为相，用连横之策瓦解了六国的合纵政策。

[12]拔：攻取。三川：东周以伊水、洛水、黄河为三川，本韩地，在今河南黄河以南、灵宝以东地带。 [13]巴蜀：当时的两个小国，分别在今四川东部、西北部。 [14]上郡：本魏地，在今陕西西北、宁夏及内蒙古一带。 [15]汉中：本楚地，在今陕西西南部。 [16]包：占有，吞并。九夷：泛指当时楚国境内的少数民族。 [17]鄢(yān)：楚都，在今湖北宜城西南。郢(yǐng)：楚都，在今湖北荆州城北。 [18]成皋：在今河南荥阳虎牢关，古代是一个军事要地。 [19]膏腴：肥沃。 [20]从：同"纵"，当时六国联合对付秦国的一种策略。 [21]西面事秦：向西服从秦国。 [22]施(yì)：延续。 [23]昭王：即秦昭襄王，名则，又名稷，惠王子，秦武王异母弟。并西周，用范雎为相。范雎：又称范且，字叔，战国时魏人。入秦为昭王相，主张远交近攻策略，使秦逐步歼灭诸侯力量。 [24]穰侯：魏冉，秦昭王母宣太后的异父弟。昭王年少即位，宣太后用冉执政，封为穰(今河南邓州)侯。 [25]华阳：芈(mǐ)戎，宣太后弟，封华阳(今陕西商洛)君。与穰侯一起专权，后同被逐出关外。 [26]公室：指中央王权。杜：杜绝，杜塞。私门：指贵族豪门。 [27]向使：当初假如。却：拒绝。内：同"纳"。 [28]致：得到，求得。昆山：即昆仑山，传说盛产美玉。 [29]随和之宝：指隋侯珠、和氏璧。相传春秋时随侯救了受伤的大蛇，后蛇于江中衔大珠以报，称随侯珠。春秋时楚人卞和得璞于山中，剖璞得宝玉，琢为璧，称和氏璧。 [30]明月之珠：即夜光珠，夜间发光犹如明月。 [31]服：佩带。太阿：春秋时楚王命欧冶子、干将铸龙渊、太阿、工布三宝剑。 [32]纤离：古骏马名。 [33]建：竖立。翠凤：用翡翠羽毛作成凤形装饰的旗帜。 [34]树：设置。灵鼍(tuó)之鼓：用扬子鳄皮制成的鼓。 [35]说：同"悦"。 [36]夜光之璧：夜间发光的美玉，一说即指"明月之珠"。 [37]犀、象之器：用犀牛角和象牙做成的器物。 [38]郑、卫之女：郑、卫是小国名，以多美女著称。 [39]駃騠(jué tí)：北狄良马。厩：马棚。 [40]丹青：指丹砂、青雘等不易褪色的矿石颜料。 [41]下陈：后列(殿堂下婢妾站立的地方)，指宫中侍奉帝王的宫女行列。 [42]宛(yuān)珠之簪：用宛地(今河南南阳)的珠装饰的簪。簪：定发髻的长针。 [43]傅玑之珥：缀有珠玑的耳饰。傅：通"附"。玑：不圆的珠。 [44]阿(ē)缟：东阿(在今山东)出产的白色绢。缟：白色的丝织品。 [45]随俗雅化：随着风尚打扮得高雅漂亮。佳冶窈窕：佳丽美好体态优雅。赵女：赵国的美女。 [46]瓮(wèng)缶(fǒu)：均为秦产陶制乐器。筝：古代弦乐器。搏髀(bì)：拍大腿，指打拍子的动作。 [47]郑卫：指郑国、卫国的地方音乐。桑间：卫国濮水之滨，是当时青年男女欢聚唱歌的地方。"郑卫桑间"泛指当时的民间音乐。韶：虞舜时的音乐，故称韶虞。武：周武王时的乐舞，故称武象。"韶虞、武象"泛指当时的雅乐。 [48]适观：适意地观赏，满足于观赏。 [49]太山：泰山。让：推辞，拒绝。 [50]众庶：平民百姓。 [51]五帝：一般指黄帝、颛顼、帝喾、尧、舜。三王：指夏禹、商汤、周文王。 [52]黔首：战国时期和秦代对百姓的称呼。平民以黑巾裹头，故名。资：资助，帮助。 [53]业：立功业。业诸侯：使诸侯成就功业。 [54]藉：借给。赍(jī)：赠送。

【评　析】

《谏逐客书》的中心论点是"逐客"为过。

结构布局为议论文中极有代表性的范式：提出论点—论证论点—照应论点。论点提出极为策略，轻描淡写，点到为止，谦卑委婉，以退为进。主体从三个方面论述任用客卿之利和驱逐客卿之过。首先道古，按时间先后，由远及近，用四君"以客之功"的事实，正面说明秦国靠客卿才得以富强；继而论今，从秦王重物轻人入手，从秦统一天下的高度立论，切中要害指出逐客之过；最后劝谏，用比喻、对比论证方法阐述以"客"治国和逐"客"资敌的不同效果，从理论上驳斥逐客之过。结尾重申逐客之过，将逐客的危害(亡国)渲染到极点，从而成功地完成对秦王的劝谏。

本文抓住要害，动之以情，晓之以理，层层递进；援古证今，纵横捭阖，层层对比，结构严密；铺陈夸张，排比对偶，辞采富丽，生动有力，体现了先秦散文向汉赋过渡的骈偶化趋势。

【习 题】

1. 本文始终贯穿对比论证的方法，悉心体会这一论证方法的说理作用。

2. 细读“昔缪公求士”一段，试分析本文铺陈史实、选用论据的技巧。

3. 本文被后人追认为“骈体初祖”，请谈谈本文语言修辞上的特色。

第二章

汉魏六朝诗文

汉魏六朝800余年，文学呈多元化发展的趋势。

两汉时期，汉赋、乐府诗和历史散文是主要文学样式。西汉直承荀卿赋予楚辞，完成了汉赋体制的创造，并获得蓬勃的发展。汉赋的发展分为骚体赋（初期）、散体大赋（中期）、抒情小赋（后期）三个时期。骚体赋是楚辞的余绪，贾谊《鹏鸟赋》可为代表；枚乘《七发》标志着大赋的形成，大赋以铺张扬厉、描景状物为主要特色，重要作品有司马相如《子虚赋》和《上林赋》、扬雄《甘泉赋》和《羽猎赋》、班固《两都赋》、张衡《二京赋》等；抒情小赋抛弃大赋的体物倾向，又回到抒情路上来，代表作有贾谊《吊屈原赋》、张衡《归田赋》、赵壹《刺世嫉邪赋》。这个时期历史散文获得了突出成就，史传文学的创造是历史散文的一个飞跃发展。代表两汉历史散文最高成就的是司马迁《史记》，《史记》是我国第一部纪传体通史，被鲁迅誉为"史家之绝唱，无韵之离骚"。另一部历史名著是班固《汉书》，它是我国第一部断代史，成就稍逊于《史记》。除历史散文外，还有子书（刘安《淮南子》、刘向《说苑》、赵晔《吴越春秋》等）、书札（邹阳《狱中上梁王书》、司马迁《报任安书》、杨恽《报孙会宗书》等）、政论（贾谊《过秦论》、晁错《论贵粟疏》、王充《论衡》等）。东汉在沿用先秦四言诗体的同时出现了五言诗，五言多见于"感于哀乐，缘事而发"的乐府诗，汉乐府是我国诗歌继楚辞后的一种新发展，它的出现奠定了中国古代叙事诗的基础。汉乐府代表作《孔雀东南飞》是我国古代最长的叙事诗，也是现实主义诗歌发展的重要标志。东汉末期出现的《古诗十九首》，显示了五言诗在艺术上的成熟，有"五言之冠冕"之誉，为建安诗歌前奏。

魏晋南北朝时期，进入文学的自觉时代，出现了"俊才云蒸"的盛况，诗歌、辞赋、骈文、散文、小说等，都取得了显著的成就。建安时期的曹氏父子、"建安七子"和蔡琰等重要诗人，掀起文人诗歌创作高潮，形成"慷慨悲凉"的建安风骨。曹植第一个大力写作五言诗且成就最大，为"建安之杰"。魏晋诗歌抒写个人忧愤的居多，代表诗人有阮籍、嵇康、左思、刘琨、郭璞、陶渊明等。阮籍咏怀诗开创了委婉含蓄、言近旨远的抒情风格。左思咏史诗真正提高了咏史诗的品格。陶渊明是第一个大力创作田园诗的诗人。南朝出现了以谢灵运作品为代表的山水诗，鲍照在七言乐府上作出了突破性的贡献，完成了从五言到七言的转变。南朝后期出现的永明体是我国格律诗的开端，代表诗人是谢朓。庾信是南北朝时期最后一个卓有成就的诗人。南北朝乐府民歌名篇有抒情诗《西洲曲》（南朝）和叙事诗《木兰诗》（北朝），《木兰诗》与《孔雀东南飞》被称为乐府的"双璧"。

魏晋辞赋进一步向抒情咏物小赋发展，王粲、曹植、鲍照、谢庄、江淹等皆有小赋精品（如《登楼赋》《洛神赋》《月赋》《别赋》）。曹操、诸葛亮的散文（如《让县自明本志令》《出师表》）代表了建安散文的成就，嵇康、陶渊明的散文（如《与山巨源绝交书》《桃花源记》）则为晋代散文之翘楚。六朝散文向骈文方向转化，孔稚珪、庾信等写出一批骈体美文。郦道元《水经注》、杨衒之《洛阳伽蓝记》和鲍照、吴均、丘迟、陶弘景等人的书信体散文带来了山水散文的勃兴。此时期的文论著作有曹丕《典论·论文》、陆机《文赋》、刘勰《文心雕龙》和钟嵘《诗品》等。

青青河畔草[1]

《古诗十九首》

《古诗十九首》最早见于梁昭明太子所编《文选》。所谓"古诗"，本是魏晋南北朝对古代诗歌的统称，《文选》的编者把已失去主名的十九首五言古诗选编在一起，题作"古诗十九首"。《古诗十九首》是由寒门文人创作的抒情短诗，并非成于一人一时，但主题和风格大体统一，抒发的多是动乱时代下层文人的牢骚不平与消极感伤。其主要特色是长于抒情，委婉含蓄，抒情情景相衬，结构精巧自然，语言平淡精练。它以高度的艺术成就，开创了我国抒情诗的新风格，受到历代文学评论家的一致推崇。

青青河畔草，郁郁园中柳[2]。
盈盈楼上女[3]，皎皎当窗牖[4]。
娥娥红粉妆[5]，纤纤出素手[6]。
昔为倡家女[7]，今为荡子妇[8]。
荡子行不归，空床难独守。

【注　释】

[1]本诗选自《古诗十九首》。 [2]郁郁：形容茂盛的样子。汉人有折柳赠别的风俗，"园中柳"容易引起离别的回忆。 [3]盈盈：形容女子仪态美好。 [4]皎皎：指女子肤色洁白。当窗牖：临窗远望。 [5]娥娥：形容妆饰娇艳。 [6]纤纤：形容手指细而柔长。 [7]倡家女：即女乐，以歌舞为业的女子，不同于后来的娼妓。 [8]荡子：即游子，指漂泊异乡的人，不同于不务正业的浪子。

【评　析】

这首诗写少妇春日怀人的忧伤，对女主人公寄予了深切的同情。

首二句描绘姹紫嫣红的明媚春光，为少妇出场布置背景。接四句写少妇的姿容仪态。"盈盈"见体态迷人、风度雍容，"皎皎"见肤色洁白、容光焕发。"娥娥""红"见涂抹深浓、妆饰艳丽，"纤纤""素"显手指纤柔、肌肤莹洁。她久久地呆立楼头，手抚窗栏，默默远望，心事重重，似有所待。后四句写少妇身世和愁思，原来她有着特殊经历：由见惯繁华的歌伎变成独守空闺的人妇。多年歌笑生涯以及对音乐的敏感，使她特别易于感受明媚春光的撩拨，更强烈地感到夫妻远别、寂寞寡欢生活的难熬，于是，很自然地发出“空床难独守”的心声。

此诗如微电影，先是“河畔”（远景），继而“园中”（中景），再“楼窗”（近景），然后“红粉妆”“纤纤手”（特写），最后是少妇呼号（画外音），内情外物有机融合，形象刻画极为丰满。

【习　题】

1. 联系时代背景，分析这首诗所抒发的复杂曲折的思想感情。
2. 试分析这首诗中的思妇形象，谈谈这个形象刻画的手法。
3. 以本诗为例，谈谈《古诗十九首》语言浅近自然的特点。

短　歌　行[1]

曹　操

曹操（155—220），即魏武帝，字孟德，东汉沛国谯县（今安徽亳州）人。曹操既是著名政治家、军事家，又是很有成就的文学家，建安文学的开创者。他以乐府旧题写时事，反映新的社会现实，被称为“汉末实录”，对唐代新题乐府和新乐府运动起了先导作用。他继承《诗经》抒情传统，使四言诗重现光彩，开魏晋之际四言风气之先。曹诗描写生灵涂炭的悲惨现实，表现自强不息的进取精神，抒发统一天下的政治理想，有政治人物的宏大气魄和高远阔大的诗歌意境，气韵沉雄，古直悲凉；散文则清峻通脱，简洁朴素，被鲁迅誉为“改造文章的祖师”。今人辑有《曹操集》。

对酒当歌，人生几何？
譬如朝露[2]，去日苦多[3]。
慨当以慷[4]，忧思难忘[5]。
何以解忧？唯有杜康[6]。
青青子衿，悠悠我心[7]。
但为君故[8]，沉吟至今[9]。
呦呦鹿鸣，食野之苹。
我有嘉宾，鼓瑟吹笙[10]。
明明如月，何时可掇[11]？
忧从中来，不可断绝。
越陌度阡[12]，枉用相存[13]。
契阔谈宴[14]，心念旧恩。
月明星稀，乌鹊南飞，
绕树三匝[15]，何枝可依？
山不厌高，海不厌深，
周公吐哺[16]，天下归心[17]。

【注 释】

[1]短歌行:汉乐府古题,但古辞已亡佚。《短歌行》属《相和歌·平调曲》。 [2]朝露:早晨的露水见日即干,这里比喻人生短促。 [3]去日:已经流逝的岁月。苦:苦恼,怨恨。 [4]慨当以慷:即慷慨,形容歌声激昂。 [5]忧思:忧愁思虑。也作"幽思"。 [6]杜康:传说中古代最早酿酒的人,这里指酒。 [7]"青青"二句:衿(jīn),衣领。青衿:周代学子的服装。悠悠:形容长远,思虑连绵不断。这里引用《诗经》的成句,表示对贤才的渴慕。 [8]但:只。君:指所思慕的贤才。 [9]沉吟:低声吟味以思虑贤才。 [10]"呦呦(yōu)"四句:呦呦,鹿的叫声。苹:艾蒿。鼓:弹奏。瑟、笙:都是乐器。这四句引自《诗经》。原是迎宾宴客的歌辞,这里用来表示诗人欢迎贤才的热情和诚意。 [11]掇(duō):摘,拾取。一作"辍"(chuò),停止。此句谓求贤而不可得。 [12]阡陌(qiān mò):田间小道,南北叫"阡",东西叫"陌"。越陌度阡:客人远道来访。 [13]枉:枉驾,屈就。用:以,来。存:探望,问候。 [14]契阔:久别。 [15]匝(zā):周,环绕一圈。[16]吐哺:吐出口中咀嚼的食物。传说周公唯恐失天下之士,常常吃饭时停下来接待贤才。 [17]归心:民心归附。

【评 析】

全篇抒写了年华易逝的感慨,流露出怀友求贤的心情,表现了建功立业的壮志。

始八句感叹时光易逝,着重突出光阴迅忽,事业艰难,表达出希望尽快招纳贤才,期求建功立业的迫切心情。"青青子衿"八句,前半写诗人求贤不得时的日夜思慕,后半写诗人求贤既得后的竭诚欢迎,两相对照,极为分明。"明明如月"八句,前半又在讲忧愁,照应"对酒当歌"等八句;后半讲贤才到来,照应"青青子衿"等八句,曲折有致地表现出求贤过程中的悲喜情状,突出了求贤若渴的主题。结尾表白招纳人才共图大业的愿望。"月明星稀,乌鹊南飞"四句,表达要广泛招揽人才的意愿。最后四句用"山不厌高"两句比喻贤才多多益善和自己心胸的宽广;以周公自比表明渴求贤才以统一天下的宏图大志。

《短歌行》具有浓郁的抒情气氛,慷慨悲凉的格调,整首诗的基调是昂扬的,典型地体现了"建安风骨"。

【习 题】

1. 参读曹操《龟虽寿》,理解本诗前八句表达苦闷情绪的深层含义。

2. 本诗"以情纬文,以文披质",试分析作品言志与抒情结合的特色。

3. 这首诗语言简约含蓄,格调苍凉激楚,请结合具体诗句加以说明。

桃花源诗

陶渊明

陶渊明(约365—427),名潜,字元亮,自号五柳先生,浔阳柴桑(今江西九江西南)人。东晋伟大诗人、散文家、辞赋家。陶诗分田园诗、饮酒诗和咏怀诗三类,多写田园生活和隐逸情趣,充满对污浊社会的憎恶和对纯洁田园的热爱,表现了自己自然恬淡的人生追求,显示出纯净的精神和高洁的人格。诗作"发纤浓于简古,寄至味于淡泊",平淡自然而真醇清新,词语浅易而丰腴深厚,浑然天成而意境高远,清和婉约而豪放雄健,对唐以后诗歌有广泛而深刻的影响。其散文、辞赋成就亦高,《桃花源记》《闲情赋》均为妙品。今存诗120余首,文10余篇,世传《陶渊明集》多种。

嬴氏乱天纪[1],贤者避其世。
黄绮之商山[2],伊人亦云逝[3]。
往迹浸复湮,来径遂芜废。
相命肆农耕[4],日入从所憩。
桑竹垂余荫,菽稷随时艺;
春蚕收长丝,秋熟靡王税[5]。
荒路暧交通,鸡犬互鸣吠。
俎豆犹古法[6],衣裳无新制。
童孺纵行歌,斑白欢游诣。
草荣识节和,木衰知风厉。
虽无纪历志[7],四时自成岁。
怡然有余乐,于何劳智慧!
奇踪隐五百[8],一朝敞神界[9]。
淳薄既异源,旋复还幽蔽[10]。
借问游方士,焉测尘嚣外[11]。
愿言蹑轻风,高举寻吾契[12]。

【注　释】

[1]乱天纪:犹言悖天时。字面的意思是说秦政暴虐,造成祸乱。　[2]黄:指夏黄公。绮:指绮里季。黄、绮与东园公及角(lù)里先生避秦时乱隐于深山,称"商山四皓"。　[3]伊人:指桃花源中人。　[4]肆:尽力,努力从事。　[5]靡:无。　[6]俎豆:古代指祭祀所用的礼器,这里代指祭祀。　[7]纪历志:岁时的记载。　[8]"奇踪"句:是说从秦到晋奇异的踪迹已隐没五百年,这里是约数。　[9]敞:犹言开放。神界:犹言仙境。　[10]幽蔽:言复与外界隔绝。　[11]"借问"二句:言游于寰内之人不能测知尘世以外的事。[12]吾契:与我志意相合的人。

【评　析】

《桃花源诗》描绘桃源社会的平等、安定、和谐，表达诗人对它的向往之情。

始六句叙述桃源社会的由来。诗歌核心部分分三层描述桃源社会的美好。一是自由耕作，丰衣足食。这里无君长统治，无剥削制度，无利害冲突，劳作没有任何强制意味，衣食日用供给取之不尽。二是环境安宁，民风淳朴。这里没有熙来攘往的闹乱，畜生家禽也无人惊扰；祭仪、衣着崇尚简朴，依然保留古代风情；老人小孩欢歌游荡，人们生活自由自在。三是天人合一，欢乐和谐。"草荣"四句写人与自然的和谐，人们完全按照春秋代序的节律劳作、生活、繁衍；"怡然"两句写人与人的和谐，衣食不愁、古道犹存的桃源人没有心思尔虞我诈、钩心斗角。"奇踪"四句写桃源之路的隐没，结尾表现出对桃源社会的向往和倾慕。

此诗采用框架结构，大处落墨，铺陈议论，条理井然；诗句近似口语，全无雕饰，质朴自然，超然脱俗。

【习　题】

1. 试比较《桃花源诗》与《桃花源记》，看看两者在艺术表现上有哪些不同特点。

2. 本诗表达了一种什么样的社会理想和人生态度？对此应该如何理解？

3. 苏轼说陶诗"质而实绮，癯而实腴"，结合本诗谈谈陶诗的语言平淡自然的特点。

西　洲　曲

无名氏

南北朝民歌足以和汉乐府相媲美。"骏马秋风冀北，杏花春雨江南"，这两句话被用来概括南朝、北朝乐府民歌的不同风貌。抒发慷慨悲壮情绪的北歌，风格直率粗犷，质朴中带有俚俗粗野的气息，具阳刚之美；专写缠绵婉约情爱的南歌，风格委婉细腻，自然中含有清丽柔美的韵致，具阴柔之美。南朝乐府主要分"吴声""西曲""神弦歌"三类。吴声、西曲是侑酒佐欢的女乐，声调柔软，自然婉丽；神弦歌是民间乐歌，有巫歌源远流长的遗风的影响。此诗《乐府诗集》列于杂曲，为南朝民歌，代表"吴歌""西曲"最成熟、最鼎盛阶段的作品，被誉为"言情之绝唱"。

忆梅下西洲[1]，折梅寄江北[2]。
单衫杏子红，双鬓鸦雏色[3]。
西洲在何处？两桨桥头渡。
日暮伯劳飞[4]，风吹乌桕树。
树下即门前，门中露翠钿[5]。
开门郎不至，出门采红莲[6]。
采莲南塘秋，莲花过人头。
低头弄莲子，莲子青如水[7]。

置莲怀袖中，莲心彻底红[8]。
忆郎郎不至，仰首望飞鸿[9]。
鸿飞满西洲，望郎上青楼[10]。
楼高望不见，尽日栏杆头。
栏杆十二曲，垂手明如玉。
卷帘天自高，海水摇空绿[11]。
海水梦悠悠[12]，君愁我亦愁[13]。
南风知我意，吹梦到西洲。

【注 释】

[1]梅：第一个"梅"可视为爱情、情郎的象征符号(殆同"闻欢下扬州"之"欢")。下：到。西洲：当为江北某处。江北：指情人所去之地域。 [2]杏子红：杏红色。鸦雏：小鸦。鸦雏色，言其乌黑发亮。 [3]伯劳：鸣禽，仲夏始鸣。伯劳飞翔暗示已经入夏。乌桕：江南水乡常见的落叶乔木，夏日开出黄色花朵，秋季叶色红艳夺目。 [4]翠钿：用翠玉做成或镶嵌的首饰。 [5]采红莲：红莲摇曳暗示已届夏末。下文的"莲"都有谐音"怜"的双关意思。 [6]莲子：谐"怜子"，暗指对男子的爱情。青如水：喻爱情的纯洁。 [7]莲心：谐"怜心"，就是相爱之心。彻底红：喻爱情的浓烈。 [8]望飞鸿：有盼望书信的意思。古人有雁足传书的传说，故成为典实。鸿雁南飞暗示已是清秋。 [9]青楼：涂饰青漆的楼，指显贵之家，和后代以青楼为妓院的意思不同。[10]尽日：整天，终日。 [11]海水：这里指江水。摇空绿：是说水天一色相接，好像一齐摇荡起来。 [12]悠悠：渺远，悠长。 [13]君：指在江北的所欢。

【评 析】

《西洲曲》描写一位江南少女自春至秋对情郎刻骨铭心的相思。

全诗以忆昔—盼归—思郎—望郎—梦郎为序展开。忆及"折梅寄远"，引出绵绵之思。"西洲"八句写少女对情郎归来的期盼，"开门候郎"四个"门"字叠用，活现少女焦迫、失望、难堪心态。"南塘采莲"集中笔墨描写少女思念情郎、憧憬幸福的神情意态。"采莲""弄莲""置莲"三个动作，极有层次地写出人物感情的变化：浪漫的期待—真诚的自许—执着的坚守，描写细致入微，真切感人。此节连用七个"莲"字，着意渲染女子缠绵的情思。"忆郎"十句由思郎而望郎，"青楼望郎"突出一个"望"字，"望"的简单动作写得形神兼备。最后四句是全诗的尾声。"海水""悠悠"喻终年相思没有穷尽。结末两句是遐想，"南风吹梦"，设想新奇，情思无限。

作品兼具吴歌的缠绵清丽和西曲的坦直率真，画面组接巧妙，声情婉转动人。

【习 题】

1. 作为南朝文学两个"哥德巴赫猜想"之一，本诗的艺术结构有什么特点？

2.《古诗源》评《西洲曲》"续续相生，连跗接萼，摇曳无穷，情味愈出"，请结合作品谈谈这一特色。

3.《西洲曲》被誉为"言情之绝唱"，请以本诗为例谈谈南朝乐府民歌的抒情风格。

垓下之围[1]

司马迁

司马迁(约前145—?),字子长,夏阳(今陕西韩城南)人,西汉史学家、文学家、思想家。元封元年(前110年)任太史令,不久开始撰写《史记》。《史记》分本纪、表、书、世家和列传五种形式,记叙上自轩辕黄帝,下至汉武帝太初年间约三千年的历史。司马迁本着"不虚美、不隐恶"的实录精神,以饱满情感、过人胆识和卓绝才华秉笔直书,刻画了众多既有鲜明个性又具典型意义的历史人物形象。《史记》开创了中国纪传体史学和中国传记文学。《史记》叙事传神畅达,情节曲折;语言明白晓畅,生动精当;文章气势磅礴,充满激情,堪称古典散文的典范。

项王军壁垓下[2],兵少食尽,汉军及诸侯兵围之数重[3]。夜闻汉军四面皆楚歌[4],项王乃大惊曰:"汉皆已得楚乎?是何楚人之多也!"项王则夜起,饮帐中。有美人名虞[5],常幸从[6];骏马名骓[7],常骑之。于是项王乃悲歌慷慨[8],自为诗曰:"力拔山兮气盖世[9],时不利兮骓不逝。骓不逝兮可奈何,虞兮虞兮奈若何[10]!"歌数阕[11],美人和之[12]。项王泣数行下,左右皆泣,莫能仰视。

于是项王乃上马骑,麾下壮士骑从者八百余人,直夜溃围南出[13],驰走。平明[14],汉军乃觉之,令骑将灌婴以五千骑追之[15]。项王渡淮,骑能属者百余人耳[16]。项王至阴陵[17],迷失道,问一田父[18],田父绐曰:"左。"左,乃陷大泽中,以故汉追及之。项王乃复引兵而东,至东城[19],乃有二十八骑。汉骑追者数千人。项王自度不得脱[20],谓其骑曰:"吾起兵至今八岁矣,身七十余战,所当者破[21],所击者服,未尝败北,遂霸有天下。然今卒困于此,此天之亡我,非战之罪也。今日固决死[22],愿为诸君快战[23],必三胜之,为诸君溃围,斩将,刈旗[24],令诸君知天亡我,非战之罪也。"乃分其骑以为四队,四向。汉军围之数重。项王谓其骑曰:"吾为公取彼一将。"令四面骑驰下,期山东为三处[25]。于是项王大呼驰下,汉军皆披靡[26],遂斩汉一将。是时,赤泉侯为骑将[27],追项王,项王嗔目而叱之,赤泉侯人马俱惊,辟易数里[28]。与其骑会为三处。汉军不知项王所在,乃分军为三,复围之。项王乃驰,复斩汉一都尉[29],杀数十百人,复聚其骑,亡其两骑耳。乃谓其骑曰:"何如?"骑皆伏曰[30]:"如大王言!"

于是项王乃欲东渡乌江[31]。乌江亭长舣船待[32],谓项王曰:"江东虽小,地方千里,众数十万人,亦足王也。愿大王急渡。今独臣有船,汉军至,无以渡。"项王笑曰:"天之亡我,我何渡为!且籍与江东子弟八千人渡江而西[33],今无一人还,纵江东父兄怜而王我[34],我何面目见之?纵彼不言,籍独不愧于心乎?"乃谓亭长曰:"吾知公长者。吾骑此马五岁,所当无敌,尝一日行千里,不忍杀之,以赐公。"乃令骑皆下马步行,持短兵接战。独籍所杀汉军数百人。项王身亦被十余创,顾见汉骑司马吕马童[35],曰:"若非吾故人乎?"马童面之[36],指王翳曰[37]:"此项王也。"项王乃曰:"吾闻汉购我头千金,邑万户[38],吾为若德[39]。"乃自刎而死。

……

太史公曰[40]：吾闻之周生曰[41]“舜目盖重瞳子”[42]，又闻项羽亦重瞳子。羽岂其苗裔邪[43]？何兴之暴也[44]！夫秦失其政，陈涉首难[45]，豪杰蜂起，相与并争，不可胜数。然羽非有尺寸[46]乘势起陇亩之中[47]，三年，遂将五诸侯灭秦[48]，分裂天下，而封王侯，政由羽出，号为“霸王”，位虽不终，近古以来未尝有也。及羽背关怀楚[49]，放逐义帝而自立[50]，怨王侯叛己，难矣。自矜功伐[51]，奋其私智而不师古[52]，谓霸王之业，欲以力征经营天下，五年卒亡其国，身死东城，尚不觉寤[53]，而不自责，过矣[54]。乃引“天亡我[55]，非用兵之罪也”，岂不谬哉！

【注　释】

[1]本文选自《史记·项羽本纪》。垓(gāi)下：地名，故址在今安徽灵璧东南。项羽(前232—前202)，名籍，字羽，秦末农民起义军领袖。出身楚国贵族。秦亡后，自立为西楚霸王。在楚汉战争中，被刘邦击败。 [2]壁：营垒。此处作动词用，指驻扎。 [3]诸侯兵：指当时站在刘邦一边的韩信、彭越等率领的几支反秦部队。 [4]楚歌：用楚语唱的歌曲。 [5]虞：应当是美人的姓氏。班固《汉书·项籍传》中即作“有美人，姓虞氏”。 [6]幸从：受宠爱而随从。 [7]骓(zhuī)：黑白杂色，以色为马名。 [8]慷慨：悲愤激昂。 [9]盖世：指才能、功绩等超过所有当代人。 [10]奈若何：将你怎么办。若：你。 [11]数阕(què)：数遍。阕：乐歌一段叫一阕。 [12]和(hè)：应和，跟着唱。 [13]直夜：当夜。直夜溃围：当夜突破重围。 [14]平明：天刚亮时。 [15]骑将：统帅骑兵的将领。灌婴：曾为丝帛商贩，后随从刘邦，封颍阴侯。 [16]骑能属者：能跟上他的骑兵。 [17]阴陵：地名，今安徽定远西北。 [18]田父：农夫。绐(dài)：欺骗。 [19]东城：地名，故址在今安徽定远东南。 [20]度：估计。脱：逃脱，脱险。 [21]当：抵挡。 [22]决死：必死无疑。 [23]快战：痛快地一战。 [24]刈(yì)：砍，割。 [25]期：约定。山东：指山的东面。相传此山为安徽和县背面的四溃山。 [26]披靡：原指草木随风倒伏，这里指人马溃散。 [27]赤泉侯：指汉将杨喜，因获项羽尸体有功而封侯，赤泉在今河南淅川西。 [28]辟易：因畏惧而退避。辟：同避。易：易地，挪地方。 [29]都尉：武官，级位比将军低。 [30]伏：同服，心服。 [31]乌江：指乌江浦，渡口名，在今安徽和县东北的长江西岸。 [32]亭长：乡官。秦汉时十里一亭，设亭长一人。舣(yǐ)：拢船靠岸。 [33]江东：指长江南岸的江苏、安徽等地。 [34]纵：即使。王(wàng)我：拥我为王。 [35]顾：回头看。骑司马：骑兵将领衔名之一。吕马童：原属项王旧部，后叛楚投汉，以功封中水侯。中水：汉县名，故址在今河北饶阳东。 [36]面：通“偭”，背对之意。 [37]指王翳：指给王翳看。王翳：汉将，后封杜衍侯。杜衍：地名，故址在今河南南阳西南。 [38]邑万户：以万家之众的都邑来封赏。 [39]德：此处指封侯受赏的好事。 [40]太史公：即太史令，司马迁自称。 [41]周生：姓周的儒生。 [42]舜：传说中父系氏族社会后期部落联盟领袖。重瞳(chóng tóng)子：一个眼睛里有两个眸子。 [43]苗裔：后代。 [44]暴：突然，迅速。 [45]陈涉：名胜，涉为其字，秦末农民起义领袖。首难：首先发难起义。 [46]尺寸：尺寸之地，比喻微小。这里指没有多少封地、权势等凭借。 [47]陇亩：田垄间，此处指民间。 [48]五诸侯：指齐、赵、韩、魏、燕五国之众，此处泛指楚以外的各路义军。 [49]背关怀楚：放弃关中，怀念楚地。这里指项羽东归定都彭城一事。 [50]义帝：指熊心，原为牧羊人，被项羽叔项梁以楚王之后立为楚怀王，项羽为夺其实权，尊其为义帝，含有名无实之意，后被项羽所杀。 [51]矜(jīn)：夸耀，自负。功伐：功勋。 [52]奋：逞，发挥。私智：个人聪明才力。 [53]寤：同“悟”。 [54]过：错误。 [55]引：借口。

【评　析】

本文描画了性格多重、形象丰满的艺术形象，谱写了一曲英雄末路的悲歌。

作品以“霸王别姬”“率众突围”“自刎乌江”等情节，描绘了英雄末路的具体情景，展示了人物性格的不同侧面。“霸王别姬”先以四面楚歌，渲染垂危情势，制造悲凉气氛；后写诀别虞姬，表现英雄末路的心境，主要写项羽失败的情势，突出他的“柔”。“率众突围”包括三个层次：一是阴陵失道，陷于大泽；二是兵败被围，恃勇自负；三是东城快战，连斩敌将，主要写项羽临危的抗争，突出他的“刚”；“自刎乌江”分不肯渡江、赠马亭长、自杀赠头三步陈述，主要写项羽悲剧的结局，突出他的“义”。篇末对项羽一生功过成败作了评价，褒贬兼具，文情并茂。

本文形象塑造成功之处在于：以典型传神的细节描写，真实表现个性；以紧张节烈的场面再现，展现英雄风采；以苍凉悲壮的氛围烘托，揭示人物心境。

【习　题】

1. 在《史记》十二篇“本纪”中，《项羽本纪》写得最有气势和激情，谈谈本文在叙述描写中倾注激情的特色。

2. 本文描画了项羽这个性格多重、形象丰满的艺术形象，试分析项羽形象的性格特征。

3. 试从场景再现、氛围烘托、细节描写几个角度，归纳本文人物形象塑造的特点。

苏　武　传

班　固

班固(32—92)，字孟坚，东汉扶风安陵(今陕西咸阳)人，东汉史学家、文学家。班固继承父亲班彪的事业，在《史记后传》(班彪著)的基础上撰作“汉史”，经二十余年努力，终于写成《汉书》。《汉书》开创了我国断代史的先例，写西汉一代230年的史事。《汉书》虽仿《史记》体例，但也有创新。是书能博采众长，严加考核，补苴缺漏，同时文字整饬、记事周密、结构严谨，故其成为一部与《史记》并称的历史巨著。班固同时也是一位文学家，善作诗赋，代表作有《咏史诗》(文学史上第一篇文人五言诗)和《两都赋》。后人辑有《班兰台集》。

武字子卿，少以父任[1]，兄弟并为郎[2]，稍迁至栘中厩监[3]。时汉连伐胡，数通使相窥观[4]。匈奴留汉使郭吉、路充国等前后十余辈[5]。匈奴使来，汉亦留之以相当[6]。

天汉元年[7]，且鞮侯单于初立[8]，恐汉袭之，乃曰：“汉天子，我丈人行也。”[9]尽归汉使路充国等。武帝嘉其义[10]，乃遣武以中郎将使持节送匈奴使留在汉者[11]，因厚赂单于，答其善意。武与副中郎将张胜及假吏常惠等[12]，募士斥候百余人俱[13]。既至匈奴，置币遗单于[14]。单于益骄，非汉所望也。

方欲发使送武等，会缑王与长水虞常等谋反匈奴中[15]。缑王者，昆邪王姊子也[16]，与昆邪王俱降汉，后随浞野侯没胡中[17]。及卫律所将降者[18]，阴相与谋劫单于母阏氏归汉[19]。会武等至匈奴。虞常在汉时，素与副张胜相知，私候胜[20]，曰：“闻汉天子甚怨卫律，常能为汉伏弩射杀之。吾母与弟在汉，幸蒙其赏赐。”张胜许之，以货物与常。后月余，单于出猎，独阏氏、子弟在。虞常等七十余人欲发[21]，其一人夜亡，告之[22]。单于子弟发兵与战，缑王等皆死，虞常生得。

单于使卫律治其事。张胜闻之，恐前语发[23]，以状语武。武曰："事如此，此必及我。见犯乃死，重负国[24]！"欲自杀，胜、惠共止之。虞常果引张胜[25]。单于怒，召诸贵人议，欲杀汉使者。左伊秩訾曰[26]："即谋单于，何以复加[27]？宜皆降之。"单于使卫律召武受辞[28]，武谓惠等："屈节辱命，虽生，何面目以归汉！"引佩刀自刺。卫律惊，自抱持武，驰召医。凿地为坎，置煴火[29]，覆武其上[30]，蹈其背以出血[31]。武气绝，半日复息[32]。惠等哭，舆归营[33]。单于壮其节，朝夕遣人候问武，而收系张胜[34]。

武益愈，单于使使晓武，会论虞常[35]，欲因此时降武。剑斩虞常已，律曰："汉使张胜，谋杀单于近臣[36]，当死。单于募降者赦罪[37]。"举剑欲击之，胜请降。律谓武曰："副有罪，当相坐[38]。"武曰："本无谋[39]，又非亲属，何谓相坐？"复举剑拟之[40]，武不动。律曰："苏君，律前负汉归匈奴，幸蒙大恩，赐号称王；拥众数万，马畜弥山[41]，富贵如此！苏君今日降，明日复然。空以身膏草野[42]，谁复知之！"武不应。律曰："君因我降，与君为兄弟。今不听吾计，后虽欲复见我，尚可得乎？"武骂律曰："女为人臣子[43]，不顾恩义，畔主背亲，为降虏于蛮夷，何以女为见[44]？且单于信女，使决人死生；不平心持正，反欲斗两主[45]，观祸败。南越杀汉使者，屠为九郡[46]。宛王杀汉使者，头县北阙[47]。朝鲜杀汉使者，即时诛灭[48]。独匈奴未耳。若知我不降明[49]，欲令两国相攻。匈奴之祸，从我始矣！"

律知武终不可胁，白单于。单于愈益欲降之，乃幽武，置大窖中，绝不饮食[50]。天雨雪，武卧啮雪，与旃毛并咽之[51]，数日不死，匈奴以为神。乃徙武北海上无人处[52]，使牧羝，羝乳乃得归[53]。别其官属常惠等，各置他所。

武既至海上，廪食不至，掘野鼠去草实而食之[54]。杖汉节牧羊[55]，卧起操持，节旄尽落[56]。积五六年，单于弟於靬王弋射海上[57]。武能网纺缴，檠弓弩[58]，於靬王爱之，给其衣食。三岁余，王病，赐武马畜、服匿、穹庐[59]。王死后，人众徙去。其冬，丁令盗武牛羊[60]，武复穷厄。

初，武与李陵俱为侍中[61]。武使匈奴明年，陵降，不敢求武。久之，单于使陵至海上，为武置酒设乐。因谓武曰："单于闻陵与子卿素厚，故使陵来说足下[62]，虚心欲相待。终不得归汉，空自苦亡人之地，信义安所见乎[63]？前长君为奉车[64]，从至雍棫阳宫[65]，扶辇下除[66]，触柱折辕，劾大不敬[67]，伏剑自刎，赐钱二百万以葬。孺卿从祠河东后土[68]，宦骑与黄门驸马争船[69]，推堕驸马河中溺死。宦骑亡，诏使孺卿逐捕不得，惶恐饮药而死。来时，大夫人已不幸[70]，陵送葬至阳陵[71]。子卿妇年少，闻已更嫁矣。独有女弟二人[72]，两女一男，今复十余年，存亡不可知。人生如朝露，何久自苦如此！陵始降时，忽忽如狂，自痛负汉，加以老母系保宫[73]，子卿不欲降，何以过陵？且陛下春秋高[74]，法令亡常[75]，大臣亡罪夷灭者数十家[76]，安危不可知。子卿尚复谁为乎？愿听陵计，勿复有云[77]！"武曰："武父子亡功德，皆为陛下所成就，位列将，爵通侯[78]，兄弟亲近，常愿肝脑涂地。今得杀身自效[79]，虽蒙斧钺汤镬[80]，诚甘乐之。臣事君，犹子事父也；子为父死，亡所恨。愿勿复再言！"陵与武饮数日，复曰："子卿壹听陵言。[81]"武曰："自分已死久矣[82]！王必欲降武，请毕今日之欢，效死于前[83]！"陵见其至诚，喟然叹曰："嗟乎，义士！陵与卫律之罪，上通于天！"因泣下沾衿，与武决去[84]。陵恶自赐武[85]，使其妻赐武牛羊数十头。后陵复至北海上，语武："区脱捕得云中生口[86]，言太守以下吏民皆白服，曰'上崩'[87]。"武闻之，南乡号哭，欧血，旦夕临[88]，数月。

昭帝即位[89]，数年，匈奴与汉和亲[90]。汉求武等，匈奴诡言武死。后汉使复至匈奴，常惠请其守者与俱，得夜见汉使，具自陈道。教使者谓单于，言天子射上林中[91]，得雁，足有系帛书，言武等在某泽中。使者大喜，如惠语以让单于[92]。单于视左右而惊，谢汉使曰："武等实在。"

于是李陵置酒贺武曰："今足下还归，扬名于匈奴，功显于汉室。虽古竹帛所载，丹青所画[93]，何以过子卿！陵虽驽怯[94]，令汉且贳陵罪[95]，全其老母，使得奋大辱之积志[96]，庶几乎曹柯之盟[97]，此陵宿昔之所不忘也[98]。收族陵家，为世大戮，陵尚复何顾乎[99]？已矣，令子卿知吾心耳。异域之人，壹别长绝！"陵起舞，歌曰："径万里兮度沙幕，为君将兮奋匈奴[100]。路穷绝兮矢刃摧，士众灭兮名已隤[101]。老母已死，虽欲报恩将安归[102]！"陵泣下数行，因与武决。单于召会武官属，前已降及物故，凡随武还者九人。

武以始元六年春至京师。诏武奉一太牢谒武帝园庙[103]。拜为典属国[104]，秩中二千石[105]；赐钱二百万，公田二顷，宅一区。常惠、徐圣、赵终根皆拜为中郎，赐帛各二百匹。其余六人，老，归家，赐钱人十万，复终身[106]。常惠后至右将军，封列侯，自有传。武留匈奴凡十九岁，始以强壮出，及还，须发尽白。

……

【注　释】

[1]以：凭借。父：指苏武的父亲苏建。任：职位。汉代官制，官至二千石以上的人，其子弟可任为郎，苏武的父亲有功封平陵侯，做过代郡太守，所以苏武得享这种待遇。　[2]兄弟：指苏武和他的兄苏嘉，弟苏贤。郎：官名，汉代专指职位较低的皇帝侍从。　[3]稍迁：逐渐提升。移(yí)中厩(jiù)：汉宫中有移园，园中有马厩(马棚)，故称。监：此指管马厩的官，掌鞍马、鹰犬等。　[4]通使：派遣使者往来。窥观：窥探观察。[5]郭吉：元封元年(前110年)，汉武帝亲统大军18万到北地，派郭吉到匈奴，晓谕单于归顺，单于大怒，扣留了郭吉。路充国：元封四年(前107年)，匈奴派遣使者至汉，病故。汉派路充国送丧到匈奴，单于以为是被汉杀死，扣留了路充国。辈：批。　[6]相当：相抵。　[7]天汉元年：前100年。天汉，汉武帝年号。[8]且鞮(jū dī)侯：单于嗣位前的封号。单(chán)于：匈奴首领的称号。　[9]丈人：对男子长辈的尊称。行(háng)：行辈。　[10]嘉其义：赞许他的义气。　[11]中郎将：皇帝的侍卫长。节：使臣所持信物，以竹为杆，柄长八尺，拴上牦牛尾，共三层，故又称"旄节"。　[12]假吏：临时委任的使臣属官。　[13]斥候：军中担任警卫的侦察人员。　[14]币：财物，玉、马、皮、帛等，古皆称币。遗(wèi)馈送。　[15]缑王：匈奴的一个亲王。长水：水名，在今陕西省蓝田县西北。虞常：长水人，后投降匈奴。　[16]昆邪(hún yé)王：匈奴一个部落的王，其地在河西(今甘肃西北部)。昆邪王于汉武帝元狩二年(前121年)降汉。　[17]浞(zhuó)野侯：汉将赵破奴的封号。汉武帝太初二年(前103年)率两万骑击匈奴，兵败而降，全军沦没。　[18]卫律：本为长水胡人，但长于汉，被协律都尉李延年荐为汉使出使匈奴。回汉后，正值延年因罪全家被捕，卫律怕受牵连，又逃奔匈奴，被封为丁灵王。"降者"下脱"虞常"二字。　[19]阏氏(yān zhī)：匈奴王后封号。[20]私候：偷偷地拜访。　[21]发：指起事。　[22]夜亡告之：夜间逃出去告密于单于。　[23]前语：指不久以前虞常和张胜私下所谈的那些话。发：泄露。　[24]见犯：被(匈奴)侵犯，凌辱。重负国：更加辜负了国家。　[25]引：牵引，牵连。　[26]左伊秩訾(zī)：匈奴的王号，有"左""右"之分。　[27]即：假使。加：加重。此句意谓判刑太重。　[28]受辞：受审讯。　[29]坎：坑。煴(yūn)火：初燃未旺有烟无焰的火。[30]覆武其上：把苏武的身体，面向下覆在坑上。　[31]蹈：同"掐"，作"轻敲"讲。　[32]复息：又有了呼吸的气息。　[33]舆：轿子。此用作动词，犹"抬"。营：汉使营帐。　[34]收系：逮捕监禁。　[35]会论：共同定罪，共同来判(虞常的)罪。　[36]近臣：亲信的大臣，这里指卫律自己。当死：当论死罪。　[37]募降：招降。　[38]相坐：连带治罪。古代法律规定，凡犯谋反等大罪者，其亲属也要跟着治罪，叫做连坐，或相坐。这里是说，副使有罪，正使也应连带治罪。　[39]无谋：未与之同谋。　[40]拟：比拟。此句意谓拿剑对着

他，做出要杀的样子。［41］弥山：满山。［42］膏：肥美滋润，此用作动词，涂。［43］女（rǔ）：即“汝”，下同。［44］何以女为见：见你干什么。［45］斗两主：使汉皇帝和匈奴单于相斗。斗，用为使动词。［46］南越：国名，今广东、广西南部一带。屠：平定。《史记·南越列传》载，武帝元鼎五年（前112年），南越王相吕嘉杀其国王及汉使者，叛汉。武帝发兵讨伐，活捉吕嘉，因将其地改为珠崖、南海等九郡。［47］宛王：指大宛国王毋寡。北阙：宫殿的北门。《史记·大宛列传》载，汉武帝太初元年（前104年），宛王毋寡派人杀前来求良马的汉使。武帝即命李广利讨伐大宛，大宛诸贵族乃杀毋寡而降汉。［48］“朝鲜”二句：指武帝发兵伐朝鲜事。《史记·朝鲜列传》载，武帝元封二年（前109年）派遣涉何出使朝鲜，涉何暗害了伴送他的朝鲜人，谎报为杀了朝鲜武将，因而被封为辽东东部都尉。朝鲜王右渠杀涉何，于是武帝发兵讨伐。朝鲜相杀王右渠降汉。［49］若：你。［50］幽：囚，禁闭。饮食（yìn sì）：用作动词。绝不饮食：即不给水喝，不给饭吃。［51］啮：咬。旃（zhān）：通“毡”，毛毡。［52］北海：当时在匈奴北境，即今贝加尔湖，当时为匈奴北界。［53］羝（dī）：公羊。乳：用作动词，生育，指生小羊。公羊不可能生小羊，故此句是说苏武永远没有归汉的希望。［54］廪食：官府供给的食物。去：通“弆”（jǔ），收藏。［55］杖：作动词用，拄着。［56］节旄：指节上挂的牦牛尾饰物。［57］於靬（wū jiān）王：且鞮单于之弟，为匈奴的一个亲王。弋射：射猎。［58］“武能”句中“网”前应有“结”字。缴：系在箭上的丝绳。檠（qíng）：矫正弓箭的工具。此作动词，犹“矫正”。［59］服匿：盛酒酪的容器，类似今天的坛子。穹庐：圆顶大篷帐，犹今之蒙古包。［60］丁令：即丁灵，匈奴北边的一个部族。［61］李陵：字少卿，西汉陇西成纪（今甘肃秦安）人，李广之孙，武帝时曾为侍中。天汉二年（前99年）出征匈奴，兵败投降，后病死匈奴。侍中：官名，皇帝的侍从。［62］足下：敬辞，称对方。此指苏武。［63］亡：同“无”。“亡人之地”，前略去“于”字。安所见：表现在哪里，即有谁看得见。［64］长君：指苏武的长兄苏嘉。奉车：官名，即“奉车都尉”，皇帝出巡时，负责车马的侍从官。［65］雍：汉代县名，在今陕西宝鸡。棫（yù）阳宫：秦时所建宫殿，在雍东北。［66］辇（niǎn）：皇帝的坐车。除：宫殿的台阶。［67］劾（hé）：弹劾，汉时称判罪为劾。大不敬：不敬皇帝的罪名，为一种不可赦免的重罪。［68］孺卿：苏武弟苏贤的字。河东：郡名，在今山西夏县北。后土：地神。［69］宦骑：骑马的宦官。黄门驸马：宫中掌管车辇马匹的官。［70］大夫人：指苏武的母亲。大：通“太”。不幸：这里是死的代称。［71］阳陵：汉时有阳陵县，在今陕西咸阳东。［72］女弟：妹妹。［73］系：收押。保宫：本名“居室”，太初元年更名“保宫”，囚禁犯罪大臣及其眷属之处。［74］春秋高：年老。春秋：指年龄。［75］法令亡常：意谓武帝年老神昏，经常改变法令，任意杀人。［76］夷灭：诛杀，指灭族。［77］勿复有云：不要再说别的。［78］位：指被封的爵位。列将：一般将军的总称。苏武父子曾被任为右将军、中郎将等。通侯：汉爵位名，本名彻侯，因避武帝讳改。苏武父苏建曾封为平陵侯。［79］杀身自效：牺牲自己来效忠国家。［80］斧钺（yuè）：古时用以杀犯人的斧子。钺：大斧。镬（huò）：无足大鼎；汤镬：一种酷刑，即把人投入滚汤中煮死。这里都泛指刑戮。［81］壹：决定之辞，作“一定”讲，和下文“壹别长绝”的“壹”（同“一”）不同。［82］自分（fèn）：自己料定。［83］效死：交出生命。效死于前，即死在你的面前。［84］衿：同“襟”。决：同“诀”；决去，告别而去。［85］恶（wù）：羞恶，不好意思。赐：赠予。［86］区（ōu）脱：亦作“瓯脱”，两国边界地带。一说，云中郡名，当今内蒙古自治区河套东部一带地区。生口：活人，这里指被俘虏的汉人。［87］上崩：皇帝死。这里指后元二年（前87年）汉武帝死。［88］乡：同“向”。南乡：即向着南方。欧（ǒu）：同“呕”。临（lìn）：哭奠。［89］“昭帝”三句：昭帝名弗陵，武帝子。前87年继位，次年改元始元。始元六年（前81年），与匈奴议和。［90］和亲：本指两个民族之间通过联姻，以缔结友好关系，这里当是和好的意思。［91］上林：即上林苑，故址在今陕西西安附近。本秦时旧苑，汉武帝时扩建，周围三百里，为汉代皇帝的猎场。［92］让：责备。［93］竹帛：竹简和白绢，古时供书写之用，此指史册。丹青：丹砂和青雘，皆绘画所用的原料，此指图画。［94］驽怯：笨拙怯懦。［95］贳（shì）：宽赦。［96］奋：施展。大辱：指自己兵败投降匈奴事。积志：积蓄已久的志愿。［97］庶几：也许可以，表示希望。曹：指春秋时鲁人曹沫，《左传》作曹刿。柯：春秋齐邑，在今山东阳谷东北。曹沫与齐交战，三战皆败，鲁国献汶阳之地以求和。齐桓公乃与鲁庄公在柯邑会盟。曹沫执匕首劫持齐桓公，迫使齐桓公归还了鲁地。［98］宿昔：以前，往日。这里的“宿昔”，当指李陵家属尚未被杀之时。一说宿昔同“夙夕”，等于说早晚。［99］收：系捕。族：灭族。戮：惩罚，这里指耻辱。顾:留恋。 [100]径:经过。度:同"渡"。沙幕:同"沙漠"。为君将:指作汉武帝的将帅。奋:指奋力与匈奴作战。 [101]路穷绝:指被困峡谷。摧:毁折。名已隤:名誉扫地。隤:同"颓"。 [102]恩:指母恩。将安归:意谓母亲已死,向谁报恩呢。 [103]奉:呈。太牢:以牛、羊、豕三牲作祭品。谒:这里指祭告。园庙:陵墓处的祠庙。 [104]典属国:官名,掌管臣属于汉朝的外族事务。 [105]秩:俸禄的等级。中二千石:汉代俸禄以粮食数目为等级,二千石又分为中二千石、二千石、比二千石三等,中二千石,意谓月俸为一百八十斛。 [106]复:免除徭役。

【评　析】

《苏武传》通过苏武出使匈奴、被迫滞留、终得返国的曲折经历的描写,塑造了一个坚持民族气节、具有高尚品德的爱国者形象。

文章以人物活动"出使匈奴""身陷匈奴""离开匈奴"为主线展开叙述。"出使匈奴"交代苏武受命出使的特殊背景和具体使命。"身陷匈奴"是文章重点部分,主要由"节外生枝""引刀自刎""怒斥卫律""北海牧羊""不听李陵""北海啼血"等情节组成,文章将苏武的人品、气节和襟怀置于意外的事变牵累、凌厉的劝降攻势和险恶的生存环境中来表现。"离开匈奴"由"雁足传书""苏李诀别""归反受封"三个情节构成,一"出"一"归",首尾圆合,结构非常完整。坚强个性、民族气节、爱国意志三个方面构成苏武形象的主要特征。

本传最重要的艺术成就是调动各种艺术手段塑造了栩栩如生的典型艺术形象,文章剪裁得法,对比反衬鲜明,语言富于个性。

【习　题】

1. 试分析本文中的苏武形象,就如何评价苏武的"忠君"思想谈谈自己的看法。
2. 本文是怎样刻画苏武这个典型艺术形象的?请加以总结和概括。
3. 试比较《垓下之围》和《苏武传》,谈谈两者在语言表达上的不同个性。

登　楼　赋

王　粲

王粲(177—217),字仲宣,山阳高平(今山东邹城)人,汉末诗人、散文家。与孔融、陈琳、徐幹、阮瑀、应玚、刘桢并称"建安七子",有"七子之冠冕"之称,与曹植并称"曹王"。曹植称他"文若春华,思若泉涌,发言可咏,下笔成篇"。王粲诗歌以抒情见长,善发愀怆之辞,前期多写乱离之状和怀才不遇之感,《七哀诗》二首为代表;后期多为颂扬之作,表达从军征战、建功立业的激昂情绪,《从军诗》五首为代表。诗作语言刚健,辞气慷慨。抒情小赋多为骚体,今存20余篇,感情深挚,风格清丽。王粲《七哀诗》《登楼赋》等享誉古今,后人辑有《王侍中集》。

登兹楼以四望兮[1],聊暇日以销忧[2]。览斯宇之所处兮[3],实显敞而寡仇[4]。挟清漳之通浦兮[5]，倚曲沮之长洲[6]。背坟衍之广陆兮[7]，临皋隰之沃流[8]。北弥陶牧，西接昭丘[9]。华实蔽野，黍稷盈畴[10]。虽信美而非吾土兮[11]，曾何足以少留[12]！

遭纷浊而迁逝兮[13]，漫逾纪以迄今[14]。情眷眷而怀归兮[15]，孰忧思之可任[16]？凭轩槛以遥望兮[17]，向北风而开襟[18]。平原远而极目兮[19]，蔽荆山之高岑[20]。路逶迤而修迥兮[21]，川既漾而济深[22]。悲旧乡之壅隔兮[23]，涕横坠而弗禁[24]。昔尼父之在陈兮，有归欤之叹音[25]。钟仪幽而楚奏兮[26]，庄舄显而越吟[27]。人情同于怀土兮，岂穷达而异心[28]！

惟日月之逾迈兮[29]，俟河清其未极[30]。冀王道之一平兮[31]，假高衢而骋力[32]。惧匏瓜之徒悬兮[33]，畏井渫之莫食[34]。步栖迟以徙倚兮[35]，白日忽其将匿[36]。风萧瑟而并兴兮[37]，天惨惨而无色[38]。兽狂顾以求群兮[39]，鸟相鸣而举翼，原野阒其无人兮[40]，征夫行而未息。心凄怆以感发兮[41]，意忉怛而憯恻[42]。循阶除而下降兮[43]，气交愤于胸臆[44]。夜参半而不寐兮[45]，怅盘桓以反侧[46]。

【注　释】

[1]兹楼：这座城楼，指湖北当阳东南、漳沮（jū）二水之间的麦城城楼。　[2]聊：姑且，暂且。暇日：假借此日。暇：通“假”，借。销忧：解除忧虑。　[3]斯宇：宇，屋，此处指代整座城楼。所处：所处的环境。[4]显敞：明亮宽敞。寡仇：少有匹敌。仇：匹。　[5]挟：带。清漳：漳水，发源于湖北南漳，流经当阳，与沮水会合，经江陵注入长江。通浦：两条河流相通之处。浦：注入大河的支流或水渠。　[6]倚：靠。曲沮：曲折蜿蜒的沮水。沮水源出湖北保康西南，流经南漳，与漳水会合。长洲：水中长形陆地。　[7]背：背靠，指北面。坟衍：土地高起为坟，广平为衍。广陆：广袤的原野。　[8]临：面临，指南面。皋隰（xí）：水边高地为皋，低湿之地为隰。沃流：可以灌溉的水流。　[9]弥：接，直到。陶：地名，相传为陶朱公范蠡的葬地。牧：郊野。湖北江陵西有陶朱公墓，故称陶牧。昭丘：楚昭王（春秋时深知用人之道的明君）坟墓，在当阳郊外。[10]华：通“花”。华实：鲜花和果实。黍稷：泛指农作物。　[11]信美：确实美好。吾土：此处指故乡。[12]曾：竟。少留：暂居一段。　[13]遭纷浊：犹言生逢乱世。纷浊：纷扰混浊，指董卓之乱。迁逝：迁徙流亡，指由长安避乱到荆州。　[14]逾纪：超过了十二年。纪：十二年。迄今：至今。　[15]眷眷：念念不忘，顾念深切。　[16]孰：谁。可任：能承受得了。　[17]凭：倚，依靠。轩槛：楼上四通长廊边的栏杆。　[18]开襟：敞开胸襟。　[19]极目：纵目眺望（故乡）。　[20]蔽：被遮住了视线。荆山：在湖北南漳。高岑：小而高的山峰。　[21]逶迤：曲折漫长。修迥：遥远。　[22]漾：水流长；一说指水宽势盛。　[23]壅（yōng）隔：遮挡隔阻。壅：壅蔽，遮挡。　[24]横坠：纵横下落。弗禁：不能止住。　[25]尼父：即孔子，孔子字仲尼。父：同“甫”，古时对男子的美称，常连用于表字后。归欤：孔子周游列国，在陈、蔡绝粮时感叹：“归欤，归欤！”[26]钟仪：楚国乐官，被晋所俘，晋侯使之弹琴，仍操楚国乐调。幽：拘系。楚奏：弹奏楚国乐章。　[27]庄舄（xì）：越国人，在楚国做高官，病中思乡，仍发越音。显：显达。　[28]“人情”二句：怀念乡土之情人人相同，岂因仕途的穷通而有所区别！　[29]日月逾迈：指时光飞快流逝。逾：过。迈：行。　[30]俟（sì）：等待。河：黄河。河清：比喻时世清平。古人认为黄河清则圣人出，圣人出则天下将反乱为治。其：犹“则”。极：至。　[31]冀：希望。王道：帝王车驾所由之路。王道坦荡，平衍正直，故古人用以比喻理想的社会治理。[32]假：借。高衢：高平宽敞的大道。骋力：比喻在宇内清平的政治环境中，尽情施展自己的才干。骋：纵马驰奔。　[33]匏（páo）瓜：比喻不为世所用。匏瓜：即葫芦。匏瓜徒悬语出《论语・阳货》。　[34]渫（xiè）：淘去泥污，使水清洁。作者以“井渫”喻自身修养的成熟，担心终不为世用，致使才智不能施展。　[35]栖迟：游息。徙倚：行止不定。　[36]忽其：犹忽然间，形容时间过得快。匿：隐藏。　[37]萧瑟：形容风声阴冷萧索。并兴：同时由各方兴起。　[38]无色：暗淡无光。　[39]狂顾：惊恐地回头望。　[40]阒（qù）：安静，静寂。　[41]凄怆（chuàng）：凄凉悲伤。感发：感动触发，为周围景物所感触。　[42]忉怛（dāo dá）：忧伤不安。忉：忧念。怛：惊惧而悲伤。憯（cǎn）：同“惨”。恻：悲伤。憯恻：痛伤的样子。　[43]循：沿着。

除：台阶。 [44]交愤：闷气郁结，愤懑难平。 [45]夜参半：半夜。参：至。 [46]盘桓：徘徊。这里指内心的不平静。

【评 析】

此赋抒发了浓重的故土之思，倾吐了宏图难展的悲慨，表达了建功立业的迫切愿望。

小赋的感情基调是"忧"。第一部分是睹物兴情。首二句写登楼缘起："销忧"，"忧"字贯串全文。下面宕开一笔，着力描写"四望"之景，重在衬托"显敞"和"信美"两点。千里沃土的画幅展开之后，接写丰富物产，凸显荆州地区的美丽富饶。"虽信美"一转，点明忧思。第二部分写沉重忧思。开头四句承上文"非吾土"抒发怀乡之情，"遭纷浊"两句写何以远离北方故土，下面配合着怀旧、怀土写景，宣泄不得北归的悲思、故乡渺不可及的悲伤和穷达不易之乡情。第三部分揭示内心忧思的深层政治内涵，托出抱负无法实现的创痛。篇末刻画自我形象，突出登楼不仅未能"销忧"，反倒使人忧思无穷。

这篇小赋篇幅不大，但内容充实，情景交融，风格清雅，措辞洗练，音节和谐，体现了建安时代抒情小赋的特色。

【习 题】

1. 怎样理解本文思乡怀土的内容，它的思想实质是什么？

2. 试分析本文情景交融的艺术特色。

3. 这篇赋在结构安排上是如何层层递进的？

洛 神 赋

曹 植

曹植(192—232)，字子建，沛国谯县(今安徽亳州)人，曹操第三子。少聪敏才高，颇为曹操赏识，到曹丕称帝，屡受猜忌和迫害，最后郁郁而死。曹植是建安时期最有代表性的作家，在诗歌和辞赋创作方面有杰出成就。其五言诗成就最高，前期多写个人志趣和抱负，后期多写内心不平和哀怨。曹植创造性地发展了汉乐府的民歌形式，把叙事为主变为抒情为主，注入了诗人的个性与感情，骨气奇高，词采华茂。其赋继承两汉以来抒情小赋的传统，又吸收楚辞的浪漫主义精神，为辞赋的发展开辟了新境界。《洛神赋》为曹植辞赋中的杰出作品。

黄初三年，余朝京师，还济洛川。古人有言，斯水之神，名曰宓妃。感宋玉对楚王神女之事，遂作斯赋。其辞曰：

余从京域，言归东藩[1]。背伊阙，越轘辕，经通谷，陵景山[2]。日既西倾，车殆马烦。尔乃税驾乎蘅皋[3]，秣驷乎芝田[4]，容与乎阳林，流眄乎洛川[5]。于是精移神骇，忽焉思散。俯则未察，仰以殊观，睹一丽人，于岩之畔。乃援御者而告之曰："尔有觌于彼者乎[6]？彼何人斯？若此之艳也！”御者对曰：“臣闻河洛之神，名曰宓妃。然则君王所见[7]，无乃是乎？其状若何，臣愿闻之。”

余告之曰：“其形也，翩若惊鸿，婉若游龙[8]。荣曜秋菊，华茂春松[9]。仿佛兮若轻云之蔽月，飘飖兮若流风之回雪。远而望之，皎若太阳升朝霞；迫而察之，灼若芙蕖出渌波[10]。秾纤得衷[11]，修短合度。肩若削成，腰如约素[12]。延颈秀项，皓质呈露[13]。芳泽无加，铅华弗御[14]。云髻峨峨，修眉联娟[15]。丹唇外朗，皓齿内鲜，明眸善睐，靥辅承权[16]。瑰姿艳逸，仪静体闲[17]。柔情绰态[18]，媚于语言。奇服旷世，骨像应图[19]。披罗衣之璀粲兮，珥瑶碧之华琚[20]。戴金翠之首饰，缀明珠以耀躯。践远游之文履[21]，曳雾绡之轻裾[22]，微幽兰之芳蔼兮，步踟蹰于山隅。于是忽焉纵体，以遨以嬉。左倚采旄[23]，右荫桂旗[24]。攘皓腕于神浒兮[25]，采湍濑之玄芝[26]。”

余情悦其淑美兮，心振荡而不怡。无良媒以接欢兮，托微波而通辞。愿诚素之先达兮，解玉佩以要之[27]。嗟佳人之信修兮[28]，羌习礼而明诗[29]。抗琼珶以和予兮[30]，指潜渊而为期[31]。执眷眷之款实兮[32]，惧斯灵之我欺。感交甫之弃言兮[33]，怅犹豫而狐疑。收和颜而静志兮，申礼防以自持[34]。

于是洛灵感焉，徙倚彷徨[35]，神光离合，乍阴乍阳。竦轻躯以鹤立[36]，若将飞而未翔，践椒涂之郁烈[37]，步蘅薄而流芳[38]。超长吟以永慕兮[39]，声哀厉而弥长。

尔乃众灵杂遝[40]，命俦啸侣[41]，或戏清流，或翔神渚，或采明珠，或拾翠羽。从南湘之二妃，携汉滨之游女[42]。叹匏瓜之无匹兮，咏牵牛之独处[43]。扬轻袿之猗靡兮[44]，翳修袖以延伫[45]。

体迅飞凫[46]，飘忽若神，凌波微步[47]，罗袜生尘。动无常则，若危若安。进止难期，若往若还。转眄流精[48]，光润玉颜。含辞未吐，气若幽兰。华容婀娜，令我忘餐。

于是屏翳收风[49]，川后静波。冯夷鸣鼓[50]，女娲清歌。腾文鱼以警乘[51]，鸣玉鸾以偕逝[52]。六龙俨其齐首[53]，载云车之容裔[54]，鲸鲵踊而夹毂[55]，水禽翔而为卫。

于是越北沚，过南冈，纡素领，回清阳[56]，动朱唇以徐言，陈交接之大纲[57]。恨人神之道殊兮，怨盛年之莫当[58]。抗罗袂以掩涕兮，泪流襟之浪浪[59]。悼良会之永绝兮，哀一逝而异乡。无微情以效爱兮，献江南之明珰[60]。虽潜处于太阴，长寄心于君王[61]。忽不悟其所舍[62]，怅神宵而蔽光[63]。

于是背下陵高[64]，足往神留，遗情想像[65]，顾望怀愁。冀灵体之复形，御轻舟而上溯。浮长川而忘返，思绵绵而增慕。夜耿耿而不寐[66]，沾繁霜而至曙。命仆夫而就驾，吾将归乎东路。揽騑辔以抗策[67]，怅盘桓而不能去。

【注 释】

[1]言：语助词。东藩：藩，指诸侯封国，是王室的捍卫者，所以称藩；这时曹植封为鄄（juān）城王，鄄城在当时的京都之东，所以称东藩。 [2]伊阙：山名，在洛阳南。轘辕：亦山名。通谷：谷名，在洛阳城南五十里。陵：跨越。景山：在今河南洛阳。 [3]尔乃：于是就。税：同“脱”；税驾，即卸下驾车的马。意即休止，停宿。蘅：香草名。皋：水边的高地。 [4]秣：喂养。驷：指驾车的马。芝田：种芝草的田。 [5]容与：闲暇自得的样子。阳林：一作“杨林”，李善注：“地名，生多杨，因名之。”流眄：纵目观望。 [6]觌（dí）：看见。[7]君王：这里指曹植。 [8]翩：鸟疾飞的样子。这里是飘忽的意思。婉：曲折的样子。 [9]荣：花。曜：动词，闪光。华：通“花”。 [10]灼：鲜明的样子。芙蕖：荷花。渌：清澈。 [11]秾（nóng）：草木茂盛，这里指体态丰盈肥胖。纤：指瘦长。得衷：适中。 [12]约：卷束。素：白绸帛。这里形容腰肢的圆细。 [13]

皓：白色。质：指肌肉。［14］泽：润肤的油脂。铅华：白粉。无加、弗御：都是不用的意思。［15］云髻：形容发际浓密卷曲如云。峨峨：高耸的样子。修：长。联娟：亦作"连娟"，弯曲而纤细的样子。［16］靥（yè）：酒窝；辅：颊腮。靥辅：有酒窝的面颊。权：同"颧"，颧骨。［17］瑰：美石。瑰姿：优美的姿态。仪：举止。闲：同"娴"，文雅。［18］绰：宽绰。绰态：从容舒缓的姿态。［19］应图：合于图像，意谓好像图画上所画的一般。［20］珥：耳朵上的装饰品。这里用作动词，佩带。瑶、碧：玉名。琚：佩玉名。［21］践：著。文履：有花纹的鞋子。［22］曳：引。雾绡：轻细如云雾的生丝。［23］采：同"彩"。旄：本是旗杆头上用牦牛尾做的装饰物，这里代指旌旗。［24］桂旗：折桂当旗。［25］攘：这里是捋袖伸臂的意思。浒：水边地方。［26］湍濑：水流沙石上叫湍濑。玄芝：黑色的芝。传说中一种神草。［27］素：同"愫"，心情。达：表达。要：同"邀"，约会。［28］信：诚然。修：美好。［29］羌：发语词。习礼：李善注中有"习礼，谓立德；明诗，谓善言辞"。［30］抗：举。琼瑶（tì）：美玉名。和：应和，这里指回答。［31］潜渊：深渊。期：信。这句是说，洛神指水为证表明情意。［32］执：抱、持。眷眷：同"拳拳"，恳挚的样子。款实：诚实。［33］交甫：李善注引《韩诗内传》说，郑交甫在汉水边，遇见两个仙女，仙女送他玉佩，他受而怀之，但是转眼玉佩已失，回望二女也不见了。弃信：失信。这句是说有感于郑交甫故事中神女的失信。［34］申：伸，展。礼防：即礼法。此指礼教上规定的"男女之别"。自持：自守。［35］徙（xǐ）倚：流连徘徊。［36］竦（sǒng）：提起。鹤立：像仙鹤一样竦立的一种姿态。［37］践：踏。椒涂：长着香椒的路途。郁烈：形容香气浓烈。［38］蘅：草木丛生的地方。流芳：散播香气。［39］超：怅。［40］众灵：众神。杂遝（tà）：纷纭、众多的样子。［41］命俦啸侣：招呼同伴。［42］南湘二妃：指娥皇、女英。古代传说舜帝南巡而死，二妃也死于湘水间。汉滨游女：《诗经·周南·汉广》中有"汉有游女"之句。［43］匏瓜：星名。牵牛：指牵牛星，神话传说他与织女星隔河相对。［44］袿（guà）：女子的上衣。猗靡：随风飘动的样子。［45］翳：掩。修袖：长袖。延伫：久立，引颈而望。［46］体迅飞凫：形容动作敏捷。迅：疾。凫：水鸟，似鸭而小，能飞。［47］凌波微步：步于水波之上如轻尘移动。［48］转眄流精：顾盼有神。［49］屏翳：这里指传说中的风神。［50］川后：传说中的河伯。冯夷：传说中的水神。［51］文鱼：神话中带翅能飞的一种鱼。警乘：警卫乘舆。［52］玉鸾：以玉装饰的车铃。偕逝：一同离去。［53］俨：庄严的样子。齐首：指齐头并进。［54］容裔：即容与，迟缓不进的样子。［55］鲸鲵：大鱼名，雄的叫鲸，雌的叫鲵。［56］纡：回。素领：白皙的颈项。清阳：眉目清秀的神态，这里指眼睛。［57］交接：交好。大纲：大意。［58］盛年：指壮年。当：指匹配。这里是指洛神怨恨二人在盛年时没得配合。［59］抗：举。罗袂：丝绸衣袖。浪浪：泪流不止的样子。［60］珰：耳上的饰物。这里是指洛神以饰物相赠。［61］太阴：指众神所居的地方。君王：指曹植。［62］悟：察觉。其：指洛神。舍：止息，停留。［63］宵：同"消"，消逝。蔽光：光被遮蔽。这里说洛神忽然不见，神影消逝，光彩隐去，令我怅恨。［64］背：离。陵：登。［65］遗情：情思留恋。想像：指思念洛神的形象。［66］耿耿：心神不宁的样子。［67］騑（fēi）：本指四马驾一车的两旁二马，这里泛指马。辔：即马韁。抗策：扬起马鞭。

【评　析】

《洛神赋》借描写洛神而寄寓自己有志不遂的思想感情，同时也表现了在遭受迫害、壮志未酬的情况下仍有所追求的精神。

文章的结构为：小序—初见洛神—洛神形象—人神相恋—含恨分离。小序讲清写作缘起：一是途经洛水，二是感于宋赋。正文第一部分写归藩路过洛水，得见洛神。先诗意化地描写小序所言"还济洛川"的情景，再以御者的话引出下文对洛神形貌的描绘。这一段描写穷形尽相，句句坐实"若此之艳"四字，使洛神的形象形神兼备，呼之欲出，为下面写爱慕之情做了铺垫。作者对眼前美丽的女神深深爱慕，洛神内心燃烧着炽烈的爱，但又为人神之爱事实上的不可能实现而痛苦、忧伤。两情依依之后，便是令人怅恨的别离。这段越是表现作者思念情深，就越是体现出洛神的美罕有其匹、洛神的情勾魂摄魄。

此赋想象绚烂，抒情浓郁；刻画精妙，形象丰满；辞藻华丽，优美凝练。

【习　题】

1. 试分析作品中的洛神形象及其象征意义。
2. 简谈本文铺叙、描写的特色。
3. 试比较《登楼赋》与《洛神赋》，谈谈曹植赋体语言的风格。

第三章 唐五代诗歌

诗歌发展到唐代，进入了高度成熟的黄金时代。唐代在诗歌的题材、创作方法、体制等方面，达到了前所未有的高度，创造了后人难以企及的成就。

唐诗的发展大致分为初、盛、中、晚四个时期。唐初诗坛主流延续齐梁余风，多为应制奉和、歌功颂德之作。高宗、武后时，"初唐四杰"崛起于诗坛，他们反对纤巧绮靡，提倡刚健骨气，成为诗风变革的关键人物。随后出现的陈子昂将汉魏风骨与风雅兴寄联系起来，提出了"骨气端翔，音情顿挫，光英朗练"的诗美理想，其代表作《感遇》三十八首，成为盛唐诗歌行将到来的序曲。

从玄宗到代宗大历初年的半个世纪，被称为盛唐时期，此时期诗歌的发展达到了繁荣的顶峰。以高适、岑参、王昌龄为代表的边塞诗派，把边塞生活写得瑰奇壮伟、豪情慷慨。王维、孟浩然所代表的山水田园诗派，把山水田园的静谧、明秀之美表现得让人心驰神往。李白和杜甫则是盛唐诗坛最杰出的代表。李白是继屈原之后最为杰出的浪漫主义诗人，其诗运用雄奇瑰丽的想象、自然清新的语言抒写了拯物救世的志向，表现了蔑视权贵、争取个性自由的精神，呈现出豪放飘逸的风格。杜甫则将《诗经》和汉乐府中的现实主义精神推向了一个更高、更成熟的阶段，其诗多描写安史之乱中国家的动荡、人民的苦难和个人的不幸，呈现出沉郁顿挫的风格。

从代宗大历初年到文宗大和初年，被称为中唐时期。前期"大历十才子"的作品取得了一定成就，但是却缺乏盛唐诗歌那种强烈浓厚的感情和震撼人心的艺术感染力。待到贞元、元和年间，诗歌创作出现了又一个高潮。白居易和元稹共同倡导新乐府运动，提出"文章合为时而著，歌诗合为事而作"的主张，白氏的《新乐府》五十首，成为这一新诗潮的代表作。其他诗人也各有特色：韩愈、贾岛、孟郊等人的诗奇崛险峭，李贺的诗荒诞奇诡，柳宗元的诗借山水抒幽愤，刘禹锡的诗学习民歌、表现土风。

从文宗大和、开成之后直到唐灭亡的七八十年，被称为晚唐时期。随着国势的衰危动荡，诗坛面貌也发生了很大的变化。其中最负盛名的是"小李杜"，即杜牧和李商隐，杜诗忧时悯乱，李诗写身世际遇、爱情生活，都有相当浓厚的感伤情调，成为唐诗最后的辉煌。

随着城市经济的繁荣和燕乐的流行，唐代还兴起了一种合乐歌唱的新诗体——词。现存最早的唐代民间词是敦煌曲子词，其内容有的描写歌楼妓女的辛酸，有的描写征夫思妇的痛苦。而文人词在中唐开始出现，像刘长卿、韦应物、张志和都曾创作过词。到了晚唐，出现了温庭筠等以填词为主的文人词家，但内容偏于艳情，成就不大。五代十国时期，词的创作十分流行，形成了西蜀与南唐两个中心。西蜀“花间”词人深受温庭筠的影响，多写花间月下、男女之情，风格以剪红刻翠、香软浓艳为主，但也有少数词人风格略有不同，如韦庄的词疏淡清丽，具有比较真实的感情。南唐词人有冯延巳、李璟、李煜，他们的词较少有浓艳的脂粉气。李煜后期的词描写国破家亡感受，扩大了词的题材，开拓了词的意境，完成了词从歌伶乐女侑酒助兴的工具到士大夫寓意抒情的手段的转变，他被认为是宋词的开山祖师。

长安古意[1]

卢照邻

卢照邻（约636—约695），字升之，自号幽忧子，幽州范阳（今北京附近）人。年少时学习小学经史，博学能文。一生做过几任小官，因染风疾辞官。由于政治上的坎坷失意和长期病痛的折磨，终于自投颍水而死。卢照邻擅长诗歌骈文，诗以七言歌行体为最佳，与王勃、杨炯、骆宾王并称“初唐四杰”。卢诗内容充实，忧苦愤激，寄意深微，耐人寻味。艺术上参用赋法，词采富艳，意境清迥，以韵致取胜。原有集，已散佚，后人辑有《幽忧子集》，诗存90余首，其代表作《长安古意》被誉为诗坛的一次革新。

长安大道连狭斜[2]，青牛白马七香车[3]；
玉辇纵横过主第[4]，金鞭络绎向侯家。
龙衔宝盖承朝日，凤吐流苏带晚霞[5]。
百丈游丝争绕树[6]，一群娇鸟共啼花。
啼花戏蝶千门侧，碧树银台万种色。
复道交窗作合欢[7]，双阙连甍垂凤翼[8]。
梁家画阁天中起[9]，汉帝金茎云外直[10]。
楼前相望不相知，陌上相逢讵相识[11]？
借问吹箫向紫烟[12]，曾经学舞度芳年。
得成比目何辞死[13]，愿作鸳鸯不羡仙。
比目鸳鸯真可羡，双去双来君不见？
生憎帐额绣孤鸾[14]，好取门帘帖双燕。
双燕双飞绕画梁，罗帷翠被郁金香[15]。
片片行云著蝉鬓[16]，纤纤初月上鸦黄[17]。
鸦黄粉白车中出，含娇含态情非一。
妖童宝马铁连钱[18]，娼妇盘龙金屈膝[19]。
御史府中乌夜啼，廷尉门前雀欲栖[20]。
隐隐朱城临玉道，遥遥翠幰没金堤[21]。
挟弹飞鹰杜陵北[22]，探丸借客渭桥西[23]。

俱邀侠客芙蓉剑[24]，共宿娼家桃李蹊[25]。
娼家日暮紫罗裙，清歌一啭口氛氲[26]。
北堂夜夜人如月[27]，南陌朝朝骑似云。
南陌北堂连北里[28]，五剧三条控三市[29]。
弱柳青槐拂地垂，佳气红尘暗天起。
汉代金吾千骑来[30]，翡翠屠苏鹦鹉杯[31]。
罗襦宝带为君解[32]，燕歌赵舞为君开[33]。
别有豪华称将相，转日回天不相让[34]。
意气由来排灌夫[35]，专权判不容萧相[36]。
专权意气本豪雄，青虬紫燕坐春风[37]。
自言歌舞长千载，自谓骄奢凌五公[38]。
节物风光不相待[39]，桑田碧海须臾改[40]。
昔时金阶白玉堂，即今唯见青松在。
寂寂寥寥扬子居[41]，年年岁岁一床书[42]。
独有南山桂花发[43]，飞来飞去袭人裾[44]。

【注　释】

[1]“古意”是六朝以来诗歌中常见的标题。和“拟古”一样，它的内容相当广泛，总的说来，都是托古意以抒今情的。　[2]狭斜：狭窄的小巷。　[3]“青牛”句：指长安大道上车驾的华美。古代驾车牛、马并用。七香车：指用多种香木制成的华美小车。　[4]玉辇：本来是指皇帝所乘的车，这里泛指贵人所乘的车。主第：指公主的府第。　[5]“龙衔”二句：指车盖刻作龙、凤形，下垂流苏，与朝日、晚霞相照映。宝盖：指华美的车盖。古时车上装有圆形的伞盖，晴天用来遮阳光，阴天用来防雨。用彩色羽毛或缯绣结成球，缀以丝缕，使之下垂，叫做流苏。苏：下垂之意。　[6]百丈：亦作“百尺”。游丝：春天虫类所吐在空中飞扬的丝。下文“啼花”亦作“游蜂”。　[7]复道：楼阁之间的两层通道。交窗：指用木条横直交错制成的窗。合欢：即马樱花，这里指交窗上的雕饰。　[8]阙：指宫门前的望楼。甍(méng)：指屋脊。垂凤翼：指双阙之上饰以凤凰，垂着翅膀。　[9]“梁家”句：梁冀是东汉王朝的外戚，他在洛阳广治宅第，以豪奢著名。这句是说豪门第宅的崇丽。天中：亦作“中天”。这句事涉洛阳，连类而及故也。　[10]“汉帝”句：汉武帝曾于长安建章宫造神明台，上铸铜仙人以掌托铜盘盛露，取露和玉屑饮以求长生不老。这句是说宫廷建筑的宏伟。[11]“陌上”句：指士女如云，不易辨识。　[12]吹箫向紫烟：春秋时秦穆公女弄玉，嫁给善吹箫的萧史，后来夫妻双双乘凤凰飞去，成了神仙。这里借以指怀春的少女。　[13]比目：鱼名。　[14]生憎：当时的口语，指最厌恶。帐额：指帐前所挂的横幅。鸾：旧传是凤一类的神鸟。句意为：最怕过孤单的生活。　[15]“罗帷”句：指罗帷翠被熏以郁金香。翠被：指以翡翠鸟羽毛为饰的最华美的被。郁金香：异香名，多年生草本植物。[16]蝉鬓：指把鬓发梳成蝉翼般的式样。行云：是形容鬓影蓬松，有如流动的云彩。　[17]“纤纤”句：古代妇女额上涂鸦黄色，以为美观。初月：指涂作弯弯的月牙形。　[18]妖童：泛指市井间的轻薄少年。铁连钱：指马身毛色斑驳，有一个个连钱式的花纹。　[19]盘龙：钗名，东汉梁冀妻孙寿所制。屈膝：指门窗等物每扇相连处的铰链。“盘龙金屈膝”即金屈膝的盘龙钗，制作精细复杂，用金屈膝把若干零件连缀而成。[20]御史府：御史专司弹劾，廷尉为执法之官。“乌夜啼”“雀欲栖”，都是借用典故来形容冷落荒凉的景象。两句言朝廷中虽设有御史和廷尉，但由于权贵骄恣不法，游侠横行，他们并无实际权力，不被人重视。[21] 翠幰(xiǎn)：指贵妇所乘的车。幰：指车的帷幔。　[22]挟弹飞鹰：指打猎。杜陵：地名，在长安东南，秦时为杜县，汉宣帝的陵墓在此，改称“杜陵”。　[23]探丸借客：指游侠杀吏和助人报仇等蔑视法律的行为。汉代长安少年有谋杀官吏的组织，事前将赤白黑三色丸混在一起，让参加者暗中探取。探得赤丸的杀

武吏，得黑丸的杀文吏，探得白丸的负责料理丧事。渭桥：本名横桥，又名中渭桥，在长安西北，秦始皇时所造，横跨渭水，故名。 [24]芙蓉剑：即古纯钩剑。春秋时，越王允常聘欧冶子铸宝剑五，其一名纯钩。 [25]桃李蹊：指妓女所居之处。蹊：指路径。 [26]氛氲(yūn)：气盛貌，这里指妓女歌唱时所散发出的浓郁的口脂香。 [27]北堂：指唐代长安宫廷在城北，这里的北堂泛指宫廷附近的繁华地带。 [28]北里：即平康里，在长安城北门内，唐代为妓女聚居之处。 [29]"五剧"句：指长安城里街道纵横，市面繁荣。交错的道路叫做剧，通达的道路叫做条，商业繁盛的大街叫做市。这里的"五""三"都是虚指。 [30]金吾：执金吾的简称，汉代禁卫军军官名。唐置左、右金吾卫，有金吾大将军。 [31]屠苏：美酒名。翡翠：形容酒的颜色。鹦鹉杯：用海螺制成的鹦鹉形的酒杯。 [32]罗襦(rú)：指绸制的上衣。 [33]燕歌赵舞：古燕、赵地区以歌舞著名，这里泛指美妙的歌舞。 [34]转日回天：极言势力之大，连自然现象都在其掌握之中，可以任意回旋。 [35]排灌夫：意谓权贵们出于意气相争，互相排挤。灌夫：汉武帝时人，好任侠使酒。他和魏其侯窦婴相结交，与丞相武安侯田蚡不协，终被田蚡陷害，诛族。 [36]萧相：指汉元帝时宰相萧望之。望之受汉宣帝遗诏辅佐元帝，后被弘恭、石显等所排挤，饮鸩自杀。判不容：犹言决不容。 [37]虬(qiú)：本指有角的龙，因起了马的作用，所以这里借作马的代称。紫燕：骏马名。坐春风：在春风中驰骋，极言得意。 [38]五公：指张汤、杜周、萧望之、冯奉世、史丹，都是汉代著名的权贵。古代官僚中最高的一级称公。 [39]"节物"句：指时间的流逝，风物的变迁是无情的，它不会等待人，也就是说盛时一去不复返。 [40]"桑田"句：指世事变化迅速。 [41]扬子：指汉代的扬雄，字子云，在长安时，仕宦不得意，闭门著书《太玄》，这里作者借以自况。 [42]一床书：指隐居生活，唯以书史自娱。古代称坐榻为床。 [43]南山：指长安附近的终南山。桂花：这里以桂花香气比喻扬雄文名。此诗以"南山桂花"结尾，寓有避世隐身之意。 [44]袭：触及的意思。裾：指衣前襟。

【评 析】

《长安古意》借历史题材反映社会现实，描绘长安的热闹繁华，揭露贵族的骄奢淫逸，发抒寒士的抑郁不平。

第一部分描写长安的万丈红尘，由市街而宫阙，由宫阙而佳人。开篇点题，用八句描绘市街车水马龙盛况。"楼前""陌上"两句承启，接写豪门情事。第二部分描写了长安的混乱不堪。长安的夜晚是不穿紧身衣的夜晚：有司法禁废弛，市民放荡无忌，军人放弃职守。这部分描写的中心是娼家，整个长安夜生活极尽奢靡。第三部分由市井的奢靡写到官场的险恶，权臣排斥异己，固宠专权，骄横得意。"节物风光"四句把前面所写的繁华、奢靡、得意一笔扫空。最后四句，表达了寒士不遇于时的悲慨、读书砺节的自慰和对王公贵族的鄙视。

这首诗以体物铺张开始，以抒情议论作结；以骈为主、以散行骈；用韵多四句一转，且平仄相间，形成跳荡起伏的明快节奏；词采华艳富赡而不流于浮艳。

【习 题】

1.《长安古意》描写了怎样的现实？诗人对现实的态度如何？

2. 本诗多处采用连珠格，请举例说明其修辞效果。

3. 诗末四句是此诗归趣所在，请谈谈你对结尾的看法。

春江花月夜[1]

张若虚

张若虚(约660—约720),唐代诗人,生卒年、字号均不详,扬州人,曾任兖州兵曹。中宗神龙年间,与贺知章等俱以吴越文士扬名京都。开元初年又与贺知章、张旭、包融并称"吴中四士"。张若虚诗歌洗却六朝诗歌浓艳的铅华,呈现出自然清丽的风韵,舍弃了赋法的铺陈,代之以委婉隽永的抒情,在改造六朝宫体诗方面作出了贡献。但其所作诗多散佚,《全唐诗》仅录存《春江花月夜》和《代答闺梦还》。《春江花月夜》写景如画,抒情如歌,是中国诗歌史上难得的珍品。张若虚清丽典雅而又自然流畅的诗风影响到唐代诗人李贺、李商隐的诗歌创作,其影响甚至于一直到宋元间。

春江潮水连海平,海上明月共潮生[2]。
滟滟随波千万里[3],何处春江无月明!
江流宛转绕芳甸[4],月照花林皆似霰[5]。
空里流霜不觉飞[6],汀上白沙看不见[7]。
江天一色无纤尘[8],皎皎空中孤月轮[9]。
江畔何人初见月?江月何年初照人?
人生代代无穷已[10],江月年年只相似;
不知江月待何人,但见长江送流水[11]。
白云一片去悠悠[12],青枫浦上不胜愁[13]。
谁家今夜扁舟子[14]?何处相思明月楼[15]?
可怜楼上月徘徊[16],应照离人妆镜台[17]。
玉户帘中卷不去[18],捣衣砧上拂还来[19]。
此时相望不相闻,愿逐月华流照君[20]。
鸿雁长飞光不度,鱼龙潜跃水成文[21]。
昨夜闲潭梦落花,可怜春半不还家[22]。
江水流春去欲尽,江潭落月复西斜。
斜月沉沉藏海雾,碣石潇湘无限路[23]。
不知乘月几人归,落月摇情满江树[24]。

【注　释】

[1]《春江花月夜》是乐府《清商曲辞·吴声歌曲》旧题,相传为南朝陈后主所创。 [2]连海平:江潮高涨与海潮相连。共潮生:明月升腾与大海涨潮同时。 [3]滟滟:水波动荡闪光貌。 [4]芳甸:指遍生花草的原野。郊外之地叫甸。 [5]霰(xiàn):细密的雪珠。 [6]流霜:飞霜,古人以为霜和雪一样,是从空中落下来的,所以叫流霜。不觉飞:谓月光皎洁,悄然流泻,不觉得像流霜飞扬。 [7]汀(tīng):水边沙地,此指江畔沙滩。白沙看不见:霜一样的月光覆盖在沙滩上,故白沙难以分辨。 [8]纤尘:微细的灰尘。 [9]月轮:指月

亮，因为月圆时像车轮，所以称为月轮。 [10]穷已：穷尽，停止。 [11]但见：只见，仅见。 [12]白云：此处喻指游子。悠悠：渺茫、深远。 [13]浦：原指大江、大河与其支流的交汇处，此处指离别渡口。不胜：经不起，受不了。 [14]扁(piān)舟子：指客子(月夜)漂泊江湖。扁舟：小舟。 [15]明月楼：指思妇(月夜)楼头伫立。两句中"谁家"、"何处"互文见义。 [16]徘徊：指月影缓缓移动。 [17]妆镜台：梳妆台。 [18]玉户：形容楼阁华丽，以玉石镶嵌，此处指思妇居室。 [19]砧(zhēn)：捣衣石、捶布石。 [20]相闻：互通音信。月华：月光。 [21]鸿雁、鱼龙：取鱼、雁传书之意。鱼龙："龙"因"鱼"连类而及。文：同"纹"。两句谓游子、思妇彼此难通音信。 [22]闲潭：幽静的水潭。可怜：可惜。 [23]碣(jié)石：山名，在今河北昌黎北。潇湘：湘江与潇水，二水在湖南永州合流，称为潇湘，北入洞庭湖。碣石潇湘：泛指天南地北。无限路：极言离人相距之远。[24]摇情：满挂落月余辉的江树轻轻摇曳，好像满怀无尽情意。

【评　析】

对良辰美景的陶醉，对游子思妇的关情，对宇宙人生的探索是此诗内容。

作品以"月"为抒情线索，串接起月洒江天、月启天问、月照无眠三幅画面。月洒江天是动态画面。起首两句遥想潮涨月出奇景，接续两句描写春江月明大观，下面四句扣住芳洲、花林、江空、沙渚写月色美好。月启天问是静态画面。这八句是全诗关键，从微观、宏观、人生角度作了层层深入的理性思考，由人不如月的感伤，到人亦如月的达观，再到人当惜月的自警。月照无眠是想象画面，在皎洁月光中，思妇倩影闪动：楼上低徊，卷帘遥望，捣衣凝想；在缠绵的相思中，思妇萌发遐想：寄意明月，身化月光，情托鱼雁；在无望的期待中，思妇哀愁无限：忆起残梦，自怜迟暮，嗔怪游子。最后四句是尾声，写月落江潭，思妇形象淡淡隐去，抒情主人公复出，由虚转实，以景结情。

此诗情韵悠长，哀而不伤，令人百读不厌。

【习　题】

1. 试分析本诗真挚深厚的情感蕴含和"哀而不伤"的情感基调。

2. 诗情、画意、哲理完美融合是本诗的抒情特征，请结合作品加以说明。

3. 本诗结构精妙严谨而又自然天成，语言清丽典雅而又清新流畅，谈谈你的感受和认识。

山居秋暝[1]

王　维

王维(701—761)，字摩诘，原籍祁州(今山西祁县)人，随父迁居蒲州(今山西永济西)。盛唐诗人，官终尚书右丞，世称王右丞。善写山水田园诗，与孟浩然并称"王孟"。王诗融汇陶、谢诗歌之长，体物精细、色彩丰富，节奏协调，充溢着诗情、画意、乐声、理趣之美，清新淡雅，意境幽远，以"诗中有画，画中有诗"著称。中年之后，亦官亦隐于辋川。其诗歌着意追求和表现大自然中的静美境界，作为精神上的寄托，往往渗透着佛家虚无冷寂的色彩，形成一种空寂、凄清、旷淡、疏秀的艺术风格。王维各体兼工，以五言律绝最为出色。有《辋川诗集》《王右丞集》传世。

空山新雨后[2]，天气晚来秋[3]。
明月松间照，清泉石上流。
竹喧归浣女[4]，莲动下渔舟[5]。
随意春芳歇[6]，王孙自可留[7]。

【注　释】

[1]山：指长安城南的终南山。秋暝(míng)：秋天的黄昏。暝：日落，天色将晚。 [2]空山：幽旷、空寂的山野。新雨：刚下了一场雨。 [3]天气：自然界的节候。晚来：傍晚。秋：名词用作动词，指呈现出秋天的种种景色。 [4]竹喧：竹林里传来喧闹声。喧：喧哗，这里指竹叶发出沙沙声响。浣(huàn)女：洗衣物的女子。 [5]莲动：溪中的荷叶摇动。 [6]随意：任凭。春芳：春天的花草。歇：消逝，凋谢。 [7]王孙：原指贵族子弟，后来也泛指隐居的人，这里是作者自称。《楚辞·招隐士》："王孙兮归来，山中兮不可以久留。"王维反其意而用之，暗寓归隐之意。留：居留。

【评　析】

此诗表现了诗人热爱自然、陶醉于闲适恬淡生活的情趣。

首联总起，写秋山雨后。概括题目，总挈全篇。山雨初霁，幽静闲适，清新宜人，环境描写中透露出心境。领联顺承，写泉清月明。"明月"句写空中，是无声静景，写法是由上而下，妙在静中有动。"清泉"句写地面，是有声动景，写法是由近而远，妙在动中有静。两句色彩浓淡映衬，鲜明和谐，构图动静互生，相映成趣，声与色、动与静对立统一，画面具有强烈美感。颈联承转，写物芳人和。继写自然美之后，又表现生活美。上句写岸上，是有声动景，笔法是由远而近，由隐而显；下句写水下，是无声动景，笔法是由近而远，由显而隐。浣女的天真无邪，渔夫的勤劳质朴，村居的快活自在，均可想见。尾联作结，写隐居念想。由景入情，由外到内，挑明蕴含于前三联的画中意、景中情。

画的境和诗的情融为一体，恬静而不死寂，清新而又隽永。

【习　题】

1. 参读王维《渭川田家》，理解本诗所蕴含的生活情趣和思想倾向。
2. 结合《汉江临眺》和本诗谈谈王维山水诗"诗中有画"的特点。
3. 比较分析《过故人庄》和《山居秋暝》，谈谈孟浩然、王维不同的抒情个性。

把酒问月

李　白

李白(701—762),字太白,号青莲居士,自称祖籍陇西成纪(今甘肃秦安),祖上隋唐间徙居西域,生于中亚碎叶城(今吉尔吉斯斯坦托克马克)。李白是继屈原之后最杰出的浪漫主义诗人,受儒道释及游侠思想影响甚深,有着自信狂傲的人格、豪放洒脱的气度和自由创造的情怀,鄙夷世俗,蔑视权贵,追求精神自由,具有叛逆个性。其诗多描写明媚秀丽的自然,抒发安世济民的理想,抨击黑暗险恶的现实,倾诉茫然失路的苦闷;想象丰富奇特,结构挥洒自如,风格豪放飘逸,语言明净华美。李白是七言歌行巨匠,五、七言绝句圣手,杜甫称他“笔落惊风雨,诗成泣鬼神”。今有《李太白集》传世。

青天有月来几时?我今停杯一问之。
人攀明月不可得,月行却与人相随。
皎如飞镜临丹阙[1],绿烟灭尽清辉发[2]。
但见宵从海上来[3],宁知晓向云间没[4]?
白兔捣药秋复春[5],嫦娥孤栖与谁邻[6]?
今人不见古时月,今月曾经照古人。
古人今人若流水,共看明月皆如此。
唯愿当歌对酒时[7],月光长照金樽里[8]。

【注　释】

[1]丹阙:朱红色的宫门。　[2]绿烟:指遮蔽月光的浓重的云雾。　[3]但见:只看到。　[4]宁知:怎知。没:隐没。　[5]白兔捣药:是古代的神话传说,西晋傅玄《拟天问》:“月中何有,白兔捣药”。　[6]嫦娥:传说中后羿的妻子,她偷吃了后羿的仙药,成为仙人,奔入月中(见《淮南子·览冥训》)。　[7]当歌对酒时:在唱歌饮酒的时候。曹操《短歌行》:“对酒当歌,人生几何?”　[8]金樽(zūn):精美的酒具。

【评　析】

这首诗通过描绘明月美好、神秘、永恒的形象,抒发了宇宙永恒、人生短暂的慨叹,展现了旷达的胸襟和飘逸的个性。

劈头就提出疑问,问月之语和问月之态给人以画面感。下面写月亮的神秘,它与人似近实远又似远实近,若即若离又若离若即!接着以“飞镜”为喻像,以“丹阙”“绿烟”为衬景,写月亮的浑圆、皎洁,月色的清丽、柔美。后面描绘明月循环运行的规律,表达了诗人对明月运行轨迹难测的惊异。后半部分由月亮联想到人生,神话传说增添了千古月亮的神奇魅力,“流水”之喻突出了生命流逝的迅忽短暂。宇宙无穷而人生有限,诗人拟将短暂的欢愉与永恒的月色一同融入酒杯之中。

《把酒问月》感情饱满奔放,想象浪漫飘逸,先由酒写到月,又从月归到酒,以行云流水般的抒情方式，将明月与人生反复对照，情理并茂；语言流畅自然，声韵抑扬顿挫，有错综回环之妙，韵味隽永。

【习　题】

1. 本诗与张若虚《春江花月夜》均表达了人生哲理，请谈谈两者不同的哲理蕴涵。

2. 简析“明月”意象在本诗抒情和结构上所起的作用，试谈对“金樽”意象的理解。

3. 有人认为本诗立意上承屈原的《天问》，下启苏轼的《水调歌头》(明月几时有)，谈谈你的认识。

燕　歌　行[1]

高　适

高适(约702—765)，字达夫，又字仲武，渤海蓚县(今河北景县)人，性格落拓，半生浪游，后为哥舒翰记室参军。高适诗歌题材广泛，内容深刻，现实性强，其中成就最高的的是边塞诗。他的边塞诗洋溢着高昂的爱国热情，充满着慷慨奋发的时代精神，抒发报国立功的志向，描述安边定远的理想，也揭露了军中矛盾和黑暗，较为深刻地反映了社会现实。其诗一改初唐歌行的婉丽之风，具有雄豪的盛唐气象，鲜明的尚武精神，感情顿挫，多所托讽，笔调粗犷，风格豪迈，体现出一种悲壮的美，在众星璀璨的盛唐诗坛独树一帜。有《高常侍集》传世。

汉家烟尘在东北，汉将辞家破残贼[2]。
男儿本自重横行[3]，天子非常赐颜色。
摐金伐鼓下榆关[4]，旌旆逶迤碣石间[5]。
校尉羽书飞瀚海，单于猎火照狼山[6]。
山川萧条极边土，胡骑凭陵杂风雨[7]。
战士军前半死生[8]，美人帐下犹歌舞[9]。
大漠穷秋塞草腓[10]，孤城落日斗兵稀。
身当恩遇恒轻敌[11]，力尽关山未解围。
铁衣远戍辛勤久[12]，玉箸应啼别离后[13]。
少妇城南欲断肠[14]，征人蓟北空回首[15]。
边庭飘飖那可度[16]，绝域苍茫更何有[17]。
杀气三时作阵云，寒声一夜传刁斗[18]。
相看白刃血纷纷[19]，死节从来岂顾勋[20]？
君不见沙场征战苦，至今犹忆李将军[21]！

【注 释】

[1]《燕歌行》:乐府《相和歌辞·平调曲》旧题。诗歌原序云:"开元二十六年,客有从御史大夫张公出塞而还者,作《燕歌行》以示适,感征戍之事,因而和焉。"是年幽州节度使张守珪的部将赵堪假托张的命令攻打奚族,先胜后败。张守珪偏袒赵堪,隐瞒其败绩,反向朝廷申奏军功。此事泄露,张守珪被贬为括州刺史。[2]"汉家烟尘"二句:开元十八年(730年)五月,契丹族可突干杀其国王李绍固,胁迫奚族叛唐降突厥,此后,唐和契丹、奚的战争连年不断。唐人诗中写时事,多托之汉代,故云。烟尘:借指敌军入侵。 [3]横行:指纵横驰骋,扫荡敌寇。 [4]摐(chuāng)金伐鼓:写行军时敲锣击鼓。摐:击。金:指行军时所用的锣之类的铜制响器。榆关:指山海关,在今河北秦皇岛。 [5]旌旆(jīng pèi):泛指军中各种旗帜。逶迤:指连绵不断貌。 [6]校尉:武官名,位次于将军。羽书:指插有鸟羽的军用紧急文书。瀚海:沙漠,此处泛指边塞。单于:匈奴人对君长的尊称,这里借指侵扰唐帝国的契丹、奚部落的首领。猎火:即战火。古游牧民族作战前,往往举行大规模的打猎活动,作为军事演习。狼山:即狼居胥山,这里泛指接战之地。 [7]胡:古代汉族对少数民族的通称。凭陵:凭借暴力进行侵扰。杂风雨:风雨交加,形容敌人军队来势迅猛,有如暴风骤雨。 [8]军前:战场上。半死生:死生各半,指出生入死。 [9]帐:指军帅的营帐。犹:还。 [10]大漠:指边塞荒凉地区。穷秋:指深秋。腓(féi):枯萎,变黄。 [11]身当:身受。恩遇:皇帝的恩德和优厚待遇。[12]铁衣:金属制的盔甲,这里借指出征的战士。远戍:远离家园,驻守边疆。 [13]玉箸(zhù):玉石做的筷子,这里比喻思妇的眼泪。 [14]少妇:泛指出征战士的妻室。城南:长安城南。长安宫廷在城北,住宅区在城南。这里指少妇的住处。 [15]征人:指远戍的战士。蓟北:这里泛指北部边塞地区。 [16]边庭:边境。飘飖:动荡不安。度:度日。 [17]绝域:指塞外人烟稀少,环境荒凉。苍茫:迷茫无际的样子。[18]三:概数,不确指。刁斗:指军中巡更、煮饭两用的铜器。 [19]白刃:雪亮的战刀。 [20]死节:指为国事献身。节:气节。顾:顾及。勋:功劳。 [21]李将军:指汉代名将李广。他智勇双全,爱护士卒。

【评 析】

《燕歌行》艺术再现了沙场苦战的情景,塑造了唐代爱国士兵的群像。

诗作以战事发展的前后顺序为线索,第一部分写奉命出师。先交代出师缘由、出征方向,渲染战争紧张气氛;再陈述将士慷慨赴边、扫荡敌寇,突出唐人的尚武精神。四个地名串联而出,战争气氛越来越浓;双方进入紧急状态,一场恶战一触即发。第二部分写战事失利。先写苦战,描述边地环境艰苦,敌骑来势凶猛,兵士伤亡惨重,主帅只知享乐;再写失败,连用五个有边塞特色的景语,突出战地生活的紧张劳苦,衬托身陷重围绝境中的残卒心境的悲凉。第三部分写两地相思,将思妇的活动、心理化为征人悬想中的虚景。第四部分写诗人感慨,歌颂"死节"烈士,讽刺"顾勋"将帅,结穴点睛亮出题旨。

此诗灵活运用多种表达方式和修辞手法,将自然环境、战斗场面、戍卒心理、爱憎感情融为一体,形成雄浑深广、悲壮激昂的艺术风格。

【习 题】

1. 归纳本诗所描写的征战生活的具体内容,体会诗中所抒发的情感。

2. 谈谈本诗中唐军士兵英雄群像的基本特征及群像塑造的主要手段。

3. 王士祯说高适边塞诗"悲壮而厚",岑参边塞诗"奇逸而峭",请结合《燕歌行》和《白雪歌》谈谈你的看法。

秋兴八首(其一)

杜 甫

杜甫(712—770),字子美,祖籍襄阳(今湖北襄阳),生于河南巩县(今河南巩义)。唐代杰出的大诗人,被尊称为“诗圣”。杜诗以为黎民百姓悲苦命运焦虑感愤、对统治阶级祸国殃民痛加诛伐为基本核心主题,真实、深刻地反映了唐王朝由盛而衰过程中的社会风貌和时代苦难,有着丰富的社会政治内容和浓郁的时代气息,因而又被称为“诗史”。在诗歌艺术上,他能够吸取和总结前人的成就,融合众长,兼备诸体,以“沉郁顿挫”的主体风格独步诗坛,创造了“即事名篇”的乐府命题方法和“连章体”诗的新形式,把律诗的声律和对仗艺术推到了极致,后世众多诗人都受到他的影响。有《杜少陵集》传世。

玉露凋伤枫树林[1],巫山巫峡气萧森[2]。
江间波浪兼天涌[3],塞上风云接地阴[4]。
丛菊两开他日泪[5],孤舟一系故园心[6]。
寒衣处处催刀尺[7],白帝城高急暮砧[8]。

【注 释】

[1]玉露:白露。“玉露”句,意谓枫树在深秋露水的侵蚀下逐渐凋零、伤残。 [2]萧森:指萧瑟阴森。时到深秋,峡中显得幽深而阴暗,故云。 [3]江间:此指巫峡。兼天涌:波浪滔天。 [4]塞上:指西部边塞。接:连接、迫近。接地阴:天地一片阴沉沉。 [5]丛菊两开:指诗人自伤留滞夔州,未能出峡北归。杜甫于永泰元年(765年)夏离开成都,秋居云安,次年秋又羁留夔州,故云“丛菊两开”。他日:借指往日。他日泪:意指回忆过去而流泪。 [6]孤舟一系:犹言孤舟长系,指归舟老是系在江岸上,开不出去。故园心:指思念长安的心情。杜甫以长安为第二故乡。 [7]寒衣:御寒的衣服,冬衣。催刀尺:赶制冬衣。刀尺:指制衣时用的工具。 [8]急暮砧:薄暮时分,捣制寒衣的砧声一阵紧似一阵。

【评 析】

此诗抒写羁旅之愁、故园之思和家国之慨。

首联主要写秋山。上句点时令、风物,下句点地域、总貌,凸现了秋景的浓重感伤色彩和萧瑟衰残氛围。颔联主要写秋江。上句写近景、实景,主要意象“波浪”由下(“江间”)及上(天空),垂直撑开了诗歌的境界。下句写远景、虚景,主要意象“风云”由远(塞上)到近(夔州),横向拓展了诗歌境界。峡谷的深秋、动荡的时局、飘零的身世、阴郁的心情,都涵在其中。颈联主要写乡思。“两开”“一系”语涉双关,使得心象(“泪”“心”)与物象(“丛菊”“孤舟”)两相融合,新颖奇特,意在言外。读之感觉沉稳铿锵,苍凉悲壮。尾联主要写秋声,以声结情。描写暮色秋风里人们赶制寒衣的场景,“刀尺”之“催”“暮砧”之“急”,使忧国伤时的诗人更添一份孤独与悲凉。

本诗所“悲”,不仅是自然之秋,且是人生之秋和国运之秋。

【习 题】

1. 体会本诗“悲秋”的深刻情感内涵，分析其寓情于景的艺术特色。
2. 结合本诗和《登高》，谈谈杜甫诗歌沉郁顿挫的风格。
3. 杜甫后七律语言精纯圆熟，请以本诗中间两联为例，说明杜诗语言锤炼的妙境。

长 恨 歌[1]

白居易

白居易(772—846)，字乐天，号香山居士，祖籍太原，后迁居下邽(今陕西渭南)。中唐最杰出的现实主义诗人，与元稹倡导了“新乐府运动”，主张“文章合为时而著，歌诗合为事而作”，反对“嘲风雪，弄花草”而别无寄托的创作倾向。白诗继承陈子昂诗多兴讽和杜甫诗即事忧时的传统，讽喻诗，内容丰富深刻，语言流畅通俗，形象鲜明生动，诗风周详明直。闲适诗、感伤诗，多情致曲尽、节奏轻快、声调优美、平易浅近。长篇叙事诗《长恨歌》《琵琶行》体大思精，情节曲折，形象鲜明，韵味醇厚，开辟了歌行体的新境界。

汉皇重色思倾国[2]，御宇多年求不得[3]。
杨家有女初长成[4]，养在深闺人未识。
天生丽质难自弃[5]，一朝选在君王侧。
回眸一笑百媚生[6]，六宫粉黛无颜色[7]。
春寒赐浴华清池[8]，温泉水滑洗凝脂[9]。
侍儿扶起娇无力，始是新承恩泽时[10]。
云鬓花颜金步摇[11]，芙蓉帐暖度春宵。
春宵苦短日高起[12]，从此君王不早朝。
承欢侍宴无闲暇，春从春游夜专夜[13]。
后宫佳丽三千人[14]，三千宠爱在一身。
金屋妆成娇侍夜[15]，玉楼宴罢醉和春。
姊妹弟兄皆列土[16]，可怜光彩生门户[17]。
遂令天下父母心，不重生男重生女[18]。
骊宫高处入青云[19]，仙乐风飘处处闻。
缓歌慢舞凝丝竹[20]，尽日君王看不足。
渔阳鼙鼓动地来[21]，惊破《霓裳羽衣曲》[22]。
九重城阙烟尘生[23]，千乘万骑西南行[24]。
翠华摇摇行复止[25]，西出都门百余里[26]。
六军不发无奈何[27]，宛转蛾眉马前死[28]。
花钿委地无人收[29]，翠翘金雀玉搔头[30]。
君王掩面救不得，回看血泪相和流。

黄埃散漫风萧索[31]，云栈萦纡登剑阁[32]。
峨眉山下少人行，旌旗无光日色薄[33]。
蜀江水碧蜀山青，圣主朝朝暮暮情[34]。
行宫见月伤心色，夜雨闻铃肠断声[35]。
天旋日转回龙驭[36]，到此踌躇不能去[37]。
马嵬坡下泥土中，不见玉颜空死处[38]。
君臣相顾尽沾衣[39]，东望都门信马归[40]。
归来池苑皆依旧，太液芙蓉未央柳[41]。
芙蓉如面柳如眉，对此如何不泪垂[42]。
春风桃李花开日，秋雨梧桐叶落时。
西宫南内多秋草[43]，落叶满阶红不扫。
梨园弟子白发新[44]，椒房阿监青娥老[45]。
夕殿萤飞思悄然[46]，孤灯挑尽未成眠[47]。
迟迟钟鼓初长夜[48]，耿耿星河欲曙天[49]。
鸳鸯瓦冷霜华重[50]，翡翠衾寒谁与共[51]。
悠悠生死别经年，魂魄不曾来入梦。
临邛道士鸿都客[52]，能以精诚致魂魄[53]。
为感君王辗转思[54]，遂教方士殷勤觅[55]。
排云驭气奔如电[56]，升天入地求之遍。
上穷碧落下黄泉[57]，两处茫茫皆不见。
忽闻海上有仙山，山在虚无缥缈间。
楼阁玲珑五云起[58]，其中绰约多仙子[59]。
中有一人字太真[60]，雪肤花貌参差是。
金阙西厢叩玉扃[61]，转教小玉报双成[62]。
闻道汉家天子使，九华帐里梦魂惊[63]。
揽衣推枕起徘徊，珠箔银屏迤逦开[64]。
云髻半偏新睡觉[65]，花冠不整下堂来。
风吹仙袂飘飖举[66]，犹似霓裳羽衣舞。
玉容寂寞泪阑干[67]，梨花一枝春带雨。
含情凝睇谢君王[68]，一别音容两渺茫。
昭阳殿里恩爱绝[69]，蓬莱宫中日月长[70]。
回头下望人寰处，不见长安见尘雾。
惟将旧物表深情，钿合金钗寄将去[71]。
钗留一股合一扇[72]，钗擘黄金合分钿[73]。
但教心似金钿坚，天上人间会相见。
临别殷勤重寄词，词中有誓两心知[74]。
七月七日长生殿[75]，夜半无人私语时。
在天愿作比翼鸟，在地愿为连理枝[76]。
天长地久有时尽，此恨绵绵无绝期[77]！

【注 释】

[1]本诗作于唐宪宗元和元年(806年),当时白居易任盩厔县尉。一日与友人陈鸿、王质夫相携游马嵬附近仙游寺,有感于唐玄宗与杨贵妃之事,写了这首长诗。 [2]汉皇:这里借指唐玄宗李隆基。倾国:形容女子极其美貌。语出李延年诗:"北方有佳人,绝世而独立,一顾倾人城,再顾倾人国。" [3]御宇:治理天下。 [4]杨家有女:指杨玉环。 [5]丽质:美丽的姿质。弃:舍弃。 [6]眸:眼珠。回眸:回首顾盼。百媚:种种媚人的姿态。 [7]六宫:本专指皇后寝宫,后泛指妃嫔居处。粉黛:本为女子的化妆品,这里代指美女。 [8]华清池:华清宫温泉,在今陕西临潼。 [9]凝脂:指白嫩光泽的肌肤。 [10]新承恩泽:指初受宠爱。 [11]云鬓:形容女子鬓发轻盈飘逸。云鬓花颜:形容如云的鬓发,如花的容貌。金步摇:古代贵妇头饰,上有金花,下有垂珠,随人行走摇动,故称"步摇"。 [12]春宵:春夜。苦短:暗示寻欢无厌,故嫌夜短。 [13]夜专夜:即一夜连着一夜,整日整夜,指每夜都得到专宠。 [14]佳丽:美女。 [15]金屋:汉武帝幼时,曾说要筑金屋,将姑母长公主之女阿娇藏之。这里借用此典,实际指杨贵妃所居之处。 [16]"姊妹"句:杨玉环受宠后,杨氏一家皆受到恩宠。大姐受封为韩国夫人,三姐受封为虢国夫人,八姐受封为秦国夫人,堂兄杨国忠被任命为右丞相。列土:分封土地,这里代指封官晋爵。列:通"裂"。 [17]可怜:值得羡慕的意思。 [18]"不重"句:这是极力渲染并含讽刺的说法。唐人陈鸿《长恨歌传》:"当时谣咏有云:'生女勿悲酸,生男勿喜欢!'又曰:'男不封侯女作妃,看女却为门上楣。'其为人羡慕如此!" [19]骊宫:指骊山华清宫。 [20]缓歌慢舞:悠扬的歌声,美妙的舞姿。凝丝竹:指歌舞紧扣乐声。丝竹:弦乐和管乐的合称。 [21]渔阳鼙鼓:指天宝十四年(755年)十一月,安禄山起兵造反。渔阳:郡名,在今天津蓟州,唐时为安禄山所辖之地,也是安禄山起兵造反之地。鼙鼓:骑兵用的小鼓。 [22]霓裳羽衣曲:舞曲名,本名《婆罗门》,是西域乐舞的一种,据说曾经唐玄宗加工润色。 [23]九重城阙:指京城长安。烟尘:烽烟尘土,指战火。 [24]西南行:天宝十五年(756年)六月,安禄山破潼关,唐玄宗和杨贵妃等出延秋门向西南逃往蜀中。 [25]翠华:皇帝仪仗用翠鸟羽毛为饰的旗帜。 [26]百余里:指马嵬坡,在今陕西兴平西十余公里。 [27]六军:此指皇帝的扈从部队。不发:不再前进,暗指哗变。 [28]宛转:缠绵委屈貌。右龙武将军陈玄礼部下杀死杨国忠后,迫使唐玄宗命杨贵妃自尽。蛾眉:美女的眉毛,常作美女的代称,这里指杨贵妃。 [29]花钿(diàn):金玉制花形首饰。委地:丢弃在地上。 [30]翠翘:形似翠鸟尾的首饰。金雀:钗名,凤形。玉搔头:玉簪。 [31]黄埃:黄色尘土。 [32]云栈(zhàn):高耸入云的栈道。悬崖峭壁上凿石架木而成的通道称为栈道。萦纡:弯曲盘旋。剑阁:在今四川剑阁东北大、小剑山之间。 [33]峨眉山:此泛指蜀山。日色薄:日光暗淡。 [34]圣主:指唐玄宗。 [35]行宫:皇帝出行时的住所。此二句意指在行宫中望月,月呈伤心之色;在夜雨中闻铃,铃作断肠之声。 [36]天旋日转:形容时局大变。回龙驭:指唐玄宗还京。 [37]此:代指马嵬坡。踌躇:徘徊不前的样子。去:离开。 [38]玉颜:美女,此指杨贵妃。空死处:空见死处。据说757年12月,玄宗由蜀郡回长安,经马嵬坡贵妃葬地,派人以礼改葬,掘土,贵妃香囊还在,不胜悲凄。 [39]沾衣:指落泪。 [40]都门:长安城门。信马:任马奔走,不加约束。信:任凭。 [41]太液:汉代宫池名,成帝与赵飞燕玩乐于此。未央:汉宫名。太液、未央在此泛指唐代宫苑。芙蓉:荷花。 [42]"芙蓉"二句:玄宗回宫后,看见池里的荷花像杨贵妃的脸,宫里的柳条像她的眉毛,不由得伤心落泪。 [43]西宫:太极宫。南内:兴庆宫。唐玄宗返京后的两处住所。 [44]梨园弟子:由玄宗执教的宫内习艺者。 [45]椒房阿监:后妃宫中的女官。阿监:太监。青娥:青年宫女。 [46]悄然:忧伤愁闷的样子。 [47]"孤灯"句:古时用灯草点油灯,为了使灯燃得明亮,过一会儿就要把灯草往前挑一挑。但宫廷豪门夜间却是用燃烛照明,并不点油灯。从这可见玄宗晚年凄惨境遇。 [48]迟迟:缓慢悠长。钟鼓:指宫中报时的钟鼓声。初长夜:指秋夜。 [49]耿耿:明亮貌。河:指银河。 [50]鸳鸯瓦:指嵌合成对的瓦片。霜华:霜花。 [51]翡翠衾(qīn):指绣有成双翡翠鸟的被子。翡翠:鸟名,雌雄双栖,形影不离。 [52]临邛(qióng):县名,在今四川邛崃。鸿都:东汉京都洛阳宫门名,这里借指唐京都长安。 [53]致:招来。 [54]辗转:翻来覆去。 [55]教:使。方士:道士,有法术的人。 [56]排云驭气:指腾云驾雾。 [57]穷:找遍。碧落:道家称天界为碧落。 [58]五云:五色的彩云。 [59]绰约:风姿轻盈美好的样子。 [60]太真:即杨玉环。 [61]金阙:指仙山上金碧辉煌的宫殿。扃(jiōng):门户。 [62]小玉、双成:这里指杨贵妃在仙山上的侍女。

小玉：吴王夫差的女儿，相传死后成仙。双成：即董双成，相传是西王母的侍女。［63］九华帐：用九华图案绣成的彩帐。九华：一种回环的图案名称。［64］珠箔(bó)：珠帘。屏：屏风。迤逦：接连不断。［65］睡觉：睡醒。［66］袂(mèi)：袖子。飘飖：亦作“飘颻”。［67］寂寞：暗淡失神貌。泪阑干：泪流纵横的样子。［68］凝睇：凝视。谢：告诉。［69］昭阳殿：汉宫名，成帝皇后赵飞燕曾居此，这里借指杨贵妃生前所居之处。［70］蓬莱：传说中海上仙山之一。蓬莱宫：杨贵妃死后所住的仙宫。［71］钿合：用金丝和珠宝镶嵌的首饰盒。合：通“盒”。［72］“钗留”句：钗有两股，捎去一股，留一股；盒分两半，捎去一半，留下一半。扇：半只。［73］擘(bāi)：用手分开。［74］殷勤：反复多次。［75］长生殿：唐代华清宫中殿名。［76］“在天”二句：是唐玄宗和杨贵妃当年在长生殿的誓词，表示两情相好，永不分离。［77］恨：遗憾。绝期：中断的时候。

【评　析】

《长恨歌》千古迷人之处，在于写了一段传奇式的“生死恋”。

叙事诗的整体情节流程是：相见欢—惨别离—无限恨。“相见欢”写杨妃入宫，李杨欢爱，杨家荣华，骊宫歌舞。首句为全诗纲领，此段极写明皇淫乐无度，荒怠朝政，宠杨至极；杨妃丰容艳饰，承欢受宠，游宴无暇。骊宫歌舞把李杨逸乐推向顶峰，为下文突转埋下伏笔。“渔阳鞞鼓”两句突转，承上启下，“长恨”由此开始。“惨别离”写安史之乱，逃窜西南，马嵬兵变，玉环惨死。“无限恨”先紧承现实情节写玄宗“长恨”：蜀地断肠，归途怀痛，回宫苦恋，梦断求仙。后紧扣仙山寻觅写杨妃“长恨”：惊觉相见，倾诉衷情，托物寄词，重申前誓。方士寻觅一段，关联着人间天上的“长恨”。结句深化了爱情主题，加重了“长恨”分量。

此诗构思精巧缜密，叙事张弛有度，抒情缠绵细腻，语言明白晓畅，堪称古代长篇歌行绝唱。

【习　题】

1. 试分析《长恨歌》主题的两重性和诗中所塑造的艺术形象的双重性。
2. 这首长篇叙事诗情节曲折，扣人心弦，谈谈其结构的艺术技巧。
3. 试分析《长恨歌》叙事、写景、抒情完美结合的表现手法。

金铜仙人辞汉歌[1]

李 贺

李贺(790—816),字长吉,祖籍陇西,家居河南福昌昌谷(今河南宜阳),故后世因称其为李昌谷。李贺是唐皇室远支,但其家已没落。其诗歌的主要内容是抒发怀才不遇的苦闷和对黑暗现实的不满。在诗歌艺术上,他继承了楚辞的浪漫主义精神,借鉴屈原作品的立意构思,汲取汉魏六朝乐府诗的传统优点,形成独特诗歌个性。李贺尤长于乐府诗创作,多取材于神话传说和历史故事;构思不拘常法,意象富于跳跃性;语言极避平淡,追求奇峭艳丽;形象恢奇诡谲、璀璨多彩;风格奇诡虚诞、幽艳凄婉,给人以全新的艺术享受。有《李长吉歌诗》传世。

茂陵刘郎秋风客[2],夜闻马嘶晓无迹[3]。
画栏桂树悬秋香,三十六宫土花碧[4]。
魏官牵车指千里[5],东关酸风射眸子[6]。
空将汉月出宫门[7],忆君清泪如铅水[8]。
衰兰送客咸阳道[9],天若有情天亦老[10]。
携盘独出月荒凉,渭城已远波声小[11]。

【注　释】

[1]金铜仙人:见《长安古意》注[10]。辞汉:辞别汉宫。诗前序云:"魏明帝青龙元年八月,诏宫官牵车取汉孝武捧露盘仙人,欲立置前殿。宫官既拆盘,仙人临载,乃潸然泪下。唐诸王孙李长吉遂作《金铜仙人辞汉歌》。" [2]茂陵:汉武帝的陵墓,在今陕西兴平东北。刘郎:指刘彻。秋风客:秋风中的过客。汉武帝曾作《秋风辞》。 [3]"夜闻"句:说夜间还似听到刘彻的马嘶声,清早却不见踪迹。 [4]"画栏"二句:描写汉宫的荒凉景色。画栏:绘有花纹图案的栏杆。秋香:指桂花的芬芳。三十六宫:汉时长安有宫殿三十六所。土花:苔藓。 [5]牵车:今本均作"辖车",驾车之意。辖为车轴上固定车轮的零件,轮套上车轴,插上辖,车即可用。 [6]东关:指长安东门。酸风:刺眼的冷风。眸子:眼珠子。 [7]"空将"句:指铜仙人出宫门时,只有天上的明月陪伴它。 [8]君:指刘彻。铅水:指铜人所流的眼泪。 [9]"衰兰"句:指从长安东去,只有路旁衰败的兰花为金铜仙人送行。 [10]"天若有情"句:指此情此景连天公也要为之感伤而衰老。[11]渭城:即咸阳,故址在今陕西咸阳东北二十里,这里代指长安。波声:指渭河的水声。

【评　析】

这首诗咏魏人迁移汉宫铜人事,抒写兴亡盛衰的苍凉感慨,寄寓生不称意的落寞情怀。

诗歌先写汉宫荒废。入题拎出汉宫故主,下句叙述一个传闻,既暗示了汉宫的空寂荒凉,也强调了人生世事无常。接下来由写人转向写宫,正面描写山河易主后宫室的荒芜不堪,凸显了人去殿空的伤心惨目。下面四句写铜人辞宫。诗人赋予铜人以人的感情,以铜人自述的方式叙述辞宫的情景和心情,依次写出路途遥远、所去方向、霜风强劲、心灵痛苦、出宫时分、孤独索寞、抚今追昔、清泪滂沱……最后四句写途中情景。以"衰兰"染萧瑟悲凉氛围，借天“老”衬托铜人的悲凉凄苦。“携盘独出”总括铜人离别汉宫的行状，结尾写铜人渐渐远去，波声渐渐渺茫，有悠然不尽之妙。

这首诗画面怪异、色彩凄清，李贺借铜人说事、抒情，幻化史事的酒杯，巧浇心中的块垒，怨愤而不露骨，怪特而合情理。

【习　题】

1. 试分析诗中铜人形象的深刻意蕴，谈谈铜人形象塑造的独特之处。

2. 以本诗为例，谈谈李贺诗歌艺术构思对屈原作品立意构思的借鉴和创新。

3. 结合《雁门太守行》和本诗，谈谈李贺诗歌幽艳凄婉的词彩风格。

无　题[1]

李商隐

李商隐（约813—约858），字义山，号玉溪生，又号樊南生，怀州河内（今河南沁阳）人，晚唐著名诗人之一，与杜牧齐名，世称“小李杜”。李商隐是一位缠绵感伤的诗人，其诗感伤时事，咏史鉴今，多抒写对国家命运的忧伤，遭遇不偶的悲慨，年华虚度的伤感，爱情追求的苦闷，“旨意幽深”，“婉转动情”，“绮丽精工”。首创“无题”诗，以是题蕴含不确切诗意，抒情含蓄委婉，意境凄清朦胧，具有独特的艺术魅力。他擅长近体，尤精七律，继承杜甫七律的诸多特色，构思缜密，词工意深，深情绵邈。有《李义山诗集》《樊南文集》《樊南文集补篇》等传世。

昨夜星辰昨夜风，画楼西畔桂堂东[2]。
身无彩凤双飞翼，心有灵犀一点通[3]。
隔座送钩春酒暖[4]，分曹射覆蜡灯红[5]。
嗟余听鼓应官去[6]，走马兰台类转蓬[7]。

【注　释】

[1]以“无题”为诗题，是李商隐的创造。其内容或因不便明说，或因难用一个恰当的题目表现，意义大多比较隐晦，有的可能别有寄托，也可能有恋爱本事以为依托。本诗多被认为是爱情诗。　[2]画楼、桂堂：都是比喻富贵人家的屋舍。　[3]灵犀：旧说犀牛有神异，角中有白纹如线，直通两头。这里比喻双方心心相印，彼此心领神会。　[4]送钩：也称藏钩。古代的一种游戏，分二曹以较胜负。把钩互相传送后，藏于一人手中，令人猜。　[5]分曹：分组。射覆：也是古代的一种游戏，在覆器下放着东西令人猜。分曹、射覆未必是实指，只是借喻宴会时的热闹。　[6]鼓：指更鼓。应官：即上班点卯。　[7]兰台：即秘书省，掌管图书秘籍。李商隐曾任秘书省正字。类转蓬：类似随风旋转的蓬草。

【评　析】

这首艳情诗主要表达了诗人对情人的难以遏止的思恋，爱情的歌唱与人生的感怀融成一片。

首联写良宵欢会。上句记时间、天气，下句记地点、环境。“星辰”“风”“画楼”“桂堂”四个物象两两并列，彼此映照，明写“昨夜”相聚的欢欣，暗照“今宵”孤独的惆怅。次联转入“今宵”，写独处情思。上句以彩凤双飞之喻写身形相隔、无以相聚的苦恼，下句以灵犀相通之喻写心灵相通、相互信赖的慰藉，比喻新颖精巧，对仗精当工稳。颈联写宴会情景，悬想“隔座送钩”“分曹射覆”的热闹景象，渲染了“春酒暖”“蜡灯红”的宴会气氛，含蓄地表现出欣羡神往之情。末联写自伤困窘，写出恋情阻隔的怅惘，抒发身世飘零的感慨，诗的内涵和意蕴得到了扩大和深化，在绮丽流动的风格中增添了沉郁悲凉的自伤意味。

诗人的感受细腻而真切，注重细腻的心理描写，将一段缠绵纠结的情感表现得委曲尽致。

【习　题】

1. 李商隐诗歌“旨意幽深”，试分析这首《无题》所描绘的意象及其寄托。

2. 分析本诗对爱情心理表现的深刻和细腻程度，谈谈你对第二联的感受。

3. 参读李商隐的其他无题诗作，谈谈其无题诗“婉转动情”的抒情风格和“绮丽精工”的语言特色。

词　二　首

李　煜

李煜（937—978），字重光，李璟第六子，南唐后主。善作词，大体以南唐灭亡为界，前期作品以描写宫廷逸乐生活为主，风格绮丽柔靡，未脱“花间”习气；后期词则多追忆往事，伤怀故国，转为感伤、沉痛之音。李煜突破了晚唐五代花间词派樽前花下吟唱的局限，扩大到多方面的抒情言志，对后来豪放派作家有积极影响。李煜词在艺术上有较高的造诣，多采用白描手法直接抒写生活的感受，语言优美明净，词境疏朗开阔，在提高词的表现力、扩大词的境界等方面，为唐五代其他词人所不及，为后代词人的言志抒怀的新体开拓了道路。今所传《南唐二主词》是他和李璟的合集，为后人所辑。

虞　美　人[1]

春花秋月何时了，往事知多少[2]。小楼昨夜又东风，故国不堪回首月明中。
雕阑玉砌应犹在，只是朱颜改[3]。问君能有几多愁[4]？恰似一江春水向东流。

浪　淘　沙[5]

帘外雨潺潺[6]，春意阑珊[7]。罗衾不耐五更寒[8]。梦里不知身是客，一晌贪欢[9]。
独自莫凭栏[10]，无限江山，别时容易见时难。流水落花春去也[11]，天上人间[12]。

【注 释】

[1]此调原为唐教坊曲，初咏项羽宠姬虞美人，因以为名。 [2]了：了结，完结。面对春花秋月，不可避免地会想起以往许多欢乐的生活，因而怕见到它，故云"何时了"。 [3]砌：台阶。雕阑玉砌：雕绘的栏杆和玉一般的石阶，这里借指远在金陵的南唐故宫。朱颜：即红颜，年轻的容颜。朱颜改：词人自伤形容憔悴。[4]君：词人自称。 [5]此词原为唐教坊曲，又名《浪淘沙令》《卖花声》等。 [6]潺(chán)潺：形容雨声。[7]阑珊：衰残，将尽。 [8]罗衾：绸被子。不耐：受不了。 [9]身是客：指自己被拘汴京，形同囚徒。一晌：一会儿，片刻。贪欢：指贪恋梦境中的欢乐。 [10]凭栏：靠在栏杆边(望远方)。 [11]"流水"句：指帝王的生活如落花随流水漂走，一去不复返。 [12]"天上"句：指如天上人间的乖隔，永无见期。

【评 析】

《虞美人》抒发了亡国后顿感生命落空的哀愁。

上阕倾诉忆昔伤今、痛不欲生的感情。开头奇语突发，"何时了"见对生命的决绝。"往事知多少"揭出决绝原因，融入无穷悔恨。"小楼"点囚人地位，"又东风"言又苦熬一年。"故国"上呼"往事"，坐实往事内涵。"不堪回首"上呼"知多少"，表现亡国之痛。"月明中"使故国之思环境具象化，深化、强化了亡国之痛。下阕抒发物是人非、江山易主的愁苦。"雕栏"承上"往事""故国"两句，具写"不堪回首"。"应犹在"和"朱颜改"形成强烈反差，"只是"的叹惋传达出无限怅恨。所有悲痛、哀伤、屈辱凝成最后的自问自答。"几多愁"呼应"知多少"，包含万千感慨。"一江春水"喻愁，显示了愁恨的悠长深远和汹涌翻腾，充分体现出悲情的力度和深度。

全词以"愁"为眼，感情深挚，意境悠远；不事饰绘，直抒胸臆，震撼人心。

《浪淘沙》抒写亡国之痛和囚徒之悲。

开头采用倒叙的手法，先写梦醒，再写醒因，后写梦境。梦醒听到"潺潺"雨声，感觉暮春来临。"春意阑珊"写大自然春意零落，也暗示人生命春意凋残。"五更"言醒来时分，"五更寒"交代梦醒原因，以身寒写心寒暗寓内心的无比痛楚。"梦里"两句借梦境抒写对故国的怀念，反衬对现状的厌憎。过片由梦境转入现实。"独自莫凭栏"写尽悲惨处境和复杂矛盾心情，写得曲折深挚。"江山"用"无限"形容，赞美怀念含蕴其中。"别时容易见时难"将丧失江山的自责、悔恨、无奈和绝望都包括在内。"落花流水"照应"春意阑珊"写残春景象，隐喻曾经的生活、失去的江山无可挽回。"天上人间"四字最是精彩，突出说明今昔生活境况、心态情感的迥异，传达出万千身世之感。

全词以春雨开篇，以春雨中落花结束，首尾照应，结构完整，意境浑然天成。

【习 题】

1.《虞美人》《浪淘沙》都写去国离愁，试比较两词艺术表现上的异同点。

2. 试分析《虞美人》结尾两句写"愁"的特色和《浪淘沙》结尾两句的情感蕴涵。

3. 结合李煜《虞美人》《浪淘沙》《乌夜啼》《清平乐》等作品，谈谈李词的抒情风格。

第四章

唐宋散文

唐代散文最重要的现象是“古文运动”的兴起。所谓“古文”是相对于盛行于六朝、在唐代仍占据主导地位的骈体文（故又称为“时文”）而言，指先秦两汉的不讲究骈偶的散文。

唐初近百年间，奏疏章表虽已多有散体，但骈体仍占主要地位。天宝后期，李华、萧颖士、独孤及、梁肃、柳冕提倡古文，明确提出本乎道、以五经为源泉、重政教之用的主张。但他们重政教之用的主张，并未与当时的政治现实结合起来，而是带着空言明道的性质。这时期的散文作品，除陈子昂的《修竹篇序》、李华的《吊古战场文》、元结的《右溪记》等少数优秀篇章外，殊无可观。

直到中唐，韩愈、柳宗元提出“文以明道”，把文体文风改革与贞元、元和间的政治革新联系在一起，成为儒学复兴思潮的一部分，才形成巨大的声势，散体由此取代骈体，占据文坛。这一时期的散文，题材广泛、内容深厚、感情真切，或声讨藩镇割据，或攻讦佛老猖獗，或指斥宦官专权，或抒发不平之鸣，真正发挥了“辞令褒贬”、“导扬讽喻”的社会功能，极大地丰富了散文的艺术表现技巧，把散文的创作推进到一个全新的阶段。同时，古文运动理论家还主张在继承传统、广取博采的基础上进行革新创造，提出“辞必己出”、“务去陈言”的观点。这样，唐代散文无论是内容还是形式都达到了更成熟、更完美的境地。尤其是韩愈和柳宗元，犹如并峙的双峰，成为唐代散文的杰出代表。晚唐散文以罗隐、皮日休、陆龟蒙等所写的小品文为代表，鲁迅誉之为“一塌糊涂的泥塘里的光彩和锋芒”（《小品文的危机》）。由于古文运动的影响，晚唐还产生了散文化的赋，如杜牧的《阿房宫赋》。

散文在唐代古文运动以后渐呈颓势，骈体重新得到发展，至宋初仍未改观。时有柳开、王禹偁、范仲淹、穆修等人，奋起抵抗流俗，他们继承韩愈崇古重道的观点，强调文章的社会功用，倡导韩、柳的质朴文风。如王禹偁的《黄冈竹楼记》、范仲淹的《岳阳楼记》等，即是这一思想指导下的产物。宋仁宗庆历年间，在政治革新的潮流鼓荡下，诗文革新运动随之兴起，宋代散文取得了与唐文媲美的杰出成就。欧阳修是诗文革新运动的领袖，宋代散文的奠基人。他坚持“事信言文”的创作主张，极力提倡平易通达的文风，所作散文极富情韵。在他的提携下，文坛人才辈出，王安石、曾巩、苏洵、苏轼、苏辙都是一时俊彦。其中苏轼成就最高，其散文诸体兼备，自由挥洒，如行云流水，姿态横生。他们六人与韩愈、柳宗元一起被称为“唐宋八大家”。值得注意的是，宋代散文的文体出现了多样化的趋势。欧、苏等人并不绝对摒弃骈文，他们借鉴古文手法，吸收骈文在辞采、声调等方面的长处，以构筑古文的节奏韵律之美，创造出如《秋声赋》《赤壁赋》这样的文赋典范。

南宋时，由于金兵入侵，山河沦陷，民族矛盾异常尖锐，散文创作增添了新的内容。岳飞、胡铨、陈亮、辛弃疾、文天祥等爱国志士的文章大都有着同仇敌忾、重整山河的共同主题，大都辞气激昂，洋溢着爱国主义热情。此外，还出现了笔记杂文（如洪迈《容斋随笔》、王明清《挥麈录》）。

吊古战场文[1]

李　华

李华（715—766），字遐叔，赵州赞皇（今属河北）人，开元二十三年（735年）进士，官至吏部员外郎。李华是盛唐时期的著名散文家，与萧颖士齐名，世称“萧李”。他与萧颖士、颜真卿等共倡古义，开韩、柳古文运动之先河。李华重视文章的教化作用，其文不事华靡，也不刻意铺排、堆砌典故，风格平正，文字畅达，阳刚劲健，对后世文坛有较大影响。李华亦有诗名，继承阮籍、陈子昂的传统，针对现实，有感而发，或借古讽今，或比兴寄托。七绝《春行寄兴》为历来传诵的名篇。有《李遐叔文集》传世。

浩浩乎平沙无垠，敻不见人[2]。河水萦带[3]，群山纠纷[4]。黯兮惨悴[5]，风悲日曛[6]。蓬断草枯[7]，凛若霜晨[8]。鸟飞不下，兽铤亡群[9]。亭长告余曰[10]：“此古战场也。常覆三军[11]，往往鬼哭，天阴则闻。”伤心哉！秦欤汉欤？将近代欤[12]？

吾闻夫齐魏徭戍，荆韩召募[13]，万里奔走，连年暴露[14]。沙草晨牧，河冰夜渡[15]。地阔天长，不知归路。寄身锋刃，腷臆谁诉[16]？秦汉而还，多事四夷[17]；中州耗斁[18]，无世无之。古称戎夏[19]，不抗王师[20]。文教失宣[21]，武臣用奇[22]。奇兵有异于仁义，王道迂阔而莫为[23]。

呜呼噫嘻！吾想夫北风振漠[24]，胡兵伺便[25]，主将骄敌，期门受战[26]。野竖旌旗，川回组练[27]。法重心骇，威尊命贱[28]。利镞穿骨[29]，惊沙入面[30]。主客相搏，山川震眩[31]；声析江河，势崩雷电[32]。至若穷阴凝闭[33]，凛冽海隅[34]，积雪没胫[35]，坚冰在须[36]。鸷鸟休巢[37]，征马踟蹰[38]。缯纩无温[39]，堕指裂肤[40]。当此苦寒，天假强胡[41]，凭凌杀气[42]，以相剪屠[43]。径截辎重，横攻士卒。都尉新降[44]，将军覆没。尸填巨港之岸[45]，血满长城之窟。无贵无贱，同为枯骨，可胜言哉[46]！鼓衰兮力尽，矢尽兮弦绝，白刃交兮宝刀折，两军蹙兮生死决[47]。降矣哉，终身夷狄[48]；战矣哉，骨暴沙砾[49]。鸟无声兮山寂寂，夜正长兮风淅淅[50]；魂魄结兮天沉沉[51]，鬼神聚兮云幂幂[52]。日光寒兮草短，月色苦兮霜白。伤心惨目，有如是耶？

吾闻之：牧用赵卒，大破林胡；开地千里，遁逃匈奴[53]。汉倾天下，财殚力痡[54]。任人而已，其在多乎[55]？周逐猃狁，北至太原，既城朔方，全师而还[56]。饮至策勋[57]，和乐且闲，穆穆棣棣[58]，君臣之间。秦起长城，竟海为关[59]，荼毒生灵，万里朱殷[60]。汉击匈奴，虽得阴山，枕骸遍野，功不补患[61]。

苍苍蒸民[62]，谁无父母？提携捧负，畏其不寿。谁无兄弟？如足如手；谁无夫妇？如宾如友。生也何恩，杀之何咎[63]？其存其没，家莫闻知。人或有言，将信将疑。悁悁心目，寝寐见之[64]。布奠倾觞[65]，哭望天涯。天地为愁，草木凄悲。吊祭不至，精魂何依？必有凶年，人其流离[66]。呜呼噫嘻！时耶命耶？从古如斯！为之奈何？守在四夷[67]。

【注　释】

[1]古战场：李华曾奉使朔方，目睹了北方古战场的景象，不满开元、天宝年间唐玄宗骄奢好战，边将邀功求赏，以致边衅不断、人民伤亡惨重的情况，故写下此文。文中所谓古战场，表面是泛指，实乃指当时北方边境。　[2]敻(xiòng)：远。　[3]萦带：弯弯曲曲如带子一般。萦：萦绕，弯曲。　[4]纠纷：纠集纷乱。[5]黯兮：黯然，心神沮丧。惨悴：凄伤。　[6]曛(xūn)：昏黄。　[7]蓬：多年生草本植物，枯后根断，随风乱飞，因而又名飞蓬。　[8]凛：寒气凛冽。　[9]铤：同“挺”，快速奔走。亡：失。　[10]亭长：地方管治安等事的小吏。　[11]常：通“尝”，曾经。三军：这里泛指军队。　[12]将：抑或，还是。　[13]齐、魏、荆、韩：均为战国时国名，这里泛指战国时期。徭戍：徭役征戍。荆：楚国。召募：招募新兵。　[14]暴(pù)露：露宿野外，受烈日炙烤、风吹雨打。暴：同“曝”。　[15]“沙草”二句：指清晨在沙塞草原牧马，深夜要渡过结冰的河流。形容边塞士兵不分昼夜寒暑戍守边地，十分辛苦。　[16]腷(bì)臆：苦闷的心情。　[17]事：战事。四夷：四方的少数民族。夷与下文的“戎”“狄”等都是古代汉族统治者对四方少数民族的辱称。　[18]中州：中原。耗斁(dù)：消耗破坏。　[19]戎夏：指四方各族及中原人民。　[20]不抗王师：古人认为，天子以礼乐教化安天下，其军队乃仁义之师，有征无战，天下都不能抵抗。　[21]文教：指古代君主用以统治天下的典章制度、礼乐教化等。失宣：没有得到宣扬、提倡。　[22]用奇：用奇兵诡计。　[23]王道：以仁义治天下的法则。迂阔：迂远而不切实际。莫为：这里指人们认为王道太迂阔，无人实施。　[24]振漠：震撼沙漠。[25]胡兵：指西、北方少数民族的军队。伺便：趁便，乘机。　[26]“主将”二句：主帅轻敌，到敌人袭至军营才被动应战。期门：军门，营门。　[27]川回组练：平原上来回奔驰着的军队。川：平川，平原。组练：组甲被练，古代军士所穿的两种衣甲。此指代军队。　[28]“法重”二句：指军法严峻、威严，士兵心里害怕触犯军法，只得拼死作战。　[29]利镞(zú)：利箭。　[30]入面：扑面。　[31]眩：晕眩。　[32]“声析”二句：形容战斗声势如江河奔泻、雷电轰鸣。析：离析。崩：分崩，崩裂。　[33]穷阴：阴沉到极点。凝闭：阴云密集凝聚。　[34]海隅：海角。海：瀚海，沙漠。　[35]胫：小腿。　[36]坚冰在须：胡须上也结着冰。　[37]鸷鸟：猛禽。休巢：在巢休息。　[38]踟蹰：徘徊不前。　[39]缯纩(zēng kuàng)：指衣服。缯：丝织品。纩：丝绵。　[40]堕指：手指都冻掉。　[41]天假强胡：老天给敌人以可乘之机。假：借。　[42]凭凌：欺凌。杀气：肃杀之气，寒气。　[43]剪屠：剪戮，屠杀。　[44]都尉：军官名称，比将军级别略低。　[45]巨港：大河。　[46]胜(shēng)言：尽言。　[47]蹙(cù)：迫近，逼近。　[48]终身夷狄：终身成为外族奴仆。　[49]沙砾：沙漠，荒野。砾：小石子。　[50]淅淅：形容风声萧瑟凄凉。　[51]魂魄结：死者的阴魂集结在天空。沉沉：昏暗无光。　[52]幂(mì)幂：阴云密布，气氛惨淡。　[53]“牧用”四句：《史记·廉颇蔺相如列传》载，战国末年，赵国良将李牧守雁门郡(今山西宁武、代县一带)，大破匈奴，降破林胡(北方少数民族)，匈奴首领单于遁逃，其后十余年未敢犯赵边城。　[54]“汉倾”二句：《史记·匈奴列传》记载，汉初，刘邦率兵出击匈奴，中计被围，结和亲之约，每年向匈奴奉纳财物以求边境安定，但边患始终未除。殚(dān)：竭尽。痡(pū)：疲劳致病。　[55]其：岂，难道。　[56]“周逐”四句：周宣王时，北方少数民族进犯，君吉甫率兵击之，将其驱逐至太原(今宁夏固原一带)而班师。猃狁(xiǎn yǔn)：北方少数民族，即匈奴的前身。城：筑城。朔方：北方，在今山西大同一带。一说在今宁夏灵武一带。　[57]饮至：古代军队出征凯旋，还至宗庙告祭，饮酒庆贺。策勋：把功勋写在简策上。　[58]穆穆棣棣(dì)：形容仪态端庄美好，娴雅安和。　[59]竟海为关：长城东端直至山海关，已临海，故云。竟：至。　[60]朱殷(yān)：指鲜血。朱：红色。殷：赤黑色。鲜血在地，时间久则色变紫趋黑。　[61]“汉击”四句：《史记·匈奴列传》载，汉武帝时，卫青、霍去病北征匈奴，控制了今河套平原地区及北阴山山脉一带，但汉军亦死亡数万，故云功劳无法弥补过失、祸患。　[62]苍苍

蒸民：天生众民。蒸：同“烝”，众。［63］“生也”二句：指百姓活着的时候，帝王于民并没有什么恩德，然而却把百姓驱遣到战场上去送命，百姓又有什么罪过？咎：罪过。［64］“悁悁(yuān)”二句：指士卒的家属心忧目愁，连睡觉都梦见亲人。悁悁：忧愁的样子。［65］布奠：设祭。倾觞：倒酒。［66］“必有”二句：指大战争之后，必定有荒年，人民又要流离失所了。其：将，将要。［67］守在四夷：语出《左传·昭公二十三年》：“古者天子，守在四夷。”指要施仁政，行王道，那么，四方边境的外族都会为天子守卫国土，就可以免于战争。

【评　析】

《吊古战场文》名为“吊古”实是讽今，通过对古战场的描写，表现了穷兵黩武给人民带来的深重灾难。

文章构思精密，虚实交错，纲目清晰，次序井然。首段为第一部分，总叙古战场概貌，统领全文。二、三、四段为第二部分，遥想征战情景。先写“征”——远戍的艰难苦恨，依次写行军、露营、夜渡、屯戍之苦，无限同情灌注字里行间。再写“战”——战争的残酷惨烈，实为“常覆三军”的具体再现，写得生动逼真，令人如临其境。后写“史”——历代战争得失，运用对比，说明解决边患的关键是选用良将、安抚四夷，而不是黩武开边。末段为第三部分，哀悼阵亡士卒，点明全文主旨，提出“守在四夷”的主张。

此赋充分体现了盛唐新体文赋的特色：结构步步深化、环环相扣，想象穿越今古、惊心骇目，议论高屋建瓴、奔涛直下，节奏声文并茂、荡气回肠，格调清新质朴、刚劲有力。

【习　题】

1. 分析本文的抒情与写景是如何密切交融以共同表达作品主旨的。
2. 有人认为本文对战争的看法有失偏颇，情调也太凄伤，谈谈你的看法。
3. 分析本文精密的艺术结构和整饬的语体风格对主旨表达的作用。

原　毁[1]

韩　愈

韩愈(768—824)，字退之，河内河阳(今河南孟州)人，郡望为昌黎，常自称“昌黎韩愈”，累官至吏部侍郎。韩愈推尊儒学，力排佛老，反对六朝以来骈偶文风，与柳宗元共同倡导古文运动，为“唐宋八大家”之首。其文众体兼擅，笔力遒劲，气势奔放；文随事异，工于变化；力去陈言，戛戛独造，无论议论说理，写人叙事，言志抒情，都能产生强烈的艺术效果和广泛深远的社会影响，苏轼称他“文起八代之衰”。韩愈诗歌上的探索创新，主要表现为融散文技巧于诗歌，力求出奇制胜，追求奇险拗劲，形成深险怪癖的诗风。今有《昌黎先生集》传世。

古之君子，其责己也重以周[2]，其待人也轻以约[3]。重以周，故不怠[4]；轻以约，故人乐为善。闻古之人有舜者，其为人也，仁义人也[5]。求其所以为舜者，责于己曰："彼，人也；予，人也；彼能是，而我乃不能是[6]？"早夜以思，去其不如舜者，就其如舜者。闻古之人有周公者，其为人也，多才与艺人也[7]。求其所以为周公者，责于己曰："彼，人也；予，人也；彼能是，而我乃不能是？"早夜以思，去其不如周公者，就其如周公者。舜，大圣人也，后世无及焉。周公，大圣人也，后世无及焉。是人也，乃曰："不如舜，不如周公，吾之病也[8]。"是不亦责于身者重以周乎？其于人也，曰："彼，人也，能有是，是足为良人矣，能善是，是足为艺人矣。"取其一，不责其二。即其新，不究其旧。恐恐然惟惧其人之不得为善之利。一善易修也，一艺易能也，其于人也，乃曰："能有是，是亦足矣。"曰："能善是，是亦足矣。"不亦待于人者轻以约乎？

今之君子则不然。其责人也详，其待己也廉[9]。详，故人难于为善；廉，故自取也少。己未有善，曰："我善是，是亦足矣。"己未有能，曰："我能是，是亦足矣。"外以欺于人，内以欺于心，未少有得而止矣，不亦待其身者已廉乎[10]？其于人也，曰："彼虽能是，其人不足称也；彼虽善是，其用不足称也[11]。"举其一，不计其十；究其旧，不图其新。恐恐然惟惧其人之有闻也[12]，是不亦责于人者已详乎？夫是之谓不以众人待其身，而以圣人望于人，吾未见其尊己也。

虽然，为是者，有本有原，怠与忌之谓也。怠者不能修[13]，而忌者畏人修。吾常试之矣，尝试语于众曰："某良士，某良士。"其应者，必其人之与也[14]；不然则其所疏远、不与其同利者也；不然则其畏也[15]。不若是，强者必怒于言，懦者必怒于色矣。又尝语于众曰："某非良士，某非良士。"其不应者，必其人之与也。不然则其所疏远、不与同其利者也；不然则其畏也。不若是，强者必说于言[16]，懦者必说于色矣。是故事修而谤兴[17]，德高而毁来。

呜呼！士之处此世，而望名誉之光，道德之行，难已。将有作于上者[18]，得吾说而存之[19]，其国家可几而理欤[20]！

【注　释】

[1]原：推究。毁：诽谤、诋毁。题目的意思是推究诽谤丛生的根源。　[2]重：严格。周：详尽，周密，全面。　[3]轻：宽容。约：简约。以上二句出自《论语·卫灵公》"躬自厚而薄责于人"。　[4]不怠：指不懈怠地进行道德修养。　[5]仁义人：符合儒家仁义道德规范的人。　[6]"彼，人也；予，人也"三句：出自《孟子·滕文公上》"颜渊曰：'舜何人也？予何人也？有为者，亦若是。'"　[7]多才与艺人：多才多艺的人。语出《尚书·金縢》"予人若考，能多才多艺，能事鬼事神。"　[8]病：缺陷。　[9]廉：少，指要求低。　[10]已：太，甚。　[11]用：才能。　[12]闻：名声，好的声望。　[13]修：进业修德。　[14]与：交好的人。　[15]畏：敬畏的人。　[16]说：同"悦"。　[17]事修：事业成功。　[18]作：振作，作为。　[19]存：存想。　[20]几：庶几，差不多。理：治理得好。原应作"治"，唐人避高宗李治讳改用"理"。

【评　析】

《原毁》无情抨击了当时士大夫阶层中盛行的相互诋毁之风。

文章紧紧围绕一个"毁"字推衍，由古贤不"毁"，写到今人乐"毁"，写到"毁"之根源，写到除"毁"之旨。第一部分紧扣"重周""轻约"四字展开论述。深层意图在于说明：要根除毁谤的产生，就要像古之君子那样待己"重以周"，待人"轻以约"。下文由历史转到现实，直接触及"毁"的题意，写今之君子乐"毁"。他们反古君子之道而行之，对待别人求全责备，对待自己毫无要求。揭了"毁"的具体表现后，紧接着挖掘"毁"的思想根源在于"怠与忌"。这两种心理导致的直接后果就是：自己不能进德修业，怕别人进德修业。最后三句点明写作意图，呼吁身居高位者讲究修身之道，起来纠正士大夫阶层中诋毁后进之士的恶劣风气。

《原毁》通篇采用排偶结构，具有“奇峰对插，锦屏对峙”的匀齐美。对比的运用使作者对古、今君子的褒贬态度得到强化。

【习　题】

1. 这篇哲学散文具有很强的可读性，原因在于什么地方？请试作具体说明。
2. 对比是这篇文章整体构思的特点，请谈谈采用对比结构、对比论述的效果。
3. 古今人性是相通的，我们该如何对待自己“怠”与“忌”的人性缺陷？

永州韦使君新堂记[1]

柳宗元

柳宗元(773—819)，字子厚，唐河东(今山西永济)人。“唐宋八大家”之一，与韩愈同为一代古文大家，世称“韩柳”。柳宗元主张尊统重道，厚今薄古，其散文以政论、寓言和山水游记最有成就。说理之作，文风峭拔，笔锋犀利，论证精确，以谨严胜；寓言小品，讽刺时政，短小警策，理深旨远，形象传神；山水游记，物我交融，多所寄托，精工入微，清新秀美。《永州八记》为其山水游记代表作，在山水描写中渗透着痛苦感受、抑郁情怀和孤高个性，对中国山水散文的发展有不没之功。柳诗风格劲峭，尤其是山水诗、古风写得刚劲。今有《柳河东集》传世。

将为穹谷嵁岩渊池于郊邑之中[2]，则必辇山石[3]，沟涧壑[4]，陵绝险阻[5]，疲极人力，乃可以有为也。然而求天作地生之状，咸无得焉。逸其人，因其地，全其天，昔之所难，今于是乎在。

永州实惟九疑之麓[6]，其始度土者[7]，环山为城。有石焉，翳于奥草[8]；有泉焉，伏于土涂[9]。蛇虺之所蟠[10]，狸鼠之所游。茂树恶木，嘉葩毒卉[11]，乱杂而争植，号为秽墟。韦公之来既逾月，理甚无事[12]，望其地，且异之。始命芟其芜[13]，行其涂[14]。积之丘如，蠲之浏如[15]。既焚既酾[16]，奇势迭出，清浊辨质，美恶异位。视其植，则清秀敷舒；视其蓄[17]，则溶漾纡余[18]。怪石森然，周于四隅[19]。或列或跪，或立或仆。窍穴逶邃[20]，堆阜突怒。乃作栋宇[21]，以为观游。凡其物类，无不合形辅势，效伎于堂庑之下[22]。外之连山高原，林麓之崖，间厕隐显[23]。迩延野绿[24]，远混天碧，咸会于谯门之内[25]。

已乃延客入观[26]，继以宴娱。或赞且贺曰：“见公之作，知公之志。公之因土而得胜，岂不欲因俗以成化？公之择恶而取美[27]，岂不欲除残而佑仁？公之蠲浊而流清，岂不欲废贪而立廉？公之居高以望远，岂不欲家抚而户饶[28]？夫然，则是堂也，岂独草木土石水泉之适欤？山原林麓之观欤？将使继公之理者，视其细知其大也。”

宗元请志诸石，措诸屋漏[29]，以为二千石楷法[30]。

【注 释】

[1]韦使君:韦宙,元和七、八年间任永州刺史。 [2]穹谷:深谷。嵁(kān)岩:峭壁。渊池:深地。[3]辇(niǎn):人推或拉的车,这里用作动词,用车装载的意思。 [4]沟:沟通,开凿。 [5]陵绝:超越。[6]九疑:山名,在今湖南宁远县境内。 [7]度(duó):量度,这里有勘测规划的意思。 [8]翳(yì):遮蔽。奥草:深草。 [9]涂:污泥。 [10]蛇虺(huǐ):一种毒蛇。蟠:盘屈而伏。 [11]葩:花。卉:草。 [12]理:治理。 [13]芟(shān):割除。芜:荒草。 [14]行:流通,流动。这里是疏导的意思。 [15]蠲(juān):清洁。浏如:水清澈的样子。 [16]酾(shī):疏导,分流。 [17]蓄:指积蓄的湖水。 [18]溶漾:水动荡的样子。纡(yū)余:曲折萦绕。 [19]四隅:四方。 [20]窍穴:山洞。透邃(suì):曲折深远。 [21]栋宇:堂屋。 [22]庑(wǔ):堂下四周的屋子。 [23]间厕:参加,这里是交错的意思。 [24]迩:近。 [25]谯(qiáo)门:古代建筑在门楼上用以瞭望的楼。 [26]延:邀请。 [27]择:应作“释”,舍弃。 [28]饶:富裕。 [29]措:放置。这里是嵌置的意思。屋漏:室内西北角地方。一说屋漏作“壁”。 [30]二千石:汉代郡守的俸禄为二千石,后来也习惯称州郡一级的长官为“二千石”,这里指州刺史。

【评 析】

这篇应制之作,借称颂堂主开辟新堂之功,寄托对清明政治的渴望。

文章逆笔入题,写名胜难得,拎出全篇总纲。下文紧承上意,写旧地新颜。以时为序分三层铺写:先极写“秽墟”荒芜之象,接写“秽墟”治理情况,依次写环境整治行动、环境整治效果、“秽墟”崭新面貌。而后写新堂修筑目的及其妙处,突出“逸其人,因其地,全其天”的精神,蕴含对韦使君的颂扬之情。“已乃延客入观”承上启下,写观者赞贺,将筑堂和为政两者密切地勾连起来,赞新堂建造过程中所体现出来的为政思想及其深远意义。末段写行文旨意,表明对政治清明的渴望。

本文借事明道,托物言理,深入浅出,精辟形象。章法上以议发端,经议而叙,叙后再议,景、事、情、理和谐统一;善用映衬、对比,突出新堂之美和修筑新堂之功。语言上交错运用偶句和散句,散中有整,参差多变,形成行文流畅、顿挫有节的艺术风格。

【习 题】

1. 本文的高明之处是将筑新堂与为政联系起来,请谈谈作品是如何“联系”的。

2. 谈谈你对文中“逸其人,因其地,全其天”的审美思想乃至政治思想的看法。

3. 试比较这篇文章与《永州八记》写景状物的不同特点。

黄冈竹楼记

王禹偁

王禹偁(954—1001),字元之,济州巨野(今属山东)人,宋代诗人、散文家。中进士后历任左拾遗、左司谏、知制诰等职,因同情民生疾苦,直言敢谏,主张改革朝政,屡遭贬斥。后奉召入京,因撰修《太祖实录》获咎,再次贬为黄州(今湖北黄冈)知州,又改知蕲州(今湖北蕲春),死于任所。王禹偁以宗经复古为旗帜,提倡韩柳古文运动精神,主张写"传道而明心"的古文。其散文作品内容充实,感情充沛,语言晓畅。在诗歌方面,他推崇杜甫和白居易,继承和发扬了杜诗、白诗直面现实的传统。有自编诗文《小畜集》及后人辑编《小畜外集》传世。

黄冈之地多竹[1],大者如椽[2]。竹工破之,刳去其节[3],用代陶瓦[4],比屋皆然[5],以其价廉而工省也。

子城西北隅[6],雉堞圮毁[7],蓁莽荒秽[8],因作小楼二间,与月波楼通[9]。远吞山光,平挹江濑[10],幽阒辽夐[11],不可具状[12]。夏宜急雨[13],有瀑布声;冬宜密雪,有碎玉声。宜鼓琴,琴调虚畅[14];宜咏诗,诗韵清绝[15];宜围棋,子声丁丁然[16];宜投壶[17],矢声铮铮然:皆竹楼之所助也[18]。

公退之暇[19],披鹤氅[20],戴华阳巾[21],手执《周易》一卷[22],焚香默坐,消遣世虑[23]。江山之外,第见风帆沙鸟,烟云竹树而已[24]。待其酒力醒,茶烟歇,送夕阳,迎素月,亦谪居之胜概也[25]。

彼齐云、落星[26],高则高矣!井干、丽谯,华则华矣[27]!止于贮妓女,藏歌舞,非骚人之事,吾所不取[28]。

吾闻竹工云:"竹之为瓦,仅十稔[29],若重覆之,得二十稔。"噫!吾以至道乙未岁[30],自翰林出滁上[31],丙申,移广陵[32];丁酉,又入西掖[33]。戊戌岁除日[34],有齐安之命[35]。已亥闰三月到郡[36]。四年之间,奔走不暇,未知明年又在何处,岂惧竹楼之易朽乎?幸后之人与我同志,嗣而葺之[37],庶斯楼之不朽也。

咸平二年八月十五日记。

【注　释】

[1]黄冈:地名,今湖北黄冈市。　[2]椽(chuán):放在屋檩上架屋面板和瓦的木条。　[3]刳(kū):剖,削。节:竹节。　[4]陶瓦:泥土烧制的瓦片。　[5]比:全,满。皆然:都是这个样子。　[6]子城:大城所附属的小城,又称"月城""瓮城"。　[7]雉堞:城墙上的女墙部分,即垛口。圮(pǐ)毁:毁坍。　[8]蓁莽:丛生的草木。　[9]月波楼:在黄州城西北角。　[10]挹(yì):酌、舀取。濑:流经沙石上的急水。　[11]幽阒(qù):寂静。辽夐(xiòng):辽远。　[12]具状:完全地说出。　[13]宜:适合,适宜。　[14]虚畅:清虚和畅。　[15]绝:极。　[16]丁丁(zhēng)然:象声词。　[17]投壶:古代的一种游戏。方法是各人向壶中投箭矢,中者或中多者胜,不中或中少者负,罚酒。　[18]助:助成。　[19]公退:处理完公事回来。　[20]鹤氅(chǎng):用鸟羽缝成的风衣。　[21]华阳巾:道士所戴的一种头巾。这里指隐士的帽子。　[22]《周

易》:我国古代学者运用辩证法思想方法来体现说明宇宙和人类社会万事万物的生成和变化的基本原理的最古老的典籍。 [23]消遣世虑:消除掉一些对世间的忧虑。 [24]第:只。 [25]胜概:上好的风光景象。 [26]齐云:齐云楼,又名月华楼,唐代建筑,故址在今江苏苏州。落星:落星楼,东吴孙权时建筑,故址在今江苏南京。 [27]井干(hán):井干楼,西汉武帝时建筑,故址在今陕西西安。丽谯(qiáo):丽谯楼,三国时曹操所建。 [28]骚人:诗人墨客,泛指文人。 [29]稔(rěn):谷物一熟叫做一稔,引申为一年。[30]至道乙未岁:宋太宗至道元年(995年)。 [31]出:贬谪。滁:今安徽滁州市。 [32]丙申:至道二年(996年)。广陵:今江苏扬州。 [33]丁酉:至道三年(997年)。西掖:朝廷的行政机构中书省。 [34]戊戌:宋真宗咸平元年(998年)。岁除日:除夕。 [35]齐安:黄州又称齐安郡。 [36]己亥:咸平二年(999年)。 [37]嗣:继承。葺(qì):修缮。

【评 析】

《黄冈竹楼记》通过描绘竹楼特点和寓居其间所领略的风光和雅趣,表现了遭贬后怅惘落寞、茫然无奈而又不甘沉沦、守正不阿的复杂感情。

文章以"竹楼"为行文线索。先叙述黄州多竹,点明以竹为楼的外在原因,为下文自建小楼的叙写铺垫。写建楼按坐落位置、周围环境、建筑规模为序。随后写栖楼诗意,先写竹楼所见,再写竹楼所闻,以声写楼、抒情,渲染了竹楼的独特神奇,表达了随遇而安、自得其乐的达观态度。继写竹楼群聚乐趣之后,接写竹楼独处乐趣:或潜心于诵读《周易》,或陶醉于自然景色,或沉溺于醇酒名茶,始终围绕"消遣世虑"四字来写。再以古代名楼高华富丽反衬竹楼朴素清雅,以权贵佞臣荒淫腐朽反衬竹楼主人高洁自持。最后由扬转抑,借竹楼寿命的长短为题,流露自己屡遭贬谪的愤懑。

此记行文流畅,不事雕琢,以小见大,真切传神,雅素隽洁,是宋初不多见的抒情短制。

【习 题】

1. 谈谈本文如何表现作者高洁自持、不甘沉沦的精神。

2. 本文寄慨深远,试分析竹楼意象在文中的象征意义。

3. 南宋人叶适称王禹偁的文章"简雅古澹",请以本文为例加以说明。

秋 声 赋

欧阳修

欧阳修(1007—1072),字永叔,号醉翁,又号六一居士,庐陵(今江西吉安)人。欧阳修是当时文坛的领袖,他继承韩愈崇古重道的精神,以"明道""致用"为追求,摈弃韩文之奇崛险怪而取其文从字顺,主张平易自然,反对浮华奇涩,由是产生了广泛的影响,有力地推动了诗文革新运动的发展。其散文叙事委婉迂徐,质朴深切;抒情气势流畅,情文并茂;议论笔带忧愤,声韵铿锵。诗歌平淡疏畅,清新秀丽。词作风流蕴藉,清疏峻洁,堪为一代宗师。有《欧阳文忠公集》《六一词》传世。

欧阳子方夜读书，闻有声自西南来者，悚然而听之[1]，曰："异哉！"初淅沥以萧飒[2]，忽奔腾而砰湃[3]，如波涛夜惊，风雨骤至。其触于物也，鏦鏦铮铮[4]，金铁皆鸣；又如赴敌之兵，衔枚疾走[5]，不闻号令，但闻人马之行声。

余谓童子："此何声也？汝出视之。"童子曰："星月皎洁，明河在天[6]，四无人声，声在树间。"

余曰："噫嘻，悲哉！此秋声也，胡为而来哉？盖夫秋之为状也：其色惨淡[7]，烟霏云敛[8]；其容清明，天高日晶；其气栗冽[9]，砭人肌骨[10]；其意萧条，山川寂寥。故其为声也，凄凄切切，呼号愤发。丰草绿缛而争茂[11]，佳木葱茏而可悦；草拂之而色变，木遭之而叶脱；其所以摧败零落者，乃其一气之余烈[12]。

夫秋，刑官也[13]，于时为阴[14]；又兵象也[15]，于行用金[16]；是谓天地之义气[17]，常以肃杀而为心[18]。天之于物，春生秋实。故其在乐也，商声主西方之音[19]，夷则为七月之律[20]。商，伤也，物既老而悲伤；夷，戮也，物过盛而当杀[21]。

嗟乎！草木无情，有时飘零。人为动物，惟物之灵[22]。百忧感其心，万事劳其形，有动乎中，必摇其精[23]。而况思其力之所不及，忧其智之所不能，宜其渥然丹者为槁木[24]，黟然黑者为星星[25]。奈何以非金石之质，欲与草木而争荣？念谁为之戕贼，亦何恨乎秋声！"

童子莫对，垂头而睡。但闻四壁虫声唧唧，如助余之叹息。

【注　释】

[1]悚(sǒng)然：惊恐不安的样子。　[2]淅沥以萧飒：雨声夹杂着风声。以：而。　[3]砰湃(pēng pài)：波涛汹涌声。　[4]鏦鏦(cōng)铮铮：金属撞击声。　[5]衔枚：古代秘密行军时，常令士兵口里横衔一根筷子一样的小棍，以免喧哗。　[6]明河：明亮的天河，即银河。　[7]惨淡：阴暗无色。　[8]烟霏云敛：烟气弥漫，云雾聚集。霏：烟飞貌。敛：聚。　[9]栗冽：寒冷。　[10]砭(biān)：古代用来治病的石针，这里是刺的意思。　[11]缛(rù)：繁茂。　[12]一气：秋气。余烈：余威。　[13]夫秋，刑官也：周朝设官，以天地四时为名，掌管刑法和狱讼的为秋官，审决死罪人犯也在秋天。　[14]于时为阴：古以阴阳配合四时，春夏为阳，秋冬为阴。　[15]兵象：战争的征象。古代征伐，多在秋天，故云。　[16]于行用金：古人以五行(金、木、水、火、土)分配四时，秋天属金。　[17]义气：正义之气，刚正之气。　[18]肃杀：形容秋冬天气寒冷，草木凋落。心：意志。　[19]商声主西方之音：古时将乐声分为宫、商、角、徵、羽五声，与五行相配，商属金；与四时相配，商属秋；与四方相配，商为西。　[20]夷则：古代以十二乐律分配十二月，七月为夷则。　[21]商，伤也："商"与"伤"音同，故有这种附会。夷，戮也："夷"与"戮"同义，故用"夷则"附会。盛：繁盛期。过盛：过了繁盛期。杀：削减。　[22]惟物之灵：是万物中最有灵性的。　[23]有动乎中，必摇其精：心有所感，必然会影响其精神。　[24]渥(wò)丹：浓郁润泽的朱红色。槁木：枯木，这里形容衰老。　[25]黟(yī)：黑色，这里形容黑发。星星：喻白色。"为星星"即黑发变白。

【评　析】

《秋声赋》借天地有声之秋写人生无声之秋，寓警悟意。

文章起笔突兀，写夜读、闻声、悚听、惊叹。自然引出状秋声，由此及彼的一串比喻将秋声化为生动可感的形象。主仆对话是过渡和转折，"此秋声也"转入描秋状，扣住"色""容""气""意"四字，运用排句渲染秋之萧条冷落，从侧面烘托秋声。继以两组对句写草木剧变情状，凸显秋天肃杀之气的威力。下面紧承"余烈"论秋心，以刑官、兵象、音乐写秋以肃杀为心，并附会出盛极必衰、老至必伤的结论，为揭示题旨做了铺垫。"嗟乎"而下抒秋情，由议论秋声转而议论人世。通过物与人对比，言人之非分欲求、无端焦虑的自我摧残远胜自然规律的作用，以致无时非秋，衰老无形加速。结句自警警人：加强内省，毋恨秋声。末段是尾声，遥呼开头，余音袅袅。

该赋对比映衬的手法、化虚为实的描写、骈散相间的语言足可称道。

【习 题】

1. 本文是从哪些方面来描写秋声的？分别使用了怎样的手法？
2. 作者是怎样借自然之秋来抒发自己人生之秋的感慨的？
3. 试谈此赋摇曳生姿的结构艺术和词采丰茂的文赋特色。

方山子传

苏 轼

苏轼(1037—1101)，字子瞻，号东坡居士，眉州眉山(今四川眉山)人。“唐宋八大家”之一，与其父苏洵、其弟苏辙合称“三苏”。苏轼是北宋文学最高成就的代表，他出入儒道，濡染佛禅，思想宏博，旷达通脱。其散文文思开阔，纵横恣肆，与欧阳修并称“欧苏”；其诗歌理趣盎然，意在言外，与黄庭坚并称“苏黄”；其词作境界恢宏，豪迈奔放，与辛弃疾并称“苏辛”。苏轼作品将积极入世的儒家精神、刚直不阿的人格力量和豁达放任的庄禅哲学融为一体，受到后世极大推崇。有《苏东坡集》《东坡乐府》传世。

方山子[1]，光、黄间隐人也[2]。少时慕朱家、郭解为人[3]，闾里之侠皆宗之[4]。稍壮，折节读书[5]，欲以此驰骋当世，然终不遇。晚乃遁于光、黄间，曰岐亭[6]。庵居蔬食，不与世相闻；弃车马，毁冠服，徒步往来山中，人莫识也。见其所著帽，方耸而高[7]，曰：“此岂古方山冠之遗像乎[8]？”因谓之方山子。

余谪居于黄，过岐亭[9]，适见焉。曰：“呜呼！此吾故人陈慥季常也，何为而在此？”方山子亦矍然，问余所以至此者[10]，余告之故。俯而不答，仰而笑。呼余宿其家，环堵萧然[11]，而妻子奴婢皆有自得之意。余既耸然异之。

独念方山子少时，使酒好剑[12]，用财如粪土。前十有九年，余在岐下[13]，见方山子从两骑，挟二矢，游西山。鹊起于前，使骑逐而射之，不获；方山子怒马独出[14]，一发得之。因与余马上论用兵及古今成败，自谓一世豪士。今几日耳[15]，精悍之色，犹见于眉间，而岂山中之人哉？

然方山子世有勋阀，当得官，使从事于其间，今已显闻[16]。而其家在洛阳，园宅壮丽与公侯等；河北有田，岁得帛千匹，亦足富乐。皆弃不取，独来穷山中，此岂无得而然哉！

余闻光、黄间多异人，往往阳狂垢污[17]，不可得而见；方山子傥见之欤[18]？

【注 释】

[1]方山子：即陈慥，字季常，晚年隐于光州、黄州间。苏轼任凤翔签判时，与其相识。 [2]光、黄：即光

州（治所在今河南潢川）、黄州（治所在今湖北黄冈）。［3］朱家、郭解：都是西汉时著名的游侠，喜替人排忧解难。［4］闾里之侠：民间的侠义之士。闾里：周制国城之外置六乡、六遂，在六乡则二十五家为闾，在六遂则二十五家为里。后用为民间、乡里的通称。［5］折节：改变以往的志节、行为。［6］岐亭：宋时镇名，在今湖北麻城市西南。［7］方耸：方形而高耸。［8］岂：其。方山冠：冠名，前高七寸，后高三寸，长八寸，汉朝祭祀时乐师所用。唐、宋时为隐士戴的帽子。［9］"余谪居于黄"二句：苏轼《岐亭》诗叙："元丰三年正月，余始谪黄州，至岐亭北二十五里，山上有白马青盖来迎者，则余故人陈慥季常也。为留五日，赋诗一篇而去。"［10］矍（jué）然：惊视貌。［11］环堵萧然：住所简陋，室内空无所有。堵：墙。萧然：空寂貌。［12］使酒：因酒使性。［13］前十有九年：苏轼与陈慥订交于宋仁宗嘉祐七年（1062年），为十九年前事，故云。岐下：岐山，今属陕西宝鸡。［14］怒马：激马使其怒而奔驰。［15］几日：谓回想起来不过几天光景。［16］"然方山子"四句：指陈慥世代有功勋，应该得官，他如果做官的话，现在已经名声显著了。［17］阳狂垢污：假装癫狂，故意弄成垢污不堪的样子，表示不愿为人所知。阳狂：即佯狂。［18］傥：或许。

【评　析】

此传写尽一个隐者的人生际遇，展示了隐者的精神状态，暗示了社会的黑暗无道。

文章下笔涉名，关合题目。接着点明身份，而后以时为序，用极为概括的语言勾勒了传主的人生轨迹，给读者一个轮廓式的印象，为下文叙写传主人生际遇、岐亭相见伏笔。应邀留宿一段文字，展示出传主安贫乐道的精神境界。"耸然异之"承上启下，引出两段追忆文字。前忆传主当年使酒好剑、纵马追鹊、马上论兵；后忆传主"世有阀阅"、园宅壮丽、家财富厚。传主因怀才不遇，终于由侠而隐，穷山苦度。末段由点到面，言类似此类悲剧者大有人在。结尾揣度式的问句，似了非了，余味不尽。

文章行文不循惯例，以对人的心灵探索为内在结构，只摘取传主早年游侠、晚年隐居琐事信笔勾画，东鳞西爪，断断续续，盘旋起伏，变幻莫测，但传主给人的印象却是有血有肉，须眉欲动。古人"烟波生色"之评，正道出其中妙境。

【习　题】

1. 谈谈苏轼写方山子由侠而隐人生道路的深层用意和思想意义。
2. 文中的侠隐形象写得见情见性，请探讨作品选材和布局的特异之处。
3. 古人评此文"烟波生色"，试与柳宗元《种树郭橐驼传》、袁宏道《徐文长传》加以比较。

武昌九曲亭记[1]

苏　辙

苏辙（1039—1112），字子由，眉州眉山（今四川眉山）人，自号颍滨遗老，北宋著名散文家，"唐宋八大家"之一。苏辙生平学问深受其父兄影响，文章以策论见长，纵谈天下大事，善于引古鉴今，文势汪洋，笔力雄健，说理清晰有力。史论范围广泛，每有独见，《六国论》《三国论》等为时人所重。其散文冲和淡泊，秀杰深醇，《黄州快哉亭记》允称佳构。诗作纯朴无华，闲澹悠远。赋亦写得出色，《墨竹赋》乃其名篇。有《栾城集》传世。

子瞻迁于齐安[2]，庐于江上[3]。齐安无名山，而江之南武昌诸山[4]，陂陁蔓延[5]，涧谷深密，中有浮图精舍[6]，西曰西山，东曰寒溪。依山临壑，隐蔽松枥[7]，萧然绝俗，车马之迹不至。每风止日出，江水伏息，子瞻杖策载酒[8]，乘渔舟，乱流而南[9]。山中有二三子[10]，好客而喜游。闻子瞻至，幅巾迎笑[11]，相携徜徉而上。穷山之深，力极而息，扫叶席草，酌酒相劳[12]。意适忘反，往往留宿于山上。以此居齐安三年[13]，不知其久也。

然将适西山，行于松柏之间，羊肠九曲，而获小平[14]。游者至此必息，倚怪石，荫茂木，俯视大江，仰瞻陵阜[15]，旁瞩溪谷，风云变化，林麓向背[16]，皆效于左右[17]。有废亭焉，其遗址甚狭，不足以席众客。其旁古木数十，其大皆百围千尺[18]，不可加以斤斧[19]。子瞻每至其下，辄睥睨终日[20]。一旦大风雷雨，拔去其一，斥其所据[21]，亭得以广。子瞻与客入山视之，笑曰："兹欲以成吾亭邪？"遂相与营之。亭成，而西山之胜始具。子瞻于是最乐。

昔余少年，从子瞻游。有山可登，有水可浮，子瞻未始不褰裳先之[22]。有不得至，为之怅然移日[23]。至其翩然独往，逍遥泉石之上，撷林卉[24]，拾涧实，酌水而饮之，见者以为仙也。盖天下之乐无穷，而以适意为悦[25]。方其得意，万物无以易之[26]。及其既厌，未有不洒然自笑者也[27]。譬之饮食，杂陈于前，要之一饱[28]，而同委于臭腐[29]。夫孰知得失之所在[30]？惟其无愧于中，无责于外，而姑寓焉[31]。此子瞻之所以有乐于是也[32]。

【注　释】

[1]武昌九曲亭：据《清一统志》说，"九曲亭在武昌县西九曲岭，为孙吴遗迹，宋苏轼重建，苏辙有记"。武昌：今湖北鄂州市。　[2]子瞻：苏轼的字。齐安：古郡名，即黄州，今湖北黄冈。宋神宗元丰二年（1079年），苏轼因被诬以诗文讪谤朝廷，谪往黄州，充团练副使。　[3]庐于江上：庐，寄住。苏轼到黄州的第二年，由定惠院迁居临皋亭，其地濒于江边，故云。　[4]江之南武昌诸山：黄州与鄂州隔江相对。武昌诸山，指鄂州樊山，又名袁山。苏轼《记樊山》文云："自余所居临皋亭下，乱流而西，泊于樊山，为樊口。……循山而南，至寒溪寺，上有曲山，山顶即位坛、九曲亭，皆孙氏遗迹。"又《答秦太虚书》："所居对岸武昌，山水佳绝。"　[5]陂陁（pō tuó）：不平坦。　[6]浮图：梵语，亦作佛图、浮屠，指高塔。精舍：佛寺。　[7]隐蔽松枥：林木丰茂，隐蔽天地。枥（lì）：同"栎"，即柞树，落叶乔木，果实叫橡，叶子可喂柞蚕。　[8]策：也是杖。杖策：谓扶杖。　[9]乱流：横绝江水。　[10]二三子：指若干青年儒生，语出《论语》，是孔子对他的学生们一种称呼。　[11]幅巾：不著冠，但以一块帛巾束首。幅巾迎笑：表示苏轼与山中的年轻人关系融洽。[12]相劳：相互慰问。　[13]居齐安三年：本文作于元丰五年（1082年），苏轼已在黄州住了三年。　[14]获小平：得到了一块稍微平缓的地方。小平：一作"少平"。　[15]陵阜：高山。　[16]林麓：泛指山中的林木。向背：向阳、背阴。　[17]效：呈现。　[18]百围：是说树干的粗细。千尺：是指树的高度。　[19]斤：斧子一类的工具。　[20]睥睨（pì nì）：侧目斜视，有所打算。　[21]斥：排斥，驱逐。斥其所据：把这棵树从它占据之地赶了出去。　[22]褰（qiān）裳：提起衣服。先之：走在前面。　[23]移日：连续好几天。　[24]撷（xié）：采摘。　[25]适意：合乎自己的心意，表示自得其乐。　[26]"方其"二句：指正当苏轼获得一种适意的乐趣时，就以为这是最愉快的享受，天下万物都不能取代这种乐趣。　[27]"及其"二句：指等到苏轼对这种乐趣享受够了，他又总是对自己满足于这种乐趣感到吃惊，觉得好笑。厌：满足。洒然：吃惊的样子。[28]要之一饱：重要的是以求吃个饱。　[29]"而同"句：吃饱之后，就把剩下的食物统统丢掉，让它们发臭腐烂。委：抛弃。　[30]"夫孰知"句：指没有人能够知道人生乐趣是从哪里获得的，又是在哪里失掉的。也就是说，人生乐趣的得失是无常的。　[31]"惟其"三句：指由于得失无常，因此只能要求自己问心无愧，处世无可责备，而姑且这样地生活在人世。姑：姑且。寓：住在。　[32]是：这，指适意而言。

【评　析】

此记追忆武昌九曲亭的重建，阐发苏轼适意为悦的思想情趣，表现苏轼超然处世的洒脱风度。

文章以时为序，写山，写亭，写人，三段均以“乐”为线。题为记亭，首段却无一字关涉九曲亭，而是叙写苏轼载酒遨游武昌诸山之乐。下面承上扣“游”着笔，写建亭必要、建亭意义、建亭依据、建亭机缘、废亭重建、新亭建成。重建九曲亭经过的叙述，既细针密缝，又峰回路转，严谨而不失圆活，对苏轼兴废利众的建亭之举和顺天成事的达者情怀，含蓄地表示了赞赏。最后追忆苏轼山水泉石间“翩然”“逍遥”往事，表现其“以适意为悦”的性情。此段前半叙事，写出苏轼游兴之浓、游趣之雅。后半议论，写苏轼超然物外，无往而不“适意”。

苏辙沉静谨重，文如其人。其文“稳”，结构严谨，沉稳厚重；其文“圆”，曲折回旋，委曲变化；其文“淡”，简洁畅达，朴实淡雅，这些特点体现于这篇记中。

【习　题】

1. 文章写山、写亭、写人，谈谈作品如何将这三个部分凝结为完美的艺术整体。
2. 本文中苏轼其人的情趣胸襟得到了生动的展示，试分析作品的行文技巧。
3. 阅读苏轼《超然台记》，试比较苏氏兄弟叙事散文的不同特色。

指南录后序

文天祥

文天祥(1236—1282)，字宋瑞，号文山，吉州庐陵(今江西吉安)人。南宋政治家、文学家，抗元名臣，与陆秀夫、张世杰并成为“宋末三杰”。其诗文充满强烈的爱国主义热情，具有很高的艺术成就。创作以元军攻陷临安为界分为前后两期，前期《赴阙》《高沙道中》等洋溢着饱满的战斗精神，情感丰富浓郁，风格清新豪放；后期《指南录》《指南录后集》和《吟啸集》，表现力图恢复宋室的壮志、不屈不挠的斗争精神和傲岸坚贞的民族气节，笔触有力，感情强烈，激昂慷慨，苍凉悲壮。文词继承辛派词风，直抒胸臆，悲壮激越。有《文山先生全集》传世。

德祐二年正月十九日[1]，予除右丞相，兼枢密使[2]，都督诸路军马。时北兵已迫修门外[3]，战、守、迁皆不及施。缙绅、大夫、士萃于左丞相府[4]，莫知计所出。会使辙交驰[5]，北邀当国者相见，众谓予一行为可以纾祸[6]。国事至此，予不得爱身，意北亦尚可以口舌动也。初，奉使往来，无留北者，予更欲一觇北[7]，归而求救国之策。于是辞相印不拜[8]，翌日，以资政殿学士行[9]。

初至北营，抗辞慷慨，上下颇惊动，北亦未敢遽轻吾国[10]。不幸吕师孟构恶于前[11]，贾余庆献谄于后[12]，予羁縻不得还[13]，国事遂不可收拾。予自度不得脱，则直前诟虏帅失信，数吕师孟叔侄为逆[14]，但欲求死，不复顾利害。北虽貌敬，实则愤怒。二贵酋名曰馆伴[15]，夜则以兵围所寓舍，而予不得归矣。

未几，贾余庆等以祈请使诣北[16]，北驱予并往，而不在使者之目。予分当引决[17]，然而隐忍以行。昔人云："将以有为也[18]。"

至京口，得间奔真州[19]，即具以北虚实告东西二阃[20]，约以连兵大举。中兴机会，庶几在此[21]。留二日，维扬帅下逐客之令[22]。不得已，变姓名，诡踪迹，草行露宿，日与北骑相出没于长淮间[23]。穷饿无聊，追购又急[24]；天高地迥，号呼靡及[25]。已而得舟，避渚洲，出北海[26]，然后渡扬子江，入苏州洋[27]，展转四明、天台[28]，以至于永嘉[29]。

呜呼！予之及于死者，不知其几矣！诋大酋，当死[30]；骂逆贼，当死[31]；与贵酋处二十日，争曲直，屡当死；去京口，挟匕首，以备不测，几自刭死[32]；经北舰十余里，为巡船所物色，几从鱼腹死[33]；真州逐之城门外，几徬徨死；如扬州，过瓜洲扬子桥[34]，竟使遇哨，无不死；扬州城下，进退不由[35]，殆例送死；坐桂公塘土围中，骑数千过其门，几落贼手死[36]；贾家庄几为巡徼所陵迫死[37]；夜趋高邮，迷失道，几陷死；质明，避哨竹林中，逻者数十骑，几无所逃死[38]；至高邮，制府檄下，几以捕系死[39]；行城子河，出入乱尸中，舟与哨相后先，几邂逅死[40]；至海陵[41]，如高沙[42]，常恐无辜死；道海安、如皋，凡三百里，北与寇往来其间，无日而非可死[43]；至通州，几以不纳死[44]；以小舟涉鲸波出[45]，无可奈何，而死固付之度外矣。呜呼！死生昼夜事也[46]，死而死矣，而境界危恶，层见错出，非人世所堪。痛定思痛[47]，痛何如哉！

予在患难中，间以诗记所遭，今存其本，不忍废。道中手自抄录：使北营，留北关外，为一卷[48]；发北关外，历吴门、毗陵[49]，渡瓜洲，复还京口，为一卷；脱京口，趋真州、扬州、高邮、泰州、通州，为一卷；自海道至永嘉、来三山，为一卷[50]。将藏之于家，使来者读之，悲予志焉。

呜呼！予之生也幸，而幸生也何为？所求乎为臣，主辱臣死，有余僇[51]；所求乎为子，以父母之遗体，行殆而死，有余责[52]。将请罪于君[53]，君不许；请罪于母，母不许；请罪于先人之墓，生无以救国，死犹为厉鬼以击贼，义也。赖天之灵，宗庙之福，修我戈矛，从王于师[54]，以为前驱，雪九庙之耻[55]，复高祖之业[56]，所谓誓不与贼俱生，所谓鞠躬尽力，死而后已[57]，亦义也。嗟夫！若予者，将无往而不得死所矣[58]。向也，使予委骨于草莽[59]，予虽浩然无所愧怍[60]，然微以自文于君亲[61]，君亲其谓予何？诚不自意，返吾衣冠[62]，重见日月[63]，使旦夕得正丘首[64]，复何憾哉！复何憾哉！

是年夏五，改元景炎[65]，庐陵文天祥自序其诗[66]，名曰《指南录》。

【注　释】

[1]德祐：宋恭帝赵㬎年号（1275—1276）。　[2]右丞相：南宋时置左右丞相，为宰相之职。右丞相之位，略次于左。枢密使，宋朝掌管国家军政的最高长官。　[3]北兵：指元兵。时元兵统帅为伯颜。修门：国都（杭州）的城门。　[4]萃（cuì）：聚集。左丞相：时左丞相为吴坚（后降元）。　[5]使辙交驰：双方使者来往频繁。辙：车轮碾出的痕迹。　[6]纾祸：解除祸患。　[7]觇北：察看元方情况。觇（chān）：窥视。[8]辞相印不拜：不就丞相职。不拜：不接受任命。　[9]资政殿学士：官名，宋朝宰相罢政，多授以此荣誉官衔。　[10]"初至北营"四句：《指南录·纪事》："予诣北营，辞色慷慨。……大酋（伯颜）为之辞屈而不敢怒。诸酋相顾动色，称为丈夫。是晚诸酋议良久，忽留予营中。当时觉北未敢大肆无状。"抗辞：正直的言辞。[11]吕师孟：汉奸吕文焕（原守襄阳，叛变降敌）之侄，时为兵部侍郎，替敌人做内应，于德祐元年出使元军，投降。构恶：结怨。　[12]贾余庆：官同签书枢密院事、知临安府，与文天祥同使元军。元军扣留文天祥，与贾有关。献谄：指其向敌人献媚。　[13]羁縻（jī mí）：扣留，软禁。　[14]诟：责骂。虏帅：指元军统帅伯

颜。失信：指不放文天祥回宋。数：列举罪状，加以斥责。 [15]二贵酋：指万户忙古歹，招讨使唆都，都是元军的高级将领。馆伴：指来宾馆充招待。 [16]祈请使：奉表请降的使节。诣北：往元京大都（今北京）。 [17]分(fèn)当引决：理当自杀。 [18]将以有为也：语出韩愈《张中丞传后叙》，作者引南霁云答张巡语，意谓想暂时隐忍，以图有所作为。 [19]京口：今江苏镇江。真州：治所在今江苏仪征。同时随文天祥脱险者有杜浒等11人。 [20]东西二阃(kǔn)：指淮南东路和淮南西路两制置使（掌管边防的军事长官）。淮东为李庭芝，驻扬州。淮西为夏贵，驻庐州（今安徽合肥）。阃：指边帅。 [21]"中兴机会"二句：《指南录·议纠合两淮复兴》载，文天祥至真州，守将苗再成向其陈述恢复策略，天祥"喜不自制"，认为"中兴机会在此"，即作书与李庭芝、夏贵，约双方连兵大举。 [22]维扬：即扬州。 [23]诡踪迹：隐秘自己的行踪。长淮间：指淮水以南的水网地区。当时淮东宋军只守住真州、扬州、高邮等少数城市，主要交通线已被元军所控制。 [24]追购：悬赏追捕。 [25]"天高地迥"二句：犹俗语所谓"呼天不应，呼地不灵"。 [26]北海：长江口以北的海。 [27] 苏州洋：今上海附近海面。 [28]四明：今浙江宁波。天台：今浙江天台。 [29]永嘉：旧郡名，治所在今浙江温州。 [30]诋大酋：指前文"诟虏帅失信"事。 [31]逆贼：指吕文焕、吕师孟叔侄。 [32]"去京口"四句：《指南录·候船难》："予先遣二校坐舟中，密约待予甘露寺下。及至，船不知所在。意窘甚，交谓船已失约，奈何！予携匕首，不忍自残，甚不得已，有投水耳。余元庆褰裳涉水，寻一二里许，方得船至。各稽首以更生为贺。" [33]物色：按形貌搜寻。从鱼腹死：葬身鱼腹，谓投水死。 [34]瓜洲：在今江苏扬州长江滨。扬子桥：即扬子津，在扬州南十五里。 [35]不由：不由己，谓进退失据。 [36]桂公塘：小丘名，在扬州城外。 [37]贾家庄：在扬州之北，高邮之南。巡徼(jiào)：巡查的哨兵。 [38]高邮：今江苏省县名。质明：黎明。 [39]制府：指淮东制置使的府署。檄：晓谕或讨伐的文书。 [40]城子河：在高邮东南。哨：指元军哨兵。邂逅：不期而遇。 [41]海陵：今江苏泰州。 [42]高沙：即高邮。 [43]海安、如皋：今江苏地名。寇：土匪。 [44]通州：治所在今江苏南通。 [45]涉鲸波：指出海。鲸波：巨浪。 [46]死生昼夜事也：《庄子·至乐》："死生为昼夜。"乃语意所本。 [47]痛定思痛：事后追想当时遭受的痛苦。 [48]北关外：指临安城北的高亭山，时为元兵驻地。 [49]吴门：吴县的别称，即今江苏苏州。毗陵：古县名，治所在今江苏常州。 [50]三山：今福建福州。市内有闽山、越王山、九仙山，故名。 [51]"主辱臣死"二句：指皇帝遭难受辱，臣子理应效死，今不死则有余罪。僇：同"戮"。 [52]父母之遗体：指自己的身体。殆：危险。此据《孝经》观点谓自己冒险而死，是要受到指责的。 [53]请罪：请求处分自己未死之罪。 [54]修我戈矛：修整武器。 [55]九庙：古代皇帝立九庙。九庙之耻：指皇帝祖宗的耻辱。 [56]高祖之业：祖宗开创国家之伟业。开国的皇帝称高祖。此指宋太祖赵匡胤。 [57]鞠躬：敬谨貌。 [58]无往而不得死所：指无论死于何处，都是死得其所，无有遗憾。 [59]委骨：委弃，即死。 [60]浩然无所愧怍：意即光明正大，没有惭愧的地方。 [61]文：掩饰。微以自文：不能以此文饰自己（的过失）。 [62]返吾衣冠：指回到宋朝。衣冠：衣冠之乡，即指宋地。 [63]日月：比喻最高统治者。 [64]旦夕：犹言早晚，谓时间之暂。正丘首：引申为死于故乡，故国。 [65]"是年夏五"二句：《宋史·瀛国公纪》载德祐二年（1276年）五月："（陈）宜中等乃立（赵）昰于福州，以为宋主（即端宗），改元景炎。" [66]卢陵：今江西吉安。

【评　析】

本序通过自叙九死一生的艰险经历，昭示百折不回的崇高信念，表现坚贞不渝的爱国情操。

一至五段以叙事为主，写诗作产生背景。主体叙事段落以时为序，依次为出使元营、羁縻北地、京口脱险、辗转南归。出使元营的原因交代得了了分明，既粗笔提示又一笔不漏。叙述羁縻北地、京口脱险、辗转南归的三段文字更是言简意赅，充分表现了序文跌宕起伏的特点。第五段在叙事基础上的抒情，回顾自己在危恶的境界中十次出生入死的深痛感受。前五段虽无一句提到诗歌，但在在与诗相关：第一段实为写诗缘起，中三段历述写诗背景，第五段描述作诗心志。六至八段侧重于说明，写诗作结集情况。依次写诗作内容、编排体例、结集目的、报国心愿、写序时间和诗集命名。

此文叙事、抒情、议论、说明兼用，叙事波澜起伏，抒情沉雄悲壮，议论流利通畅，说明简约轻省，民族家国之爱、慷慨悲凉之气一脉贯注。

【习　题】

1. 文天祥被拘留时“但求欲死”与后来随祈请使北行，理当自杀而“隐忍以行”这两种做法是否互相矛盾？

2. 本文在叙事中饱含澎湃激越的民族情感，试结合作品第二部分具体分析。

3. 阅读《正气歌》《过零丁洋》《扬子江》《金陵驿》，加深对本文思想内容的理解。

第五章

宋元词曲

词，即合乐的歌词，是随着隋唐燕乐出现的一种新型格律诗体。最初称“曲子词”，后来称“词”，别称“乐府”“琴趣”“诗余”“长短句”。

词到了宋代，有如诗至盛唐，以有美皆备的声势达到了发展的顶峰。北宋词的发展可以分成四个时期，即以晏、欧为主的小令时期，以柳永为主的慢词时期，以苏轼为主的诗人词时期和以周邦彦为主的乐府词复兴时期。宋初，词的创作上承“花间”余响，未脱“艳科”范围。晏殊词和婉明丽、风流蕴藉，欧阳修词轻快秾丽、感情真挚。其后，范仲淹、张先则把边塞风光和沙场情怀引入词的领域，开拓了词的意境，宋词始有豪放气息。柳永是第一个专业词人，大量创制俚词慢曲，扩大了词的体制。柳词表现都市生活，抒写羁旅愁思，极富平民色彩。苏轼以诗入词，开拓了词的题材和表现手法，给以柔婉为传统的词注入了阳刚之气，为豪放词派的产生、发展奠定了基础。北宋中期婉约词完全成熟，名家竞出，晏几道工于小令，秦观情韵俱胜，贺铸则兼婉约、豪放之长。柳、苏之后，周邦彦从内部声律音韵、结构方式、艺术手法等方面改造了北宋词，使词的格律严整化，词的铺叙复杂化，词的语言典雅化，推动了南宋词的发展。中国词史上第一流的女词人李清照崛起于北宋末，南渡后大放异彩，被推为婉约派宗主，她以浅近自然之语，创疏宕神峻之境，别具一格的“易安体”成为词坛效法的榜样。南宋词的发展也分为四个时期，即以“黍离之感”为内容的南渡词人时期，以“抚时感事”为主的辛派词人时期，以“格律为先”的姜派词人时期，以“清真为归”的吴派词人时期。南宋初期，张元干、张孝祥、朱敦儒等以词为武器，宣传抗金救国，他们上承苏轼，下启辛派，是苏、辛词之间的重要过渡。辛弃疾继承苏词豪放传统，以文入词，抚时感事，气魄雄伟，将爱国词推向高峰。辛派著名词人有陆游、陈亮、刘过、刘克庄、刘辰翁等。南宋时期继承并发展周邦彦词的代表作家当推姜夔，姜词高洁清旷、凝练灵动。与姜词清空倾向相对的是坚持绵丽倾向的另一词坛巨擘吴文英。南宋末，周密、张炎、王沂孙等的词感慨悲凉，忧思极深。民族英雄文天祥激昂悲愤的词作是宋末爱国词的典范。

元代词衰曲盛，出现了足以与唐诗宋词相媲美的元曲。元曲包括杂剧和散曲两种样式，散曲又称“乐府”“清曲”“词余”，是一种配合当时流行曲调的抒情诗体，有小令和套曲之分。小令是单支曲子，套曲由两支以上同一宫调的曲子连缀而成。散曲具有浓郁的市民通俗色彩，它的出现给诗坛注入了一股清新气息。元曲总的倾向比较消极，有本色和文采两种创作倾向。本色派的抒情真率简洁，曲词浅白浑朴；文采派的抒情婉转细腻，曲词绮丽典雅。前期重要散曲作家有关汉卿、马致远、白朴等，关汉卿的曲子感情浓烈，语言泼辣，是本色派的代表，[南吕·一枝花]《不伏老》为其名作；马致远被尊为元散曲作家之首，其曲子清新凝练，意境隽永，是文采派的代表，[天净沙]《秋思》、[双调·夜行船]《秋思》均是不朽之作。后期散曲的重要作家有[卖花声]《怀古》的作者张可久、[折桂令]《荆溪即事》的作者乔吉、[山坡羊]《潼关怀古》的作者张养浩、[般涉调·哨遍]《高祖还乡》的作者睢景臣。其他重要作家还有贯云石、徐再思、刘时中等。元代词作者中较有名的，前期有遗民作家张炎，后期则有虞集、张翥、萨都剌等。

望 海 潮[1]

柳 永

柳永(约 987—约 1053)，原名三变，字耆卿，崇安(今属福建)人。柳永是宋词发展史上一位标志性人物，是第一位对宋词进行全面革新的词人，对宋词的发展产生了深远影响。柳永词多写都市繁华及倚红偎翠的生活，尤善表达羁旅行役之苦，每将身世之感融入词中，有一定的现实意义。他精通音律，善以俗语入词，工于铺叙，音律谐婉，通过制作大量慢词，推动了词体的发展。作品从内容到形式都富于平民色彩，雅俗共赏，影响广泛，古称“凡有井水饮处，即能歌柳词”。著有《乐章集》。

东南形胜[2]，三吴都会[3]，钱塘自古繁华。烟柳画桥，风帘翠幕[4]，参差十万人家[5]。云树绕堤沙[6]，怒涛卷霜雪，天堑无涯[7]。市列珠玑，户盈罗绮[8]，竞豪奢。　重湖叠巘清嘉[9]，有三秋桂子[10]，十里荷花。羌管弄晴[11]，菱歌泛夜[12]，嬉嬉钓叟莲娃[13]。千骑拥高牙[14]，乘醉听箫鼓，吟赏烟霞[15]。异日图将好景，归去凤池夸[16]。

【注　释】

[1]据罗大经《鹤林玉露》记载，这首词是柳永呈献给旧友孙何的作品。孙何当时任两浙转运使，驻节杭州。 [2]形胜：地理条件优越、风景优美的地方。 [3]三吴：《水经注》以吴兴(今浙江湖州)、吴郡(今江苏苏州)、会稽(今浙江绍兴)为三吴。都会：大都市。钱塘旧属吴郡。 [4]风帘：挡风用的帘子。 [5]参差：指房屋楼阁高低不齐。 [6]云树：树木远望似云，极言其多。 [7]天堑：天然的险阻，这里指钱塘江。 [8]珠玑：此处泛指珍宝。珠：珍珠。玑：珠之不圆者。罗：轻软有稀孔的丝织品。绮：有纹彩的丝织品。 [9]重湖：西湖以白堤为界，分外湖与里湖，故称。叠巘(yǎn)：重叠的山峰，这里指灵隐山、南屏山、慧日峰等重重叠叠的山岭。清嘉：清秀美丽，嘉，一般作“佳”。 [10]三秋：秋季的第三个月，即农历九月。 [11]羌管：羌笛，因笛子出自羌中而得名。这里泛指乐器。 [12]泛夜：指(歌声)在夜间飞扬。 [13]嬉嬉：欢乐快活的样子。莲娃：采莲的姑娘。 [14]千骑(jì)：形容州郡长官出行时随从众多。高牙：古代将军旗杆用象牙装饰，这里指大官高扬的仪仗旗帜。 [15]烟霞：山水美景。 [16]凤池：原指皇帝禁苑中的池沼，此指中书省，代指朝廷。

【评　析】

这首词描绘了宋代杭州繁华美丽的承平景象。

上片总写杭州盛况。开头三句点出杭州位置重要、历史悠久、市井繁华，揭示所咏主题。“烟柳”三句写“都会”，从市街美丽写到民居雅致，写到人烟繁庶。“云树”三句写“形胜”，以“云树”“怒涛”“天堑”诸景刻画钱塘壮阔险要。“市列”三句写“繁华”，以“珠玑”“罗绮”两物，“列”“盈”“竞”三词，将市场繁荣、市民殷富端出。下片专叙西湖美景。“重湖”句总括自然景物之美，下扣“清嘉”分承。“三秋”“十里”分呼“叠巘”“重湖”，写丹桂飘香和夏荷映日。“羌管”三句写人物风情之美。“弄晴”“泛夜”互文见义，加以“嬉嬉”，写尽杭人之乐。“千骑”三句写达官出游之美。分写行仪隆盛、陶醉神情和风雅意态。末两句将良好祝愿归结到对杭州的赞美。

此词构思完美，铺叙委婉，脉络井然。善用对偶，白描见长。

【习　题】

1. 作者是从哪些方面表现杭州的繁华景象的？
2. 具体分析本词运用铺叙手法上的特点和艺术效果。
3. 结合柳永《雨霖铃》《八声甘州》及本词，谈谈柳词的语言特色。

永遇乐·元宵

李清照

李清照（1084—约1155），号易安居士，北宋济南（今山东济南）人。两宋之交最优秀的女词人，著名的南渡词人，婉约词派代表词人。李清照诗文俱佳，尤以词擅名。前期词多写自然景物及闺情相思，韵调清新婉转；后期则多抒写山河破碎的感慨和流落漂泊的苦痛，情调凄苦低沉。词风以婉约为主，崇尚典雅情致，注重协律，工于造语，巧于创意，长于白描，风格婉约，极富情致，词号“易安体”。长调小令均有很高艺术成就。后人辑其词为《漱玉词》。

落日熔金[1]，暮云合璧[2]，人在何处？染柳烟浓[3]，吹梅笛怨[4]，春意知几许？元宵佳节，融和天气，次第岂无风雨[5]？来相召，香车宝马，谢他酒朋诗侣[6]。　中州盛日[7]，闺门多暇[8]，记得偏重三五[9]。铺翠冠儿[10]、捻金雪柳[11]，簇带争济楚[12]。如今憔悴，风鬟霜鬓[13]，怕见夜间出去[14]。不如向，帘儿底下，听人笑语。

【注　释】

[1]熔金：日落时金黄灿烂的颜色。　[2]暮云合璧：形容日落后，红霞消散，暮云像碧玉般合成一片。　[3]染柳：指春柳翠绿如染。　[4]吹梅：吹奏笛曲《梅花落》。笛怨：指笛中发出幽怨的笛声。　[5]次第：如说转眼间。　[6]香车宝马：华美的车马，这里指乘坐华美车马的富贵朋友。　[7]中州：今河南辖区一带，

因处古九州之中，故称中州。此处指北宋都城汴京。盛日：指北方未沦陷时繁盛的日子。 [8]闺门：女子居住的内室，词中指闺中女子。 [9]重：重视。三五：古人常称阴历十五为“三五”，此处代指元宵节。[10]铺翠冠儿：妇女们戴的翡翠珠子镶的帽子。铺：镶的意思。 [11]捻金雪柳：一说用金线捻丝做成的雪柳。雪柳是当时女性插戴的一种头饰。另一说，用黄纸、白纸捻扎的迎春柳枝作装饰品。金雪：指黄白两色。 [12]簇带：宋时方言，插戴满头之意。带：通“戴”。济楚：也是宋时方言，整齐美丽的意思。 [13]风鬟霜鬓：形容因风尘劳碌而致头发散乱、两鬓斑白。霜：一作“雾”。 [14]怕：懒的意思。见：当“得”字讲。

【评　析】

这首词抒发流寓临安的故国之思、身世之感和寂寞之情。

上片重在写景，借写景抒幽愤；下片重在叙事，以叙事发感慨。昔盛今衰、物是人非是贯穿全文的意脉。上片前面三组句子行文格局一样，先实后虚，先扬后抑。前两四字句写景，是实写，是扬，后一问句抒情，是虚写，是抑，三组句子具写景美人忧。“来相召”三句，归结本事：身逢佳节，天气虽好，无心赏玩。下片前面六句忆昔，“中州”“盛日”言经济繁荣，天下太平；“偏重”言文化昌隆，风俗淳厚；“多暇”言游有空闲，无忧无虑。“铺翠”三句写少女的出游兴致，写市井的繁华热闹。后面六句伤今，“如今”三句陈述谢绝游赏的原因，明写人不如昔（“憔悴”），暗写国不如昔，情不如昔。“不如”三句写人乐我悲，语淡而情苦，孤凄悲凉之至。

此作今昔错叠，虚实相间；对比鲜明，含蓄委婉；既典雅工致，又朴素自然。

【习　题】

1. 本词写对国事的深忧和沉痛，但委婉含蓄，请结合作品实际谈谈其抒情特色。
2. 本词在章法上今昔错叠，虚实相间，请谈谈这样布局谋篇的用意和效果。
3. 雅中有俗、俗中见雅是李清照词的语言风格，请以本词为例加以阐述。

贺新郎·送胡邦衡谪新州[1]

张元干

张元干（1091—1175），字仲宗，自号芦川居士，长乐（今福建长乐）人。北宋末年以词著称于时。诗文创作推崇杜甫、韩愈、苏轼、黄庭坚，主要文学成就是词的创作。其词内容远离离别相思、绮罗香泽，将时代主题纳入其中，充满抗敌救国的激情，风格慷慨豪放，悲壮激昂，那些“梦中原，挥老泪，遍南州”的爱国词作，给张孝祥、陆游、辛弃疾等南宋爱国词人开辟了一条创作的康庄大道。其抒情写景词则寄托请缨无路、壮志难酬的孤愤之情，境界高远空阔，情调豪迈飘逸。今存《芦川词》。

梦绕神州路。怅秋风、连营画角，故宫离黍[2]。底事昆仑倾砥柱[3]，九地黄流乱注[4]？聚万落千村狐兔。天意从来高难问，况人情老易悲难诉。更南浦[5]，送君去！　凉生岸柳催残暑。耿斜河，疏星淡月，断云微度。万里江山知何处？回首对床夜语。雁不到，书成谁与？目尽青天怀今古，肯儿曹恩怨相尔汝[6]！举大白，听金缕[7]。

【注 释】

[1]胡邦衡:胡铨的字。他曾因上书请斩秦桧被贬,1142 年又被除名押送新州(今广东新兴)编管。[2]故宫:指汴京宫殿。离黍:《诗经·王风》中有《黍离》诗,首句"彼黍离离"描写宫室宗庙毁坏后长满庄稼。[3]底事:何事。 [4]九地:遍地。 [5]南浦:泛指送别的地方。 [6]儿曹:儿辈。 [7]大白:酒杯名。金缕:《贺新郎》又名《金缕曲》。张元干写过两首有名的《金缕曲》,另一首是寄给反对和议的李纲的。相传张元干就因写这两曲,被秦桧找了个借口,"追赴大理削籍"。

【评 析】

这首词写送别时的离愁别恨,寄寓着作者深沉的爱国精神。

上片慨叹国事。开篇三句借梦境写出山河之痛、故国之思。下面愤而发问,用自然灾难喻指民族灾难。喻体的选择融注了词人鲜明的爱憎之情、难遏的愤激之情。"天意"两句曲折地表达了对朝廷的不满和对胡铨遭贬的不平。"更"字从自我悲愤的抒发过渡到送别的题旨。下片抒写别情。前四句点明送别的时令、地点和时间,铺写清凉冷落的夜景,构成凄迷幽渺的送别氛围。"万里"句总写别后情怀——为友隐忧,为国隐忧;"回首"句预想别后追忆——天各一方,互相思念。下面再翻进一层,写会面无期而书信难达。在悲到极处时,词的情调陡折上扬,词人傲岸的形象、磊落的襟怀、豪迈的气度从中表现出来。最后两句落脚到饯别,"听金缕"关合题目,又留有余韵。

此词将悲壮之情与离别之意融合为一,雄浑悲壮,情旋意折,诗意厚重。

【习 题】

1. 谈谈这首送别词所寄寓的爱国精神。
2. 分析本词结构上顿挫转折的特点。
3. 简评本词中"慷慨悲凉"的艺术风格。

满 江 红[1]

岳 飞

岳飞(1103—1142),字鹏举,相州汤阴(今河南汤阴)人。中国历史上著名的军事家、战略家,抗金名将,南宋中兴四将(其余三人为韩世忠、张俊、刘光世)之首。屡次打败金兵,战功卓著,因坚持抗敌,反对和议,为秦桧所陷害。文学创作是岳飞戎马倥偬间之余事,其爱国激情、英雄气概给予作品永不磨灭的光彩。其文章刚劲质朴,诚挚感人;其诗词慷慨急切,大气磅礴。其词作《满江红》以忠愤之气动人心魄,《小重山》以幽怨之情感人肺腑,一直为后世所传诵。今有文集《岳忠武王集》传世。

怒发冲冠[2],凭栏处、潇潇雨歇[3]。抬望眼,仰天长啸[4],壮怀激烈。三十功名尘与土[5],八千里路云和月[6]。莫等闲[7]、白了少年头,空悲切。 靖康耻[8],犹未雪;臣子恨,何时灭！驾长车，踏破贺兰山缺[9]！壮志饥餐胡虏肉[10]，笑谈渴饮匈奴血[11]。待从头，收拾旧山河[12]，朝天阙[13]。

【注　释】

[1]满江红：原为吴民祭河神的迎神曲，文人以此曲填词始于柳永。　[2]怒发冲冠：头发直竖，顶起帽子，形容愤怒至极。　[3]凭栏：依靠楼上栏杆。潇潇：形容雨势急骤。　[4]抬望眼：抬头远望。长啸：发出长长的啸吼声。啸：撮口发出长而清越的声音，古人常用长啸之声来发泄胸中抑郁不平之气。　[5]尘与土：意味过去的功名事业微不足道。　[6]云和月：意谓尚需披星戴月驰骋疆场。　[7]等闲：轻易，随便。[8]靖康耻：指北宋灭亡的耻辱。靖康：宋钦宗赵桓年号。北宋靖康年间(1126—1127)，四月金军攻破开封，在城内搜刮数日，洗劫一空，掳钦、徽二帝和后妃、皇子、宗室、贵卿等数千人后北撤，北宋灭亡。　[9]长车：古代兵车。贺兰山：位于宁夏回族自治区与内蒙古自治区交界处，山势雄浑，若马群奔腾。这里借指宋金边界。缺：指险隘的关口。　[10]胡虏：对女真(即金人)侵略者的蔑称。“饥餐”与下句“渴饮”为极度痛恨语，非写实之词。　[11]匈奴：古代北方少数民族之一，秦汉时为汉民族死敌。这里指女真贵族统治者。[12]从头收拾：彻底收拾、整顿。　[13]朝天阙：朝见皇帝，表示凯旋。天阙：宫殿前的楼观，此处指代朝廷。

【评　析】

这首词表现报仇雪耻、收复河山的雄心壮志。

上片抒写壮怀。“怒”为抒情线索，总领全篇。开头三句形神并茂，情景交融。“抬望眼”三句继续抒写激愤之情，“壮怀激烈”总收“怒发冲冠”和“仰天长啸”。“三十”两偶句，回顾中见自谦，展望中见壮志。时空距离拉开，词境由此阔大。“莫等闲”三句自勉，见实现壮志的急切，爱国热情的激烈。下片陈述抱负。“靖康耻”四句，三字一顿，斩钉截铁，表明国耻未雪，此恨不消。“驾长车”句呼应“八千里”句，显示出一往无前的气势。“壮志”两句运用夸张笔法，表示对入侵者的切齿痛恨和极端藐视，读来痛快淋漓。末三句为最终目标：收复失地，重整山河。“何时灭”后三大句群，实为抗金复国宏伟计划：攻克敌境(驾长车，踏山缺)—剿灭敌酋(餐其肉，饮其血)—光复奏凯(收失地，朝天阙)。

通篇感情激荡，言辞壮烈，千载而下，撼人心魄。

【习　题】

1.《满江红》千百年来激荡人心，鼓舞士气，试分析这首词作的艺术魅力所在。

2. 本词在抒发爱国激情的同时，刻画了词人的自我形象，谈谈这个形象的特征。

3. 阅读南宋其他爱国诗人、词人作品，谈谈这首《满江红》的与众不同之处。

钗头凤[1]

陆　游

陆游(1125—1210),字务观,号放翁,越州山阴(今浙江绍兴)人。南宋中兴四大诗人(其余三人为尤袤、杨万里、范成大)之首,杰出的爱国主义诗人。陆诗大多抒写光复中原的情怀和报国无门的悲愤,融合李、杜不同创作手法,形成画面瑰丽、空间广阔的意境,雄浑奔放、明朗流畅的风格。其词与诗歌类似,以呼喊抗金、反对议和为中心内容,词兼婉约、豪放之长,慷慨激昂接近苏、辛,清新绵丽类乎柳、秦。散文也著述甚丰,且颇有造诣。著有《渭南文集》《剑南诗稿》《南唐书》《老学庵笔记》等,后人辑有《放翁词》。

红酥手[2],黄縢酒[3],满城春色宫墙柳[4];东风恶[5],欢情薄[6],一怀愁绪,几年离索[7],错,错,错!　　春如旧,人空瘦,泪痕红浥鲛绡透[8];桃花落,闲池阁,山盟虽在[9],锦书难托[10],莫[11],莫,莫!

【注　释】

[1]陆游年轻时娶唐琬为妻,感情深厚。但因陆母不喜唐琬,威逼二人各自另行嫁娶。十年之后的一天,陆游到禹迹寺附近的沈园游览,与唐琬不期而遇。唐琬遣人送酒致意,陆游深感其情,遂题《钗头凤》于沈园粉壁。传说,唐琬见词后感慨万端,亦提笔和《钗头凤》一首,不久,唐琬竟因愁怨而死。　[2]酥:光洁细腻柔软。　[3]黄縢(téng)酒:又称黄封酒。宋时官酒因以黄罗帕或黄纸封口而得名。　[4]宫墙柳:南宋以山阴为陪都,故有宫墙。这里指沈氏园内一片嫩绿的柳树。　[5]恶:义同“太”“甚”“极”“深”。[6]欢情薄:美好愉快的夫妻生活情意消失了。　[7]离索:离散,分居。　[8]浥(yì):沾湿,湿润。鲛(jiāo)绡:传说海上鲛人所织绡,极薄,后以泛指薄纱。这里指丝绸手帕。　[9]山盟:立下永远相爱的誓言。[10]锦书:锦字回文书,这里指情书。难托:难以寄出。　[11]莫:罢了,表示感叹的句末语气助词。

【评　析】

这首词表达的是鸳鸯离分的深沉苦痛和前缘难续的无尽哀怨。

开笔追忆沈园旧事。“红酥手”写人,以部分代整体的笔法写唐琬的丰满和婉丽;“黄縢酒”写事,再现昔日唐琬殷勤把盏劝酒的款款深情。“满城春色”点时,“宫墙柳”点地,此句关合今昔。“东风恶”陡转,“东风恶”直接造成“欢情薄”的悲剧。大错铸成,势难挽回,词人悔恨不已,于是叠声长叹。“春如旧”写愁人情态,勾连往昔和当下,并反衬“人空瘦”,“人空瘦”凝结着词人的无限痛惜与感伤。“泪痕”句刻画唐琬的此在情态,暗示其离分后的常态。“桃花落”两句照应“东风恶”写心理风景:唐琬提前离开沈园,词人情绪一落千丈。后面继续抒发伤感情怀,山盟不负而情愫难通,在极其沉痛的喟叹声中结束全词。

作品始终围绕重逢之地写景,叙事,抒情,借助景物暗示憾事悲情,采用对比叠现今昔场景,情感深挚,格调缠绵。

【习 题】

1. 阅读陆游《沈园二首》，进一步理解此词所蕴含的复杂情感。

2. 试分析这首“千古风流”的词作叙事抒情所采用的表现手法。

3. 前人称这首《钗头凤》“无一语不天成”，请结合实例加以说明。

念奴娇·过洞庭[1]

张孝祥

张孝祥(1132—1169)，字安国，号于湖居士，历阳乌江(今安徽和县)人。南宋爱国词人，亦工诗文。金军南侵，张孝祥是主战派的著名人物，写下了许多慷慨壮烈的爱国诗篇，其词具有深厚的爱国主义色彩。他与张元干是南宋初期词坛的“双璧”，是伟大的爱国主义词人辛弃疾的先行者，他的词极力追宗苏轼，胸次笔力都相仿佛，具有豪放风格，“声律宏迈、音节振拔，气雄而调雅，意缓而语峭”为其特色。著有《于湖居士文集》《于湖居士乐府》，存词170余首。

洞庭青草[2]，近中秋、更无一点风色。玉鉴琼田三万顷[3]，著我扁舟一叶。素月分辉，明河共影[4]，表里俱澄澈[5]。悠然心会，妙处难与君说。　　应念岭海经年[6]，孤光自照，肝胆皆冰雪[7]。短发萧骚襟袖冷[8]，稳泛沧浪空阔[9]。尽挹西江[10]，细斟北斗[11]，万象为宾客[12]。扣舷独啸[13]，不知今夕何夕[14]。

【注 释】

[1]宋孝宗乾道元年(1165年)，张孝祥出知静江府(今广西桂林)，次年被谗落职北归。途经湖南洞庭湖，诗兴勃发，援笔写下这首词。 [2]洞庭青草：湖名。二湖相连，总称为洞庭湖。 [3]玉鉴琼田：或作“玉界琼田”。鉴：镜子。“琼”：《说文》本训“赤玉”，后多作形容词，状洁白。玉鉴琼田，意谓七、八月的洞庭水面澄澈开阔。 [4]明河共影：明河，指天河，意谓月光照澈了天河和洞庭、青草两湖。 [5]表里俱澄澈：表里：从外到内，表指外界，里指内心。指上下一片光明澄澈。 [6]岭海：亦作“岭表”，即岭南，两广之地；北有五岭，南有南海，故称“岭海”。经年：年复一年，几年。 [7]“孤光自照”两句：作者自谓心地光明磊落，冰清玉洁。孤光：指月亮。苏轼《西江月》词：“中秋谁与共孤光，把酒凄然北望。”肝胆：或作“肝肺”。 [8]萧骚：萧条稀少貌。 [9]沧浪：或作“沧溟”。此指在水天空阔的湖上稳坐泛舟。 [10]尽挹(yì)：用勺子舀水。西江：西去的大江，指长江。 [11]北斗：北斗七星，排列形似长勺。 [12]万象为宾客：指以天地万物为宾客，与之共饮。 [13]扣舷：拍打船边。 [14]“不知”句：这是赞颂此夜的良辰美景。

【评 析】

这首中秋词描绘了洞庭湖景的浩渺开阔，表现了词人人格的磊落高洁。

作品前半侧重描写物境。始三句画面静谧开阔，以湖面的平静映衬内心的宁静。“素”与“明”点明亮度，“分”与“共”赋予静态画面以动感。“表里俱澄澈”语涉双关，乃夜色和心迹的写照。“悠然”两句是上下片的过渡，以沟通物境和心境两个方面。后半侧重描写心境。

"应念"句点明此次过洞庭是从岭海罢官而归。"孤光"两句应和"表里俱澄澈"。"短发"句既是夜泛洞庭时的行色,也流露出仕途的失意。"稳泛"句正面描绘写夜泛神态,暗示处变不惊的心境。"尽挹"三句奇峰突起,睥睨世人而"物我交欢"的神态,是词人自我意识的扩张和人格的升华。最后两句写词人整个心灵与大自然融为一体,真正获得了精神的解放和灵魂的超脱。

词以超现实的想象,实现了物境与心境的完美融合,两者相互映衬,水乳交融。

【习　题】

1. 这首词在哪些方面表现了作者的人格魅力?
2. 简析这首词物境与心境相交融的艺术特色。
3. "尽挹西江"三句是怎样表现作者豪放气概的?请试作说明。

水龙吟·登建康赏心亭[1]

辛弃疾

辛弃疾(1140—1207),字幼安,号稼轩居士,历城(今山东济南)人。南宋伟大的爱国词人,豪放派的杰出代表,与苏轼并称"苏辛"。辛弃疾以文为词,进一步解放了词的形式,开拓了词的境界,扩充了词的题材,扩大了词的表现力,开辟了词学的新天地。其词多赞美壮丽河山,歌颂抗金斗争,表达收复愿望,抒发不遇忧愤,描绘农村生活;艺术上随情挥洒,不受格律约束,善于熔铸典故,亦长于白描;词风不拘一格,既有慷慨纵横、雄奇豪壮、苍凉沉郁者,又有委婉缠绵、清新者。有词集《稼轩长短句》传世。

楚天千里清秋[2],水随天去秋无际。遥岑远目[3],献愁供恨[4],玉簪螺髻[5]。落日楼头,断鸿声里[6],江南游子[7],把吴钩看了[8],栏杆拍遍,无人会、登临意。　　休说鲈鱼堪鲙[9],尽西风,季鹰归未[10]?求田问舍[11],怕应羞见,刘郎才气[12]。可惜流年[13],忧愁风雨,树犹如此[14]!倩何人唤取[15],红巾翠袖[16],揾英雄泪[17]?

【注　释】

[1]建康:今江苏南京。赏心亭:在建康城上,下临秦淮河。　[2]楚天:泛指南方的天空。　[3]遥岑:远方小而高的山。远目:远望。　[4]献愁供恨:即"供献愁恨"之互文,令人一见山水即产生愁、恨之意;或言山也有情感,向人们展示了无限愁恨。　[5]玉簪螺髻:碧玉簪和青螺髻,形容远山的形状。尖形的山如同妇女头上的碧玉簪,圆形的山如同梳在头顶像螺壳似的发髻。　[6]断鸿:离群失侣的孤雁。　[7]江南游子:漂泊江南的人,作者自称。因其自济南流寓江南,故自称江南游子。　[8]吴钩:宝刀名。相传为吴王阖闾时铸造的一对金钩(弯头宝刀),这里泛指佩刀。　[9]鲙(kuài):通"脍",把鱼肉切细。　[10]季鹰:西晋人张翰的表字,他为官洛阳时见秋风吹起,想到家乡(吴中)的莼菜羹、鲈鱼脍,便弃官归去。以上三句表明自己不会像张翰那样不顾国家大事。　[11]求田问舍:置田买房,说明胸无大志。　[12]刘郎才气:许汜无救世之志,只为个人置田买房,刘备批评他求田问舍,言无可采。刘郎:指刘备。以上三句表明自己有救世之志,不同于专营私利的庸人。　[13]流年:流逝的时光。　[14]树犹如此:据《世说新语·言语》载,东

晋桓温北伐，见昔年所种之柳，粗已十围，叹道："木犹如此，人何以堪！"这里用以表示岁月虚度，壮志未酬，迫切希望早日收复失地的心情。［15］倩：请托。［16］红巾翠袖：代指赏心亭上宴席间的歌女。［17］揾（wèn）：擦拭。

【评　析】

这首词抒发了作者抗金复国之志和报国无门之悲。

上片即地写景，由近到远，由景及人。开篇两句交代登楼远眺时令、地域和背景，用水天寥廓之景渲染气氛，隐隐流露出无限惆怅的愁怀。"遥岑"三句移情及物，赋予山以生命与灵气，点明失土未复的"愁"与"恨"。"落日"两句以象征性意象构成苍凉、暗淡的有声画面，在"落日""断鸿""楼头"的三重景深里，词人自我形象淡入画面中心。"把吴钩看了"三句以个性细节披露胸臆，表达知音难觅的孤苦和报国无门的悲愤。下片述怀言志一波三折，连用三个典故，表达了丰富复杂的情感内涵。先表耻效张翰归隐，而欲效命疆场；再表耻学许汜谋私，而以国事为重；复借桓温旧事，感叹壮志蹉跎。"倩何人"三句上呼"无人会，登临意"，自伤抱负难展，时无知己，得不到任何同情与慰藉，言尽而意未尽。

行文长于收纵转折，用典贴切达意，是本词特色。

【习　题】

1. 参读《摸鱼儿》（"更能消、几番风雨"）、《永遇乐·京口北固亭怀古》，深刻理解本词的情感内涵。

2. 本词收纵转折严密、用典托古喻今，试分析结构安排、典故运用与题旨表达的关系。

3. 温习苏轼《念奴娇·赤壁怀古》《江城子·密州出猎》等，试比较苏辛词的不同特征。

念奴娇·登石头城

萨都剌

萨都剌（约 1272—1355），字天锡，号直斋，元代著名文学家。萨都剌博学能文，创作以诗歌为主。优秀诗作涉及社会黑暗现实，反映当时阶级矛盾，揭露官僚腐朽荒淫，《记事》一诗被称为"诗史"。其山水诗颇见功力，富有生活实感，描写细腻，贴切入微，往往截取平淡的生活片段，构成韵味幽远的意境，俊逸洒脱，雄放清丽。他的词作不多，但豪迈遒劲，有较强的感染力，为"有元一代词人之冠"。

石头城上，望天低吴楚[1]，眼空无物。指点六朝形胜地，唯有青山如壁[2]。旌旗蔽日，连云樯橹[3]，白骨纷如雪。一江南北，消磨多少豪杰[4]。　寂寞避暑离宫[5]，东风辇路，芳草年年发[6]。落日无人松径里，鬼火高低明灭[7]。歌舞尊前，繁华镜里[8]，暗换青青发[9]。伤心千古，秦淮一片明月[10]。

【注　释】

[1]石头城：即金陵城，在今南京清凉山，昔为六朝都城。天低吴楚：天边连着吴楚，天地相接。吴楚：今江浙一带地区。　[2]六朝：指在南京建都的六个朝代（吴、东晋、宋、齐、梁、陈）。形胜地：地形优越壮美，形势险要的地方。如壁：像墙壁一样耸立。　[3]旌旗：泛指旗帜。樯橹：桅杆和划船工具，这里代指船只。　[4]消磨：消耗精力和生命。　[5]离宫：行宫，皇帝出行巡视时的住所。　[6]东风辇（niǎn）路：东风吹到皇帝车驾走的路。辇路：皇帝车驾行经的道路。芳草年年发：每年都长出青草。　[7]松径：松林间的小路。鬼火：就是"磷火"，通常会在阴雨的天气里出现在坟墓间。明灭：忽隐忽现，时隐时现。　[8]尊：同"樽"，酒杯。繁华：喻花纹繁细的铜镜。　[9]暗换青青发：乌黑的头发变灰变白。　[10]"伤心"两句：用刘禹锡《石头城》"淮水城头旧时月，夜深还过女墙来"，说明淮河上明月依旧，六朝的繁华却早已消逝。秦淮：流过石头城的秦淮河。

【评　析】

这首词描写世事变迁，抒发盛衰感慨。

上片写金陵空荡，叹人事皆非。"望"领起四句写景，"天低吴楚"借天幕低垂传达压抑之感，"眼空无物"借视野空旷表现寂寥之况，"指点"两句以虚实对比突出世事变迁。下面接着咏史，用"旌旗""樯橹""白骨"勾画出惨烈的战争场面，揭示"眼空无物"的根本原因：战火摧毁了山川壮美和昔日繁华。后两句抒怀，感慨战争的残酷，暗含对不义战争的谴责和对将士殒命的痛惜。下片写离宫荒寂，叹繁华易逝。以时为序围绕"寂寞"下笔，写白昼辇路草覆，傍晚松径可怖，入夜鬼火明灭，揭示六朝帝王争权战争的徒劳及其灾难性。"歌舞"三句由实到虚，想象六朝当年征歌逐舞、纸醉金迷的奢华，慨叹多少歌舞粉黛在这里送走了青春，耗尽了年华。后二句以景语作结，使繁华易逝的主旨得到艺术化的表现。

此词抚今追昔，韵调苍凉，艺术品位甚高。

【习　题】

1. 分析这首词所抒发的历史感慨。
2. 分析本词中"豪迈遒劲"的艺术风格。
3. 参读王安石《桂枝香·金陵怀古》，与本词作简要比较。

双调·夜行船[1]

秋　思[2]

马致远

马致远(1250—约 1321),号东篱,大都(今北京)人,元代杂剧、散曲作家。作有杂剧 15 种,以《汉宫秋》最为著名。马致远扩大了曲的题材领域,提高了曲的艺术意境,在散曲发展史上功居首位,有"曲状元"称号。他的散曲多叹世讽世之作,抒发怀才不遇、愤世嫉俗之情;亦有描画景色、歌咏恋情的作品。部分作品流露出隐居乐道、超然物外的消极情绪。马致远散曲技巧高超,融诗词意境入散曲,清雅而不失真,风格豪放清逸,语言流畅而有文采,现存散曲 120 余首,今人辑为《东篱乐府》。

[夜行船]百岁光阴一梦蝶[3],重回首往事堪嗟。今日春来,明朝花谢,急罚盏夜阑灯灭[4]。

[乔木查]想秦宫汉阙[5],都做了衰草牛羊野。不恁么渔樵没话说[6]。纵荒坟横断碑,不辨龙蛇[7]。

[庆宣和]投至狐踪与兔穴,多少豪杰[8]!鼎足虽坚半腰里折[9],魏耶?晋耶[10]?

[落梅风]天教你富,莫太奢[11]。没多时好天良夜。富家儿更做道你心似铁[12],争辜负锦堂风月[13]。

[风入松]眼前红日又西斜,疾似下坡车[14]。不争镜里添白雪,上床与鞋履相别[15]。休笑鸠巢计拙[16],葫芦提一向装呆[17]。

[拨不断]利名竭,是非绝。红尘不向门前惹[18],绿树偏宜屋角遮[19],青山正补墙头缺[20]。竹篱茅舍。

[离亭宴煞]蛩吟罢一觉才宁贴[21],鸡鸣时万事无休歇。争名利何年是彻[22]?看密匝匝蚁排兵[23],乱纷纷蜂酿蜜,闹攘攘蝇争血[24]。裴公绿野堂[25],陶令白莲社[26]。爱秋来时那些:和露摘黄花[27],带霜烹紫蟹,煮酒烧红叶。想人生有限杯,浑几个重阳节[28]?嘱咐你个顽童记者[29]:便北海探吾来[30],道东篱醉了也[31]。

【注　释】

[1]双调:这套散曲的共同宫调名。夜行船:套曲中第一首的曲牌名。　[2]秋思:由眼前秋景而产生的思绪。　[3]梦蝶:指庄周梦见自己化为蝴蝶的事,语出《庄子·齐物论》。此句指人生短促,有如一场梦。　[4]急罚盏:执争着劝酒,意思是及时行乐。夜阑灯灭:夜阑,夜将过去。阑,尽,残。灯灭:一般用来比喻人死,此处指人散。　[5]秦宫汉阙:秦汉两代的宫阙。　[6]恁(nèn)么:这样,如此。　[7]龙蛇:秦汉时的篆书盘屈曲折,故用龙蛇形容,这里是指墓碑上的字迹。荒坟累累,碑碣断裂,由于年代久远,风雨侵蚀,碑上的字迹已模糊不清,不可辨认。　[8]投至:等到。这两句意谓等到坟墓成为狐兔出没之所时,已经不知消磨了多少豪杰。　[9]鼎足:指魏、蜀、吴三国分立,如鼎之三足。半腰里折:中途夭折。折:折断,引申为死亡、灭亡。这句意谓鼎立的局面很快就结束了。　[10]"魏耶"两句:三国中蜀、吴灭亡于魏,魏又亡于晋,现

在，魏在哪里？晋又在哪里呢？ [11]奢：奢侈，不节俭。此处指奢望，即过分的欲望，此指富人中的奢侈者对财富无限度地追求。 [12]好天良夜：好日子，好光景。更做道：即使。心似铁：心像铁一样又冷又硬。这句话的意思是富人中的吝啬者只知守财，而不知及时行乐。 [13]争：怎。锦堂风月：指富贵生活与大好的时光。锦堂：这里指华美的宫室。风月：美好的景色。 [14]下坡车：比喻日子过得很快。 [15]不争：如果，不打紧。白雪：指白发。上床与鞋履相别：僧家说大修行人上床就与鞋履相别，意指他们能轻视生死。[16]鸠巢计拙：相传斑鸠性拙，不会做巢，常占据喜鹊的巢来居住。旧时用"鸠拙"作为自称性拙的谦词，这里指性情笨拙，不善营生。 [17]葫芦提：糊糊涂涂。一向：一味地。装呆：即装傻。 [18]红尘：闹市的飞尘，形容繁华。这里是指世俗的牵缠、纠葛。惹：沾染，招引，挑逗。全句意谓看破红尘，断绝与世俗的来往。[19]偏：倾斜。宜：合适，正好。倾斜的绿树正好把屋角遮住。 [20]墙头缺：墙头缺处。全句意谓墙头缺处可见青山。 [21]蛩(qióng)：指蟋蟀。一觉：一睡。宁贴：安稳舒适。 [22]彻：完，尽。 [23]密匝匝：密密麻麻，形容多。排兵：像军队一样，排列成对，摆开阵势。 [24]闹攘攘：乱乱哄哄，纷乱的样子。[25]裴公绿野堂：唐裴度平淮蔡有功，封晋国公，主朝政三十年。后因宦官专权，在洛阳筑绿野草堂居住，过着恬淡自娱的隐居生活。 [26]陶令白莲社：白莲社是一个专讲佛学的组织，由晋代名僧慧远法师主持，成员包括当时高僧名儒，曾邀陶渊明参加。因陶渊明做过彭泽县令，故称陶令。 [27]和：拌和。黄花：菊花。古人以为服食菊花可以延龄益寿。 [28]浑：还有。重阳节：古人以阴历九月九日为重阳节，又名登高节。[29]顽童：本意为顽皮的儿童，此指侍童。记者：记着。者，表示命令的语气。 [30]便：虽然，即使。北海：指东汉孔融。汉献帝时他当过北海相，故后世称他为"孔北海"，性好客，常聚友宴饮，为当时名士。[31]东篱：作者自称。

【评　析】

乱世文人的愤世之作，抒写参透名利、超然尘外的人生态度。

首曲统领全篇，由人生如梦、流光不驻引出人生价值思考，寓及时行乐之意。二、三、四曲分别描写帝王的功业易朽、豪杰的声名空幻和富翁的富贵无常，感叹兴亡之悲，悲慨功名之妄，嘲弄贪财之愚，隐含对痴迷者的警示。五、六两曲转而陈述自我人生哲学：离绝是非、与世无争、自得其乐。出语活泼和谐，妙趣横生。末曲由两层构成。第一层勾画一幅争名逐利图，极写名利之徒争夺的残酷、卑鄙、肮脏，抨击竞名逐利的世态人心。第二层描绘一幅秋饮醉卧图，极写山林高士生存的悠闲、自在、快乐，美化远避尘世的隐栖生活。两相对照，褒贬自见。"醉"字归总全曲，表达厌憎现实的态度、远离浊世的决心和狂放不羁的性格。

此套曲的艺术魅力突出表现在语言、形象与情理三个方面，语言俗中透雅，意象准确生动，情趣理趣盎然。

【习　题】

1. 本文是怎样表达作者的愤世之情的？
2. 本文运用了哪些表现手法？举例说明。
3. 说说[离亭宴煞]这支曲的语言特色。

般涉调·哨遍[1]

高祖还乡[2]

睢景臣

睢景臣(生卒年不详),一作舜臣,字嘉贤,后字景贤,扬州人,元代散曲作家,约生活于公元13世纪末、14世纪初。睢景臣自幼好学,艰苦备尝,仕途偃蹇,甚不得志。心性聪明,酷嗜音律。居扬州时,诸友俱作《高祖还乡》套数,睢景臣所作设想新奇,立意新奇,讽刺新奇,代表了人民对封建统治阶级的反抗情绪,诸公皆出其下。另有杂剧《屈原投江》等三种,皆佚,散曲仅存套数三篇,《太和正音谱》称其散曲"如凤管秋声"。

[哨遍]社长排门告示[3],但有的差使无推故[4],这差使不寻俗[5]。一壁厢纳草除根[6],一边又要差夫索应付[7]。又言是车驾[8],都说是銮舆,今日还乡故。王乡老执定瓦台盘[9],赵忙郎抱着酒葫芦[10]。新刷来的头巾[11],恰糨来的绸衫[12],畅好是妆幺大户[13]。

[耍孩儿]瞎王留引定火乔男女[14],胡踢蹬吹笛擂鼓[15]。见一彪人马到庄门[16],匹头里几面旗舒[17]:一面旗白胡阑套住个迎霜兔[18],一面旗红曲连打着个毕月乌[19]。一面旗鸡学舞[20],一面旗狗生双翅[21],一面旗蛇缠葫芦[22]。

[五煞]红漆了叉,银铮了斧[23],甜瓜苦瓜黄金镀[24],明晃晃马镫枪尖上挑[25],白雪雪鹅毛扇上铺[26]。这几个乔人物,拿着些不曾见的器仗,穿着些大作怪衣服。

[四煞]辕条上都是马[27],套顶上不见驴[28],黄罗伞柄天生曲[29],车前八个天曹判[30],车后若干递送夫[31]。更几个多娇女[32],一般穿着,一样妆梳。

[三煞]那大汉下的车,众人施礼数[33],那大汉觑得人如无物。众乡老展脚舒腰拜,那大汉挪身着手扶。猛可里抬头觑[34],觑多时认得,险气破我胸脯。

[二煞]你身须姓刘,你妻须姓吕[35],把你两家儿根脚从头数[36]:你本身做亭长耽几盏酒[37],你丈人教村学读几卷书[38]。曾在俺庄东住,也曾与我喂牛切草,拽坝扶锄[39]。

[一煞]春采了俺桑,冬借了俺粟。零支了米麦无重数。换田契强秤了麻三秤[40],还酒债偷量了豆几斛[41],有甚胡突处[42]? 明标着册历[43],见放着文书。

[尾声]少我的钱,差发内旋拨还[44];欠我的粟,税粮中私准除[45]。只道刘三[46],谁肯把你揪捽住[47]? 白甚么改了姓[48]、更了名,唤作汉高祖!

【注　释】

[1]般涉调:这套散曲的共同宫调名。哨遍:套曲第一支曲子的曲牌名,也叫"稍遍"。　[2]这套曲选自《朝野新声·太平乐府》。高祖:汉高祖刘邦。他出身微贱,登基后衣锦还乡,历来传为美谈,在元代,更成为杂剧和散曲的热门话题。　[3]社:古代类似保、甲一类的社会单位。元代农村以50户为一社,设社长管理赋税等。排门告示:挨户通知。　[4]但有的:所有的。无推故:不得借故推脱。　[5]不寻俗:不寻常。[6]一壁厢:一边。纳草除根:交纳粮草。除根,当为"输粮"之误。　[7]差夫:摊派劳役。索:必须。

[8]车驾：本指配齐马匹的车乘，旧时因为不敢直接称呼天子，就以车驾作为天子的代称。銮舆：皇帝的坐车，也被作为天子的代名词。乡人不懂得这一套，所以对时而说"车驾"、时而称"銮舆"感到奇怪。 [9]乡老：指乡邻中的头面人物。瓦台盘：粗陶制作的食盘。 [10]忙郎：田舍郎，村人的通称。 [11]刷：用石粉抹刷织物，使之洁白光滑。一说刚洗刷了的。 [12]糨(jiàng)：旧时洗衣，用非常稀薄的面糊上浆，使其挺括。 [13]畅好是：正好是，实在是。妆幺：装模作样。 [14]王留：元杂剧中，年轻农民中好事者的泛称。火：同"伙"。乔：装模作样，稀奇古怪。乔男女：不三不四的人。 [15]胡踢蹬：胡乱地，胡闹。 [16]彪：旧戏曲、小说里，一队称"一彪"。 [17]匹头里：劈头，当头。舒：招展。 [18]胡阑：圆环，本为"环"的谐音。迎霜兔：旧传月亮中有白兔捣药，所以月旗上画一个白环(代表月亮)，里头再画月兔。 [19]曲连：圆圈，本为"圈"的谐音。毕月乌：本指二十八宿中的毕星，这里指乌鸦。旧传太阳中有三足乌，所以日旗上画一个红圈象征太阳，里头再绘三足乌的形象。 [20]鸡学舞：指凤。朱雀旗，代表南方的七宿。 [21]狗生双翅：指飞虎。白虎旗绘作飞虎的形状，代表西方的七宿。 [22]蛇缠葫芦：指龙。青龙旗，代表东方的七宿。这里所谓"葫芦"，其实是"玄甲之图"，即河图的一种。 [23]银铮：镀银。 [24]甜瓜苦瓜黄金镀：指仪仗队中的金瓜锤，一种仪卫器械。 [25]马镫枪尖上挑：指仪仗队中的朝天镫。 [26]"白雪雪"句：指鹅毛宫扇。 [27]辕条：连接车与驾车牲口的木架。驴贱马贵，乡下人拉车不常用马，故此称奇。 [28]套顶：当作"套项"，牲口颈上的轭木。一说套车的绳。 [29]黄罗伞：指皇帝乘舆的车盖。 [30]天曹判：天上的判官。此指驾前侍卫。 [31]递送夫：指为皇帝执物服侍的太监。 [32]多娇女：指宫女。 [33]施礼数：行礼。 [34]猛可里：猛然间。觑：看，察看。 [35]吕：刘邦的妻子叫吕雉，即吕后。 [36]根脚：根底，底细。 [37]亭长：刘邦起兵前曾作泗上亭长。秦制，十里为亭，十亭为乡。耽：迷恋沉湎。 [38]"丈人"句：刘邦的岳父吕公并未教过村学，这是作者的附会。 [39]拽坝：拉犁耙耕作。坝：通"耙"，俗称两牛并耕为一耙。 [40]三秤：三十斤。 [41]斛：五斗的容量。 [42]胡突：糊涂。 [43]册历：账簿。 [44]差发：抵充徭役的款项。旋：马上。 [45]私准除：暗地扣除。 [46]刘三：刘邦排行第三，故有此称。 [47]揪捽(zuó)：拉扯。 [48]白甚么：平白地为什么。这里表示主人公对刘邦身份一无所知，是调侃语。

【评　析】

这套散曲借无知乡民之口，嘲笑汉高祖衣锦还乡的虚荣排场，揭露其"帝王之尊"的虚伪与可笑。

第一部分写皇帝驾到前的情形，是矛盾的酝酿和开端。用漫画的笔法，寥寥数笔把皇帝到来之前的那种忙乱、喧闹的气氛渲染出来，为这幕喜剧定下嘲讽的基调。第二部分写皇帝驾来后的情形，是矛盾的发展和高潮。第一层是对高祖还乡"隆重"场面的描写和嘲笑，象征皇帝神圣的各种旗帜、代表皇权的各种器物，显示皇威的男女侍从，全然是稀奇古怪的。第二层写刘邦和乡民相见。刘邦大摆皇帝的臭架子，"觑得人如无物"的神情成了全曲的转折，下文转入了对刘邦昔日老底的揭露。第三层写乡民对刘邦的揭露和讽刺，一揭刘邦根底，二揭刘邦劣迹。第四层写乡民向刘邦索债，提出具体方案，指责刘邦赖账。

整套散曲剥其外衣，露其本象，结构完整，对照鲜明，俏皮幽默，冷隽深刻，情节富于戏剧性。

【习　题】

1. 这篇作品的基本思想倾向是什么？

2. 散曲是怎样揭露封建帝王的本来面目的？

3. 简析这篇作品所采用的讽刺手法及其艺术效果。

第六章

明清诗文

明清数百年间，文学主流为小说、戏剧，诗文创作处于低潮时期。

明初诗文宗古倾向严重，缺少大家气度。诗人以“吴中四杰”（高启、杨基、张羽、徐贲）为代表，高启诗作为明代诗歌“冠冕”；散文有宋濂、刘基、王袆、方孝孺四大家。明中诗文出现四大流派。复古派的代表人物是“前七子”中的李梦阳、何景明和“后七子”中的李攀龙、王世贞等，他们倡言“文必秦汉，诗必盛唐”，复古运动由李梦阳创其原则，何景明加以修正，李攀龙示其实例，王世贞完成复古运动的体系。唐宋派推崇唐宋散文，对抗拟古风气，代表人物是王慎中（首开反复古风气）、唐顺之（创立“本色论”）、茅坤（编选《唐宋八大家文钞》）和归有光（树立创作样板）。万历年间公安派与竟陵派崛起，公安派以袁宏道、袁宗道、袁中道为代表，提出“独抒性灵，不拘格套”的口号，诗文创作求“变”、求“真”、求“新”。竟陵派以钟惺和谭元春为代表，标举“幽情单绪”“孤行静寄”，追求“孤”和“静”的境界。与谭元春同时期的徐宏祖所著《徐霞客游记》，兼具地理与文学价值。受公安、竟陵两派影响的诗文作家以张岱最为著名，其山水小品短小隽永，为晚明小品绝唱。明末复社、几社作家的爱国诗文创作活跃，复社以张溥为首，几社以陈子龙、夏允彝为首，陈子龙的诗歌创作为明代诗歌的“殿军”。明散曲发展了元散曲中的隐逸思想，多表现闲适情趣，代表作家为陈铎、冯惟敏。明中叶以后，民间出现了大量的俗曲、歌谣，民歌有“我明一绝”之称。

清代诗文理论繁荣，有沈德潜的“格调”说、翁方纲的“肌理”说、王士祯的“神韵”说和袁枚的“性灵”说等。诗文创作有三大亮点：顾炎武的诗、纳兰性德的词和桐城派的散文。清前期诗文创作富于时代精神，多写家国之感、兴亡之恨。代表作家有：国初三老（顾炎武、黄宗羲、王夫之，顾炎武诗歌悲壮激越，雄深沉毅，有风霜之气），岭南三大家（屈大均、陈恭尹、梁佩兰，屈大均诗词有骨有识，悲凉慷慨），散文三大家（侯方域、魏禧、汪琬，侯方域才富气盛，为文恣肆），江左三大家（吴伟业、钱谦益、龚鼎孳，吴伟业诗文工丽，开一代诗风）。康雍年间诗人王士祯、词人朱彝尊并称“南朱北王”，卓然成家；“阳羡词派”主将陈维崧，其词波澜壮阔，气魄雄伟；纳兰性德词风接近李煜，缠绵婉约，哀感顽艳。清中后期诗文创作成就卓著的有：追步明公安派，主张诗写“性情”，开乾嘉诗文新格局的袁枚；抒发穷愁悲凉身世之感，人称“哀猿叫月，独雁啼霜”的黄景仁；以方苞、刘大櫆、姚鼐为领袖的桐城派散文。方苞为桐城派奠基人（提出“义法”说），刘大櫆为中坚（提出“神气”说），姚鼐为集大成者（提出“意气”说），姚鼐散文雅洁朴素，成就最高。桐城派别支“阳湖派”的恽敬、张惠言，姚鼐的学生梅曾亮、管同以及后来的湖湘派(曾国藩为代表)延续桐城派传统,流波余韵直至新文化运动。

晚清诗文的重要作家有龚自珍、黄遵宪、梁启超、秋瑾、柳亚子。龚自珍打破清中叶以来诗文沉寂的局面,诗文创作带有民族色彩和浪漫气息,首开近代文学风气;黄遵宪自觉地创作"新诗体",诗歌豪迈奔放、博大宏深,有"诗界哥伦布"之誉;梁启超的时评议论纵横、平易畅达,首创"报章体";秋瑾的诗作抒发革命和爱国激情,朴实自如、朗丽高亢;柳亚子的诗歌鼓吹反清革命,激昂豪宕,凝重稳健,为"南社"革命诗歌的代表。

报刘一丈书[1]

宗　臣

宗臣(1525—1560),字子相,扬州兴化(今江苏兴化)人,明代嘉靖进士,官吏部考功郎、稽勋员外郎。他为人刚直不阿,不肯趋炎附势,尤其反对奸相严嵩专权,结果被贬到福建作参政(参议官)。后来因抵抗倭寇有功,擢升提学副使,不久病死于任所,时年仅36岁。宗臣为明"后七子"之一,其散文创作较为出色,内容以指斥时弊、描写抗倭为主,重要作品有《报刘一丈书》《西门记》《西征记》等;亦有不少诗歌作品,但内容比较单薄,成就不如散文。有《中子相集》15卷传世。

数千里外,得长者时赐一书[2],以慰长想[3],即亦甚幸矣;何至更辱馈遗[4],则不才益将何以报焉[5]? 书中情意甚殷[6],即长者之不忘老父,知老父之念长者深也。

至以"上下相孚,才德称位"语不才[7],则不才有深感焉。夫才德不称,固自知之矣,至于不孚之病[8],则尤不才为甚。

且今之所谓孚者何哉? 日夕策马候权者之门[9],门者故不入[10],则甘言媚词,作妇人状[11],袖金以私之[12]。即门者持刺入[13],而主人又不即出见;立厩中仆马之间[14],恶气袭衣袖,即饥寒毒热不可忍,不去也。抵暮,则前所受赠金者出,报客曰:"相公倦[15],谢客矣[16],客请明日来。"即明日,又不敢不来。夜披衣坐,闻鸡鸣,即起盥栉[17],走马抵门[18]。门者怒曰:"为谁?"则曰:"昨日之客来。"则又怒曰:"何客之勤也[19]! 岂有相公此时出见客乎?"客心耻之,强忍而与言曰:"亡奈何矣,姑容我入。"门者又得所赠金,则起而入之;又立向所立厩中。幸主者出,南面召见[20],则惊走匍匐阶下[21]。主者曰:"进!"则再拜[22],故迟不起;起则上所上寿金[23]。主者故不受,则固请。主者故固不受,则又固请。然后命吏纳之。则又再拜,又故迟不起;起则五六揖始出。出,揖门者曰:"官人幸顾我[24],他日来,幸勿阻我也!"门者答揖。大喜,奔出,马上遇所交识[25],即扬鞭语曰:"适自相公家来,相公厚我,厚我!"且虚言状[26]。即所交识,亦心畏相公厚之矣[27]。相公又稍稍语人曰:"某也贤[28]! 某也贤!"闻者亦心计交赞之[29]。此世所谓上下相孚也,长者谓仆能之乎?

前所谓权门者,自岁时伏腊一刺之外[30],即经年不往也。间道经其门[31],则亦掩耳闭目,跃马疾走过之,若有所追逐者。斯则仆之褊衷[32],以此常不见悦于长吏[33],仆则愈益不顾也。每大言曰[34]:"人生有命[35],吾惟守分尔矣[36]。"长者闻之,得无厌其为迂乎[37]?

乡园多故[38]，不能不动客子之愁[39]。至于长者之抱才而困[40]，则又令我怆然有感[41]。天之与先生者甚厚[42]，亡论长者不欲轻弃之[43]，即天意亦不欲长者之轻弃之也，幸宁心哉[44]！

【注　释】

[1]刘一丈：刘墀(chí)石，因他排行第一，又是长辈，故称其为刘一丈。一：排行第一；丈：对长辈的尊称，如今称"老伯"。 [2]长者：长辈，指刘墀石，赐：敬语，赏，给。 [3]长想：深长的思念。 [4]馈遗(wèi)：赠送礼物。 [5]不才：无才，自谦之称。 [6]殷：殷切，深厚。 [7]孚：信；相孚：互相信任。称：合适，称职。语：这里是劝勉的意思，此指刘一丈委婉地劝宗臣要努力和上司搞好关系。 [8]不孚之病：不被上司信任的毛病。 [9]策马：鞭打着马，形容奔走。策：鞭打。权者：有权有势的人，指严嵩、严世蕃父子。 [10]故不入：故意不让进去。 [11]甘言媚词：甜言蜜语，巴结人的话。作妇人状：故意扭捏作态。 [12]袖金以私之：取出衣袖里藏着的银子，偷偷地送给守门人。私之：私下行贿。 [13]刺：名刺，谒见时用的名片。明代官场谒见，用红纸写官衔、姓名投递通报。 [14]仆马：仆人和马匹。 [15]相公：唐宋以后对宰相的尊称。 [16]谢客：谢绝见客。 [17]盥栉：梳洗。盥：洗手。栉：梳发。 [18]走马抵门：走马：骑马前往。抵门：指抵达权者之门。 [19]何客之勤也：怎么你这个人来得这样勤呢，"勤"含有讥刺来客努力巴结的意思。 [20]南面：面向南。古代尊者接见卑者，尊者面向南，卑者面向北。 [21]惊走：慌忙跑上前。匍匐：在地上爬行，这里指趴倒。 [22]再拜：拜了又拜。 [23]所上："所"字结构，送给的。寿金：祝寿的礼金，实即贿赂。 [24]官人：对有官职的人的尊称。 [25]所交识：朋友，熟人。 [26]虚言状：虚假地描述了相公厚待的情景。 [27]畏：佩服，惊羡。 [28]某也贤：某人很有才德。某：指上文的"客"。 [29]心计：心中盘算。 [30]岁时伏腊：泛指逢年过节。岁：年节。时：四时节令。伏腊：即夏伏、冬腊，都是祭祀的节日。 [31]间：间或，偶然。 [32]褊(biǎn)衷：褊狭的内心。 [33]见悦于长吏：被上司喜欢。 [34]大言：扬言，这里带有对人表白自己心迹的意思。 [35]人生有命，化用孔子"死生有命，富贵在天"之语，表示不钻营。 [36]守分：安分守己。 [37]迂：迂腐，固执，不通世故。 [38]乡园多故：家乡经常闹灾。当指倭寇侵扰频繁。 [39]动客子之愁：触动游子的乡思情怀。 [40]抱才而困：有才能而陷于困厄的境地，即怀才不遇。 [41]怆然：悲伤的样子。 [42]天之与先生者：先生的先天禀赋，指刘一丈"抱才"而言。 [43]轻弃之：指抛弃才干而不用。 [44]幸：表示希望的意思。宁心哉：安心(等待施展才干的机会)。

【评　析】

书信以揭露官场黑暗丑恶，表明自己的耿直磊落。

开头对刘的来信略作酬答，交代了双方的密切关系和倾吐心腹的感情基础。随即摘引来信，借题发挥，引出下文。"且今之世"一句承上启下，引出全文重心：作者用漫画式的笔法，描摹官场各种人物的丑恶关系，着力刻画那些求仕者无耻钻营、拍马求宠的丑态。求仕者的前"媚"后"狂"，门者又"刁"又"奸"，相公的既"傲"且"伪"，闻者的内"精"外"滑"，写得入骨三分。这段最后两句寓答于问，既呼应本段开头，又点出全篇主旨。接下来反扣上文，陈述自己如何"不能"，因"不能"而导致"不孚"，作者毫无悔意，愈益"不顾"。最后归结为一个"迂"字，再次寓答于问。由"不能""不孚"而"不顾"，劲健的反折显示出不屑"相孚"的傲骨。

结尾由灾祸、乡愁写到赞美、感慨和安慰。作者引刘为同调，蕴含着不尽深意，给人以无穷回味。

【习　题】

1. 谈谈这篇讽刺小品正面文章反面做的艺术效果。

2. 谈谈本文运用手法对比刻画形象的写作特色。
3. 本文对话不多却相当精彩，试结合实例分析。

虎　丘　记[1]

袁宏道

袁宏道(1568—1610)，明代著名文学家，字中郎，号石公，湖北公安人。与兄宗道、弟中道并称"三袁"，开创了文学创作中的"公安派"，在"三袁"中成就最高。袁宏道受李贽影响很深，重视戏曲小说，有很多进步的文学见解，反对前后七子的复古拟古文风，认为时有变化、文有古今，文学应随时代的变化而变化。他极力主张"独抒性灵，不拘格套"，充分表现作者的个性。其小品文成就最为突出，自由抒写，清新活泼，率真自然，情调闲适。山水游记行文信笔直书，意到笔随；写景独具慧眼，物我交融；语言清新流利，舒徐自如。有《袁中郎集》传世。

虎丘去城可七八里[2]，其山无高岩邃壑[3]，独以近城故，箫鼓楼船[4]，无日无之。凡月之夜，花之晨，雪之夕，游人往来，纷错如织[5]，而中秋为尤胜。

每至是日，倾城阖户[6]，连臂而至。衣冠士女[7]，下迨蔀屋[8]，莫不靓妆丽服，重茵累席[9]，置酒交衢间[10]。从千人石上至山门[11]，栉比如鳞[12]，檀板丘积[13]，樽罍云泻[14]，远而望之，如雁落平沙，霞铺江上，雷辊电霍[15]，无得而状。

布席之初，唱者千百，声若聚蚊，不可辨识。分曹部署，竞以歌喉相斗，雅俗既陈，妍媸自别[16]。未几而摇手顿足者，得数十人而已。已而明月浮空，石光如练，一切瓦釜[17]，寂然停声，属而和者[18]，才三四辈。一箫，一寸管，一人缓板而歌，竹肉相发[19]，清声亮彻，听者魂销。比至夜深，月影横斜，荇藻凌乱[20]，则箫板亦不复用，一夫登场，四座屏息，音若细发，响彻云际，每度一字，几尽一刻[21]，飞鸟为之徘徊，壮士听而下泪矣。

剑泉深不可测[22]，飞岩如削。千顷云得天池诸山作案[23]，峦壑竞秀，最可觞客[24]。但过午则日光射人，不堪久坐耳。文昌阁亦佳，晚树尤可观。面北为平远堂旧址[25]，空旷无际，仅虞山一点在望[26]。堂废已久，余与江进之谋所以复之[27]，欲祠韦苏州、白乐天诸公于其中[28]；而病寻作[29]，余既乞归[30]，恐进之兴亦阑矣。山川兴废，信有时哉！

吏吴两载[31]，登虎丘者六。最后与江进之、方子公同登[32]，迟月生公石上[33]。歌者闻令来，皆避匿去。余因谓进之曰："甚矣，乌纱之横，皂隶之俗哉[34]！他日去官，有不听曲此石上者，如月[35]！"今余幸得解官称吴客矣。虎丘之月，不知尚识余言否耶？

【注　释】

[1]虎丘：山名，又名海涌山，在苏州城北七里。春秋时吴王阖闾葬在这里，传说葬后三天有"白虎踞其上"，故称虎丘。　[2]可：大约。　[3]邃(suì)壑：幽深的山谷。　[4]箫鼓：吹箫敲鼓，此处用作动词。　[5]纷错：指游人很多，来来往往。　[6]倾城阖(hé)户：全城关闭门户。　[7]衣冠：古代士以上阶层的人戴冠，后

因以衣冠连称，代指世族、士绅。士女：古代指未婚的男女，即青年男女。［8］迨（dài）：及，至。蔀（bù）屋：蔀，遮蔽，引申为光线暗淡；蔀屋，阴矮低暗的小屋，此处指贫苦人家。［9］重茵：重叠的垫席。［10］交衢（qú）：通衢，四通八达的大路，指虎丘的大道。［11］千人石：虎丘山半腰的一块大磐石，石面平坦，面积甚广，可容千人，因名“千人石”。山门：寺庙的外门。［12］栉（zhì）比：像梳齿一样密密地排列。［13］檀（tán）板：檀木制的歌唱拍板，打节拍用。［14］樽罍（léi）：古代盛酒的器具，樽的形状像杯，罍的形状像壶。［15］雷辊（gǔn）电霍：形容车轮的转动声如雷鸣，疾如闪电。［16］妍媸（chī）：美丑优劣。［17］瓦釜：古代两种陶制的伴乐器，这里喻指水平不高的歌声。［18］属（zhǔ）而和：相互跟随唱和；属，连接，跟随；和，唱和。［19］竹肉相发：器乐与歌声相互配合。竹：管类乐器，这里指乐器发出的音调。肉：歌喉，这里指歌声。［20］荇（xìng）藻：荇菜、苔藻，本为水生植物，这里借指月下花树散乱的影子。［21］刻：古代计时单位；古代以铜漏计时，一昼夜分为一百刻，一刻略小于今天的一刻钟；这里指字音拉得很长。［22］剑泉：潭名，又名剑池，在千人石北。水深约两丈，终年不涸，两侧崖高百尺，峭壁如削，传说是秦始皇用剑劈开的。［23］千顷云：山名，在虎丘山上。天池：山名，在苏州阊门外三十里处。案：几桌类器具。［24］觞（shāng）客：用酒招待客人。觞：古代的酒杯，这里用作动词，即劝人饮酒或自饮。［25］平远堂：虎丘山致爽阁旁的一座建筑物，当时已废，后修复。［26］虞山：在常熟县西北。［27］江进之：名盈科，湖南桃源人，万历年间进士，曾任长洲县令。［28］祠：祠堂，古代祭祀祖先或贤能有功德者的庙堂。这里用作动词，建祠以祭祀。韦苏州、白乐天：唐诗人韦应物和白居易，均曾任苏州刺史。［29］寻：随即，不久。［30］乞归：请求辞官返里。［31］吏吴：在吴县（苏州州治所）做官。［32］方子公：名文僎，新安人，袁宏道的门客。［33］迟月：待月。迟：等候。生公石：在千人石北面，相传是梁代高僧竺道生（世称生公）曾在那里讲经说法。［34］乌纱：唐以后官员们的制帽，代指官吏。皂隶：古代官府中的差役。［35］如月：指证之词，即以月为证。

【评　析】

《虎丘记》记述中秋虎丘盛况，表达厌恶官场败德、寄情山水之美、渴望与民同乐之情。

起笔简要交代虎丘的地形特征和地理位置。下文扣住“中秋尤胜”，具体描绘中秋虎丘盛况，从游人“出”写到游人“唱”。写出游之踊跃、郑重和豪兴，写人之多、服之美和声之闹，都是渲染铺垫，文章重心是月夜竞歌。此段极有层次，时间渐次推移，人数逐步递减，歌声由杂到清，意境由闹到静。最终，声景情高度和谐，天人我浑然一体。“飞鸟”两句侧面烘托了歌声的艺术效果，拓宽了文章的艺术境界。详写夜之所“闻”后略写日之所“观”，写虎丘的自然人文景观，文字质直爽洁。结尾追忆往“事”，以“解官”后对虎丘之月、石上听曲的眷恋作结，流露出醉心自然的情趣和与民同乐的心愿。

此记以民俗画为主体，风景画只是作为背景；所记非某一中秋见闻，而是综合性描述；审美感受在物象描述中成为归宿点。

【习　题】

1. 试述这篇山水小品所表现的作者情怀。
2. 分析本文取材角度的特点，谈谈这样处理对表现文章主旨的作用。
3. 结合《满井游记》和本文，谈谈袁宏道小品文的抒情写景风格。

二十四桥风月[1]

张 岱

张岱(1597—1679),字宗子,一字石公,号陶庵,浙江山阴(今浙江绍兴)人。明末清初散文大家,小品文创作的集大成者。晚年亲历易代之变,披发隐居浙江剡溪,专心著述。内容取材广泛,多追忆往昔繁华,寄托亡国感叹。艺术上兼取公安、竟陵之长而自成一格,擅长人物传记,风景描写亦佳,结构精巧,笔力高致,细腻生动,饶有诗意。著有纪传体明史《石匮书》,另有《陶庵梦忆》《琅嬛文集》《西湖梦寻》等多部文集,《陶庵梦忆》是他的代表作。

广陵二十四桥风月[2],邗沟尚存其意[3]。渡钞关,横亘半里许,为巷者九条。巷故九,凡周旋折旋于巷之左右前后者,什百之。

巷口狭而肠曲,寸寸节节,有精房密户,名妓、歪妓杂处之。名妓匿不见人,非向导莫得入。

歪妓多可五六百人,每日傍晚,膏沐熏烧,出巷口,倚徙盘礴于茶馆酒肆之前[4],谓之"站关"。茶馆酒肆岸上纱灯百盏,诸妓掩映闪灭于其间,疤戾者帘,雄趾者阈[5]。灯前月下,人无正色,所谓"一白能遮百丑"者,粉之力也。游子过客,往来如梭,摩睛相觑,有当意者,逼前牵之去;而是妓忽出身分,肃客先行[6],自缓步尾之。至巷口,有侦伺者,向巷门呼曰:"某姐有客了!"内应声如雷。火燎即出,一俱去,剩者不过二三十人。沉沉二漏,灯烛将烬,茶馆黑魆无人声。茶博士不好请出,惟作呵欠,而诸妓醵钱向茶博士买烛寸许[7],以待迟客。或发娇声,唱《擘破玉》等小词,或自相谑浪嘻笑[8],故作热闹,以乱时候[9];然笑言哑哑声中,渐带凄楚。夜分不得不去,悄然暗摸如鬼。见老鸨[10],受饿、受笞俱不可知矣。

余族弟卓如,美须髯,有情痴,善笑,到钞关必狎妓,向余噱曰:"弟今日之乐,不减王公。"余曰:"何谓也?"曰:"王公大人侍妾数百,到晚耽耽望幸,当御者不过一人。弟过钞关,美人数百人,目挑心招,视我如潘安,弟颐指气使,任意拣择,亦必得一当意者呼而侍我。王公大人岂过我哉!"复大噱,余亦大噱。

【注 释】

[1]二十四桥:李斗《扬州画舫录》云:"二十四桥即吴桥砖家,一名红药桥,在熙春台后。"吴桥砖家在扬州西郊。风月:旧时指男女间情事。 [2]广陵:旧时扬州别称。 [3]邗(hán)沟:古地名,春秋时吴地,在今江苏扬州。 [4]倚徙:亦作"徙倚",犹如徘徊,流连不去。盘礴:即般礴,犹箕坐,即坐时两腿向前伸直(一说屈膝)岔开,形似簸箕。 [5]阈(yù):门槛,门限。 [6]肃客:恭敬地引进客人。 [7]醵(jù)钱:凑钱,集资。 [8]谑浪:戏谑不敬。 [9]乱:迷惑,横渡。这里指打发(时间)。 [10]老鸨:鸨母,旧时开设妓院的女人。

【评 析】

《二十四桥风月》把青楼女子的辛酸、凄楚写得透骨淋漓。

作者用高度简洁的笔墨，将被侮辱被损害者的悲苦命运浓缩到一个晚上来表现。写她们“站关”的忙碌，“倚徙盘礴”于岸边，“掩映闪灭”于灯下；写她们“肃客”的卑驯，“忽出身分”“缓步尾之”；写她们等客的无奈，“醵钱”买烛延宕时辰，“故作热闹”以掩“凄楚”；写她们空归的可怜，“不得不去”“悄然暗摸如鬼”。自“傍晚”到月上，到“二漏”，到“夜分”，作品依次组接青楼生活镜头，构成一组社会最底层的人生画面。张岱的过人之处是不写个像写群像，且透视出人物的内心世界，写形传神，活灵活现，呼之欲出。

张岱的文章，以博观约取、简洁有力见长。此篇下笔擒题，紧扣“风月”，写诸妓“凄楚”，与“妓”相关的必要交代极为简洁。作品还运用反衬比照，以纨绔的浅薄、无耻反衬诸妓之卑贱、痛苦。

【习　题】

1. 浅谈《二十四桥风月》描写青楼生活场景的思想意义。
2. 张岱写人善于传神，结合作品谈谈这一特点。
3. 阅读《湖心亭看雪》《西湖七月半》，试析张岱小品文的语言特色。

左忠毅公逸事[1]

方　苞

方苞(1668—1749)，子灵皋，号望溪，清桐城(今安徽桐城)人。清中叶桐城派创始人，主张“义法”之说，要求作文章“言之有物”“言之有序”“清真雅正”，提倡义理、考据、辞章三者并重，并讲求词语的“雅洁”，这些主张对当时及后世均颇有影响。他的观点被同乡弟子刘大櫆、姚鼐继承并发扬光大，遂形成著名的桐城派。方苞的散文以自己所标举的“义法”及“清正雅洁”为旨归，写得简练雅洁有断制，没有枝蔓芜杂的毛病，结构谨严，明白晓畅，开创了清代古文的新面貌。弱点是感情比较淡泊，形象性不强，气魄不够大。著有《望溪集》。

先君子尝言[2]：乡先辈左忠毅公视学京畿[3]，一日，风雪严寒，从数骑出[4]，微行入古寺[5]。庑下一生伏案卧[6]，文方成草[7]。公阅毕，即解貂覆生[8]，为掩户。叩之寺僧，则史公可法也[9]。及试[10]，吏呼名至史公，公瞿然注视[11]，呈卷，即面署第一[12]。召入，使拜夫人，曰：“吾诸儿碌碌[13]，他日继吾志事[14]，惟此生耳！”

及左公下厂狱[15]，史朝夕狱门外。逆阉防伺甚严[16]，虽家仆不得近。久之，闻左公被炮烙[17]，旦夕且死，持五十金，涕泣谋于禁卒，卒感焉。一日，使史更敝衣草屦，背筐，手长镵[18]，为除不洁者[19]，引入。微指左公处，则席地倚墙而坐[20]，面额焦烂不可辨，左膝以下，筋骨尽脱矣。史前跪，抱公膝而呜咽。公辨其声，而目不可开，乃奋臂以指拨眦[21]，目光如炬，怒曰：“庸奴[22]！此何地也，而汝来前！国家之事，糜烂至此。老夫已矣，汝复轻身而昧大义[23]，天下事谁可支拄者！不速去，无俟奸人构陷[24]，吾今即扑杀汝！”因摸地上刑械，作投击势。史噤不敢发声[25]，趋而出[26]。后常流涕述其事，以语人，曰："吾师肺肝，皆铁石所铸造也！"

崇祯[27]末，流贼[28]张献忠出没蕲、黄、潜、桐间，史公以凤庐道[29]奉檄守御。每有警，辄数月不就寝，使将士更休，而自坐幄幕外。择健卒十人，令二人蹲踞而背倚之，漏[30]鼓移，则番代[31]。每寒夜，起立，振衣裳，甲上冰霜迸落，铿然[32]有声。或劝以少休，公曰："吾上恐负朝廷，下恐愧吾师也。"

史公治兵[33]，往来桐城，必躬造左公第[34]，候太公、太母起居[35]，拜夫人于堂上。

余宗老涂山[36]，左公甥也，与先君子善，谓狱中语乃亲得之于史公云[37]。

【注　释】

[1]左忠毅公：左光斗（1575—1625），字遗直，号浮左，明末桐城人。万历年进士，官至御史。不畏权贵，敢于直言，因上奏章弹劾太监魏忠贤，被构陷下狱，受酷刑，惨死于狱中。　[2]先君子：先，多用于已故去的尊长。作者自称其已死去的父亲方仲舒。　[3]视学：古代称担任考官为视学。京畿（jī）：国都所在地，京城。　[4]从数骑（jì）：几个骑马的随从跟着。骑：名词，一人一马。　[5]微行：古代帝王或朝廷高官外出，穿着平民的衣服，以隐藏自己的身分。　[6]庑（wǔ）：廊下小屋。这里指古庙厢房。　[7]成草：已写成的草稿。　[8]貂：貂皮外衣。　[9]史公可法：史可法，字宪之，明祥符（今河南开封）人，崇祯时进士。南明福王时以兵部尚书大学士督师扬州抗清，兵败，不屈而死。　[10]试：童生岁试。　[11]瞿（jù）然：惊视的样子。　[12]面署第一：当面批字，定为第一。　[13]碌碌：平庸无能。　[14]志事：志向事业。　[15]厂狱：明代特务机构东厂所设的监狱，多由太监掌管。　[16]逆阉：指魏忠贤。伺：探察。　[17]炮（páo）烙：殷纣所发明的一种酷刑，令犯人在烧红的铜柱上走。后来泛指烧灼的酷刑。　[18]镵（chǎn）：类似铲子的工具。[19]为：这里是装作的意思。　[20]席地：以地为席。　[21]眦（zì）：眼眶。　[22]庸奴：无能的奴才，不识大体的奴才。　[23]昧：不明事理。　[24]俟（sì）：等待。奸人：指魏忠贤的狱中爪牙。构陷：编造罪名来陷害。　[25]噤：闭口。　[26]趋：小步紧走。　[27]崇祯：明思宗年号。　[28]流贼：明清士大夫对李自成、张献忠起义军的蔑称。蕲、黄、潜、桐：指湖北蕲州、黄州和安徽潜山、桐城。　[29]以凤庐道：以凤阳、庐州二府（府治在今安徽凤阳、庐江）道员身分。明时，分一省几道，一道的长官称道员。檄（xí）：古代官府用以征召、晓谕或声讨的文书。　[30]漏：古代滴水记时的器具。鼓：分一夜为五更，每过一更要击鼓报时。[31]番代：轮班替换。　[32]铿然：金属碰撞发出清脆响亮的声音。　[33]治兵：训练军队，统帅军队。[34]躬造：亲身到。　[35]候起居：问好，请安。　[36]宗老涂山：同一宗族的老前辈。涂山：方苞本族祖父的号。　[37]乃：是。云：语末助词。

【评　析】

本文通过两三件逸事，写出了主人公的风貌、风格和风神。

左公两件逸事：视学和下狱。写视学，通过对史可法的赏识提拔，表现左公的爱才。古寺中"解貂""掩户"，见为国觅才之忱；试场上"注视""面署"，见为国惜才之情；私宅里"召入"寄望，见为国用才之忠。写下狱，通过史可法狱中探望，表现左公的嫉恶。席地倚墙、以指拨眦、怒斥爱徒、作投击势等精彩细节，将左公爱护贤才的深沉、国事为重的刚烈凸现出来。爱才与嫉恶，都统一在左公"忠毅"的政治品质上。后面接写史可法逸事——"守御"勤于国事，夙夜不懈；"治兵"往来桐城，躬造拜望，是对左公的侧面烘托，师的精神风貌、高洁人品已在生的身上得到了重现。结尾"余宗老涂山"等语言之凿凿，与开头"先君子尝言"遥相呼应，增强了材料的真实性与文章的感染力，保证了行文结构的完整性。

文章记事不杂，用笔精细，形象丰满。

【习 题】

1. 试谈本文选材与组材的特色和效果。

2. 简析文中左公爱才与嫉恶的内在联系。

3. 方苞十分讲求“古文义法”，请结合《狱中杂记》和本文谈谈他的为文之道。

祭 妹 文[1]

袁 枚

袁枚(1716—1797)，字子才，号简斋，别号随园老人、小仓山居士，钱塘(今浙江杭州)人。以诗文自娱，极山水之乐，广交天下名士，享文坛领袖之名40余年。乾嘉时期代表诗人之一，与赵翼、蒋士铨并称“乾隆三大家”。诗歌标举“性灵”，强调灵感作用，务从才力所至，在当时影响很大，形成了性灵派。袁诗无论独抒性灵，还是记游写景、探古讽今，均率真自然，清新灵巧。袁枚文章通脱雅正，横逸不拘，有自己的特色。论文能从文学本身着眼，不为成见所局限。著有《小仓山房诗文集》《随园诗话》《子不语》等。

乾隆丁亥冬[2]，葬三妹素文于上元之羊山[3]，而奠以文曰：

呜呼！汝生于浙而葬于斯，离吾乡七百里矣。当时虽觭梦幻想[4]，宁知此为归骨所耶？

汝以一念之贞[5]，遇人仳离[6]，致孤危托落[7]，虽命之所存[8]，天实为之；然而累汝至此者，未尝非予之过也。予幼从先生授经，汝差肩而坐[9]，爱听古人节义事；一旦长成，遽躬蹈之[10]。呜呼！使汝不识《诗》、《书》，或未必艰贞若是[11]。

予捉蟋蟀，汝奋臂出其间；岁寒虫僵，同临其穴[12]。今予殓汝葬汝[13]，而当日之情形，憬然赴目[14]。予九岁憩书斋[15]，汝梳双髻，披单缣来[16]，温《缁衣》一章[17]。适先生奓户入[18]，闻两童子音琅琅然[19]，不觉莞尔[20]，连呼则则[21]。此七月望日事也[22]。汝在九原[23]，当分明记之。予弱冠粤行[24]，汝掎裳悲恸[25]。逾三年，予披宫锦还家[26]，汝从东厢扶案出[27]，一家瞠视而笑[28]，不记语从何起，大概说长安登科[29]，函使报信迟早云尔[30]。凡此琐琐[31]，虽为陈迹，然我一日未死，则一日不能忘。旧事填膺[32]，思之凄梗[33]，如影历历，逼取便逝[34]。悔当时不将婴娓情状[35]，罗缕纪存[36]；然而汝已不在人间，则虽年光倒流，儿时可再，而亦无与为证印者矣。

汝之义绝高氏而归也[37]，堂上阿奶[38]，仗汝扶持；家中文墨[39]，眣汝办治[40]。尝谓女流中最少明经义、谙雅故者[41]；汝嫂非不婉嫕[42]，而于此微缺然。故自汝归后，虽为汝悲，实为予喜。予又长汝四岁，或人间长者先亡，可将身后托汝；而不谓汝之先予以去也。前年予病，汝终宵刺探[43]，减一分则喜，增一分则忧。后虽小差[44]，犹尚殗殜[45]，无所娱遣；汝来床前，为说稗官野史可喜可愕之事，聊资一欢[46]。呜呼！今而后，吾将再病，教从何处呼汝耶？

汝之疾也，予信医言无害[47]，远吊扬州[48]；汝又虑戚吾心[49]，阻人走报；及至绵惙已极[50]，阿奶问：“望兄归否？”强应曰：“诺。”已予先一日梦汝来诀[51]，心知不祥，飞舟渡江，果予以未时还家[52]，而汝以辰时气绝[53]；四支犹温，一目未瞑，盖犹忍死待予也。呜呼痛哉！

早知诀汝，则予岂肯远游？即游，亦尚有几许心中言，要汝知闻，共汝筹划也[54]。而今已矣！除吾死外，当无见期。吾又不知何日死，可以见汝；而死后之有知无知，与得见不得见，又卒难明也。然则抱此无涯之憾，天乎人乎！而竟已乎[55]！

汝之诗，吾已付梓[56]；汝之女，吾已代嫁；汝之生平，吾已作传；惟汝之窀穸[57]，尚未谋耳。先茔在杭[58]，江广河深，势难归葬，故请母命而宁汝于斯[59]，便祭扫也。其傍，葬汝女阿印[60]，其下两冢：一为阿爷侍者朱氏[61]，一为阿兄侍者陶氏[62]。羊山旷渺[63]，南望原隰[64]，西望栖霞[65]，风雨晨昏，羁魂有伴[66]，当不孤寂。所怜者，吾自戊寅年读汝哭侄诗后[67]，至今无男；两女牙牙[68]，生汝死后，才周晬耳[69]。予虽亲在未敢言老[70]，而齿危发秃[71]，暗里自知；知在人间，尚复几日？阿品远官河南[72]，亦无子女，九族无可继者[73]。汝死我葬，我死谁埋？汝倘有灵，可能告我？

呜呼！身前既不可想，身后又不可知；哭汝既不闻汝言，奠汝又不见汝食。纸灰飞扬，朔风野大，阿兄归矣，犹屡屡回头望汝也。呜呼哀哉！呜呼哀哉！

【注　释】

[1]妹：袁枚三妹袁机，字素文，幼好读书，与高氏子指腹为婚，后高氏子行为放荡，曾建议解除婚约，但她深受封建礼教影响，坚持“从一而终”。婚后，高氏子行为愈不检，虐待其妻，又要卖妻抵赌债，不得已，逃回娘家，告官终绝关系。 [2]乾隆丁亥：乾隆三十二年（1767 年）。 [3]上元：县名，在今南京市区。羊山：在南京市东。 [4]觭（jī）梦：噩梦，怪异的梦。觭：通奇，单，旧指命运不好为“奇”。 [5]一念之贞：指袁素文坚持与高家成婚事。 [6]遇人仳（pǐ）离：嫁了不良的丈夫而被遗弃。遇人：遇人不淑的省略。仳离：妇女被遗弃而离去。 [7]孤危托落：孤独忧伤。托落：落拓，失意。 [8]命之所存：命中注定。 [9]差（cī）肩：并肩。差：即差次，分别等次。 [10]遽：遂，就。躬蹈：亲身实践。 [11]艰贞：遭遇艰难时坚贞不移。[12]同临其穴：同到埋蟋蟀的洞边凭吊。临：凭吊。 [13]殓（liàn）：给死人穿衣服装入棺中。 [14]憬然：醒悟的样子，清清楚楚地。 [15]憩：休息，此处是在书斋读书的委婉说法。 [16]单缣（jiān）：细绢做的单上衣。 [17]《缁衣》：《诗经・郑风》中的一篇。 [18]奓（zhà）户：开门。 [19]琅琅然：读书的声音。[20]莞（wǎn）尔：微笑。 [21]则则：同“啧啧”，赞叹声。 [22]望日：农历每月十五。 [23]九原：犹九泉，地下。春秋时晋国卿大夫的墓地名，后亦泛指墓地。 [24]弱冠：古时男子二十岁成年，行加冠礼。粤行：乾隆元年（1736 年），作者 21 岁，经广东到广西看望其叔父袁鸿。 [25]掎（jǐ）裳：拉着衣服。恸：痛哭。[26]披宫锦还家：乾隆三年（1638 年）作者中进士，授翰林院庶吉士，还家省亲。披宫锦：指身穿用宫中特制的锦缎所做的袍服。 [27]东厢：东边的房子，边房称厢房。扶案：端着木案。案：木碗。 [28]瞠（chēng）视：瞪着眼睛看。 [29]长安：国都的代称，此指北京。登科：考中进士。 [30]云尔：如此之类。 [31]琐琐：种种琐碎的事。 [32]填膺：充塞胸怀。 [33]凄梗：悲哀痛苦。 [34]逼取便逝：走近眼前就消失了。[35]婴娩（yī ní）：婴儿，《释名・释长幼》：“人始生曰婴儿，……或曰婴娩。”这里指儿时。 [36]罗缕纪存：详尽细致、有条有理地记录下来。 [37]义绝：断绝关系。指素文离婚。 [38]阿奶：指作者的母亲章氏。[39]文墨：指文字往来的事务。 [40]眣（shùn）：目示。这里谓指望。 [41]明经义：了解经书的道理。谙（ān）雅故：熟悉古代典故。 [42]婉嫕（yì）：柔和温顺。 [43]刺探：询问情况。 [44]小差（chāi）：病情稍愈。差：同“瘥”。 [45]殗殜（yè dié）：病情不十分重，半卧半坐。 [46]聊资：姑且拿来。 [47]无害：没有生命危险。 [48]吊：探访古迹。 [49]虑戚吾心：怕让我担心。 [50]绵惙（chuò）：病情危急，气息微弱。 [51]诀：告别。 [52]未时：下午一时到三时。 [53]辰时：上午七时至九时。 [54]筹划：商量。[55]而竟已乎：就这样完了吗？ [56]付梓：付印。梓：古代刻字印刷的木版。袁枚将素文的诗附在《小仓山房诗文集》卷后。 [57]窀穸（zhūn xī）：墓穴。 [58]先茔：祖先的坟墓。 [59]宁：安葬。 [60]阿印：素文有两女，一名阿印，早死；一由袁枚代嫁。 [61]阿爷：父亲。作者父袁滨，曾为幕僚，早已去世。侍者：

侍妾。[62]陶氏：作者侍妾。[63]旷渺：空旷辽阔。[64]原隰(xí)：原野低洼之地。[65]栖霞：山名，在南京市东。[66]羁魂：寄居他乡的鬼魂。[67]戊寅年：乾隆二十三年(1758)，此年作者丧子，袁素文有哭侄诗《阿兄得子不举》。袁枚写此文时尚无子，两年后得男。[68]两女：作者妾钟氏所生之孪生女。牙牙：婴儿学话声。[69]周晬(zuì)：周岁。孟元老《东京梦华录·育子》："生子百日。置会，谓之百晬；至来岁生日，谓之周晬。"[70]亲在未敢言老：父母尚在，自己不敢称老。时年作者51岁，老母尚在。[71]齿危：牙齿摇动。[72]阿品：作者堂弟，名树，字东芗，时任河南正阳县令。[73]九族：古代指本身及以上父、祖、曾祖、高祖，以下子、孙、曾孙、玄孙为九族。也有人说指父族四、母族三、妻族二为九族。这里泛指内外亲属。

【评　析】

《祭妹文》借日常琐事，抒写兄妹莫逆之情、伤悼亡妹之痛。

文章从"葬妹"写起，交代祭文缘起。饱蘸着悲哀之情，笼罩着悲怆之气。叙写死因之后"忆妹"，以时为序，分未嫁时、离婚后、去世前三层叙述，每层的基本格局是叙琐事—发悲情。童年嬉戏、书斋诵读、念远送别、喜迎兄归、侍奉老母、探视病兄、阻人走报、忍死以待八件琐事，将妹妹聪敏多情的形象、既贤且淑的美德、肠通肝连的挚意和爱兄胜己的深情全然写出。叙写具体逼真，真切再现富有情致的生活细节；每叙一事之后，继之以哀婉深沉的抒情。"慰妹"依次写刻印妹诗，代嫁妹女，为妹作传，葬妹羊山。以葬妹起，以葬妹收，结构完整。后半分写阴阳两界，哀人自怜之情难抑。"祭妹"一段，"纸灰飞扬，朔风野大"渲染悲凉气氛；不忍归去，足动目回，深化痛悼之情。

本文发乎深情，寓情于事，遣句自然，用语精绝，为哀祭文精品。

【习　题】

1. 谈谈本文寓情于事的写作特点。
2. 本文从哪几个方面叙写亡妹之悲？
3. 谈谈本文细节描写对抒发感情的作用。

圆　圆　曲[1]

吴伟业

吴伟业(1609—1671)，字骏公，号梅村，江苏太仓人。梅村生当乱世，又数次置身政治漩涡，忧惧感慨，多发于诗。其诗今存1000多首，与钱谦益、龚鼎孳并称"江左三大家"。他是娄东诗派的开创者，其诗词多写哀时伤事的题材，富于时代感；诗句多激楚苍凉，风骨傲然，被誉为一代词宗；长于叙事，七言歌行尤佳，取法唐诗而不墨守成规，自成一体，世称"梅村体"。著有《梅村家藏稿》《梅村诗余》等。

鼎湖当日弃人间[2]，破敌收京下玉关[3]。
恸哭六军俱缟素[4]，冲冠一怒为红颜[5]。

红颜流落非吾恋[6]，逆贼天亡自荒宴[7]。
电扫黄巾定黑山[8]，哭罢君亲再相见[9]。
相见初经田窦家[10]，侯门歌舞出如花[11]。
许将戚里箜篌伎[12]，等取将军油壁车[13]。
家本姑苏浣花里[14]，圆圆小字娇罗绮。
梦向夫差苑里游[15]，宫娥拥入君王起。
前身合是采莲人[16]，门前一片横塘水[17]。
横塘双桨去如飞，何处豪家强载归[18]？
此际岂知非薄命，此时只有泪沾衣。
熏天意气连宫掖[19]，明眸皓齿无人惜。
夺归永巷闭良家[20]，教就新声倾坐客。
坐客飞觞红日暮[21]，一曲哀弦向谁诉？
白皙通侯最少年[22]，拣取花枝屡回顾。
早携娇鸟出樊笼，待得银河几时渡[23]？
恨杀军书抵死催，苦留后约将人误。
相约恩深相见难，一朝蚁贼满长安[24]。
可怜思妇楼头柳[25]，认作天边粉絮看[26]。
遍索绿珠围内第[27]，强呼绛树出雕栏[28]。
若非壮士全师胜[29]，争得蛾眉匹马还？
蛾眉马上传呼进，云鬟不整惊魂定。
蜡炬迎来在战场[30]，啼妆满面残红印[31]。
专征箫鼓向秦川[32]，金牛道上车千乘[33]。
斜谷云深起画楼[34]，散关月落开妆镜[35]。
传来消息满江乡[36]，乌桕红经十度霜[37]。
教曲伎师怜尚在，浣纱女伴忆同行。
旧巢共是衔泥燕，飞上枝头变凤凰。
长向尊前悲老大，有人夫婿擅侯王[38]。
当时只受声名累[39]，贵戚名豪竞延致。
一斛珠连万斛愁[40]，关山漂泊腰肢细。
错怨狂风飏落花，无边春色来天地。
尝闻倾国与倾城[41]，翻使周郎受重名[42]。
妻子岂应关大计？英雄无奈是多情。
全家白骨成灰土，一代红妆照汗青[43]。
君不见馆娃初起鸳鸯宿[44]，越女如花看不足[45]。
香径尘生鸟自啼[46]，屧廊人去苔空绿[47]。
换羽移宫万里愁[48]，珠歌翠舞古梁州[49]。
为君别唱吴宫曲[50]，汉水东南日夜流[51]。

【注　释】

[1]陈圆圆:常州武进(今江苏常州)人,本姓邢,名沅,字畹芬。为苏州名妓,善歌舞。初为田宏遇家歌妓,后吴三桂纳为妾。三桂出镇山海关,李自成农民起义军攻克北京,曾被俘。三桂降清,清军攻陷北京,仍归三桂。晚年在云南为女道士,改名寂静,字玉庵。 [2]鼎湖:相传黄帝铸鼎于荆山下,鼎成有龙垂胡须下迎黄帝,黄帝乘龙而去。后世常以"鼎湖"喻帝王崩逝。这里指崇祯皇帝在李自成军队进入北京后被迫自杀。 [3]破敌:指吴三桂引清兵击败李自成起义军。吴三桂:字长白,武举出身,明末任辽东总兵,封平西伯,驻防山海关。李自成农民起义军攻克北京,他引清兵入关,帮助清兵击败起义军,封平西王。接着又进攻南明所据守的云贵地区,杀明永历帝。康熙十二年(1673年),举兵叛清,十七年,在衡州(今湖南衡阳)称帝,不久病死。玉关:指山海关。 [4]缟素:明朝军队都为崇祯皇帝服丧。 [5]冲冠:怒发冲冠,指发怒。红颜:美女,指陈圆圆。 [6]红颜流落:陈圆圆被起义军头目刘宗敏所俘。以下四句戏拟吴三桂的口吻自我辩解。 [7]逆贼:指李自成义军。天亡:天意使他们灭亡。荒宴:荒淫享乐。 [8]电扫:形容吴三桂攻击农民起义军的声势。黄巾、黑山:都是东汉末的农民起义军,这里指李自成起义军。 [9]亲:指吴三桂之父吴襄。吴襄初降于李自成,吴三桂引清兵入关,自成遂杀其全家。 [10]田窦:田蚡、窦婴,都是西汉得势的外戚,在这里指崇祯帝国丈田宏遇。 [11]侯门:指田宏遇家。如花:像花朵一样美艳。 [12]许:应许。戚里:皇帝亲戚的住所。箜篌伎:弹箜篌的艺伎,指陈圆圆。 [13]将军:指吴三桂。油壁车:亦称油碧车,以油漆涂饰车壁,多供贵妇人乘坐。 [14]姑苏:今江苏苏州。浣花里:借用唐妓女薛涛居浣花溪事,代指圆圆所居之地,点出其名妓身份。 [15]夫差苑:春秋时吴王的宫苑,在苏州。圆圆梦入吴王苑里,为后文发迹作铺垫。 [16]前身:前生。采莲人:指西施。 [17]横塘:在苏州西南。 [18]豪家:指田宏遇家。陈圆圆被某权贵从妓院赎出,后献入宫廷。 [19]熏天意气:指田贵妃受到宠爱,势焰熏天。宫掖:宫中房屋。 [20]永巷:宫中长巷,宫女居住的地方。良家:指田宏遇家。 [21]飞觞:一杯杯不停地喝酒,形容狂饮。 [22]白皙通侯:面色白净的通侯,指吴三桂。通侯:汉爵位名。 [23]银河几时渡:用牛郎织女银河相会的典故,说吴与陈匆匆离别,赶赴山海关驻防,难料后会之期。 [24]蚁贼:对李自成义军的蔑称。长安:指明代都城北京。 [25]思妇楼头柳:用王昌龄《闺怨》诗典故,喻指圆圆已为良家妇女。 [26]粉絮:白色柳絮,喻指歌伎。 [27]绿珠:西晋石崇爱妾,"美而且艳"。这里喻指陈圆圆。内第:妇女所住之处。 [28]绛树:汉末著名舞伎。这里喻指陈圆圆。 [29]壮士:指吴三桂。吴三桂追李自成至山西(尚不知圆圆存亡)。 [30]蜡炬:即蜡烛。此指吴三桂迎归圆圆时的盛大排场。 [31]残红印:脸上的胭脂被泪水留下乱痕。 [32]专征:指吴三桂追击义军去陕西,以平西王身分开藩南郑。秦川:关中别名,指陕西。 [33]金牛道:汉中入川的栈道。 [34]斜谷:陕西地名。画楼:美丽的楼阁。 [35]散关:即大散关,在陕西宝鸡西南大散岭上。妆镜:梳妆的镜子。 [36]江乡:水乡,指长江边的苏州。"传来消息"以下八句写圆圆家乡人的感叹。 [37]乌桕:树名,深秋时叶变红。十度霜:十个年头。圆圆富贵的消息传到苏州,已是她离开十年之后了。 [38]有人:指陈圆圆。擅侯王:占有侯王的爵位。 [39]声名累:圆圆因受声名之累,不断漂泊,以致腰肢瘦损,岂料得大富贵。"当时"六句:写圆圆自身感受。 [40]一斛珠:形容圆圆当年身价之高。万斛愁:形容愁恨之深。 [41]倾国倾城:美丽的女子能倾覆一国一城,造成祸害。 [42]周郎:三国时的周瑜,青年时就为吴国名将,人称"周郎",他娶了著名美女小乔为妻。这里用来比喻吴三桂,为圆圆而乞清师打败李自成,却由此获得为明复仇的重名。 [43]汗青:史册,古代用竹简记事,需用火烤去竹汗(水分)以便书写,故称"汗青"。 [44]馆娃:吴王宠爱西施,西施至吴,夫差为筑馆娃宫。"君不见"四句:暗示圆圆未来的可悲结局。 [45]越女:指西施,此处喻陈圆圆。 [46]香径:即采香径。 [47]屧(xiè)廊:即响屧廊。传说吴王为西施所筑。屧廊长青苔,一片荒凉,暗示吴三桂也不会有好结果。 [48]换羽移宫:以音调变化比喻人事变迁,这里指改朝换代。羽、宫:不同音调。 [49]古梁州:指南郑,时吴三桂开藩在此。 [50]吴宫曲:咏叹吴宫盛衰的歌曲。 [51]汉水:南郑临着汉水。此句比喻功名富贵难常。

【评　析】

《圆圆曲》主旨复杂,同情陈圆圆人生沉浮,慨叹命运难测,嘲讽吴三桂挟私自专。

叙事的主体内容是“红颜”的身世际遇。作品以倒叙起笔，造成极强的悬念。“相见”二字勾连起圆圆的人生浮沉录：当年偶遇—少时绮梦—豪门夺献—遣归田家—苦留后约—京城被掳—重归三桂—随军入陕。诗人交错运用倒叙、插叙、顺叙，将复杂纷繁的悲欢际遇写得摇曳多姿、繁而不乱，且富传奇色彩。下面叙写圆圆家乡人的感叹，伎师为她尚在人世而欣慰，女伴感慨旧巢雏燕命运各别。又写圆圆对自己人生的回顾：红极一时—辗转漂泊—苦尽甘来，终生为声名所累，身价再高也难抵偿无尽哀伤。“尝闻”一句转入议论，“全家”两句上呼开篇，结束陈吴故事描述。篇末用议论兼抒情的笔墨，为诗中人物别唱咏叹兴亡的悲歌，发抒对人生、历史、命运的慨叹。

这首七言歌行诗结构布局巧妙，用典自然贴切，语言富丽工巧。

【习　题】

1. 简析作者对吴三桂的态度。
2. 谈谈本诗谋篇布局的特点。
3. 结合实例分析本诗典故的妙用。

金缕曲·亡妇忌日有感[1]

纳兰性德

纳兰性德(1655—1685)，字容若，号楞伽山人，叶赫那拉氏，满洲正黄旗人，清初词人，大学士明珠之子。纳兰性德自幼饱读诗书，极富文学天才，深涉经学，擅长书法，精于书画鉴赏，诗文俱佳，而尤以词作著称，与陈维崧、朱彝尊并称“清初三大家”。纳兰词与词人天性孤傲、淡泊名利、厌恶官场的处世态度相关，多写离情别绪和人生哀愁，词风接近李煜，主张发乎性情，反对临摹仿效，作品直抒胸臆，婉约清新，哀思深婉，情调消沉，以“缠绵婉约”“哀感顽艳”著称。主持编纂了儒学汇编《通志堂集》，著有《侧帽集》《饮水词》，后人将两部词集合为《纳兰词》。

此恨何时已[2]？滴空阶，寒更雨歇，葬花天气[3]。三载悠悠魂梦杳[4]，是梦久应醒矣！料也觉、人间无味。不及夜台尘土隔[5]，冷清清、一片埋愁地。钗钿约[6]，竟抛弃！　重泉若有双鱼寄[7]，好知他、年来苦乐，与谁相倚[8]？我自终宵成转侧，忍听湘弦重理[9]？待结个、他生知己[10]，还怕两人俱薄命，再缘悭，剩月零风里[11]。清泪尽，纸灰起[12]。

【注　释】

[1]金缕曲：这首词作于康熙十九年五月三十日，是作者悼念亡妻卢氏的作品。　[2]恨：遗憾。已：结束、完了。　[3]寒更：寒夜打更声，这里指夜深。葬花天气：指春末落花时节，大致是农历五月，这里既表时令，又暗喻妻子之亡如花之凋谢。　[4]三载：三年，从康熙十六年卢氏去世到康熙十九年，恰好三年。悠悠：久远的样子。杳：渺茫。　[5]夜台：坟墓，墓穴。　[6]钗钿约：指爱人间的盟誓。钗钿：妇女的首饰，钗

由两股合成，钿是用金翠珠宝制成花朵形。约：约言，盟誓。［7］重泉：地下，死者之居，犹言黄泉、九泉，指生死两隔。双鱼：书信的代称。语出古乐府《饮马长城窟行》。［8］年来：几年里。相倚：互相依靠。［9］终宵成转侧：通宵不寐。转侧：形容卧不安席，辗转反侧的样子。湘弦重理：再弹琴瑟，指续弦再娶。一说指纳兰不忍再弹奏那哀怨凄婉的琴弦（亡妻遗物）。湘弦：即湘灵鼓瑟之弦。［10］他生：来生，下辈子。［11］缘悭：缺乏缘分。剩月零风：比喻夫妻不能偕老而伤感悲苦。剩月：残月。零风：寒风。［12］纸灰：指烧纸钱的灰旧时迷信，凿纸为钱，祭祀时烧化给死者。

【评　析】

为纪念亡妻卢氏的悼亡词最能代表纳兰性德词的风格，本词是其中最感人的一首。《金缕曲》写尽“愁恨”——失爱之痛、相思之苦。

本词依据情感意识流动铺写。开篇突兀发问，见愁恨无处寄托，绵绵无尽。接以空阶、寒更、冷雨、暮春意象，渲染悼亡的哀寂氛围，烘托词人的苍凉心境。“三载”回应“何时”，引出辗转恍惚情思：“梦”（妻子梦中远游）一转，“醒”（应该早醒来归）又转，“觉”（人间不及夜台）再转。词句起伏折叠，尽显柔肠百转。上片以六字感叹歇拍，似抱怨无理，却正见至情。下片又生痴情幻想：阴间阳世若能书信往还，也好了解妻子苦乐，慰藉黄泉寂寞。转而由人及己，写孤独愁怨无法排解，睹物思人更是无限伤情。于是，萌生与妻来世再结良缘的幻念，又恐他生再遭命运摧残，重陷残月凄风苦境。“他生”之盼，“缘悭”之忧，九曲回肠，语痴入骨。末尾六字以衰飒之景结凄怆之情。

纳兰词真情毕露，痴人、痴语、痴情，哀伤婉丽，缠绵凄绝。

【习　题】

1. 试分析这首悼亡诗的艺术结构。

2. 浅析本词以景托情的表现手法。

3. 重读苏轼《江城子》（“十年生死两茫茫”）、贺铸《鹧鸪天》（“重过阊门万事非”），谈谈纳兰悼亡词对前人的超越。

诗　二　首

秋　瑾

秋瑾（1875—1907），字璇卿（一作璿卿），号竞雄，又称鉴湖女侠，浙江山阴（今浙江绍兴）人。近代杰出的资产阶级革命家和女英雄、妇女解放运动的先驱。1904 年东渡日本留学，1905 年参加孙中山领导的同盟会，1906 年回国后创办《中国女报》，兴办女学，提倡女权，积极参加革命活动。1907 年与徐锡麟共同策划起义，事泄被捕，英勇就义。秋瑾擅长诗词创作，以庚子事变为界，前期多写闺中愁绪，后期多写革命壮怀。献身革命，谋求民族与妇女解放是其后期诗词主调，律绝、歌行、长短句均能随意驱遣。激情洋溢，沉雄豪放，音节浏亮。有《秋瑾集》传世。

日人石井君索和即用原韵

漫云女子不英雄，万里乘风独向东[1]。
诗思一帆海空阔，梦魂三岛月玲珑[2]。
铜驼已陷悲回首[3]，汗马终惭未有功[4]。
如许伤心家国恨，那堪客里度春风？

黄海舟中日人索句并见日俄战争地图

万里乘风去复来[5]，只身东海挟春雷[6]。
忍看图画移颜色[7]，肯使江山付劫灰[8]。
浊酒不销忧国泪，救时应仗出群才[9]。
拚将十万头颅血，须把乾坤力挽回[10]。

【注　释】

[1]万里乘风：“乘风”语出《晋书・宗悫传》，“叔父问向所志，悫曰：愿乘长风，破万里浪”。后以乘风破浪喻抱负远大，不畏困难，奋勇进取。独向东：1904年夏历五月，为寻找新的生活道路，为挽救民族的危亡，秋瑾冲破种种阻力，只身赴日留学。　[2]三岛：古言蓬莱、方丈、瀛洲为三神山，此指日本。　[3]铜驼：铜铸的骆驼，古代置于宫门外。《晋书・索靖传》：“靖有先识远量，知天下将乱，指洛阳宫门铜驼，叹曰：‘会见汝在荆棘中耳！’”旧时因以“铜驼荆棘”形容亡国后残破的景象。　[4]汗马：古西域有骏马曰“汗血马”，亦称“汗马”；古时战功又称“汗马功劳”。　[5]去复来：1904年冬，秋瑾回国省亲，次年春再赴日本。　[6]春雷：指诗人胸怀寻求推翻清朝统治救国图存道路的志向。　[7]忍看：岂忍看。图画：即地图。移颜色：（地图）改变颜色，比喻我国东北领土被帝国主义侵占。1904年，日俄帝国主义为了争夺我国东北，在我国领土上进行了一场罪恶战争，清廷无耻地宣布中立，我国东北一带领土被帝国主义侵占。　[8]肯使：怎肯使。付：变成，沦为。劫灰：佛教用语，指劫火之后的灰烬。　[9]“救时”句：语本杜甫《诸将》诗“安危须仗出群才”。　[10]乾坤：天地。这里指国家、民族限于深重危机的局面。

【评　析】

这两首诗抒发了鉴湖女侠以身报国的慷慨激情。

前一首应日人石井索和而作。首联写只身赴日，首句豪健有力、气势高迈；次句叙述本事：东渡日本。“万里乘风”展示出寥廓的诗意空间，衬出“独”往身影的伟岸，寄寓满腔报国豪情。颔联写海中情思，“海空阔”具写“万里”，“一帆”呼应“乘风”，展现出碧海青天、孤帆远逝的壮观画面，抽象的“诗思”因与“一帆”相连而具象化；“梦魂”犹言魂牵梦萦，表明赴日求学的急切心情，“月玲珑”写其思绪早已乘着月光飞往日本。颈联写忧国伤时，“铜驼已陷”比喻国家沦亡山河破碎的景象，“悲回首”言沉痛追忆往事；“汗马”指包括诗人在内的革命志士、救世英才，一“悲”一“惭”真挚地表达了诗人以身许国、万死不辞、责己奋斗的爱国情怀。尾联总收，写旅日抱负，“家国恨”交代了只身赴日的背景，“那堪”从反面作笔暗示了只身赴日的动机。

后一首应日人银澜索句而作。首联写只身渡海，大气磅礴，格调高亢。“去复来”给人“挟风走雷”的气象，凸显飒爽英姿；“只身”对应上句的“万里”，显示了履险如夷的豪情胜慨。领联点出观图之事，写满腔孤愤，“图画”与下句“江山”相对，带有“江山如画”之意；“移颜色”与“付劫灰”相对，一写实一用典，叙写国土被人侵占，同胞遭受劫难的惨况。“忍看”“肯使”连续反诘，字字痛心疾首，声声斩钉截铁，寄托了诗人对祖国山河破碎的深沉悲愤，表达了对朝廷腐败无能的强烈痛恨。接下四句转入正题，就日俄战争图抒发感慨。颈联呼唤英杰，两句诗意一正一反，对比鲜明有力，表达了诗人不甘沉沦、奋起血战的内心世界。尾联写报国誓言，上句侧重表达为国捐躯的丹心热情，下句侧重表达刚毅不拔的理想志向。

以上两首诗的共同点是：文思跌宕回环，感情波澜起伏，结构明显地呈现出起承转合的格局；诗中议论不失空泛，抒怀不事雕琢；风格沉雄豪放，语言明快清健，比较充分地体现了秋瑾诗歌的特色。

【习　题】

1. 这两首诗的抒情主旨一致，但情感内涵有细微差别，请做分析。
2. 阅读秋瑾《满江红》，结合这两首诗谈谈秋瑾诗词中所勾画的爱国志士形象。
3. 阅读黄遵宪《书愤》，试比较两位诗人爱国诗作的不同风貌。

第七章

唐至清小说

中国古代小说的萌芽晚于诗歌和散文。经过先秦、两汉的孕育，终于在魏晋南北朝初具雏形，出现了志怪（记载神鬼怪异）、志人（记载人物轶事）两大类笔记小说，前者以干宝《搜神记》为代表，后者以刘义庆《世说新语》为代表，作品均为“丛残小语”“初陈梗概”。

唐人传奇的出现是我国小说史上的一个飞跃，小说成为文人自觉的文学创作，既反映一定的社会现象，也寄寓作者的希望理想，在艺术表现上“叙述婉转，文辞华艳”，文言短篇已经完全成熟。唐人传奇出现了不少名家名作，如沈既济的《枕中记》、李公佐的《南柯太守传》、李朝威的《柳毅传》、白行简的《李娃传》、元稹的《莺莺传》、蒋防的《霍小玉传》、陈鸿的《长恨歌传》、袁郊的《红线传》、裴铏的《聂隐娘》、杜光庭的《虬髯客传》等。

小说发展到宋代，发生了根本变化，文言小说之外出现了话本小说，文言小说的主流地位逐渐被白话小说所取代。话本分小说、讲史、说经和合生四家，小说话本大都取材于当时民间故事传说，以爱情、公案两类作品为最多，成就最高。前者名作如《碾玉观音》和《闹樊楼多情周胜仙》；后者名作如《错斩崔宁》和《宋四公大闹禁魂张》。讲史话本多出自元代，如《新编五代史平话》《大宋宣和遗事》等。宋元短篇话本是我国古典短篇小说的高峰，并且直接奠定了明清白话短篇小说的基础。宋代文言小说成就不如唐代，《太平广记》的编辑是宋人对文言小说的最大贡献。金元文言短篇不及宋代，元好问的《续夷坚志》、陶宗仪的《南村辍耕录》等尚为颇具影响的小说集。

明代是白话小说蓬勃发展的时代。就短篇小说而言，宋元话本得到加工润色，拟话本得以大量创作，白话小说集开始系统整理，最为流行的集子为洪楩的《清平山堂话本》、冯梦龙的“三言”（《喻世明言》《警世通言》《醒世恒言》）和凌濛初的“二拍”（《初刻拍案惊奇》《二刻拍案惊奇》）。明代白话小说最突出的成就是“四大奇书”的诞生：罗贯中的历史演义《三国演义》、施耐庵的英雄传奇《水浒传》、吴承恩的神魔小说《西游记》、兰陵笑笑生的世情小说《金瓶梅》相继问世，它们各自开创了一个长篇小说的创作领域，使中国小说进入以长篇小说为主的新时期。明代文言短篇的创作没有中断，如瞿佑的《剪灯新话》、李祯的《剪灯余话》、邵景詹的《觅灯因话》以及张潮编辑的《虞初新志》都是著名小说集。

清代小说创作有三大高峰：蒲松龄的《聊斋志异》是文言短篇小说的高峰，吴敬梓的《儒林外史》是讽刺文学的高峰，曹雪芹的《红楼梦》是世情小说、现实主义文学的高峰。这“三峰”总结了前代优秀文学的传统，又独辟蹊径，有所创造。它们塑造的形象为近代典型形态，着意再现世纪的风俗画，叙事角度大大丰富起来，这是中国小说艺术走向成熟的基本标志。除了“三大高峰”外，还有笔记小说《池北偶谈》（王士禛）、《新齐谐》（袁枚）、《阅微草堂笔记》（纪昀），还有武侠小说《三侠五义》（石玉昆）等。

晚清，在梁启超“小说界革命”的鼓吹倡导下谴责小说盛行。李伯元的《官场现形记》、吴趼人的《二十年目睹之怪现状》、曾朴的《孽海花》和刘鹗的《老残游记》，被称为“清末四大谴责小说”。它们不论内容还是技法上，都有许多新的因素，体现了变革时期的特点。

聂隐娘

裴　铏

裴铏(832—?)，唐末文学家，传奇文学的鼻祖。唐咸通九年(868 年)为静海军节度使高骈掌书记，加侍御史内供奉。乾符五年(878 年)以御史大夫为成都节度副使，后转好神仙之术。一生以文学名世，能诗文，尤擅小说，题材不拘一格，为唐代小说的繁荣和发展作出巨大贡献。著有《传奇》三卷，内容盛述神仙怪谲之事，情节曲折奇诡，闻名于当时，盛行于宋代。流传至今的传奇小说 30 余篇，最负盛名者为《聂隐娘》和《昆仑奴》，前者为唐代女侠传奇代表作。

聂隐娘者，贞元中魏博大将聂锋之女也[1]。年方十岁，有尼乞食于锋舍[2]，见隐娘，悦之，云：“问押衙乞取此女教[3]。”锋大怒，叱尼。尼曰：“任押衙铁柜中盛，亦须偷去矣。”及夜，果失隐娘所向。锋大惊骇，令人搜寻，曾无影响[4]。父母每思之，相对涕泣而已。

后五年，尼送隐娘归，告锋曰：“教已成矣，子却领取。”尼欻亦不见[5]。一家悲喜，问其所学。曰：“初但读经念咒，余无他也。”锋不信，恳诘[6]。隐娘曰：“真说又恐不信，如何？”锋曰：“但真说之。”曰：“隐娘初被尼挈，不知行几里。及明，至大石穴之嵌空，数十步寂无居人。猿狖极多[7]，松萝益邃。已有二女，亦各十岁。皆聪明婉丽，不食，能于峭壁上飞走，若捷猱登木，无有蹶失。尼与我药一粒，兼令长执宝剑一口，长二尺许，锋利吹毛，令刳逐二女攀缘[8]，渐觉身轻如风。一年后，刺猿狖百无一失。后刺虎豹，皆决其首而归。三年后能飞，使刺鹰隼，无不中。剑之刃渐减五寸，飞禽遇之，不知其来也。至四年，留二女守穴，挈我于都市，不知何处也。指其人者，一一数其过，曰：‘为我刺其首来，无使知觉。定其胆，若飞鸟之容易也。[9]’受以羊角匕首，刀广三寸，遂白日刺其人于都市，人莫能见。以首入囊，返主人舍，以药化之为水。五年，又曰：‘某大僚有罪，无故害人若干，夜可入其室，决其首来。’又携匕首入室，度其门隙无有障碍，伏之梁上。至瞑，持得其首而归。尼大怒曰：‘何太晚如是？’某云：‘见前人戏弄一儿，可爱，未忍便下手。’尼叱曰：‘已后遇此辈，先断其所爱[10]，然后决之。’某拜谢。尼曰：‘吾为汝开脑后，藏匕首而无所伤，用即抽之。’曰：‘汝术已成，可归家。’遂送还，云：‘后二十年，方可一见。’”锋闻语甚惧。

后遇夜即失踪，及明而返。锋已不敢诘之，因兹亦不甚怜爱。忽值磨镜少年及门[11]，女曰：“此人可与我为夫。”白父，父不敢不从，遂嫁之。其夫但能淬镜[12]，余无他能。父乃给衣食甚丰，外室而居。数年后，父卒。

魏帅稍知其异[13]，遂以金帛署为左右吏[14]。如此又数年。至元和间[15]，魏帅与陈许节度使刘昌裔不协[16]，使隐娘贼其首。隐娘辞帅之许。刘能神算，已知其来。召衙将[17]，令"来日早至城北候一丈夫、一女子，各跨白黑卫至门[18]，遇有鹊前噪，丈夫以弓弹之不中。妻夺夫弹，一丸而毙鹊者，揖之云：'吾欲相见，故远相祗迎也[19]。'"衙将受约束[20]，遇之。隐娘夫妻曰："刘仆射果神人[21]。不然者，何以洞吾也？愿见刘公。"刘劳之。隐娘夫妻拜曰："合负仆射，万死[22]！"刘曰："不然，各亲其主，人之常事。魏今与许何异？愿请留此，勿相疑也。"隐娘谢曰："仆射左右无人，愿舍彼而就此，服公神明也。"知魏帅之不及刘。刘问其所须。曰："每日只要钱二百文足矣。"乃依所请。忽不见二卫所之。刘使人寻之，不知所向。后潜搜布囊中，见二纸卫，一黑一白。

后月余，白刘曰："彼未知住[23]，必使人继至。今宵请剪发，系之以红绡，送于魏帅枕前，以表不回。"刘听之。至四更，却返，曰："送其信了。后夜必使精精儿来杀某及贼仆射之首。此时亦万计杀之。乞不忧耳。"刘豁达大度，亦无畏色。是夜明烛，半宵之后，果有二幡子，一红一白，飘飘然如相击于床四隅。良久，见一人望空而踣[24]，身首异处。隐娘亦出曰："精精儿已毙。"拽出于堂之下，以药化为水，毛发不存矣。隐娘曰："后夜当使妙手空空儿继至。空空儿之神术，人莫能窥其用，鬼莫得蹑其踪。能从空虚而入冥，善无形而灭影。隐娘之艺，故不能造其境。此即系仆射之福耳[25]。但以于阗玉周其颈[26]，拥以衾，隐娘当化为蠛蠓[27]，潜入仆射肠中听伺，其余无逃避处。"刘如言。至三更，瞑目未熟。果闻项上铿然，声甚厉。隐娘自刘口中跃出，贺曰："仆射无患矣！此人如俊鹘[28]，一搏不中，即翩然远逝，耻其不中，才未逾一更，已千里矣。"后视其玉，果有匕首划处，痕逾数分。自此刘转厚礼之。

自元和八年，刘自许入觐[29]，隐娘不愿从焉。云："自此寻山水，访至人。"但乞一虚给与其夫[30]。刘如约，后渐不知所之。及刘薨于统军[31]，隐娘亦鞭驴而一至京师柩前，恸哭而去。开成年[32]，昌裔子纵除陵州刺史[33]，至蜀栈道，遇隐娘，貌若当时。甚喜相见，依前跨白卫如故。语纵曰："郎君大灾，不合适此。"出药一粒，令纵吞之。云："来年火急抛官归洛，方脱此祸。吾药力只保一年患耳。"纵亦不甚信。遗其缯彩，隐娘一无所受，但沉醉而去。后一年，纵不休官，果卒于陵州。自此无复有人见隐娘矣。

【注　释】

[1]贞元：唐德宗年号（785—804年）。魏博：唐藩镇名，治魏州，在今河北大名县东。　[2]尼：尼姑。[3]押衙：管理仪仗、侍卫的官员。此处用于称呼聂锋。　[4]影响：音信，消息。　[5]欻（xū）：迅速的样子。[6]恳诘：苦苦追问。　[7]狖：黑色长尾猿。　[8]刬（zhuān）逐：专门跟着。　[9]定其胆，若飞鸟之容易也：意为只要放大胆，杀人就像杀飞鸟一样轻而易举。　[10]先断其所爱：先把他心爱的人杀了。　[11]磨镜：古时用青铜做镜子，日久发暗，必须磨亮才能用，因而有以磨镜为业者。　[12]淬镜：磨镜时先将铜烧红蘸水，以利磨治。　[13]魏帅：指魏博节度使。稍：渐渐。　[14]以金帛署为左右吏：指用钱财聘请聂隐娘为身边的幕僚。　[15]元和：唐宪宗年号（806—820年）。　[16]陈许节度使：陈州治所在今河南淮阳，许州治所在今河南许昌。刘昌裔：字光后，曾任陈州刺史，后任陈许节度使。不协：不和。　[17]衙将：唐代军府里的武官。　[18]卫：毛驴。　[19]祗（zhī）迎：恭迎。　[20]受约束：按要求。　[21]仆射（yè）：官名，相当于宰相。这里是对刘昌裔的尊称。　[22]合负：实在对不住。万死：罪该万死。　[23]住：住手，罢休。[24]踣（bó）：跌倒。　[25]此即系仆射之福耳：意为"这回得托您的福了"，指借助刘昌裔之力，即下文"潜入仆射肠中"。　[26]于阗（tián）：古时西域国名，故址在今新疆和田，产美玉。　[27]蠛蠓：蠓虫，一种比蚊

子小的白色飞虫,头有絮毛。 [28]俊鹘(hú):迅疾的鹰隼。 [29]入觐:进京朝见皇帝。 [30]虚给:不用干事就能拿钱的差事。 [31]薨于统军:死在统军任上。统军:唐武官名,位仅次于大将军。 [32]开成:唐文宗年号(836—840)。 [33]除:授职。陵州:唐州名,治所在今四川仁寿县。

【评　析】

《聂隐娘》塑造了一位女侠形象,真实地反映了安史之乱后割据的藩镇间明争暗斗、社会动荡不安的历史现实。

小说从侠客聂隐娘的少年时代开始写起,比较完整地写了她的一生。情节线索大致为:隐娘学艺(少时被神秘尼姑窃走,带至山中教授武技幻术)—率尔完婚(甘愿嫁给磨镜少年为妻,与门阀观念决裂)—择主而事(受命暗杀刘昌裔,佩服其神明反为其效命)—夜间两战(与精精儿斗"勇",与空空儿斗"智")—脱身世外(功成身退,遁入江湖,不知去向)。聂隐娘是一个高蹈凌空、冷艳瑰丽的女侠形象。她武艺高强,神机妙算;敢作敢当,自由不羁;淡薄富贵,脱身世外;侠骨柔肠,讲情重义,代表了人们对当时统治阶级邪恶势力深恶痛疾,必欲置之死地而后快的心愿,成为侠女形象的范本。

整个故事充满了虚构和幻想的色彩,后世神魔小说中变幻莫测的神仙斗法,在这里已经初现端倪。

【习　题】

1. 豪侠主题在超现实的外在形式下表现着深层的现实内容,谈谈小说反映了唐代怎样的社会现实?

2.《聂隐娘》表现了女侠的绝代风华,请结合作品谈谈你对这一理想化形象的理解。

3. 小说有着浓郁而深重的中国传统文化的色调,试分析其中体现的文化精神。

温酒斩华雄[1]

罗贯中

罗贯中(1330—1400),名本,别号湖海散人,山西太原人,元末明初著名的小说家、戏剧家,中国章回体小说的鼻祖。其小说推崇"忠""义",主张用"王道""仁政"治理天下。其代表作《三国演义》是中国文学史上第一部长篇小说,也是历史小说典范,采用线性辫状结构,集中叙写魏蜀吴三国之间的军事、政治、外交等种种斗争和一些人物活动,再现乱世现实,表达人民愿望。人物塑造采用"七分实事,三分虚构"的方法,作品"文不甚深,言不甚俗",语言简洁明快而生动,将历史和文学自然结合,既有现实的描绘,又充满了浪漫主义的传奇色彩,被国外誉为"一部真正具有丰富人民性的杰作"。

且说北平太守公孙瓒,统领精兵一万五千,路经德州平原县。正行之间,遥见桑树丛中,一面黄旗,数骑来迎。瓒视之,乃刘玄德也。瓒问曰:"贤弟何故在此?"玄德曰:"旧日蒙兄保备为平原县令，今闻大军过此，特来奉候，就请兄长入城歇马[2]。”瓒指关、张而问曰：“此何人也？”玄德曰：“此关羽、张飞，备结义兄弟也。”瓒曰：“乃同破黄巾者乎？”玄德曰：“皆此二人之力。”瓒曰：“今居何职？”玄德答曰：“关羽为马弓手，张飞为步弓手。”瓒叹曰：“如此可谓埋没英雄！今董卓作乱，天下诸侯共往诛之[3]。贤弟可弃此卑官，一同讨贼，力扶汉室，若何？”玄德曰：“愿往。”张飞曰：“当时若容我杀了此贼，免有今日之事。”云长曰：“事已至此，即当收拾前去。”

玄德、关、张引数骑跟公孙瓒来，曹操接着。众诸侯亦陆续皆至，各自安营下寨，连接二百余里。操乃宰牛杀马，大会诸侯，商议进兵之策。太守王匡曰：“今奉大义，必立盟主；众听约束，然后进兵。”操曰：“袁本初四世三公，门多故吏，汉朝名相之裔，可为盟主。”绍再三推辞，众皆曰：“非本初不可。”绍方应允。次日筑台三层，遍列五方旗帜，上建白旄黄钺[4]，兵符将印，请绍登坛。绍整衣佩剑，慨然而上，焚香再拜。其盟曰：

> 汉室不幸，皇纲失统[5]。贼臣董卓，乘衅纵害[6]，祸加至尊，虐流百姓。绍等惧社稷沦丧，纠合义兵，并赴国难。凡我同盟，齐心戮力，以致臣节，必无二志。有渝此盟[7]，俾坠其命，无克遗育[8]。皇天后土，祖宗明灵，实皆鉴之！

读毕，歃血[9]。众因其辞气慷慨[10]，皆涕泗横流[11]。歃血已罢，下坛。众扶绍升帐而坐，两行依爵位年齿分列坐定[12]。操行酒数巡[13]，言曰：“今日既立盟主，各听调遣，同扶国家，勿以强弱计较。”袁绍曰：“绍虽不才，既承公等推为盟主，有功必赏，有罪必罚。国有常刑，军有纪律。各宜遵守，勿得违犯。”众皆曰：“惟命是听。”绍曰：“吾弟袁术总督粮草，应付诸营，无使有缺。更须一人为先锋，直抵汜水关挑战。余各据险要，以为接应。”

长沙太守孙坚出曰：“坚愿为前部。”绍曰：“文台勇烈，可当此任。”坚遂引本部人马杀奔汜水关来。守关将士，差流星马往洛阳丞相府告急。董卓自专大权之后，每日饮宴。李儒接得告急文书，径来禀卓。卓大惊，急聚众将商议。温侯吕布挺身出曰：“父亲勿虑。关外诸侯，布视之如草芥[14]；愿提虎狼之师，尽斩其首，悬于都门。”卓大喜曰：“吾有奉先，高枕无忧矣！”言未绝，吕布背后一人高声出曰：“割鸡焉用牛刀？不劳温侯亲往。吾斩众诸侯首级，如探囊取物耳[15]！”卓视之，其人身长九尺，虎体狼腰，豹头猿臂；关西人也，姓华，名雄。卓闻言大喜，加为骁骑校尉。拨马步军五万，同李肃、胡轸、赵岑星夜赴关迎敌。

众诸侯内有济北相鲍信，寻思孙坚既为前部，怕他夺了头功，暗拨其弟鲍忠，先将马步军三千，径抄小路，直到关下搦战[16]。华雄引铁骑五百，飞下关来，大喝：“贼将休走！”鲍忠急待退，被华雄手起刀落，斩于马下，生擒将校极多。华雄遣人赍[17]鲍忠首级来相府报捷，卓加雄为都督。

却说孙坚引四将直至关前。那四将？——第一个，右北平土垠人，姓程，名普，字德谋，使一条铁脊蛇矛；第二个，姓黄，名盖，字公覆，零陵人也，使铁鞭；第三个，姓韩，名当，字义公，辽西令支人也，使一口大刀；第四个，姓祖，名茂，字大荣，吴郡富春人也，使双刀。孙坚披烂银铠，裹赤帻[18]，横古锭刀，骑花鬃马，指关上而骂曰：“助恶匹夫，何不早降！”华雄副将胡轸引兵五千出关迎战。程普飞马挺矛，直取胡轸。斗不数合，程普刺中胡轸咽喉，死于马下。坚挥军直杀至关前，关上矢石如雨。孙坚引兵回至梁东屯住，使人于袁绍处报捷，就于袁术处催粮。

或说术曰[19]：“孙坚乃江东猛虎；若打破洛阳，杀了董卓，正是除狼而得虎也。今不与粮，彼军必散。”术听之，不发粮草。孙坚军缺食，军中自乱，细作报上关来[20]。李肃为华雄谋曰：“今夜我引一军从小路下关，袭孙坚寨后，将军击其前寨，坚可擒矣。”雄从之，传令军士饱餐，乘夜下关。是夜月白风清。到坚寨时，已是半夜，鼓噪直进。坚慌忙披挂上马，正遇华雄。两马相交，斗不数合，后面李肃军到，竟天价放起火来。坚军乱窜。众将各自混战，止有祖茂跟定孙坚，突围而走。背后华雄追来。坚取箭，连放两箭，皆被华雄躲过。再放第三箭时，因用力太猛，拽折了鹊画弓，只得弃弓纵马而奔。祖茂曰："主公头上赤帻射目，为贼所识认。可脱帻与某戴之。"坚就脱帻换茂盔，分两路而走。雄军只望赤帻者追赶，坚乃从小路得脱。祖茂被华雄追急，将赤帻挂于人家烧不尽的庭柱上，却入树林潜躲。华雄军于月下遥见赤帻，四面围定，不敢近前。用箭射之，方知是计，遂向前取了赤帻。祖茂于林后杀出，挥双刀欲劈华雄；雄大喝一声，将祖茂一刀砍于马下。杀至天明，雄方引兵上关。

程普、黄盖、韩当都来寻见孙坚，再收拾军马屯扎[21]。坚为折了祖茂，伤感不已，星夜遣人报知袁绍。绍大惊曰："不想孙文台败于华雄之手！"便聚众诸侯商议。众人都到，只有公孙瓒后至，绍请入帐列坐[22]。绍曰："前日鲍将军之弟不遵调遣，擅自进兵，杀身丧命，折了许多军士；今者孙文台又败于华雄：挫动锐气，为之奈何？"诸侯并皆不语。绍举目遍视，见公孙瓒背后立着三人，容貌异常[23]，都在那里冷笑。绍问曰："公孙太守背后何人？"瓒呼玄德出曰："此吾自幼同舍兄弟，平原令刘备是也。"曹操曰："莫非破黄巾刘玄德乎？"瓒曰："然。"即令刘玄德拜见。瓒将玄德功劳，并其出身，细说一遍。绍曰："既是汉室宗派，取坐来。"命坐。备逊谢。绍曰："吾非敬汝名爵，吾敬汝是帝室之胄耳[24]。"玄德乃坐于末位，关、张叉手侍立于后[25]。

忽探子来报："华雄引铁骑下关，用长竿挑着孙太守赤帻，来寨前大骂搦战。"绍曰："谁敢去战？"袁术背后转出骁将俞涉曰："小将愿往。"绍喜，便著俞涉出马。即时报来："俞涉与华雄战不三合，被华雄斩了。"众大惊。太守韩馥曰："吾有上将潘凤，可斩华雄。"绍急令出战。潘凤手提大斧上马。去不多时，飞马来报："潘凤又被华雄斩了。"众皆失色。绍曰："可惜吾上将颜良、文丑未至！得一人在此，何惧华雄！"言未毕，阶下一人大呼出曰："小将愿往斩华雄头，献于帐下！"众视之，见其人身长九尺，髯长二尺，丹凤眼，卧蚕眉，面如重枣，声如巨钟，立于帐前。绍问何人。公孙瓒曰："此刘玄德之弟关羽也。"绍问现居何职。瓒曰："跟随刘玄德充马弓手。"帐上袁术大喝曰："汝欺吾众诸侯无大将耶？量一弓手，安敢乱言！与我打出！"曹操急止之曰："公路息怒。此人既出大言，必有勇略；试教出马，如其不胜，责之未迟。"袁绍曰："使一弓手出战，必被华雄所笑。"操曰："此人仪表不俗，华雄安知他是弓手？"关公曰："如不胜，请斩某头。"操教酾热酒一杯[26]，与关公饮了上马。关公曰："酒且斟下，某去便来。"出帐提刀，飞身上马。众诸侯听得关外鼓声大振，喊声大举，如天摧地塌，岳撼山崩，众皆失惊。正欲探听，鸾铃响处，马到中军，云长提华雄之头，掷于地上。——其酒尚温。后人有诗赞之曰：

> 威镇乾坤第一功，辕门画鼓响冬冬[27]。
> 云长停盏施英勇，酒尚温时斩华雄。

曹操大喜。只见玄德背后转出张飞，高声大叫："俺哥哥斩了华雄，不就这里杀入关去，活拿董卓，更待何时！"袁术大怒，喝曰："俺大臣尚自谦让，量一县令手下小卒，安敢在此耀武扬威！都与赶出帐去！"曹操曰："得功者赏，何计贵贱乎？"袁术曰："既然公等只重一县令，我当告退。"操曰："岂可因一言而误大事耶？"命公孙瓒且带玄德、关、张回寨。众官皆散。曹操暗使人赍牛酒抚慰三人。

【注　释】

[1]本文选自《三国演义》第五回（发矫诏诸镇应曹公　破关兵三英战吕布）。[2]歇：休息。[3]诛：

讨伐。[4]白旄:竿头饰有牦牛尾或羽毛的旗帜。黄钺:涂金的斧子。[5]皇纲:指封建王朝的法纪。[6]衅:机会、借口、空子。[7]渝:变更。[8]俾:使。无克遗育:不能留下子孙后代。[9]歃血:古代人盟誓的时候,涂血于口旁(一说口含血),表示遵守盟约的决心。[10]慷慨:形容语调高亢有力,情绪激奋昂扬。[11]泗:鼻涕。涕泗:眼泪和鼻涕。[12]年齿:年纪、年龄。[13]巡:同时对一组的每个人各敬一杯酒。[14]草芥:指轻贱的、微不足道的东西。芥:小草。[15]囊:口袋。[16]搦(nuò):挑、惹。搦战:挑战。[17]赍(jī):携带、持。[18]赤:红色,比朱色稍暗。帻:古代的一种头巾。[19]或:有的人。[20]细作:侦探、间谍。[21]收拾:整理、安顿。[22]列坐:以次相坐。[23]异常:不同寻常。[24]胄:帝王或贵族的子孙。[25]叉手:古代的一种礼数,子弟晚辈或随从等人侍立时,两手交拱在胸前,表示恭顺敬谨。[26]酾(shī):斟酒。[27]辕门:古时军营的门或官署的外门。画鼓:有彩绘的鼓。

【评　析】

这段节选通过汜水关之战的描写,塑造了关羽神勇威武的英雄形象。

小说情节以时为序展开:歃血为盟—华雄扬威—关羽请战—快斩华雄。歃血为盟介绍出场人物、战事缘起,为聚焦关羽伏笔。随后极力渲染华雄勇猛善战,连斩四将,所向披靡;盟军先锋孙坚伤感,主帅袁绍大惊,诸侯束手无策,为关羽的出场创设了富有特征的情势和氛围。关羽请战写得一波三折,关羽毛遂自荐,袁术呵斥喊打,曹操力主出战,袁绍担心见笑,关羽立状承诺,曹操斟酒壮行,关羽罢饮出战。小说借帐外天摧地塌的喧嚣和帐内惊魂莫定的反应,侧面渲染关羽斩将立功场面的惊心动魄。俄而关羽提头进帐掷于地上,"其酒尚温"呼应"某去便来",极写取胜的神速和克敌的轻易,凸显了关羽的神勇和威武。

虚实结合是小说最可称道处,实写帐内、战果,虚写战场、过程,收以虚写实、以实补虚之效,得背面敷粉、烘云托月之功。

【习　题】

1. 谈谈这段小说中关羽形象塑造的特点。
2. 试分析关羽出战前后曹操和二袁对待人才的不同态度。
3. 以"温酒斩华雄"为例,谈谈《三国演义》在描写战争上的特色。

风雪山神庙[1]

施耐庵

施耐庵(生卒年不详),元末明初小说家,钱塘(今浙江杭州)人。他在民间传说话本和戏剧的基础上,进行了创造性的劳动,完成了中国文学史上第一部描写农民起义的巨著、英雄传奇典范《水浒传》。小说采用单线连环式结构,通过对宋江起义的描写,反映了我国封建时代农民起义发生、发展及最后失败的整个过程,挖掘了起义的社会根源——政治的极端黑暗和腐败,深刻地揭示了起义的重要特征——官逼民反,逼上梁山。小说将英雄人物的传奇性和现实性、超常性与平凡性结合起来刻画,不仅表现出典型的民族特征,而且开始了由类型化典型向性格化典型的转变。

话说当日林冲正闲走间，忽然背后人叫，回头看时，却认得是酒生儿李小二[2]。当初在东京时，多得林冲看顾。后来不合偷了店主人家财，被捉住了，要送官司问罪，又得林冲主张陪话，救了他，免送官司；又与他赔了些钱财，方得脱免。京中安不得身，又亏林冲赍发他盘缠，于路投奔人，不意今日却在这里撞见。

林冲道："小二哥，你如何地在这里？"李小二便拜道："自从得恩人救济，赍发小人，一地里投奔人不着，迤逦不想来到沧州，投托一个酒店主人，姓王，留小人在店中做过卖[3]。因见小人勤谨，安排的好菜蔬，调和的好汁水，来吃的人都喝采，以此买卖顺当。主人家有个女儿，就招了小人做女婿。如今丈人、丈母都死了，只剩得小人夫妻两个，权在营前开了个茶酒店。因讨钱过来，遇见恩人。恩人不知为何事在这里？"林冲指着脸上道："我因恶了高太尉，生事陷害，受了一场官司，刺配到这里。如今叫我管天王堂，未知久后如何。不想今日在此见你。"李小二就请林冲到家里面坐定，叫妻子出来拜了恩人。两口儿欢喜道："我夫妻二人正没个亲眷，今日得恩人到来，便是从天降下。"林冲道："我是罪囚，恐怕玷辱你夫妻两个。"李小二道："谁不知恩人大名？休恁地说。但有衣服，便拿来家里浆洗缝补。"当时管待林冲酒食，至夜送回天王堂。次日又来相请。自此林冲得店小二家来往，不时间送汤送水来营里，与林冲吃。林冲因见他两口儿恭敬孝顺，常把些银两与他做本钱。

且把闲话休题，只说正话。光阴迅速，却早冬来。林冲的绵衣裙袄，都是李小二浑家整治缝补。忽一日，李小二正在门前安排菜蔬下饭，只见一个人闪将进来，酒店里坐下；随后又一人闪入来。看时，前面那个人是军官打扮，后面这个走卒模样，跟着也来坐下。李小二入来问道："可要吃酒？"只见那个人将出一两银子与小二道："且收放柜上，取三四瓶好酒来；客到时，果品酒馔只顾将来[4]，不必要问。"李小二道："官人请甚客？"那人道："烦你与我去营里请管营、差拨两个来说话。问时，你只说'有个官人请说话，商议些事务，专等，专等'。"李小二应承了，来到牢城里，先请了差拨；同到管营家里请了管营，都到酒店里。只见那个官人和管营、差拨两个讲了礼。管营道："素不相识，动问官人高姓大名？"那人道："有书在此，少刻便知。且取酒来。"李小二连忙开了酒，一面铺下菜蔬果品酒馔，那人叫讨副劝盘来[5]，把了盏，相让坐了。小二独自一个穿梭也似伏侍不暇。那跟来的人讨了汤桶，自行烫酒，约计吃过十数杯，再讨了按酒[6]，铺放桌上。只见那人说道："我自有伴当烫酒[7]，不叫你休来。我等自要说话。"

李小二应了，自来门首叫老婆道："大姐，这两个人来得不尴尬[8]。"老婆道："怎么的不尴尬？"小二道："这两个人语言声音是东京人。初时又不认得管营，向后我将按酒入去，只听得差拨口里讷出一句'高太尉'三个字来。这人莫不与林教头身上有些干碍？我自在门前理会，你且去阁子背后听说甚么。"老婆道："你去营中寻林教头来认他一认。"李小二道："你不省得，林教头是个性急的人，摸不着便要杀人放火。倘或叫得他来看了，正是前日说的甚么陆虞候，他肯便罢？做出事来，须连累了我和你。你只去听一听，再理会。"老婆道："说得是。"便入去听了一个时辰，出来说道："他那三四个交头接耳说话，正不听得说甚么。只见那一个军官模样的人，去伴当怀里取出一帕子物事，递与管营和差拨。帕子里面的，莫不是金银？只听差拨口里说道：'都在我身上，好歹要结果他性命。'"正说之时，阁子里叫："将汤来！"李小二急去里面换汤时，看见管营手里拿着一封书。小二换了汤，添些下饭，又吃了半个时辰，算还了酒钱，管营、差拨先去了。次后那两个低着头也去了。

转背不多时，只见林冲走将入店里来，说道："小二哥，连日好买卖？"李小二慌忙道："恩人请坐，小二却待正要寻恩人，有些要紧话说。”林冲问道：“甚么要紧的事?”李小二请林冲到里面坐下，说道：“却才有个东京来的尴尬人，在我这里请管营、差拨吃了半日酒。差拨口里讷出‘高太尉’三个字来，小人心疑惑，又着浑家听了一个时辰。他却交头接耳，说话都不听得。临了，只见差拨口里应道：‘都在我两个身上，好歹要结果了他。’那两个把一包金银递与管营、差拨；又吃一回酒，各自散了。不知甚么样人，小人心疑，只怕在恩人身上有些妨碍。”林冲道：“那人生得什么模样?”李小二道：“五短身材，白净面皮，没甚髭须，约有三十余岁。那跟的也不长大，紫棠色面皮。”林冲听了大惊道：“这三十岁的正是陆虞候。那泼贱贼敢来这里害我！休要撞着我，只教他骨肉为泥!”李小二道：“只要提防他便了。岂不闻古人言：‘吃饭防噎，走路防跌?’”

林冲大怒，离了李小二家。先去街上买把解腕尖刀[9]，带在身上。前街后巷一地里去寻。李小二夫妻两个捏着两把汗。当晚无事。林冲次日天明起来，洗漱罢，带了刀，又去沧州城里城外，小街夹巷，团团寻了一日。牢城营里，都没动静。林冲又来对李小二道：“今日又无事。”小二道：“恩人，只愿如此。只是自放仔细便了。”林冲自回天王堂，过了一夜，街上寻了三五日，不见消耗[10]，林冲也自心下慢了。

到第六日，只见管营叫唤林冲到点视厅上[11]，说道：“你来这里许多时，柴大官人面皮，不曾抬举得你。此间东门外十五里有座大军草场，每月但是纳草纳料的，有些常例钱取觅。原寻一个老军看管，如今我抬举你去替那老军来守天王堂，你在那里寻几贯盘缠。你可和差拨便去那里交割[12]。”林冲应道：“小人便去。”当时离了营中，径到李小二家，对他夫妻两个说道：“今日管营拨我去大军草料场管事，却如何?”李小二道：“这个差使又好似天王堂。那里收草料时，有些常例钱钞。往常不使钱时，不能够这差使。”林冲道：“却不害我，倒与我好差使，正不知何意？……”李小二道：“恩人，休要疑心，只要没事便好了。只是小人家离得远了，过几时挪工夫来望恩人。”就在家里安排几杯酒，请林冲吃了。

话不絮烦，两个相别了。林冲自来天王堂，取了包裹，带了尖刀，拿了条花枪，与差拨一同辞管营，两个取路投草料场来。正是严冬天气，彤云密布，朔风渐起，却早纷纷扬扬卷下一天大雪来。林冲和差拨两个在路上，又没买酒吃处，早来到草料场外。看时，一周遭有些黄土墙，两扇大门。推开看里面时，七八间草屋做着仓廒，四下里都是马草堆，中间两座草厅。到那厅里，只见那老军在里面向火。差拨说道：“管营差这个林冲来替你回天王堂看守，你可即便交割。”老军拿了钥匙，引着林冲分付道：“仓廒内自有官司封记，这几堆草，一堆堆都有数目。”老军都点见了堆数，又引林冲到草厅上。老军收拾行李，临了说道：“火盆、锅子、碗、碟，都借与你。”林冲道：“天王堂内，我也有在那里。你要，便拿了去。”老军指壁上挂一个大葫芦，说道：“你若买酒吃时，只出草场投东大路去，三二里便有市井。”老军自和差拨回营里来。

只说林冲就床上放了包裹被卧，就坐下生些焰火起来。屋边有一堆柴炭，拿几块来，生在地炉里。仰面看那草屋时，四下里崩坏了，又被朔风吹撼，摇振得动。林冲道：“这屋如何过得一冬？待雪晴了，去城中唤个泥水匠来修理。”向了一回火，觉得身上寒冷，寻思：“却才老军所说，二里路外有那市井，何不去沽些酒来吃?”便去包裹里取些碎银子，把花枪挑了酒葫芦，将火炭盖了，取毡笠子戴上，拿了钥匙出来，把草厅门拽上。出到大门首，把两扇草场门反拽上锁了，带了钥匙，信步投东。雪地里踏着碎琼乱玉，迤逦背着北风而行。那雪正下得紧。

行不上半里多路，看见一所古庙，林冲顶礼道："神明庇佑，改日来烧纸钱。"又行了一回，望见一簇人家。林冲住脚看时，见篱笆中挑着一个草帚儿在露天里。林冲径到店里，主人道："客人那里来？"林冲道："你认得这个葫芦么？"主人看了道："这葫芦是草料场老军的。"林冲道："原来如此。"店主道："既是草料场看守大哥，且请少坐。天气寒冷，且酌三杯，权当接风。"店家切一盘熟牛肉，烫一壶热酒，请林冲吃。又自买了些牛肉，又吃了数杯。就又买了一葫芦酒，包了那两块牛肉，留下些碎银子。把花枪挑着酒葫芦，怀内揣了牛肉，叫声"相扰"，便出篱笆门，仍旧迎着朔风回来。看那雪，到晚越下得紧了。

再说林冲踏着那瑞雪，迎着北风，飞也似奔到草场门口，开了锁，入内看时，只叫得苦。原来天理昭然，佑护善人义士，因这场大雪，救了林冲的性命：那两间草厅，已被雪压倒了。林冲寻思："怎地好？"放下花枪、葫芦在雪里。恐怕火盆内有火炭延烧起来，搬开破壁子，探半身入去摸时，火盆内火种都被雪水浸灭了。林冲把手床上摸时，只拽得一条絮被。林冲钻将出来，见天色黑了，寻思："又没打火处，怎生安排？"想起离了这半里路上有个古庙，可以安身。"我且去那里宿一夜，等到天明，却作理会。"把被卷了，花枪挑着酒葫芦，依旧把门拽上，锁了，望那庙里来。入得庙门，再把门掩上。旁边止有一块大石头，掇将过来靠了门。入得里面看时，殿上塑着一尊金甲山神，两边一个判官，一个小鬼，侧边堆着一堆纸。团团看来，又没邻舍，又无庙主。林冲把枪和酒葫芦放在纸堆上，将那条絮被放开，先取下毡笠子，把身上雪都抖了，把上盖[13]白布衫脱将下来，早有五分湿了，和毡笠放在供桌上。把被扯来，盖了半截下身。却把葫芦冷酒提来慢慢地吃，就将怀中牛肉下酒。

正吃时，只听得外面必必剥剥地爆响。林冲跳起身来，就壁缝里看时，只见草料场里火起，刮刮杂杂的烧着。当时林冲便拿了花枪，却待开门来救火，只听得外面有人说将话来。林冲就伏门边听时，是三个人脚步响，直奔庙里来，用手推门，却被石头靠住了，推也推不开。三人在庙檐下立地看火，数内一个道："这条计好么？"一个应道："端的亏管营、差拨两位用心！回到京师，禀过太尉，都保你二位做大官。这番张教头没得推故了。"那人道："林冲今番直吃我们对付了，高衙内这病必然好了。"又一个道："张教头那厮，三回五次托人情去说：'你的女婿没了。'张教头越不肯应承，因此衙内病患看看重了。太尉特使俺两个央浼二位干这件事[14]，不想而今完备了！"又一个道："小人直爬入墙里去，四下草堆上点了十来个火把，待走那里去？"那一个道："这早晚烧个八分过了。"又听得一个道："便逃得性命时，烧了大军草料场，也得个死罪！"又一个道："我们回城里去罢。"一个道："再看一看，拾得他一两块骨头回京，府里见太尉和衙内时，也道我们也能会干事。"

林冲听得三个人时，一个是差拨，一个是陆虞候，一个是富安。自思道："天可怜见林冲！若不是倒了草厅，我准定被这厮们烧死了！"轻轻把石头掇开，挺着花枪，左手拽开庙门，大喝一声："泼贼那里去？"三个人都急要走时，惊得呆了，正走不动。林冲举手，肐察的一枪，先搠倒差拨[15]。陆虞候叫声："饶命！"吓的慌了手脚，走不动。那富安走不到十来步，被林冲赶上，后心只一枪，又搠倒了。翻身回来，陆虞候却才行得三四步，林冲喝声道："奸贼，你待那里去！"劈胸只一提，丢翻在雪地上，把枪搠在地里，用脚踏住胸脯，身边取出那口刀来，便去陆谦脸上搁着，喝道："泼贼！我自来又和你无甚么冤仇，你如何这等害我？正是'杀人可恕，情理难容'！"陆虞候告道："不干小人事，太尉差遣，不敢不来。"林冲骂道："奸贼，我与你自幼相交，今日倒来害我！怎不干你事？且吃我一刀！"把陆谦上身衣服扯开，把尖刀向心窝里只一剜，七窍迸出血来，将心肝提在手里。回头看时，差拨正爬将起来要走。林冲按住喝道：

"你这厮原来也恁的歹,且吃我一刀!"又早把头割下来,挑在枪上。回来,把富安、陆谦头都割下来。把尖刀插了,将三个人头发结做一处,提入庙里来,都摆在山神面前供桌上,再穿了白布衫,系了搭膊,把毡笠子带上,将葫芦里冷酒都吃尽了。被与葫芦都丢了不要,提了枪,便出庙门投东去。走不到三五里,早见近村人家都拿了水桶钩子来救火。林冲道:"你们快去救应!我去报官了来!"提着枪只顾走。

那雪越下得猛,林冲投东走了两个更次,身上单寒,当不过那冷,在雪地里看时,离得草料场远了。只见前面疏林深处,树木交杂,远远地数间草屋,被雪压着,破壁缝里透出火光来。林冲径投那草屋来。推开门,只见那中间坐着一个老庄客,周围坐着四五个小庄家向火,地炉里面焰焰地烧着柴火。林冲走到面前叫道:"众位拜揖!小人是牢城营差使人,被雪打湿了衣裳,借此火烘一烘,望乞方便!"庄客道:"你自烘便了,何妨得!"林冲烘着身上湿衣服,略有些干,只见火炭边煨着一个瓮儿,里面透出酒香。林冲便道:"小人身边有些碎银子,望烦回些酒吃。"老庄客道:"我们每夜轮流看米囤,如今四更天气正冷,我们这几个吃,尚且不够,那得回与你!休要指望!"林冲又道:"胡乱只回三两碗与小人挡寒。"老庄客道:"你那人休缠!休缠!"林冲闻得酒香,越要吃,说道:"没奈何,回些罢!"众庄客道:"好意着你烘衣裳向火,便来要酒吃!去便去,不去时,将来吊在这里!"林冲怒道:"这厮们好无道理!"把手中枪看着块焰焰着的火柴头,望老庄家脸上只一挑,又把枪去火炉里只一搅,那老庄家的髭须焰焰的烧着。众庄客都跳将起来,林冲把枪杆乱打。老庄家先走了,庄客们都动弹不得,被林冲赶打一顿,都走了。林冲道:"都走了,老爷快活吃酒!"土坑上却有两个椰瓢,取一个下来倾那瓮酒来,吃了一会,剩了一半。提了枪,出门便走。一步高,一步低,踉踉跄跄,捉脚不住。走不过一里路,被朔风一掉,随着那山涧边倒了,那里挣得起来?大凡醉人一倒,便起不得。当时林冲醉倒在雪地上。

却说众庄客引了二十余人,拖枪拽棒,都奔草屋下看时,不见了林冲。却寻着踪迹赶将来,只见倒在雪地里,花枪丢在一边。众庄客一发上,就地拿起林冲来,将一条索缚了。趁五更时分,把林冲解投一个去处来。

那去处不是别处,有分教:蓼儿洼内,前后摆数千只战舰艨艟;水浒寨中,左右列百十个英雄好汉。正是:说时杀气侵人冷,讲处悲风透骨寒。毕竟看林冲被庄客解投甚处来,且听下回分解。

【注　释】

[1]本选自《水浒传》第十回(林教头风雪山神庙　陆虞候火烧草料场)。　[2]酒生儿:酒店里的伙计。[3]过卖:旧称饭馆、茶馆、酒店中的店员。　[4]馔(zhuàn):饭食。　[5]劝盘:劝酒时用来放酒杯的盘子。[6]按酒:下酒,这里指下酒菜,也作案酒。　[7]伴当:旧指陪同主人出门的仆从。　[8]不尴尬:鬼鬼祟祟,不正派。　[9]解腕尖刀:日常应用的小佩刀,一般尖长背厚刃薄柄短。　[10]消耗:这里指音信。消是消息,耗是音耗。　[11]点视厅:点验犯人的大厅。　[12]交割:新旧交替时结清手续;移交。　[13]上盖:上身的外衣。　[14]央浼(měi):恳求,请求。亦作"央浼"。　[15]搠(shuò):扎,刺。

【评　析】

本回通过描写林冲思想性格质变的过程,揭露了封建统治阶级的险恶凶残,表现了"官逼民反"的思想。

故事情节以林冲性格发展为线索。沧州逢故人(序幕),交代主要人物、事情起因,为歹徒密谋小酒店、店小二报信留下伏笔。风雪山神庙(发展)描写了告别天王堂、获赠酒葫芦、草场东沽酒、草料场倒塌等生活细节,表面的平静掩盖着一场生死搏斗。火烧草料场(高潮),使林冲痛感现实的残酷、奸小的狠毒、后路的堵绝和幻想的破灭,他终于忍无可忍血刃凶顽。复仇山神庙(结局),完成了由忍辱负屈到奋起反抗的性格转变。报仇雪恨之后,林冲走投无路,只好雪夜上梁山(尾声)。

可称道处有三:用白描笔法在紧要处写景(如风雪描写),烘托环境、点染气氛、推动情节;让人物在自身行动中(如买刀和杀贼)显示性格;提炼富有表现力的细节(如火盆和花枪)揭示情节发展的合理性和人物性格的丰富性。

【习　题】

1. 林冲由幻想安度刑期到奋起反抗斗争,其思想性格的转变是怎样完成的?

2. 本文的景物描写除了“风雪”,还有几次对“火盆”与“山神庙”的描写,试分析这些描写在小说中的作用。

3. 阅读《水浒传》,试比较林冲、鲁达、杨志的不同性格。

三打白骨精[1]

吴承恩

吴承恩(约 1500—约 1582),字汝忠,号射阳居士,淮安山阳(今江苏淮安)人。少时“以文鸣于淮”,喜好奇闻逸事,爱读野言稗史,熟谙唐人传奇,深受民间文学和传奇滋养。一生诗文词创作数量不少,去世后大部分亡佚,尚有《射阳先生存稿》《花草新编》《禹鼎记》等诗词文集传世。代表作《西游记》是中国文学史上最为有名、成就最高的神魔小说,它采用彗星状结构,以喜剧的手法揭露黑暗现实,又以喜剧的手法揶揄当时世态。小说善用幻想描绘出绚丽多彩的神话天地,编织曲折离奇的情节场面,且将幻想同幽默、诙谐相结合,将讽刺同浪漫主义相结合,形成了独特的浪漫主义风格。

却说三藏师徒,次日天明,收拾前进。那镇元子与行者结为兄弟,两人情投意合,决不肯放,又安排管待,一连住了五六日。那长老自服了草还丹,真似脱胎换骨,神爽体健。他取经心重,那里肯淹留。无已,遂行。

师徒别了上路,早见一座高山。三藏道:“徒弟,前面有山险峻,恐马不能前,大家须仔细仔细。”行者道:“师父放心,我等自然理会。”好猴王,他在那马前,横担着棒,剖开山路,上了高崖,看不尽:

峰岩重叠,涧壑湾环。虎狼成阵走,麂鹿作群行。无数獐犯钻簇簇,满山狐兔聚丛丛。千尺大蟒,万丈长蛇。大蟒喷愁雾,长蛇吐怪风。道旁荆棘牵漫,岭上松楠秀丽。薜萝满目,芳草连天。影落沧溟北,云开斗柄南。万古常含元气老,千峰巍列日光寒。

那长老马上心惊，孙大圣布施手段，舞着铁棒，哮吼一声，唬得那狼虫颠窜，虎豹奔逃。师徒们入此山，正行到嵯峨之处，三藏道："悟空，我这一日，肚中饥了，你去那里化些斋吃？"行者陪笑道："师父好不聪明。这等半山之中，前不巴村，后不着店，有钱也没买处，教往那里寻斋？"三藏心中不快，口里骂道："你这猴子！想你在两界山，被如来压在石匣之内，口能言，足不能行，也亏我救你性命，摩顶受戒，做了我的徒弟。怎么不肯努力，常怀懒惰之心！"行者道："弟子亦颇殷勤，何尝懒惰？"三藏道："你既殷勤，何不化斋我吃？我肚饥怎行？况此地山岚瘴气，怎么得上雷音？"行者道："师父休怪，少要言语。我知你尊性高傲，十分违慢了你，便要念那话儿咒。你下马稳坐，等我寻那里有人家处化斋去。"

行者将身一纵，跳上云端里，手搭凉篷，睁眼观看。可怜西方路甚是寂寞，更无庄堡人家；正是多逢树木，少见人烟去处。看多时，只见正南上有一座高山，那山向阳处，有一片鲜红的点子。行者按下云头道："师父，有吃的了。"那长老问甚东西，行者道："这里没人家化饭，那南山有一片红的，想必是熟透了的山桃，我去摘几个来你充饥。"三藏喜道："出家人若有桃子吃，就为上分了！快去。"行者取了钵盂，纵起祥光，你看他筋斗幌幌，冷气飕飕。须臾间，奔南山摘桃不题。

却说常言有云："山高必有怪，岭峻却生精。"果然这山上有一个妖精，孙大圣去时，惊动那怪。他在云端里，踏着阴风，看见长老坐在地下，就不胜欢喜道："造化，造化！几年家人都讲东土的唐和尚取'大乘'，他本是金蝉子化身，十世修行的原体。有人吃他一块肉，长寿长生。真个今日到了。"那妖精上前就要拿他，只见长老左右手下有两员大将护持，不敢拢身。他说两员大将是谁？说是八戒、沙僧。八戒、沙僧虽没什么大本事，然八戒是天蓬元帅，沙僧是卷帘大将。他的威气尚不曾泄，故不敢拢身。妖精说："等我且戏他戏，看怎么说。"

好妖精，停下阴风，在那山凹里，摇身一变，变做个月貌花容的女儿，说不尽那眉清目秀，齿白唇红，左手提着一个青砂罐儿，右手提着一个绿磁瓶儿，从西向东，径奔唐僧：

圣僧歇马在山岩，忽见裙钗女近前。翠袖轻摇笼玉笋，湘裙斜拽显金莲。

汗流粉面花含露，尘拂蛾眉柳带烟。仔细定睛观看处，看看行至到身边。

三藏见了，叫："八戒、沙僧，悟空才说这里旷野无人，你看那里不走出一个人来了？"八戒道："师父，你与沙僧坐着，等老猪去看看来。"那呆子放下钉钯，整整直裰[2]，摆摆摇摇，充作个斯文气象，一直的觌面相迎[3]。真个是远看未实，近看分明，那女子生得：

冰肌藏玉骨，衫领露酥胸。柳眉积翠黛，杏眼闪银星。月样容仪俏，天然性格清。

体似燕藏柳，声如莺啭林。半放海棠笼晓日，才开芍药弄春晴。

那八戒见他生得俊俏，呆子就动了凡心，忍不住胡言乱语，叫道："女菩萨，往那里去？手里提着是什么东西？"——分明是个妖怪，他却不能认得。——那女子连声答应道："长老，我这青罐里是香米饭，绿瓶里是炒面筋，特来此处无他故，因还誓愿要斋僧。"八戒闻言，满心欢喜，急抽身，就跑了个猪颠风，报与三藏道："师父！'吉人自有天报'！师父饿了，教师兄去化斋，那猴子不知那里摘桃儿耍子去了。桃子吃多了，也有些嘈人[4]，又有些下坠。你看那不是个斋僧的来了？"唐僧不信道："你这个夯货胡缠！我们走了这向，好人也不曾遇着一个，斋僧的从何而来！"八戒道："师父，这不到了？"

三藏一见，连忙跳起身来，合掌当胸道："女菩萨，你府上在何处住？是甚人家？有甚愿心，来此斋僧？”——分明是个妖精，那长老也不认得。——那妖精见唐僧问他来历，他立地就起个虚情，花言巧语来赚哄道：“师父，此山叫做蛇回兽怕的白虎岭。正西下面是我家。我父母在堂，看经好善，广斋方上远近僧人，只因无子，求神作福，生了奴奴，欲扳门第，配嫁他人，又恐老来无倚，只得将奴招了一个女婿，养老送终。”三藏闻言道：“女菩萨，你语言差了。圣经云：‘父母在，不远游，游必有方[5]。’你既有父母在堂，又与你招了女婿，——有愿心，教你男子还，便也罢，怎么自家在山行走？又没个侍儿随从。这个是不遵妇道了。”那女子笑吟吟，忙陪俏语道：“师父，我丈夫在山北凹里，带几个客子锄田[6]。这是奴奴煮的午饭，送与那些人吃的。只为五黄六月，无人使唤，父母又年老，所以亲身来送。忽遇三位远来，却思父母好善，故将此饭斋僧，如不弃嫌，愿表芹献[7]。”三藏道：“善哉，善哉！我有徒弟摘果子去了，就来，我不敢吃。假如我和尚吃了你饭，你丈夫晓得，骂你，却不罪坐贫僧也？”那女子见唐僧不肯吃，却又满面春生道：“师父啊，我父母斋僧，还是小可。我丈夫更是个善人，一生好的是修桥补路，爱老怜贫。但听见说这饭送与师父吃了，他与我夫妻情上，比寻常更是不同。”三藏也只是不吃，旁边却恼坏了八戒。那呆子努着嘴，口里埋怨道：“天下和尚也无数，不曾像我这个老和尚罢软[8]！现成的饭，三分儿倒不吃，只等那猴子来，做四分才吃！”他不容分说，一嘴把个罐子拱倒，就要动口。

只见那行者自南山顶上，摘了几个桃子，托着钵盂，一筋斗，点将回来。睁火眼金睛观看，认得那女子是个妖精，放下钵盂，掣铁棒，当头就打。唬得个长老用手扯住道：“悟空！你走将来打谁？”行者道：“师父，你面前这个女子，莫当做个好人。他是个妖精，要来骗你哩。”三藏道：“你这猴头，当时倒也有些眼力，今日如何乱道！这女菩萨有此善心，将这饭要斋我等，你怎么说他是个妖精？”行者笑道：“师父，你那里认得！老孙在水帘洞里做妖魔时，若想人肉吃，便是这等：或变金银，或变庄台，或变醉人，或变女色。有那等痴心的，爱上我，我就迷他到洞里，尽意随心，或蒸或煮受用；吃不了，还要晒干了防天阴哩！师父，我若来迟，你定入他套子，遭他毒手！”那唐僧那里肯信，只说是个好人。行者道：“师父，我知道你了，你见他那等容貌，必然动了凡心。若果有此意，叫八戒伐几棵树来，沙僧寻些草来，我做木匠，就在这里搭个窝铺，你与他圆房成事，我们大家散了，却不是件事业？何必又跋涉，取甚经去！”那长老原是个软善的人，那里吃得他这句言语，羞得个光头彻耳通红。

三藏正在此羞惭，行者又发起性来，掣铁棒，望妖精劈脸一下。那怪物有些手段，使个“解尸法”，见行者棍子来时，他却抖擞精神，预先走了，把一个假尸首打死在地下。唬得个长老战战兢兢，口中作念道：“这猴着然无礼！屡劝不从，无故伤人性命！”行者道：“师父莫怪，你且来看看这罐子里是甚东西。”沙僧搀着长老，近前看时，那里是甚香米饭，却是一罐子拖尾巴的长蛆；也不是面筋，却是几个青蛙、癞虾蟆，满地乱跳。长老才有三分儿信了，怎禁猪八戒气不忿，在旁漏八分儿唆嘴道：“师父，说起这个女子，他是此间农妇，因为送饭下田，路遇我等，却怎么栽他是个妖怪？哥哥的棍重，走将来试手打他一下，不期就打杀了！怕你念什么《紧箍儿咒》，故意的使个障眼法儿，变做这等样东西，演幌你眼，使不念咒哩。”

三藏自此一言，就是晦气到了，果然信那呆子撺唆[9]，手中捻诀，口里念咒，行者就叫：“头疼！头疼！莫念！莫念！有话便说。”唐僧道：“有甚话说！出家人时时常要方便，念念不离善心，扫地恐伤蝼蚁命，爱惜飞蛾纱罩灯。你怎么步步行凶！打死这个无故平人，取将经来何用？你回去罢！”行者道：“师父，你教我回那里去？”唐僧道：“我不要你做徒弟。”行者道：“你不要我做徒弟，只怕你西天路去不成。”唐僧道：“我命在天，该那个妖精蒸了吃，就是煮了，也算不过。终不然，你救得我的大限？你快回去！"行者道："师父，我回去便也罢了，只是不曾报得你的恩哩。"唐僧道："我与你有甚恩？"那大圣闻言，连忙跪下叩头道："老孙因大闹天宫，致下了伤身之难，被我佛压在两界山，幸观音菩萨与我受了戒行，幸师父救脱吾身，若不与你同上西天，显得我'知恩不报非君子，万古千秋作骂名'。"原来这唐僧是个慈悯的圣僧，他见行者哀告，却也回心转意道："既如此说，且饶你这一次，再休无礼。如若仍前作恶，这咒语颠倒就念二十遍！"行者道："三十遍也由你，只是我不打人了。"却才伏侍唐僧上马，又将摘来桃子奉上。唐僧在马上也吃了几个，权且充饥。

却说那妖精，脱命升空。原来行者那一棒不曾打杀妖精，妖精出神去了。他在那云端里，咬牙切齿，暗恨行者道："几年只闻得讲他手段，今日果然话不虚传。那唐僧已此不认得我，将要吃饭。若低头闻一闻儿，我就一把捞住，却不是我的人了？不期被他走来，弄破我这勾当，又几乎被他打了一棒。若饶了这个和尚，诚然是劳而无功也，我还下去戏他一戏。"

好妖精，按落阴云，在那前山坡下，摇身一变，变作个老妇人，年满八旬，手拄着一根弯头竹杖，一步一声的哭着走来。八戒见了，大惊道："师父，不好了！那妈妈儿来寻人了！"唐僧道："寻甚人？"八戒道："师兄打杀的，定是他女儿。这个定是他娘寻将来了。"行者道："兄弟莫要胡说！那女子十八岁，这老妇有八十岁，怎么六十多岁还生产？断乎是个假的，等老孙去看来。"好行者，拽开步，走近前观看，那怪物：

假变一婆婆，两鬓如冰雪。走路慢腾腾，行步虚怯怯。弱体瘦伶仃，脸如枯菜叶。颧骨望上翘，嘴唇往下别。老年不比少年时，满脸都是荷叶摺。

行者认得他是妖精，更不理论，举棒照头便打。那怪见棍子起时，依然抖擞，又出化了元神，脱真儿去了，把个假尸首又打死在山路之下。唐僧一见，惊下马来，睡在路旁，更无二话，只是把《紧箍儿咒》颠倒足足念了二十遍。可怜把个行者头，勒得似个亚腰儿葫芦[10]，十分疼痛难忍，滚将来哀告道："师父莫念了！有甚话说了罢！"唐僧道："有甚话说！出家人耳听善言，不堕地狱。我这般劝化你，你怎么只是行凶？把平人打死一个，又打死一个，此是何说？"行者道："他是妖精。"唐僧道："这个猴子胡说！就有这许多妖怪！你是个无心向善之辈，有意作恶之人，你去罢！"行者道："师父又教我去，回去便也回去了，只是一件不相应。"唐僧道："你有什么不相应处？"八戒道："师父，他要和你分行李哩。跟着你做了这几年和尚，不成空着手回去？你把那包袱里的什么旧褊衫，破帽子，分两件与他罢。"

行者闻言，气得暴跳道："我把你这个尖嘴的夯货！老孙一向秉教沙门[11]，更无一毫嫉妒之意，贪恋之心，怎么要分什么行李？"唐僧道："你既不嫉妒贪恋，如何不去？"行者道："实不瞒师父说，老孙五百年前，居花果山水帘洞大展英雄之际，收降七十二洞邪魔，手下有四万七千群怪，头戴的是紫金冠，身穿的是赭黄袍，腰系的是蓝田带[12]，足踏的是步云履，手执的是如意金箍棒，着实也曾为人。自从涅槃罪度[13]，削发秉正沙门，跟你做了徒弟，把这个'金箍儿'勒在我头上，若回去，却也难见故乡人。师父果若不要我，把那个《松箍儿咒》念一念，退下这个箍子，交付与你，套在别人头上，我就快活相应了，也是跟你一场。莫不成这些人意儿也没有了？"唐僧大惊道："悟空，我当时只是菩萨暗受一卷《紧箍儿咒》，却没有什么《松箍儿咒》。"行者道："若无《松箍儿咒》，你还带我去走走罢。"长老又没奈何道："你且起来，我再饶你这一次，却不可再行凶了。"行者道："再不敢了，再不敢了。"又伏侍师父上马，剖路前进。

却说那妖精，原来行者第二棍也不曾打杀他。那怪物在半空中，夸奖不尽道："好个猴王，着然有眼！我那般变了去，他也还认得我。这些和尚，他去得快，若过此山，西下四十里，就不伏我所管了。若是被别处妖魔掳了去，好道就笑破他人口，使碎自家心，我还下去戏他一戏。”好妖怪，按耸阴风，在山坡下摇身一变，变成一个老公公，真个是：

白发如彭祖，苍髯赛寿星。耳中鸣玉磬，眼里幌金星。

手拄龙头拐，身穿鹤氅轻。数珠掐在手，口诵南无经。

唐僧在马上见了，心中欢喜道：“阿弥陀佛！西方真是福地！那公公路也走不上来，逼法的还念经哩。”八戒道：“师父，你且莫要夸奖，那个是祸的根哩。”唐僧道：“怎么是祸根？”八戒道：“行者打杀他的女儿，又打杀他的婆子，这个正是他的老儿寻将来了。我们若撞在他的怀里呵，师父，你便偿命，该个死罪；把老猪为从，问个充军；沙僧喝令，问个摆站[14]；那行者使个遁法走了，却不苦了我们三个顶缸？”

行者听见道：“这个呆根，这等胡说，可不唬了师父？等老孙再去看看。”他把棍藏在身边，走上前迎着怪物，叫声：“老官儿，往那里去？怎么又走路，又念经？”那妖精错认了定盘星，把孙大圣也当做个等闲的，遂答道：“长老啊，我老汉祖居此地，一生好善斋僧，看经念佛。命里无儿，止生得一个小女，招了个女婿，今早送饭下田，想是遭逢虎口。老妻先来找寻，也不见回去，全然不知下落，老汉特来寻看。果然是伤残他命，也没奈何，将他骸骨收拾回去，安葬茔中。”行者笑道：“我是个做吓虎的祖宗[15]，你怎么袖子里笼了个鬼儿来哄我？你瞒了诸人，瞒不过我！我认得你是个妖精！”那妖精唬得顿口无言。行者掣出棒来，自忖思道：“若要不打他，显得他倒弄个风儿；若要打他，又怕师父念那话儿咒语。”又思量道：“不打杀他，他一时间抄空儿把师父捞了去，却不又费心劳力去救他？还打的是！就一棍子打杀他，师父念起那咒，常言道，‘虎毒不吃儿’。凭着我巧言花语，嘴伶舌便，哄他一哄，好道也罢了。”好大圣，念动咒语叫当坊土地、本处山神道：“这妖精三番来戏弄我师父，这一番却要打杀他。你与我在半空中作证，不许走了。”众神听令，谁敢不从？都在云端里照应。那大圣棍起处，打倒妖魔，才断绝了灵光。

那唐僧在马上，又唬得战战兢兢，口不能言。八戒在旁边又笑道：“好行者！风发了！只行了半日路，倒打死三个人！”唐僧正要念咒，行者急到马前，叫道：“师父，莫念！莫念！你且来看看他的模样。”却是一堆粉骷髅在那里。唐僧大惊道：“悟空，这个人才死了，怎么就化作一堆骷髅？”行者道：“他是个潜灵作怪的僵尸，在此迷人败本，被我打杀，他就现了本相。他那脊梁上有一行字，叫做‘白骨夫人’。”唐僧闻说，倒也信了。怎禁那八戒旁边唆嘴道：“师父，他的手重棍凶，把人打死，只怕你念那话儿，故意变化这个模样，掩你的眼目哩！”唐僧果然耳软，又信了他，随复念起。行者禁不得疼痛，跪于路旁，只叫：“莫念！莫念！有话快说了罢！”唐僧道：“猴头！还有甚说话！出家人行善，如春园之草，不见其长，日有所增；行恶之人，如磨刀之石，不见其损，日有所亏。你在这荒郊野外，一连打死三人，还是无人检举，没有对头。倘到城市之中，人烟凑集之所，你拿了那哭丧棒，一时不知好歹，乱打起人来，撞出大祸，教我怎的脱身？你回去罢！”行者道：“师父错怪了我也。这厮分明是个妖魔，他实有心害你。我倒打死他，替你除了害，你却不认得，反信了那呆子谗言冷语，屡次逐我。常言道，‘事不过三’。我若不去，真是个下流无耻之徒。我去我去！——去便去了，只是你手下无人。”唐僧发怒道：“这泼猴越发无礼！看起来，只你是人，那悟能、悟净就不是人？”

那大圣一闻得说他两个是人，止不住伤情凄惨，对唐僧道声：“苦啊！你那时节，出了长安，有刘伯钦送你上路[16]。到两界山，救我出来，投拜你为师。我曾穿古洞，入深林，擒魔捉怪；收八戒，得沙僧，吃尽千辛万苦。今日昧着惺惺使糊涂，只教我回去，这才是‘鸟尽弓藏，兔死狗烹’！——罢！罢！罢！但只是多了那《紧箍儿咒》。”唐僧道：“我再不念了。”行者道：“这个难说。若到那毒魔苦难处不得脱身，八戒、沙僧救不得你，那时节，想起我来，忍不住又念诵起来，就是十万里路，我的头也是疼的；假如再来见你，不如不作此意。”

唐僧见他言言语语，越添恼怒，滚鞍下马来，叫沙僧包袱内取出纸笔，即于涧下取水，石上磨墨，写了一纸贬书，递于行者道：“猴头！执此为照！再不要你做徒弟了！如再与你相见，我就堕了阿鼻地狱！”行者连忙接了贬书道：“师父，不消发誓，老孙去罢。”他将书折了，留在袖中，却又软款唐僧道[17]：“师父，我也是跟你一场，又蒙菩萨指教，今日半途而废，不曾成得功果，你请坐，受我一拜，我也去得放心。”唐僧转回身不睬，口里唧唧哝哝的道：“我是个好和尚，不受你歹人的礼！”大圣见他不睬，又使个身外法，把脑后毫毛拔了三根，吹口仙气，叫“变！”即变了三个行者，连本身四个，四面围住师父下拜。那长老左右躲不脱，好道也受了一拜。

大圣跳起来，把身一抖，收上毫毛，却又吩咐沙僧道：“贤弟，你是个好人，却只要留心防着八戒诂言诂语[18]，途中更要仔细。倘一时有妖精拿住师父，你就说老孙是他大徒弟。西方毛怪，闻我的手段，不敢伤我师父。”唐僧道：“我是个好和尚，不提你这歹人的名字，你回去罢。”那大圣见长老三番两复，不肯转意回心，没奈何才去。你看他：

噙泪叩头辞长老，含悲留意嘱沙僧。一头拭迸坡前草，两脚蹬翻地上藤。

上天下地如轮转，跨海飞山第一能。顷刻之间不见影，霎时疾返旧途程。

你看他忍气别了师父，纵筋斗云，径回花果山水帘洞去了。独自个凄凄惨惨，忽闻得水声聒耳，大圣在那半空里看时，原来是东洋大海潮发的声响。一见了，又想起唐僧，止不住腮边泪坠，停云住步，良久方去。毕竟不知此去反复何如，且听下回分解。

【注　释】

[1]本文选自《西游记》第二十七回(尸魔三戏唐三藏　圣僧恨逐美猴王)。　[2]直裰(duō)：古代士子、官绅穿的长袍便服，亦指僧道穿的大领长袍。　[3]觌(dí)面：见面，当面。　[4]嘈：肠胃不适应，口冒酸水。[5]圣经：这里指《论语》。方：方向，地方。这句话见《论语·里仁》篇。　[6]客子：佣工，客作。　[7]芹献：对人谦称所赠东西不好。亦称“献芹”。　[8]罢(pí)软：没有主见，做事颠倒。　[9]撺唆：怂恿，调唆。[10]亚腰儿葫芦：即压腰葫芦，一种两头粗中间细的葫芦。亚：同“压”。　[11]秉教沙门：依照佛教戒律，出家当和尚。沙门：佛教用语，指出家修行的人。　[12]蓝田带：古代帝王用玉装饰的腰带。古时蓝田县(今陕西省)出产美玉，后来常以蓝田代指美玉。　[13]涅槃罪度：佛教用语，佛把我从死罪中拯救出来的意思。佛教把佛或高僧的死称作“涅槃”。度：超度，救度。　[14]摆站：到驿站当驿卒。　[15]做吓(qiā)虎：做出一种吓人的怪样子。　[16]刘伯钦：《西游记》第四回，唐僧离开长安踏上取经路，途经五行山时，遇虎，猎户刘伯钦救之，后刘伯钦护送唐僧过山时，助其救出悟空。　[17]软款：婉转，温柔。　[18]诂(zhān)言诂语：花言巧语，胡说八道。

【评　析】

本篇通过三打白骨精的故事，歌颂了孙悟空明辨果决的斗争智慧和除恶务尽的斗争精神。

小说有两层冲突，表层是悟空与白骨精的冲突，即白骨精“三变”与孙悟空“三打”。白骨精一变年轻村姑，悟空打死妖精替身；妖精二变八旬老妇，悟空又将替身打死。前两番不曾将妖精打死，它使了"解尸法"遁去。妖精三变白发老翁，悟空吸取教训，令山神土地与他照应配合，终于一棒打死妖精取得彻底胜利。深层冲突则是师徒冲突，面对变化多端、诡计百出的白骨精，唐僧师徒不同的思想性格相互碰撞，唐僧愚顽昏庸、是非不明，"三逐"悟空；猪八戒不顾大局、自私自利，"三唆"唐僧，孙悟空火眼识妖，毫不留情，面对师父的惩罚、师弟的阻挠，表现出除恶务尽、不胜不止的战斗精神。

"三打白骨精"自成首尾，在重复类似的情节中，生出冲突的无穷波澜，写来毫不雷同，摇曳多姿，故事一波三折，奇趣横生。

【习　题】

1. 本篇是怎样在双重的矛盾冲突和循环的情节结构下展开人物性格的？
2. 试通过本节选片段分析孙悟空与唐僧这两个艺术形象。
3. 阅读《西游记》，思考唐僧师徒四人西天取经故事的社会意义。

林黛玉葬花[1]

曹雪芹　高　鹗

曹雪芹（约1715—1763），名霑，字梦阮，号雪芹，满洲正白旗人，清代文学家。出身烜赫贵族世家，文艺修养丰厚，创作准备充分；经历家族盛衰之变，深味世态炎凉，思想意识进步，在贫困落魄中坚持《红楼梦》创作，但未成全书抱憾而卒。高鹗（约1738—1815），字兰墅，清代文学家，酷爱《红楼梦》，续写后40回，使杰作完整无缺，得以广泛流传。《红楼梦》借写"离合悲欢"（爱情悲剧）、"兴衰际遇"（家族悲剧），揭露了封建统治的凶残和腐朽，展示了新旧势力的斗争和趋向，表达了带有民主色彩的朦胧理想。艺术结构宏伟、完整、严密，人物性格真实、丰富、复杂，小说语言洗练、流畅、自然，是中国古典小说的辉煌顶峰。

话说林黛玉正自悲泣，忽听院门响处，只见宝钗出来了，宝玉袭人一群人都送出来。待要上去问着宝玉，又恐当着众人问羞了宝玉不便，因而闪过一旁，让宝钗去了，宝玉等进去关了门，方转过来，尚望着门洒了几点泪。自觉无味，转身回来，无精打采的卸了残妆。

紫鹃雪雁素日知道林黛玉的情性：无事闷坐，不是愁眉，便是长叹，且好端端的，不知为着什么，常常的便自泪不干的。先时还有人解劝，或怕他思父母，想家乡，受委曲，用话宽慰。谁知后来一年一月的，竟常常如此，把这个样儿看惯了，也都不理论了。所以也没人去理他，由他闷坐，只管外间自便去了。

那黛玉倚着床栏杆，两手抱着膝，眼睛含着泪，好似木雕泥塑的一般，直坐到二更多天，方才睡了。一宿无话。

至次日乃是四月二十六日，原来这日未时交芒种节。尚古风俗：凡交芒种节的这日，都要设摆各色礼物，祭饯花神，——言芒种一过，便是夏日了，众花皆卸，花神退位，须要饯行。闺中更兴这件风俗，所以大观园中之人，都早起来了；那些女孩子们，或用花瓣柳枝编成轿马的，或用绫锦纱罗叠成干旄旌幢的，都用彩线系了。每一棵树头，每一枝花上，都系了这些物事。满园里绣带飘飖，花枝招展，更兼这些人打扮得桃羞杏让，燕妒莺惭，一时也道不尽。

且说宝钗、迎春、探春、惜春、李纨、凤姐等并大姐儿、香菱与众丫鬟们，都在园内玩耍，独不见林黛玉。迎春因说道："林妹妹怎么不见？好个懒丫头！这会子难道还睡觉不成?"宝钗道："你们等着，等我去闹了他来。"说着，便丢下了众人，一直往潇湘馆来。正走着，只见文官等十二个女孩子也来了，上来问了好，说了一回闲话儿才走开。宝钗回身指道："他们都在那里呢，你们找他们去。我找林姑娘去，就来。"说着，便逶迤往潇湘馆来。忽然抬头见宝玉进去了，宝钗便站住，低头想了一想："宝玉和黛玉是从小儿一处长大的，他兄妹间多有不避嫌疑之处，嘲笑不忌，喜怒无常；况且黛玉素多猜忌，好弄小性儿。此刻自己也跟进去，一则宝玉不便，二则黛玉嫌疑。倒是回来的妙。"想毕，抽身回来。

刚要寻别的姊妹去，忽见前面一双玉色蝴蝶，大如团扇，一上一下，迎风翩跹，十分有趣。宝钗意欲扑了来玩耍，遂向袖中取出扇子来，向草地下来扑；只见那一双蝴蝶，忽起忽落，来来往往，将欲过河去了。引的宝钗蹑手蹑脚的，一直跟到池中滴翠亭上，香汗淋漓，娇喘细细。宝钗也无心扑了，刚欲回来，只听那亭里边嘁嘁喳喳有人说话。原来这亭子四面俱是游廊曲栏，盖在池中水上，四面雕镂槅子，糊着纸。

宝钗在亭外听见说话，便煞住脚，往里细听，只听说道："你瞧这绢子果然是你丢的那一块，你就拿着；要不是，就还芸二爷去。"又有一个说："可不是我那一块！拿来给我罢。"又听道："你拿什么谢我呢？难道白找了来不成?"又答道："我已经许了谢你，自然是不哄你的。"又听说道："我找了来给你，自然谢我，但只是那拣的人，你就不谢他么?"那一个又说道："你别胡说。他是个爷们家，拣了我们的东西，自然该还的。叫我拿什么谢他呢?"又听说道："你不谢他，我怎么回他呢？况且他再三再四的和我说了，若没谢的，不许我给你呢。"半晌，又听说道："也罢，拿我这个给他，算谢他的罢。——你要告诉别人呢？须得起个誓。"又听说道："我要告诉人，嘴上就长一个疔，日后不得好死！"又听说道："嗳哟！咱们只顾说，看仔细有人来悄悄的在外头听见！不如把这槅子都推开了，就是人见咱们在这里，他们只当我们说玩话儿呢。走到跟前，咱们也看的见，就别说了。"

宝钗在外面听见这话，心中吃惊，想道："怪道从古至今那些奸淫狗盗的人，心机都不错。这一开了，见我在这里，他们岂不臊了？况且说话的语音，大似宝玉房里的小红。他素昔眼空心大，是个头等刁钻古怪的丫头。今儿我听了他的短儿，'人急造反，狗急跳墙'，不但生事，而且我还没趣。如今便赶着躲了，料也躲不及，少不得要使个'金蝉脱壳'的法子——"犹未想完，只听"咯吱"一声，宝钗便故意放重了脚步，笑着叫道："颦儿，我看你往那里藏！"一面说一面故意往前赶。

那亭内的小红坠儿刚一推窗，只听宝钗如此说着往前赶，两个人都唬怔了。宝钗反向他二人笑道："你们把林姑娘藏在那里了?"坠儿道："何曾见林姑娘了?"宝钗道："我才在河那边看着林姑娘在这里蹲着弄水儿呢。我要悄悄的唬他一跳，还没有走到跟前，他倒看见我了，朝东一绕，就不见了。——别是藏在这里头了?"一面说，一面故意进去，寻了一寻，抽身就走，口内说道："一定是又钻在山子洞里去了。遇见蛇，咬一口也罢了！"一面说，一面走，心中又好笑："这件事算遮过去了。不知他二人怎样?"

谁知小红听了宝钗的话，便信以为真，让宝钗去远，便拉坠儿道："了不得了！林姑娘蹲在这里，一定听了话去了！"坠儿听说，也半日不言语。小红又道："这可怎么样呢？"坠儿道："听见了，管谁筋疼[2]！各人干各人的就完了。"小红道："要是宝姑娘听见还罢了；那林姑娘嘴里又爱刻薄人，心里又细，他一听见了，倘或走露了，怎么样呢？"

二人正说着，只见香菱、臻儿、司棋、侍书等上亭子来了。二人只得掩住这话，且和他们玩笑。

……

如今且说林黛玉因夜间失寝，次日起来迟了，闻得众姊妹都在园中做饯花会，恐人笑他痴懒，连忙梳洗了出来。刚到了院中，只见宝玉进门来了便笑道："好妹妹，你昨儿告了我了没有？叫我悬了一夜的心。"黛玉便回头叫紫鹃道："把屋子收拾了，下一扇纱屉子，看那大燕子回来，把帘子放下来，拿狮子倚住[3]，烧了香，就把炉罩上。"一面说，一面又往外走。

宝玉见他这样，还认作是昨日晌午的事，那知晚间的这段公案？还打恭作揖的。黛玉正眼也不看，各自出了院门，一直找别的姊妹去了。宝玉心中纳闷，自己猜疑："看起这个光景来，不像是为昨日的事。——但只昨日我回来的晚了，又没有见他，再没有冲撞了他的去处儿了。"一面想，一面由不得随后追了来。

只见宝钗探春，正在那边看鹤舞，见黛玉来了，三个一同站着说话儿。又见宝玉来了，探春便笑道："宝哥哥，身上好？我整整的三天没见你了。"宝玉笑道："妹妹身上好？我前儿还在大嫂子跟前问你呢。"探春道："宝哥哥，你往这里来，我和你说话。"宝玉听说，便跟了他，离了钗、玉两个，到了一棵石榴树下。

探春因说道："这几天，老爷没叫你吗？"宝玉笑道："没有叫。"探春说："昨儿我恍惚听见说，老爷叫你出来着。"宝玉笑道："那想是别人听错了，并没叫我。"探春又笑道："这几个月，我又攒下有十来吊钱了，你还拿了去，明儿出门逛去的时侯，或是好字画，好轻巧玩意儿，替我带些来。"

宝玉道："我这么逛去，城里城外大廊小庙的逛，也没见个新奇精致东西，总不过是那些金、玉、铜、磁器，没处撂的古董儿；再么就是绸缎、吃食、衣服了。"探春道："谁要那些作什么！像你上回买的那柳枝儿编的小篮子儿，竹子根儿挖的香盒儿，胶泥垛的风炉子儿，就好了。我喜欢的了不的，谁知他们都爱上了，都当宝贝儿似的抢了去了。"宝玉笑道："原来要这个。这不值什么，拿几吊钱出去给小子们，管拉两车来。"探春道："小厮们知道什么？你拣那有意思儿又不俗气的东西，你多替我带几件来。我还像上回的鞋做一双你穿，比那双还加工夫，如何呢？"

宝玉笑道："你提起鞋来，我想起个故事：一回穿着，可巧遇见了老爷，老爷就不受用，问是谁做的。我那里敢提三妹妹？我就回说，是前儿我的生日舅母给的。老爷听了是舅母给的，才不好说什了么，半日还说：'何苦来！虚耗人力，作践绫罗，做这样的东西。'我回来告诉了袭人，袭人说：'这还罢了，赵姨娘气的抱怨的了不得：正经亲兄弟，鞋塌拉袜塌拉的，没人看见，且做这些东西！'"

探春听说，登时沉下脸来道："你说，这话糊涂到什么田地！怎么我是该做鞋的人么？环儿难道没有分例的[4]？衣裳是衣裳，鞋袜是鞋袜，丫头老婆一屋子，怎么抱怨这些话！给谁听呢！我不过是闲着没事，作一双半双，爱给那个哥哥兄弟，随我的心。谁敢管我不成！这也是他瞎气。"宝玉听了，点头笑道："你不知道，他心里自然又有个想头了。"

探春听说，一发动了气，将头一扭，说道："连你也糊涂了！他那想头，自然是有的。不过是那阴微下贱的见识。他只管这么想，我只管认得老爷太太两个人，别人我一概不管。就是姐妹弟兄跟前，谁和我好，我就和谁好；什么偏的、庶的，我也不知道。论理，我不该说他，但他忒昏愦的不像了！——还有笑话儿呢：就是上回我给你那钱，替我买那玩的东西，过了两天，他见了我，就说是怎么没钱，怎么难过。我也不理。谁知后来丫头们出去了，他就抱怨起我来，说我攒的钱，为什么给你使，倒不给环儿使呢！我听见这话，又好笑，又好气。我就出来往太太跟前去了。"

正说着，只见宝钗那边笑道："说完了，来罢。显见的是哥哥妹妹了，撂下别人，且说体己去[5]。我们听一句儿就使不得了？"说着，探春宝玉二人方笑着来了。

宝玉因不见了黛玉，便知他躲了别处去了，想了一想："索性迟两日，等他的气息一息再去也罢了。"因低头看见许多凤仙石榴等各色落花，锦重重的落了一地，因叹道："这是他心里生了气，也不收拾这花儿来了。待我送了去，明儿再问着他。"说着，只见宝钗约着他们往后头去。宝玉道："我就来。"说毕，等他二人去远，便把那花儿兜起来，登山渡水，过树穿花，一直奔了那日和林黛玉葬桃花的去处。

将已到了花冢，犹未转过山坡，只听那边有呜咽之声，一面数落着，哭的好不伤心。宝玉心下想道："这不知是那房里的丫头，受了委屈，跑到这个地方来哭？"一面想，一面煞住脚步，听他哭道是：

> 花谢花飞飞满天，红消香断有谁怜？游丝软系飘春榭，落絮轻沾扑绣帘。闺中女儿惜春暮，愁绪满怀无着处，手把花锄出绣帘，忍踏落花来复去。柳丝榆荚自芳菲，不管桃飘与李飞。桃李明年能再发，明年闺中知有谁？三月香巢初垒成，梁间燕子太无情！明年花发虽可啄，却不道人去梁空巢已倾。一年三百六十日，风刀霜剑严相逼，明媚鲜妍能几时，一朝漂泊难寻觅。花开易见落难寻，阶前愁杀葬花人，独把花锄偷洒泪，洒上空枝见血痕。杜鹃无语正黄昏，荷锄归去掩重门。青灯照壁人初睡，冷雨敲窗被未温。怪侬底事倍伤神，半为怜春半恼春：怜春忽至恼忽去，至又无言去不闻。昨宵庭外悲歌发，知是花魂与鸟魂？花魂鸟魂总难留，鸟自无言花自羞。愿侬此日生双翼，随花飞到天尽头。天尽头，何处有香丘？未若锦囊收艳骨，一抔净土掩风流。质本洁来还洁去，不教污淖陷渠沟。尔今死去侬收葬，未卜侬身何日丧？侬今葬花人笑痴，他年葬侬知是谁？试看春残花渐落，便是红颜老死时。——一朝春尽红颜老，花落人亡两不知！

正是一面低吟，一面哽咽，那边哭的自己伤心，却不道这边听的早已痴倒了。要知端详，下回分解。

话说林黛玉只因昨夜晴雯不开门一事，错疑在宝玉身上。次日又可巧遇见饯花之期，正是一腔无明[6]，未曾发泄，又勾起伤春愁思，因把些残花落瓣去掩埋，由不得感花伤己，哭了几声，便随口念了几句。不想宝玉在山坡上听见，先不过点头感叹；次后听到"侬今葬花人笑痴，他年葬侬知是谁？……一朝春尽红颜老，花落人亡两不知"等句，不觉恸倒山坡上，怀里兜的落花撒了一地。试想林黛玉的花颜月貌，将来亦到无可寻觅之时，宁不心碎肠断！既黛玉终归无可寻觅之时，推之于他人，如宝钗、香菱、袭人等，亦可以到无可寻觅之时矣。宝钗等终归无可寻觅之时，则自己又安在呢？且自身尚不知何在何往，将来斯处、斯园、斯花、斯柳，又不知当属谁姓！——因此一而二，二而三，反复推求了去，真不知此时此际，如何解释这段悲伤！正是：花影不离身左右，鸟声只在耳东西。

那黛玉正自伤感，忽听山坡上也有悲声，心下想道："人人都笑我有痴病，难道还有一个痴的不成？"抬头一看，见是宝玉。黛玉便啐道："呸！我打量是谁，原来是这个狠心短命的——"刚说到"短命"二字，又把口掩住，长叹了一声，自己抽身便走了。

这里宝玉悲恸了一回，见黛玉去了，便知黛玉看见，他躲开了，自己也觉无味，抖抖土起来，下山寻归旧路，往怡红院来。可巧看见黛玉在前头走，连忙赶上去，说道："你且站着。我知道你不理我；我只说一句话，从今以后，撩开手。"黛玉回头看见是宝玉，待要不理他，听他说"只说一句话"，便道："请说。"宝玉笑道："两句话，说了你听不听？"黛玉听说，回头就走。宝玉在身后面叹道："既有今日，何必当初！"

黛玉听见这话，由不得站住，回头道："当初怎么样？今日怎么样？"宝玉道："嗳！当初姑娘来了，那不是我陪着玩笑？凭我心爱的，姑娘要，就拿去；我爱吃的，听见姑娘也爱吃，连忙干干净净收着，等着姑娘回来。一个桌子上吃饭，一个床儿上睡觉。丫头们想不到的，我怕姑娘生气，我替丫头们都想到了。我心里想着：姊妹们从小儿长大，亲也罢，热也罢，和气到了儿，才见得比别人好。如今谁承望姑娘人大心大，不把我放在眼里，三日不理、四日不见的，倒把外四路儿的什么'宝姐姐''凤姐姐'的放在心坎儿上。我又没个亲兄弟亲妹妹。——虽然有两个，你难道不知道是我隔母的？我也和你是独出，只怕你和我的心一样，——谁知我是白操了这一番心，有冤无处诉！"说着，不觉哭起来。

那时黛玉耳内听了这话，眼内见了这光景，心内不觉灰了大半，也不觉滴下泪来，低头不语。宝玉见这般形象，遂又说道："我也知道，我如今不好了；但只任凭我怎么不好，万不敢在妹妹跟前有错处。——就有一二分错处，你或是教导我，戒我下次，或骂我几句，打我几下，我都不灰心。谁知你总不理我，叫我摸不着头脑儿，少魂失魄，不知怎么样才好。就是死了，也是个'屈死鬼'。任凭高僧高道忏悔，也不能超生；还得你说明了缘故，我才得托生呢！"

黛玉听了这个话，不觉将昨晚的事都忘在九霄云外了，便说道："你既这么说，昨儿为什么我去了，你不叫丫头开门呢？"宝玉诧异道："这话从那里说起？我要是这么着，立刻就死了！"林黛玉啐道："大清早起'死'呀'活'的，也不忌讳！你说有呢就有，没有就没有，起什么誓呢！"宝玉道："实在没有见你去。就是宝姐姐坐了一坐，就出来了。"

黛玉想了一想，笑道："是了。必是丫头们懒怠动，丧声歪气的，也是有的。"宝玉道："想必是这个缘故。等我回去问了是谁，教训教训他们就好了。"黛玉道："你的那些姑娘们，也该教训教训。只是我论理不该说。——今儿得罪了我的事小，倘或明儿'宝姑娘'来，什么'贝姑娘'来，也得罪了，事情可就大了。"说着，抿着嘴儿笑。宝玉听了，又是咬牙，又是笑。

【注　释】

[1]本文选自《红楼梦》第二十七回(滴翠亭杨妃戏彩蝶　埋香冢飞燕泣残红)及第二十八回(蒋玉菡情赠茜香罗　薛宝钗羞笼红麝串)。 [2]管谁筋疼：不相干，不关痛痒。 [3]狮子：石雕带座小狮子，做顶门压帘等用。 [4]分例：指按定例发放的钱物。 [5]体己：亲近的，贴心的。 [6]无明：愤怒。

【评　析】

黛玉葬花着重刻画林黛玉多愁善感、高洁不俗的性格特征，暗示黛玉的悲剧命运。

这一段小说以林黛玉正自悲泣开篇，以林黛玉破涕为笑收结。情节流程是：众芳祭花神—宝钗寻黛玉—宝玉遇探春—黛玉泣残红—宝黛释前嫌。前一小段黛玉悲泣是引子，为黛玉葬花伏笔。众芳祭花神，略写暮春之景，在大观园节日的繁华气象与欢声笑语的强烈反衬之下，黛玉葬花之举尤见悲凉。宝钗寻黛玉与黛玉泣残红是本文两大主要情节，宝钗捕蝶，对黛玉葬花的情节是反面铺垫；宝钗使计，反衬了林黛玉的直肠直肚、全无机心。宝玉遇探春，探春的心高冷血和趋炎附势反衬了黛玉的孤标傲世和高洁不俗。黛玉泣残红，把黛玉对身世遭遇的感叹、对人生幻灭的感慨和对生命消亡的焦虑表现得入木三分。宝黛释前嫌，充分表现了黛玉的爱情"小心眼"。

作品创造性地吸收和运用了中国古代诗歌、绘画等艺术手法，使小说充满了诗情画意。

【习　题】

1. 怎样理解黛玉葬花的意象在整部《红楼梦》中的深刻意义？
2. 试分析宝钗扑蝶、黛玉葬花两个场景，思考作者如此安排用意何在。
3. 熟读《葬花词》，分析这首歌行体诗作所表达的生命悲剧意识。

婴　宁

蒲松龄

> 蒲松龄(1640—1715)，字留仙，号柳泉，世称聊斋先生，山东淄川(今山东淄博)人。蒲松龄能诗文，善俚曲，是清代杰出的小说家。代表作《聊斋志异》从官场、科场、情场三个角度写怪现状，抒发"孤愤"。妙在"用传奇法，而以志怪"，用描写委曲、叙次井然的唐代传奇手法，写神仙异鬼、花妖狐魅的六朝志怪题材，借谈狐说鬼，讽喻当时社会现实，寄托作者的理想、爱憎和愤懑之情，以深刻的思想和精练生动的文字成为我国文言短篇小说的精品，被誉为中国古代短篇文言小说的巅峰之作。作者还著有《聊斋诗文集》《聊斋俚曲集》《农桑经》等。

王子服，莒之罗店人[1]，早孤。绝惠，十四入泮[2]。母最爱之，寻常不令游郊野。聘萧氏[3]，未嫁而夭[4]，故求凰未就也[5]。

会上元[6]，有舅氏子吴生邀同眺瞩[7]。方至村外，舅家仆来，招吴去。生见游女如云，乘兴独游。有女郎携婢，拈梅花一枝[8]，容华绝代，笑容可掬。生注目不移，竟忘顾忌。女过去数武[9]，顾婢子笑曰："个儿郎目灼灼似贼！[10]"遗花地上，笑语自去。生拾花怅然，神魂丧失，怏怏遂返[11]。

至家，藏花枕底，垂头而睡，不语亦不食。母忧之，醮禳益剧[12]，肌革锐减[13]。医师诊视，投剂发表[14]，忽忽若迷。母抚问所由，默然不答。适吴生来，嘱秘诘之。吴至榻前，生见之泪下，吴就榻慰解，渐致研诘，生具吐其实，且求谋画。吴笑曰："君意亦复痴！此愿有何难遂？当代访之。徒步于野，必非世家。如其未字[15]，事固谐矣，不然，拚以重赂[16]，计必允遂[17]。但待痊瘳[18]，成事在我。”生闻之，不觉解颐[19]。吴出告母，物色女子居里，而探访既穷，并无踪迹。母大忧，无所为计。然自吴去后，颜顿开，食亦略进。数日吴复来，生问所谋。吴绐之曰[20]：“已得之矣。我以为谁何人，乃我姑之女，即君姨妹，今尚待聘。虽内戚有婚姻之嫌，实告之，无不谐者。”生喜溢眉宇，问：“居何里？”吴诡曰[21]：“西南山中，去此可三十余里。”生又付嘱再四，吴锐身自任而去[22]。

生由是饮食渐加，日就平复。探视枕底，花虽枯，未便雕落。凝思把玩，如见其人。怪吴不至，折柬招之[23]，吴支托不肯赴招。生恚怒[24]，悒悒不欢[25]。母虑其复病，急为议姻；略与商榷，辄摇首不愿，惟日盼吴。吴迄无耗[26]，益怨恨之。转思三十里非遥，何必仰息他人[27]？怀梅袖中，负气自往[28]，而家人不知也。

伶仃独步[29]，无可问程，但望南山行去。约三十余里，乱山合沓[30]，空翠爽肌，寂无人行，止有鸟道。遥望谷底，从花乱树中隐隐有小里落。下山入村，见舍宇无多，皆茅屋，而意甚修雅[31]。北向一家，门前皆丝柳，墙内桃杏尤繁，间以修竹，野鸟格磔其中[32]。意其园亭，不敢遽入[33]。回顾对户，有巨石滑洁，因据坐少憩。俄闻墙内有女子长呼[34]：“小荣！”其声娇细。方伫听间[35]，一女郎由东而西，执杏花一朵，俯首自簪。举头见生，遂不复簪，含笑拈花而入。审视之，即上元途中所遇也。心骤喜，但念无以阶进[36]；欲呼姨氏，顾从无还往[37]，惧有讹误。门内无人可问，坐卧徘徊，自朝至于日昃[38]，盈盈望断[39]，并忘饥渴[40]。时见女子露半面来窥，似讶其不去者[41]。忽一老媪扶杖出，顾生曰：“何处郎君，闻自辰刻便来[42]，以至于今。意将何为？得勿饥耶[43]？”生急起揖之，答云：“将以探亲。”媪聋聩不闻。又大言之。乃问：“贵戚何姓？”生不能答。媪笑曰：“奇哉！姓名尚自不知，何亲可探？我视郎君亦书痴耳。不如从我来，啖以粗粝[44]，家有短榻可卧。待明朝归，询知姓氏，再来探访，不晚也。”生方腹馁思啖[45]，又从此渐近丽人，大喜。从媪入，见门内白石砌路，夹道红花，片片坠阶上，曲折而西，又启一关[46]，豆棚花架满庭中。肃客入舍[47]，粉壁光如明镜，窗外海棠枝朵，探入室中，裀藉几榻[48]，罔不洁泽[49]。甫坐[50]，即有人自窗外隐约相窥。媪唤：“小荣！可速作黍。”外有婢子噭声而应[51]。坐次[52]，具展宗阀[53]。媪曰：“郎君外祖，莫姓吴否？”曰：“然。”媪惊曰：“是吾甥也！尊堂[54]，我妹子。年来以家窭贫[55]，又无三尺男[56]，遂至音问梗塞。甥长成如许，尚不相识。”生曰：“此来即为姨也，匆遽遂忘姓氏。”媪曰：“老身秦姓，并无诞育[57]，弱息仅存，亦为庶产[58]。渠母改醮[59]，遗我鞠养[60]。颇亦不钝[61]，但少教训，嬉不知愁。少顷，使来拜识。”未几[62]，婢子具饭，雏尾盈握[63]。媪劝餐已，婢来敛具[64]。媪曰：“唤宁姑来。”婢应去。

良久，闻户外隐有笑声。媪又唤曰：“婴宁，汝姨兄在此。”户外嗤嗤笑不已。婢推之以入，犹掩其口，笑不可遏。媪嗔目曰：“有客在，咤咤叱叱，是何景象？”女忍笑而立。生揖之。媪曰：“此王郎，汝姨子。一家尚不相识，可笑人也。”生问：“妹子年几何矣？”媪未能解。生又言之。女复笑，不可仰视。媪谓生曰：“我言少教诲，此可见矣。年已十六，呆痴才如婴儿。”生曰：“小于甥一岁。”曰：“阿甥已十七矣，得非庚午属马者耶[65]？”生首应之[66]。又问：“甥妇阿谁？”答曰：“无之。”曰：“如甥才貌，何十七岁犹未聘？婴宁亦无姑家[67]，极相匹敌。惜有内亲之嫌。”生无语，目注婴宁，不遑他瞬[68]。婢向女小语云：“目灼灼，贼腔未改！”女又大笑，顾婢曰：“视碧桃开未？”遽起，以袖掩口，细碎连步而出。至门外，笑声始纵。媪亦起，唤婢襆被[69]，为生安置。曰：“阿甥来不易，宜留三五日，迟迟送汝归[70]。如嫌幽闷，舍后有小园，可供消遣，有书可读。”

次日，至舍后，果有园半亩，细草铺毡，杨花糁径[71]；有草舍三楹[72]，花木四合其所[73]。穿花小步，闻树头苏苏有声，仰视，则婴宁在上。见生来，狂笑欲堕。生曰："勿尔，堕矣！"女且下且笑，不能自止；方将及地，失手而堕，笑乃止。生扶之，阴捘其腕[74]。女笑又作，倚树不能行，良久乃罢。生俟其笑歇，乃出袖中花示之。女接之，曰："枯矣！何留之？"曰："此上元妹子所遗，故存之。"问："存之何意？"曰："以示相爱不忘也。自上元相遇，凝思成疾，自分化为异物[75]；不图得见颜色，幸垂怜悯。"女曰："此大细事，至戚何所靳惜[76]？待郎行时，园中花，当唤老奴来，折一巨捆负送之。"生曰："妹子痴耶？"女曰："何便是痴？"生曰："我非爱花，爱拈花之人耳。"女曰："葭莩之情[77]，爱何待言。"生曰："我所谓爱，非瓜葛之爱[78]，乃夫妻之爱。"女曰："有以异乎？"曰："夜共枕席耳。"女俯首思良久，曰："我不惯与生人睡。"语未已，婢潜至，生惶恐遁去。少时，会母所，母问："何往？"女答以园中共话。媪曰："饭熟已久，有何长言，周遮乃尔[79]。"女曰："大哥欲我共寝。"言未已，生大窘，急目瞪之。女微笑而止。幸媪不闻，犹絮絮究诘。生急以他词掩之，因小语责女。女曰："适此语不应说耶？"生曰："此背人语。"女曰："背他人，岂得背老母？且寝处亦常事，何讳之？"生恨其痴，无术可悟之。食方竟，家人捉双卫来寻生[80]。

先是，母待生久不归，始疑。村中搜觅几遍，竟无踪兆。因往询吴。吴忆曩言，因教于西南山村行觅。凡历数村，始至于此。生出门，适相值，便入告媪，且请偕女同归。媪喜曰："我有志，匪伊朝夕[81]。但残躯不能远涉，得甥携妹子去，识认阿姨，大好！"呼婴宁。宁笑至。媪曰："有何喜，笑则不辍？若不笑，当为全人。"因怒之以目，乃曰："大哥欲同汝去，可便装束。"又饷家人酒食，始送之出曰："姨家田产丰裕，能养冗人[82]。到彼且勿归，小学诗礼[83]，亦好事翁姑。即烦阿姨，为汝择一良匹[84]。"二人遂发。至山坳，回顾，犹依稀见媪倚门北望也。

抵家，母睹姝丽，惊问为谁。生以姨女对。母曰："前吴郎与儿言者，诈也。我未有姊，何以得甥？"问女，女曰："我非母出。父为秦氏，殁时，儿在褓中，不能记忆。"母曰："我一姊适秦氏[85]，良确；然殂谢已久[86]，那得复存？"因审诘面庞、痣赘[87]，一一符合。又疑曰："是矣。然亡已多年，何得复存？"疑虑间，吴生至，女避入室。吴询得故，惘然久之，忽曰："此女名婴宁耶？"生然之，吴极称怪事。问所自知，吴曰："秦家姑去世后，姑丈鳏居，祟于狐[88]，病瘠死[89]。狐生女名婴宁，绷卧床上，家人皆见之。姑丈殁，狐犹时来；后求天师符粘壁间[90]，狐遂携女去。将勿此耶[91]？"彼此疑参[92]，但闻室中嗤嗤，皆婴宁笑声。母曰："此女亦太憨[93]。"吴请面之。母入室，女犹浓笑不顾。母促令出，始极力忍笑，又面壁移时，方出。才一展拜。翻然遽入，放声大笑。满室妇女，为之粲然[94]。

吴请往觇其异[95]，就便执柯[96]。寻至村所，庐舍全无，山花零落而已。吴忆姑葬处，仿佛不远；然坟垅湮没，莫可辨识，诧叹而返。母疑其为鬼，入告吴言，女略无骇异；又吊其无家，亦殊无悲意，孜孜憨笑而已[97]，众莫之测。母令与少女同寝止，昧爽即来省问[98]，操女红精巧绝伦[99]。但善笑，禁之亦不可止；然笑处嫣然[100]，狂而不损其媚，人皆乐之，邻女少妇，争承迎之。

母择吉将为合卺[101]，而终恐为鬼物，窃于日中窥之，形影殊无少异。至日，使华装行新妇礼；女笑极不能俯仰，遂罢。生以其憨痴，恐漏泄房中隐事；而女殊秘密，不肯道一语。每值母忧怒，女至，一笑即解。奴婢小过，恐遭鞭楚，辄求诣母共话[102]；罪婢投见，恒得免[103]。而爱花成癖，物色遍戚党；窃典金钗，购佳种，数月，阶砌藩溷[104]，无非花者。

庭后有木香一架，故邻西家。女每攀登其上，摘供簪玩。母时遇见，辄诃之。女卒不改。一日，西人子见之，凝注倾倒。女不避而笑。西人子谓女意已属[105]，心益荡。女指墙底笑而下，西人子谓示约处，大悦。及昏而往，女果在焉。就而淫之，则阴如锥刺，痛彻于心，大号而踣[106]。细视非女，则一枯木卧墙边，所接乃水淋窍也。邻父闻声，急奔研问，呻而不言。妻来，始以实告。爇火烛窥[107]，见中有巨蝎，如小蟹然。翁碎木，捉杀之。负子至家，半夜寻卒[108]。邻人讼生，讦发婴宁妖异[109]。邑宰素仰生才[110]，稔知其笃行士[111]，谓邻翁讼诬，将杖责之。生为乞免，遂释而出。母谓女曰："憨狂尔尔，早知过喜而伏忧也。邑令神明，幸不牵累；设鹘突官宰[112]，必逮妇女质公堂，我儿何颜见戚里？"女正色，矢不复笑[113]。母曰："人罔不笑[114]，但须有时。"而女由是竟不复笑，虽故逗之亦终不笑，然竟日未尝有戚容[115]。

一夕，对生零涕。异之，女哽咽曰："曩以相从日浅，言之恐致骇怪。今日察姑及郎，皆过爱无有异心，直告或无妨乎？妾本狐产。母临去，以妾托鬼母，相依十余年，始有今日。妾又无兄弟，所恃者惟君。老母岑寂山阿[116]，无人怜而合厝之[117]，九泉辄为悼恨。君倘不惜烦费，使地下人消此怨恫[118]，庶养女者不忍溺弃[119]。"生诺之，然虑坟冢迷于荒草。女但言无虑。刻日，夫妇舆榇而往[120]。女于荒烟错楚中指示墓处[121]，果得媪尸，肤革犹存。女抚哭哀痛。舁归[122]，寻秦氏墓合葬焉。是夜，生梦媪来称谢，寤而述之。女曰："妾夜见之，嘱勿惊郎君耳。"生恨不邀留。女曰："彼鬼也，生人多，阳气胜，何能久居？"生问小荣。曰："是亦狐，最黠。狐母留以视妾，每摄饵相哺[123]，故德之常不去心[124]。昨问母，云已嫁之。"由是岁值寒食[125]，夫妇登秦墓，拜扫无缺。女逾年，生一子，在怀抱中不畏生人，见人辄笑，亦大有母风云[126]。

异史氏曰[127]："观其孜孜憨笑，似全无心肝者。而墙下恶作剧，其黠孰甚焉[128]。至凄恋鬼母，反笑为哭，我婴宁殆隐于笑者矣。窃闻山中有草，名'笑矣乎[129]'，嗅之则笑不可止。房中植此一种，则合欢、忘忧并无颜色矣。若解语花[130]，正嫌其作态耳。"

【注　释】

[1]莒(jǔ)：地名，在今山东莒县一带。　[2]惠：通"慧"。入泮：泮即泮宫，原指西周诸侯所设的太学，后来地方官办的学校也称泮宫，入泮即进学——考取秀才，得以进泮宫读书。　[3]聘：订婚。旧时风俗，订婚时男家要向女家致送聘礼，后来就以"聘"为订婚的代名词。　[4]夭：夭折、早死。　[5]凰：传说中的凤凰，雄者为凤，雌者为凰。求凰就是聘女、求妻的意思。　[6]会：值，恰逢。上元：正月十五。　[7]眺瞩：远望、游览。　[8]拈：用手指拿着。　[9]数武：半步叫做"武"，"数武"就是几步的意思。　[10]个：这个。[11]怏怏：失意的神态。　[12]醮禳(jiào ráng)：请和尚、道士清除疾病、灾难。剧：加重。"醮禳"句：指求神问卜病情反而加重。　[13]肌：肌肉。革：皮肤。锐：迅速。"肌革"句：指身体很快消瘦下去。　[14]投剂：下药，从病人的角度说就是吃药。发表：中医名词，指把伏在体内的疾病用药发散托表出来。此句指吃药发散内火。　[15]字：许婚。　[16]拚：不惜。赂：用钱收买。　[17]计：估量、估计。遂：成功、实现。[18]痊瘳(chōu)：病好。　[19]解颐：笑。颐：面颊。　[20]绐(dài)：欺骗。　[21]诡：欺。　[22]锐身自任：挺身承担。　[23]折柬：裁纸写信。　[24]恚(huì)：怨恨。　[25]悒悒：忧闷不乐的样子。　[26]耗：消息。　[27]仰息：仰人鼻息。　[28]负气：赌气。　[29]伶仃：孤独的样子。　[30]合沓(tà)：集聚重叠。[31]意：意态、样子。修：修整、整齐。雅：幽雅。　[32]格磔(zhé)：鸟雀鸣叫的声音，这里用为动词，鸣叫的意思。　[33]遽(jù)：突然。　[34]俄：忽然。　[35]伫听：站着静听。　[36]阶进：踏着阶梯而入，这里有通过关系或找出理由进去的意思。　[37]顾：但是。　[38]日昃(zè)：太阳偏西。　[39]盈盈：眼光流转顾盼的样子。　[40]并忘：两忘，同时都忘了。　[41]讶：惊讶。　[42]辰刻：上午七时至九时之间。　[43]

得勿：莫不是。[44]啖(dàn)以粗粝：吃一点粗米饭。[45]馁：饿。[46]关：门。[47]肃：请进。[48]裀藉：垫褥，坐席。[49]罔：无。[50]甫：刚。[51]噭(jiào)：高声。[52]坐次：坐了一会儿。[53]具展宗阀：详细说明宗族门第。[54]尊堂：对别人母亲得尊称。[55]窭(jù)：贫穷。[56]三尺男：仆童。[57]诞育：生育。[58]弱息：谦称自己的子女，这里指婴宁。庶产：妾所生的儿女。[59]渠：代词，她(他)。改醮：改嫁。古时女子出嫁时有人酌酒叫她喝，叫做醮，因此改嫁称改醮。[60]遗我鞠养：留给我抚养。[61]钝：愚笨。[62]未几：不久。[63]雏尾盈握：抓着尾部已满一手的家禽。[64]敛具：收拾餐具。[65]庚午属马：庚午年生的人属马。[66]首应：点头答应。[67]姑家：婆家。婆婆称姑，公公称翁。[68]遑：暇。瞬：转目看。[69]襆(fú)：被单。襆被：即被褥，这里用作动词，即铺设被褥。[70]迟迟：等一等。[71]糁(sǎn)径：糁，饭粒，引申为散粒，这里用作动词，即像米粒散落在小路上。[72]三楹：三间。[73]四合其所：四面包围着这个地方。[74]阴捘(zùn)其腕：暗中捏着她的手腕。捘：按、捏。[75]自分化为异物：自以为要化为鬼物了，即要死了。分：料想。异物：鬼物。[76]靳惜：吝惜。[77]葭莩(jiā fú)：芦苇管中的白膜，这里比喻疏远的亲戚。[78]瓜葛：瓜和葛，是牵连很长的蔓生植物，用以比喻疏远的亲戚。[79]周遮：指声音繁杂细碎，形容话多而不断。乃尔：指竟如此、竟这样的意思。周遮乃尔：指竟然如此话多。[80]捉双卫：即牵着两头驴。卫：驴的别名。[81]匪伊朝夕：不是一朝一夕。伊：语助词。[82]冗人：多余的人，不从事生产的人。[83]小学诗礼：稍微学点诗书礼仪。[84]良匹：好配偶，好对象。[85]适：嫁给。[86]殂(cú)谢：死亡。[87]痣：皮肤上的深色小斑痕。赘：皮肤上的小疙瘩。这里指人身上的特征。[88]祟于狐：被狐狸精迷住了。[89]病瘠死：害虚症而死。病：用作动词，生病。瘠：虚等症。[90]天师：东汉张道陵传播道教，其子孙在江西龙虎山从事"炼丹画符、捉鬼拿妖"等活动，朝廷将其封为张天师，其后代沿用这个称号。这里泛指道士。[91]将勿：莫非，莫不是。[92]疑参：怀疑揣测。[93]憨：傻气。[94]粲然：形容笑的样子。[95]觇(chān)：窥视。[96]执柯：做媒。[97]孜孜：憨笑不停的样子。[98]昧爽：拂晓。[99]女红："红"同"工"，女红即指纺绩、刺绣等事。[100]嫣然：指美好的样子。[101]合卺(jǐn)：古代婚礼的一种仪式，将一个葫芦剖为两半为卺，新婚夫妇各持一半饮酒为合卺，后来就泛指婚礼。这里是举行婚礼的意思。[102]诣母：指到母亲那里去的意思。[103]恒：常常。[104]阶砌藩溷(hùn)：指庭阶篱笆厕所等地方。[105]谓女意已属：认为婴宁对他已经有意了。[106]踣(bó)：仆倒。[107]爇(ruò)：点燃。[108]寻卒：随即死亡。[109]讦：斥责别人的过失，揭发别人的隐私。[110]"邑宰"句：指知县平素敬仰王生的才学的意思。[111]"稔知"句：指深知王生是一个品德纯厚的读书人。[112]鹘突：即糊涂。[113]矢：通"誓"。[114]罔：没有的意思。[115]戚容：形容忧愁的样子。[116]岑寂：高静，离开人世而独处。山阿：山坳，山坳里。[117]厝(cuò)：埋葬。[118]恫(tōng)：病痛。[119]庶：庶几，希望之词。溺：淹死。"庶养"句：指也许可以使生女孩的人不忍心将其淹死或抛弃。[120]榇(chèn)：棺材。舆榇：意谓用车子装着棺材。[121]楚：荆木，这里泛指草木。错楚：杂乱的草木。[122]舁(yú)：抬。[123]摄饵：找来食物。[124]德之常不去心：指感激不忘。[125]寒食：即寒食节。在清明的前一天。[126]母风：母亲的样子。[127]异史氏：蒲松龄的自称。[128]黠：聪慧。[129]笑矣乎：宋代陶谷《清异录》说，相传有一种菌蕈，吃了会使人无故发笑，名"笑矣乎"。这里说是草，可能是作者的创造。[130]解语花：唐玄宗对杨贵妃的称呼，指她美丽如花，又懂人意。后来一般用"解语花"比喻聪明美丽的女子。

【评　析】

《婴宁》通过王子服痴心追求婴宁的故事，表现了作者反对封建礼教、追求纯真人性的进步理想，寄寓了对人情世态的深切感受和社会理想。

小说基本情节为：上元邂逅(开端)，遇美女王子服相思成疾；山中恋情(发展)，寻婴宁王子服巧遇姨亲；喜结秦晋(高潮、结局)，娶美女婴宁改变性格。婴宁系狐母所生，鬼母所养，"出于幻域，顿入人间"。这个形象的构成有四个重要元素：美("容华绝代")，爱花成癖，花衬托了婴宁如花般美艳的面容和如花般美善的心灵;娇("嬉不知愁"),嗜笑如痴,笑是婴宁试探人生、应付生活、取得胜利的手段;憨("呆痴如婴儿"),不通情事,表现出远离人世以前的婴宁天真娇痴、随性自然的性格特征;"黠"("颇亦不钝"),大智若愚,一种道家的藏智于愚的聪明。

《婴宁》重视人物个性特征的描写,有意淡化小说的情节性,腾出较大空间来刻画人物。

【习 题】

1. 蒲松龄是怎样塑造婴宁这一单纯天真、美丽可爱的狐女形象的?

2. 小说结尾婴宁为什么不笑反而哭? 作者为什么有这样的安排?

3. 鲁迅言《聊斋志异》"用传奇法,而以志怪",请结合本篇和《青凤》《红玉》等谈谈你的体会。

第八章

现当代诗歌

自“五四”以来，中国诗歌走了一条反叛传统、取法异域、借鉴民歌的道路。

白话新诗创作成为“五四”新文学运动的前锋，最早的果实是胡适的《尝试集》，同时写新诗的还有刘半农、沈尹默、俞平伯、康白情等。创造社主将郭沫若的《女神》将诗体解放推向极致，为新诗真正奠基。之后，湖畔诗人（冯雪峰、潘漠华、应修人、汪静之）以爱情诗，冰心以《春水》《繁星》，宗白华以《流云小诗》登上诗坛。最有创作实绩的当推新月派诗人，闻一多的《红烛》《死水》及徐志摩、朱湘等的诗歌传诵一时。新月诗派提出“三美”（音乐美、绘画美、建筑美）主张，倡导新诗格律化，影响尤大。20 世纪 30 年代是新诗的繁荣期，以李金发为首的象征派和以戴望舒为首的现代派崛起，现代派具有散文美的新诗丰富了新诗的艺术形式和艺术风格，加强了新诗的表现力。《雨巷》一出，诗坛为之惊异，认为“替新诗的音节开了一个新纪元”。这一时期的重要诗人还有卞之琳、冯至、何其芳、李广田、陈梦家、臧克家、田间、殷夫、蒋光慈、蒲风等。20 世纪 40 年代，解放区诗歌突出的现象是叙事诗繁荣，李季、阮章竞分别写出采用民歌格调的叙事长诗《王贵与李香香》和《漳河水》。国统区诗歌以自由体为主流，突出的现象是政治讽刺诗盛行。七月诗派是影响最大的抒情诗派，艾青、田间（后均到延安）为该派旗帜，自由诗体在艾青手中获得一种自然而成熟的散文美，他是这一时期最有成就的诗人。九叶诗派诗人（穆旦、杭约赫、辛笛等），在艺术上注重繁密意象的营构，写出不少耐人品味的作品。袁水拍的讽刺诗集《马凡陀山歌》是国统区诗歌中在民族化、群众化方面的成功尝试。

当代诗歌以 1976 年为界，分为前后期。20 世纪 50—60 年代中期，占主流地位的是歌唱新生活、高扬政治热情和理想的再现式的抒情诗。主要诗人有以描写边疆生活为特色的闻捷（《天山牧歌》）和擅长写政治抒情诗的郭小川（《致青年公民》）、贺敬之（《放声歌唱》），另外还有写油田生活的李季（《玉门诗钞》）、写军旅生活的李瑛（《花的原野》）。十年“文革”时期，已被剥夺创作权利的诗人如郭小川、公刘、穆旦、绿原、牛汉、曾卓等坚持秘密创作，再就是食指和“白洋淀诗群”的地下创作传抄。20 世纪 70 年代中期的天安门诗歌运动，是新时期诗歌创作的前奏。1949 年以后诗歌创作的真正繁荣由此开始，朦胧诗人北岛、舒婷、顾城、江河、杨炼等饮誉诗坛，他们的诗歌体现了不同于传统新诗的审美追求和审美特征，代表了 20 世纪 80 年代初中期诗歌的整体水平。艾青、曾卓、白桦、公刘、邵燕祥、流沙河等一批老诗人重返诗坛，写作“归来的歌”。李瑛、雷抒雁等实力派诗人也纷纷写出脍炙人口的佳作。20 世纪 80 年代中期以后，出现了海子、韩东、于坚、翟永明、王家新等“新生代”诗人，他们创作的整体特色是坚持平民主义的审美态度，反英雄，反崇高，恪守“零度情感”写作，“从朦胧回到现实”。20 世纪 90 年代以后，当代新诗创作渐渐走向衰落，旧体诗创作在民间流行。

当代台港澳地区的诗歌创作呈现出杂花生树的景象，其中最引人注目的是乡愁诗，重要的诗人有纪弦、余光中、洛夫、痖弦等。

再别康桥[1]

徐志摩

徐志摩(1896—1931)，中国现代“新月诗派”重要诗人，浙江海宁人。曾留学欧美，先后在北京、上海等地大学任教。著有诗集《志摩的诗》《翡冷翠的一夜》《猛虎集》等。徐志摩早期诗歌有不少思想健康、格调明朗之作，蕴含爱祖国、反封建的积极因素；后期诗歌更多地流露出消极和厌世的情调。其诗作以爱情诗为中心题材，也有一些风景诗和贴近社会生活的诗。感情缠绵，富于想象；意象新颖美妙，章法严谨有变；意境清新，风格飘逸，文笔清丽，极富音韵美。另外，徐志摩还有散文集《落叶》《巴黎的鳞爪》，小说集《轮盘》等。

轻轻的我走了，
正如我轻轻的来；
我轻轻的招手，
作别西天的云彩。

那河畔的金柳，
是夕阳中的新娘；
波光里的艳影，
在我的心头荡漾。

软泥上的青荇[2]，
油油的在水底招摇；
在康河的柔波里，
我甘心做一条水草！

那榆荫下的一潭，
不是清泉，是天上虹；
揉碎在浮藻间[3]，
沉淀着彩虹似的梦。

寻梦？撑一只长篙，
向青草更深处漫溯[4]；
满载一船星辉，
在星辉斑斓里放歌。

但我不能放歌，
悄悄是别离的笙箫；
夏虫也为我沉默，
沉默是今晚的康桥！

悄悄的我走了，
正如我悄悄的来；
我挥一挥衣袖，
不带走一片云彩。

【注　释】

[1]康桥：即剑桥。徐志摩1922年告别康桥后，1928年故地重游，在归国海轮上写成此诗。 [2]青荇(xìng)：即荇菜，一种水生植物。 [3]浮藻：浮在水面上的藻类植物。 [4]漫溯(sù)：迎着水流的方向漫游。

【评　析】

《再别康桥》抒发对康桥的深爱之情、理想破灭后的怅惘情思及不舍康桥的缠绵意绪。

诗人以挥手作别片刻间感情的起伏为线索，将所见、所闻、所思、所为连缀成完整的篇章。首节轻柔缠绵、一往情深，领起全篇。末节从回忆转回现实，写别离的感伤，卒章收笔。中间四节写康桥之美。二、三节以视觉形象写康桥之美，抒发真诚深切的倾慕之情。笔墨由岸上到河面，由河面到水底；描写对象由树到波，由波到草；感情由欣赏陶醉到物我合一。四、五节以追忆的形象写康桥之美，抒发迷醉依恋之情。时间由傍晚到入夜，空间由水面到星空，描写对象由实景到虚景，情思由美好的追忆到沉醉。第五节是全诗的高潮，"寻梦"引出旧日夜半到康河泛舟情景的追忆。

对称状的结构、错落有致的诗行(建筑美)，优美飘逸的线条，丰富多彩的画面、(绘画美)，轻柔抑扬的节奏、和谐美妙的韵律(音乐美)是本诗特色。

【习　题】

1. 了解诗人人生经历，理解《再别康桥》情感内容的三重元素。
2. 这首诗是如何体现新月诗派"三美"(建筑美、绘画美、音乐美)的主张的？
3. 本诗开头和结尾的呼应，有何审美作用？

死　　水

闻一多

闻一多(1899—1946),本名闻家骅,湖北浠水人。中国现代“新月诗派”代表诗人、学者和民主战士。闻一多在新诗道路上进行了有价值的探索,1928 年与徐志摩等人创办《新月》杂志,著有诗集《红烛》《死水》和论著《诗的格律》。《红烛》《死水》表现出不同的艺术风格,但爱国主义激情一以贯之,诗作表现出极强的民族意识和民族气质。《诗的格律》倡言新格律诗,提出“三美”原则,是新诗形式理论的重要建树。闻一多的成就并不限于新诗创作和提倡新格律诗理论,在《诗经》《楚辞》《庄子》、唐诗以及神话等领域的研究中都取得了突破性成果。

这是一沟绝望的死水,
清风吹不起半点漪沦。
不如多扔些破铜烂铁,
爽性泼你的剩菜残羹。

也许铜的要绿成翡翠,
铁罐上锈出几瓣桃花。
再让油腻织一层罗绮,
霉菌给它蒸出些云霞。

让死水酵成一沟绿酒,
飘满了珍珠似的白沫;
小珠们笑声变成大珠,
又被偷酒的花蚊咬破。

那么一沟绝望的死水,
也就夸得上几分鲜明。
如果青蛙耐不住寂寞,
又算死水叫出了歌声。

这是一沟绝望的死水,
这里断不是美的所在。
不如让给丑恶来开垦,
看他造出个什么世界。

【评　析】

《死水》是对对军阀统治下的满目疮痍的社会现实的诅咒，“死水”是隐喻。

与描写对象相应，《死水》采用“豆腐干”诗歌体式：“起”（首节）—“承”（中间三节）—“合”（末节）。一、二句揭示全诗题旨，首句是结论，次句是依据，表明诗人对现实的否定和批判：社会已病入膏肓，无法救治！后二句是愤激的反语。第二诗节写扔“破铜烂铁”，泼“剩菜残羹”的结果。诗人抓住死水绚烂、缤纷的假象与污秽、凝滞的实质，进行强烈的对比，其丑愈显，令人恶心！第三、四诗节，续写死水伪装光明和美丽来欺骗世人。反言若正，狂歌当哭，传达出诗人的绝望、痛恨之情。最后呼应开头，重现诗的主旋律。末句是对“死水”未来的绝望，似结未结，余音袅袅。

此诗是闻一多所倡言的“建筑美”的力作，其格律用来表现悲愤内蕴的感情非常合适，表面的冷静包藏着一股意欲毁灭一切的感情力量。

【习　题】

1. 试分析《死水》所表现的思想感情。
2. 谈谈这首诗艺术构思上的特点。
3. 体会诗歌最末两句的深刻含义。

雨　巷

戴望舒

戴望舒（1905—1950），原名戴梦鸥，浙江杭州人。中国现代“现代诗派”重要诗人，有“雨巷诗人”之称。早年就读于上海震旦大学，并开始从事新诗创作，曾留学法国、西班牙。他将西方象征主义诗艺与中国古典诗歌传统有机结合起来，创作出“铺张而不虚伪，华美而有法度”的现代新诗，开一代诗风。前期诗作清丽哀婉，多着重于对自己感伤情怀的抒发；后期诗作现实感加强，开始关注处于激烈变动中的时代和国家，风格一变为激昂沉郁。戴望舒在新诗的创作和译介方面都做出了重要贡献，除了诗集《望舒草》《我的记忆》等外，还有译作、散文传世。

撑着油纸伞，独自
彷徨在悠长、悠长
又寂寥的雨巷，
我希望逢着
一个丁香一样地
结着愁怨的姑娘。

她是有

丁香一样的颜色，
丁香一样的芬芳，
丁香一样的忧愁，
在雨中哀怨，
哀怨又彷徨；

她彷徨在这寂寥的雨巷，
撑着油纸伞
像我一样，
像我一样地
默默彳亍着[1]，
冷漠，凄清，又惆怅。

她静默走近
走近，又投出
太息一般的眼光[2]，
她飘过
像梦一般地，
像梦一般地凄婉迷茫。

像梦中飘过
一枝丁香地，
我身旁飘过这女郎；
她静默地远了，远了，
到了颓圮的篱墙[3]，
走尽这雨巷。

在雨的哀曲里，
消了她的颜色，
散了她的芬芳，
消散了，甚至她的
太息般的眼光，
丁香般的惆怅。

撑着油纸伞，独自
彷徨在悠长、悠长
又寂寥的雨巷，
我希望飘过
一个丁香一样地

结着愁怨的姑娘。

【注　释】

[1]彳亍(chì chù):慢步走,走走停停。 [2]太息:叹息。 [3]颓圮(pǐ):毁坏,倒塌。

【评　析】

《雨巷》表现了诗人交织着失望和希望、幻灭和追求的双重情怀。

六节诗以"希望"为中心线索。第一节写希望的萌发,从萌发希望的环境和心情写起。诗句该断的地方连起来,该连起来的地方却隔断,造成了跌宕起伏的气势,关键词语"独自""彷徨""悠长"得到了强调。第二至四节写希望的幻现:丁香一样的姑娘飘然而至。用排比兼反复的手法,把希望中的姑娘与雨中的丁香融为一体,纯洁美好但又结满愁怨,淡雅清新又渺茫难求。第五、六节写希望的幻灭,先集中写"飘逝":飘过身旁—静静远去—走出雨巷;后集中写诗人的愁情,"消了""散了""消散了"饱含无限依恋惋惜之情。最后一节写希望的继续。它虽是首节的重复,但重复中有微细的变化,将"逢着"改成了"飘过",强调了诗人追求朦胧希望的执着态度。

《雨巷》最突出的亮点是由和谐优美的韵律所构成的浓厚的音乐感。

【习　题】

1. 分析这首情调忧郁感伤的诗作所表达的思想情感。
2. 谈谈本诗意象("雨巷""姑娘")、意境的创造及其特点。
3. 叶圣陶称此诗"替新诗的音节开了一个新的纪元",谈谈你对本诗音乐美的感受。

雪落在中国的土地上

艾　青

艾青(1910—1996),原名蒋海澄,浙江金华人,中国现代"七月诗派"先驱诗人。艾青一生诗歌创作有两次高峰:抗战时期(以"太阳组诗"和"北方组诗"为代表)和"复出"以后(以《归来的歌》《光的赞歌》为代表)。其诗较多地把个人悲欢融合到时代的悲欢里,反映民族和人民的苦难与命运,反映现实的生活和斗争,比较鲜明地传出时代的呼唤和人民的心声。充沛浓烈的感情,深沉忧郁的情调,准确鲜明的意象,自由不羁的体式,朴实无华的语言,粗犷奔放的风格,是艾青诗歌的独具风采。还著有《诗论》,强调创作的使命感、民族性、多样性和散文美。

雪落在中国的土地上,
寒冷在封锁着中国呀……

风，
像一个太悲哀了的老妇，
紧紧地跟随着
伸出寒冷的指爪
拉扯着行人的衣襟，
用着像土地一样古老的话
一刻也不停地絮聒着[1]……

那从林间出现的，
赶着马车的
你中国的农夫
戴着皮帽
冒着大雪
你要到哪儿去呢？

告诉你
我也是农人的后裔——
由于你们的
刻满了痛苦的皱纹的脸
我能如此深深地
知道了
生活在草原上的人们的
岁月的艰辛。

而我
也并不比你们快乐啊
——躺在时间的河流上
苦难的浪涛
曾经几次把我吞没而又卷起——
流浪与监禁
已失去了我的青春的
最可贵的日子，
我的生命
也像你们的生命
一样的憔悴呀

雪落在中国的土地上，
寒冷在封锁着中国呀……

沿着雪夜的河流，
一盏小油灯在徐缓地移行，
那破烂的乌篷船里
映着灯光，垂着头
坐着的是谁呀？

——啊，你
蓬发垢面的少妇，
是不是
你的家
——那幸福与温暖的巢穴——
已被暴戾的敌人
烧毁了么？
是不是
也像这样的夜间，
失去了男人的保护，
在死亡的恐怖里
你已经受尽敌人刺刀的戏弄？

咳，就在如此寒冷的今夜，
无数的
我们的年老的母亲，
都蜷伏在不是自己的家里，
就像异邦人
不知明天的车轮
要滚上怎样的路程……
——而且
中国的路
是如此的崎岖
是如此的泥泞呀。

雪落在中国的土地上，
寒冷在封锁着中国呀……

透过雪夜的草原
那些被烽火所啮啃着的地域，
无数的，土地的垦殖者
失去了他们所饲养的家畜
失去了他们肥沃的田地

拥挤在
生活的绝望的污巷里：
饥馑的大地
朝向阴暗的天
伸出乞援的
颤抖着的两臂。

中国的苦痛与灾难
像这雪夜一样广阔而又漫长呀！

雪落在中国的土地上，
寒冷在封锁着中国呀……

中国，
我的在没有灯光的晚上
所写的无力的诗句
能给你些许的温暖么？

1937年12月28日夜间

【注　释】

[1]絮聒：唠唠叨叨地说个不停。

【评　析】

一首忧国忧民的爱国主义诗作。诗人由雪落寒冷想到人民苦难，进而想到民族命运。

主题句“雪落在中国的土地上，寒冷在封锁着中国呀……”四次迭现于几大抒情单元之间，形成低缓沉重的抒情节奏，强化了全诗的忧郁悲凉的情调。第一层描写北方雪天原野上藏匿逃亡的情景，第二层描写南方雪夜河流上漂泊异乡的惨况，高度概括了整个中国情状。冰封雪冻景象即是苦难中国的象征，“马车”“乌篷船”雪中意象，象征着中华民族在战火中艰难行进的步履。第三层写母亲一样的土地，是民族灾难的概括性写照。“中国的苦难与灾难/像这雪夜一样广阔而漫长呀”，是抒情的凝聚点和诗歌的点睛之笔。第四层抒发诗人对民族命运的忧虑。以设问作结，在深沉的悲哀中蕴含着一股令人震颤、催人觉醒的战斗力量。

忧郁的情调、悲情的意象、散文化倾向是艾青诗歌的三个特点，在此诗中表现尤为突出。

【习　题】

1. 本诗忧郁悲哀，有着深沉厚重的情感分量，谈谈它与杜甫诗歌的精神联系。
2. 本诗采用象征手法吟唱苦难的中国，谈谈诗中意象选择的匠心和画面组接的技巧。
3. 说说诗中主题句“雪落在中国的土地上，寒冷在封锁着中国呀……”的表达效果。

江南烟雨

丁 芒

丁芒(1925—),江苏南通人,当代著名诗人、文艺评论家、散文家、书法家。1942年开始发表作品,兼写新诗和旧诗,倡导新旧诗体接轨、融合,开创现代新体诗歌的道路,并将理论探索与实践试验相结合。其新诗善于借鉴古典诗歌的艺术手法,擅长托物咏怀,咏物与抒怀水乳交融,意境优美,深蕴哲理;形式上带有明显的格律化倾向,大多以四行为一节,诗行大体整齐,注意对偶,音节和谐,具有古典诗歌的形式美;诗歌语言凝练精美,明快流畅,富于诗情画意。

这被雨水浸融了的江南,
哪儿是桃花,哪儿是杨柳?
绿叶儿都淡成了烟雾,
笼罩着远处依稀的红楼。

只有燕子像遗落的墨点,
在蒙茸细雨中来往穿梭,
翅上驮着湿漉漉的春天,
为她寻觅个落脚的处所。

呵,燕子,你别再啁啾,
春已随稻谷播下了田畴,
你不见秧苗的连天翠色,
已经把乳白的云幔染透!

【评 析】

《江南烟雨》是一幅江南早春风光图,融注了诗人对烟雨江南的无限深情。

第一节扣住题目,写烟雨迷茫。"浸融"见雨量丰沛、泥土湿润。桃柳难辨,绿叶淡化,红楼依稀,组成了具有米芾画意的风景画面,显示了江南早春烟雨的特点。第二节由面到点,写细雨飞燕。"遗落"见数量无多,"墨点"见娇小玲珑,"穿梭"见活泼轻盈。燕驮湿春的想象化虚为实,春天因之有了质感。"蒙茸""湿漉漉"强化烟雨形象和季节特征。第三节以声引色,写绿遍天涯。"啁啾"见出画中有声,诗歌又开新境,"播下了田畴"呼应上节"落脚的处所",谷子落泥、新绿在望,写江南春野充满生机。末两句用夸张之笔将连天翠色和乳白云幔相映照,诗歌意境得到无限开拓,景色之美暗示了生活之美。

作品的浓郁画意主要来源于色彩的组合(红与绿、白与黑、翠与白)和对比的运用(浓与淡、静与动、虚与实)。

【习 题】

1.《江南烟雨》由春山、春空、春野三幅画面组成，燕子的形象在其中起何作用？

2. 本诗注意了语言的色彩美，请结合实例作简要分析。

3. 本诗成功地运用了艺术对比的手法，请举实例说明。

等你，在雨中

余光中

余光中(1928—2017)，祖籍福建永春，生于南京，当代著名作家、诗人。余光中“右手写诗，左手写散文”。诗歌创作，兼容中西，努力创新，对于中国古典诗歌的许多意象予以现代方式的处理，诗作有厚重的历史文化内涵，渗透着华夏文化情感。重要诗集有《舟子的悲剧》《莲的联想》《白玉苦瓜》等，《乡愁》《白玉苦瓜》是抒发爱国恋乡之情的名篇。其散文有着浓郁的诗歌色彩，情感流露诗化，充满诗的情趣和意境，综合运用多重辞格，语言独具特色，富有魅力，著有《听听那冷雨》《左手的缪思》等。

等你，在雨中，在造虹的雨中
　蝉声沉落，蛙声升起
一池的红莲如火焰，在雨中

你来不来都一样，竟感觉
　每朵莲都像你
尤其隔着黄昏，隔着这样的细雨

永恒，刹那，刹那，永恒
　等你，在时间之外
在时间之内，等你，在刹那，在永恒

如果你的手在我的手里，此刻
　如果你的清芬
在我的鼻孔，我会说，小情人

诺，这只手应该采莲，在吴宫
　这只手应该
摇一柄桂桨，在木兰舟中

一颗星悬在科学馆的飞檐

耳坠子一般地悬着
瑞士表都说七点钟了。忽然你走来

步雨后的红莲，翩翩，你走来
像一首小令
从一则爱情的典故里你走来

从姜白石的词里，有韵地，你走来

【评　析】

《等你，在雨中》以自然意象和古典意象叠合显现爱情之美，以具体的情节化的时空来映衬爱情的永恒。

前三节主要以自然意象呈现爱情之美，并从时空形态上暗示爱情的此在性与永恒性。第一节“雨中”“蝉声”“蛙声”“红莲”构成美丽浪漫的等人环境。第二节一转，等的人儿未来，诗人却已释然，因为芙蓉如面，“每朵莲花都像你”，看花如看人，“你来不来都一样”。第三节写等人的感觉，永恒的爱超越了时间，刹那即是永恒。后五节以历史与现实的具体时空杂糅消解时空，用古典意象组合显示并淡化现实。“你”尚未来，“我”忽然想到采莲，莲花在手，如同“你”的手在“我”手中；由采莲想起历史，若在吴宫，“你”便如西施，桂桨兰舟出没南塘，欢快地采莲。第六节转回现实，所等的人飘然而至。后面两节虚实叠加具写美人步姿美好、情感含蓄和气质高雅。

古典与现代超时空地叠合为一，是此诗特征。

【习　题】

1. 网上搜读《仓央嘉措情歌》，深刻理解本诗“红莲”意象的内涵。
2. 本诗意象的组织带有浓厚的古代和现代文化色彩，请谈谈其特点。
3. 重读余光中《乡愁》《乡愁四韵》，比较它们与本诗情感表达的异同。

桂林姑娘

梨　青

梨青（1933—　），香港当代诗人，福建安溪人，本名李福源，1947年赴港后在南洋各地从事教育和商务活动，1984年定居香港，主编《文学世界》《诗世界》丛书。主要作品有《踏浪归来》《情深处处》《梨青的诗》《梨青山水》等，其中《梨青山水》是诗人描绘、歌咏祖国锦绣河山的诗集。梨青的山水诗作不同于一般的、传统的纯粹山水诗，诗人注重将山川风物心灵化、社会化，在大自然的山光水色中寄寓着历史、文化和伦理的思考。

你不必戴廉价的耳坠
　　世俗的手镯
你不要穿高开叉的旗袍
　　红猩猩的礼服……

你只要梳理
　　叠彩山的秀发
你只要眨动
　　漓江水的秋波……

红日煦煦——
　　你清莹、秀丽
风雨细斜——
　　你温柔、神秘！

你向我走来
　　你带来一片微笑的云彩
在你两盏美的笑涡里
　　盛着盈盈花蜜

1986年元月16日于广州

【评　析】

《桂林姑娘》歌咏桂林山水的特征——女性美。

第一节从侧面赞美桂林山水的美，显示了诗人独特的审美观。下面三节正面赞美桂林山水的美。第二节对山水并没有做客观细腻的摹状，而是得其意——柔媚，忘其形——变形，极力强化桂林山水的女性化特征。第三节把桂林山水的美放在一个更广阔的空间来展示，前两行写晴天里桂林山水之美，后两行写雨天里桂林山水之美，明晰美的画面和朦胧美的画面相映成趣，高度概括了桂林山水多彩多姿的美。末节赋予桂林山水以动态形象，“一片微笑的云彩”着眼于山，“微笑”暗示了云彩的轻柔和美丽；“两盏美的笑涡”着眼于水，“笑涡”暗示了水波的轻柔和美丽。“盈盈花蜜”写出桂林山水之美给自己的感觉：可亲的甜美。

这首诗通体使用比喻，又把比喻转化成拟人，人和山水你中有我，我中有你。诗歌情感纯真，意象明朗，语句清新，色调柔美。

【习　题】

1. 谈谈这首山水诗巧妙的艺术构思。
2. 结合本诗谈谈犁青山水诗的创作特色。
3. 阅读贺敬之的《桂林山水歌》，试与本诗作简要比较。

一棵开花的树

席慕蓉

席慕蓉(1943—),原名穆伦·席连勃,蒙古族,原籍内蒙古自治区包头达尔罕茂明安联合旗,当代诗人、散文家。席慕蓉的创作以诗文并称,自诗集《七里香》之后,相继有诗集《无怨的青春》《时光九篇》,散文集《成长的痕迹》《写给幸福》《有一首歌》《同心集》《写生者》等作品问世。席慕蓉的创作宗旨是对生命的珍惜,她的诗文洋溢着生之喜悦和对生命的礼赞;另一个重要主题是对乡愁的抒写。作品具有浓郁的抒情风格。

如何让你遇见我
在我最美丽的时刻　为这
我已在佛前　求了五百年
求它让我们结一段尘缘

佛于是把我化做一棵树
长在你必经的路旁
阳光下慎重地开满了花
朵朵都是我前世的盼望

当你走近　请你细听
那颤抖的叶是我等待的热情
而当你终于无视地走过
在你身后落了一地的
朋友啊　那不是花瓣
那是我凋零的心

【评　析】

《一棵开花的树》用诗人惯常使用的独白语气,直率地诉说对爱情的热烈祈求。

诗人把自己想象成"一棵开花的树",以时间为线来布局。第一节写求佛结缘。为了与心中的情人"结一段尘缘",已在佛前求了五百年,理应有一个美满的结局。诗歌通过祈求时间的漫长,为下面的抒情"蓄势"。第二节写化树开花。佛祖终于被五百年的祈求所感动,把"我"化成一棵开花的树,在路旁站成一道迷人的风景,期待着"你"的到来。第三节写人去花落。那人似乎"无视"树和花的存在,没有驻足谛听和观看,却继续赶路。于是,一树盛开的繁花竟奇迹般地凋零,纷纷飘坠的花瓣铺满一地。"凋零"把心灵的重创和爱情的绝望表现得相当到位。

由于象征物的内涵得到了独具匠心的挖掘,抽象的爱情历程遂在诗人笔下立体化了,加上抒情温婉缠绵而动人心弦，语言自然流畅而富有韵味，令人读后很难忘却。

【习　题】

1. 反复吟味，感受这首诗细腻的情感内涵和别致的抒情方式。
2. 简析这首诗第三节“人去花落”情节处理的艺术效果。
3. 阅读胡安娜·伊瓦沃罗的爱情诗《紧密的结合》。

惠安女子

舒　婷

舒婷(1952—　)，原名龚佩瑜，福建泉州人。当代诗人，20 世纪 80 年代初“朦胧诗派”代表作家。舒婷是一个自觉的歌者，20 世纪 70 年代开始创作，1979 年开始发表诗作。她的诗歌呈现出对个体价值和独立人格的肯定与尊重，表达了对理想的追求，对传统的反思和对人的价值的呼唤，在艺术上自觉融入了现代主义的技巧，如象征、隐喻、意象的组合和跳跃等，情感丰富温婉，诗思缜密流畅，意象明丽隽美，笔调纯净忧伤，充盈着强烈的自我色彩和理想色彩，具有细腻而沉静、哀婉而坚强的抒情风格。著有诗集《双桅船》《会唱歌的鸢尾花》，散文集《心烟》等多种。

野火在远方，远方
在你琥珀色的眼睛里

以古老部落的银饰
约束柔软的腰肢
幸福虽不可预期，但少女的梦
蒲公英一般徐徐落在海面上

呵，浪花无边无际
天生不爱倾诉苦难
并非苦难已经永远绝迹
当洞箫和琵琶在晚照中
唤醒普通的忧伤
你把头巾一角轻轻咬在嘴里

这样优美地站立在海天之间
令人忽略了：你的裸足
所踩过的碱滩和礁石

于是，在封面和插图中
你成为风景，成为传奇

【评 析】

《惠安女子》表达了对惠安女子勤劳品格的真诚赞美、不幸命运的深切同情。

第一节写其古气，因袭古老传统。“远方”是空间概念，又是时间概念（远古），“琥珀”既点明颜色（黄褐），又暗含质感（化石），蛮荒“野火”映照现代“眼睛”，虚实意象叠合见出她们与生俱来的沧桑感。第二节写其命运，幸福不可预期。“柔软的腰肢”（天生娇美）被“银饰”（传统规习）“约束”（禁锢枯耗），“少女的梦”（幸福爱情）不堪一击，如蒲公英随风飘逝。第三节写其性格，默默忍受苦难。“苦难”（历史创伤）没有“绝迹”，“晚照”中“忧伤”被凄哀的“洞箫”“琵琶”声“唤醒”，她们“不爱倾诉苦难”，只咬着头巾默默忍受。第四节写其悲剧，遭受世人误解。外在的绰约风姿被当成“风景”“传奇”，而隐藏在这美之下的磨难、无奈和忧伤被人“忽略”。

这首诗始终体现着人性尤其是女性自觉意识的觉醒。

【习 题】

1. 本诗表达了对现实苦难和真实生命的真诚关怀，请对此试作阐释。
2. 柔美、婉约、清淡是舒婷抒情诗的艺术风格，结合作品谈谈你的感受。
3. 简析诗中惠安女子的形象特征以及形象刻画的基本手法。

眨 眼

顾 城

顾城（1956—1993），原籍上海，中国朦胧派的重要代表，被称为“童话诗人”。1977在《今天》发表诗作后在诗歌界引起强烈反响和巨大争论。1988 年赴新西兰，讲授中国古典文学。后隐居新西兰激流岛，过自给自足的生活。1993 年 10 月 8 日在其新西兰寓所因婚变杀死妻子谢烨后自杀。著作主要有《黑眼睛》《顾城诗集》《顾城童话寓言诗选》《城》等，部分作品被译为英、德、法等多国文字。

在那错误的年代里，我产生了这样的“错觉”。

我坚信，
我目不转睛。

彩虹，
在喷泉中游动，

温柔地顾盼行人，
我一眨眼——
就变成了一团蛇影。

时钟，
在教堂里栖息，
沉静地嗑着时辰，
我一眨眼——
就变成了一口深井。

红花，
在银幕上绽开，
兴奋地迎接春风，
我一眨眼——
就变成了一片血腥。

为了坚信，
我双目圆睁。

【评　析】

顾城的诗，童心外溢，想象奇特，看似平淡天真，实则晶莹剔透。

《眨眼》写特定时代中人的心理错觉，表现时代的荒诞带给天真心灵的戕害。诗前小序点明心理“错觉”产生的社会根源。诗歌首尾写主观心态，中间写客观现实。诗人“坚信”美好的事物不会很快消失，故此“目不转睛”地观照，“目不转睛”体现了观照的专注。然而，执着信念被无情现实击得粉碎，在“眨眼”的瞬间，温柔飘逸的“彩虹”蜕变为阴森可怕的“蛇影”，运转不息的“时钟”蜕变为死寂莫测的“深井”，迎风绽开的“红花”蜕变为惨不忍睹的“血腥”。蜕变的频率之高、跨度之大、速度之快，全然出人意料。面对美好事物接二连三、触目惊心的蜕变，诗人无比错愕，“为了坚信”强调坚守信念，“双眼圆睁”呼应“目不转睛”，流露出不满、质疑和愤慨。

这首诗情绪表达真实明朗，艺术结构紧凑整一，有别于顾城其他诗作。

【习　题】

1. 结合时代背景理解本诗所表达的情感和理性思考。
2. 谈谈《眨眼》中三组意象转化的特点和象征内涵。
3. 搜读顾城《一代人》《远和近》《回归》，归纳顾城诗歌抒情特征。

第九章

现当代散文

现代散文发轫于“五四”前后的白话文运动。它的发展总的来说呈现“龙”头“蛇”尾、一水三分(散文、杂文、报告文学)、由“雅”趋“俗”的迹象。

20 世纪 20 年代散文创作甚有实绩,名家、名篇大都产生于这一时期,如鲁迅的怀旧散文《朝花夕拾》和散文诗《野草》、周作人的言志小品《雨天的书》、朱自清的写景抒情散文《桨声灯影里的秦淮河》《荷塘月色》、冰心的抒情叙事散文《往事》《寄小读者》、郁达夫的自传性散文《鸡肋集》《奇零集》等。作家们都形成了各自风格,如鲁迅深沉冷峻,周作人平和冲淡,林语堂幽默闲适,朱自清漂亮缜密,冰心清丽典雅,郁达夫率真奔放。同期散文家还有叶圣陶、俞平伯、徐志摩、许地山、王统照、郑振铎、钱钟书、叶灵凤、柯灵等。杂文创作阵容也不小,鲁迅、陈独秀、李大钊、钱玄同、刘半农等,都是大家。20 世纪 30 年代,杂文队伍继续发展壮大,主要写手有瞿秋白、徐懋庸、唐弢等。纯散文创作果实累累,各门类均有佳作,如何其芳《画梦录》、丽尼《黄昏之献》、陆蠡《竹刀》、沈从文《湘行散记》等抒情散文;李广田《画廊集》《银狐集》等叙事散文;郁达夫《屐痕处处》、朱自清《欧游杂记》等游记散文;梁遇春《春醪集》、丰子恺《缘缘堂随笔》等议论散文。夏衍《包身工》、宋之的《一九三六年春在太原》的发表,宣告报告文学创作的成熟。范长江、黄钢、沙汀、周立波等也有报告文学力作问世。20 世纪 40 年代,抗战转入相持阶段之后,杂文逐渐唱了主角,巴人、孔另境等加入上海“孤岛”杂文队伍;国统区聂绀弩、秦似都出了杂文集。此外,郭沫若、闻一多、朱自清等的杂文也引人注目。小说家茅盾、巴金既写杂文,又写散文。李广田、陆蠡继续进行抒情散文创作。萧红《回忆鲁迅先生》、梁实秋《雅舍》、张爱玲《更衣记》、沈从文《湘西》是这个时期散文的精品。但总体说来,纯文学意义的散文不如前两个时期繁荣。

20 世纪 50—70 年代中期,散文的审美风范为单纯、集中、鲜明、和谐。抗美援朝时期,魏巍的通讯报告《谁是最可爱的人》,独篇作品引起全国轰动。而后,杨朔诗意隽永、刘白羽激情奔放、秦牧理趣兼容的散文成为人们模仿的范本。三大散文家之外,冰心、吴伯箫、曹靖华的抒情散文和邓拓的《燕山夜话》等杂文,也有很大反响。20 世纪 70 年代中后期,徐迟的《哥德巴赫猜想》,成为我国报告文学的新突破和新开拓。随后好作品连续不断,如《亚洲大陆的新崛起》《大雁情》《人妖之间》《唐山大地震》《没有家园的灵魂》《黑色七月》《中国的小皇帝》等,都好评如潮。巴金《随想录》的出现,散文求“真”才被人们奉为圭臬。散文创作空前繁荣,出现了文化散文、学者散文、女性散文、网络散文、校园散文等多种散文样态。优秀散文家不可胜数，如张中行、季羡林、杨绛、金克木、孙犁、宗璞、周国平、余秋雨、张承志、史铁生、贾平凹、王英琦、刘亮程、周涛等。《文化苦旅》《干校六记》《负暄琐话》《我与地坛》等作品成为人们争读的对象。

台港澳地区散文题材多样，立意深刻。散文家有梁实秋、余光中、张晓风、三毛、席慕蓉、林清玄等。

往　事

冰　心

冰心（1900—2000），现代著名作家、翻译家。原名谢婉莹，福建闽侯人。五四运动时期开始文学创作，以“冰心”笔名发表第一篇小说《两个家庭》，同时写散文和诗。1923年赴美留学，以通信的形式写散文，后结集为《寄小读者》。1926年回国后在燕京大学、清华大学等校任教，并继续散文、小说写作。母爱、童心和自然，是冰心早期散文创作的表现重心；精巧缜密、委婉细腻是冰心散文的艺术风格；在艺术表现上，擅长使用空灵缠绵的“意描”手法，文字典雅，富于诗意，读者易于从中受到爱和美的感染。主要散文集有《寄小读者》《小桔灯》等。

今夜林中月下的青山，无可比拟！仿佛万一，只能说是娟娟的静女，虽是照人的明艳，却不飞扬妖冶；是低眉垂袖，璎珞衿严。

流动的光辉之中，一切都失了正色：松林是一片浓黑的，天空是莹白的，无边的雪地，竟是浅蓝色的了。这三色衬成的宇宙，充满了凝静，超逸与庄严；中间流溢着满空幽哀的神意，一切言词文字都丧失了，几乎不容凝视，不容把握！

今夜的林中，决不宜于将军夜猎——那从骑杂沓，传叫风生，会踏毁了这平整匀纤的雪地；朵朵的火燎和生寒的铁甲，会撩乱了静冷的月光。

今夜的林中，也不宜于燃枝野餐——火光中的喧哗欢笑，杯盘狼藉，会惊起树上稳栖的禽鸟；踏月归去，数里相和的歌声，会叫破了这如怨如慕的诗的世界。

今夜的林中，也不宜于爱友话别，叮咛细语——凄意已足，语音已微；而抑郁缠绵，作茧自缚的情绪，总是太“人间的”了，对不上这晶莹的雪月，空阔的山林。

今夜的林中，也不宜于高士徘徊，美人掩映——纵使林中月下，有佳句可寻，有佳音可赏，而一片光雾凄迷之中，只容意念回旋，不容人物点缀。

我依枕百般回肠凝想，忽然一念回转，黯然神伤……

今夜的青山只宜于这些女孩子，这些病中依枕看月的女孩子！

假如我能飞身月中下视，依山上下曲折的长廊，雪色侵围阑外，月光浸着雪净的衾绸，逼着玲珑的眉宇。这一带长廊之中，万籁俱绝，万缘俱断，有如水的客愁，有如丝的乡梦，有幽感，有彻悟，有祈祷，有忏悔，有万千种话……

山中的千百日，山光松影重叠到千百回，世事从头减去，感悟逐渐侵来，已滤就了水晶般清澈的襟怀。这时纵是顽石钝根,也要思量万事,何况这些思深善怀的女子?

往者如观流水——月下的乡魂旅思,或在罗马故宫,颓垣废柱之旁;或者万里长城,缺堞断阶之上;或者约旦河边,或在麦加城里;或越渡莱茵河,或飞越洛玑山;有多少魂销目断,是耶非耶?只她知道!

来者如仰高山,——久久的徘徊在困弱道途之上,也许明日,也许今年,就揭卸病的细网,轻轻的试扣死的铁门!

天国泥犁,任她幻拟:是泛入七宝莲池?是参谒白玉帝座?是欢悦?是惊怯?有天上的重逢,有人间的留恋,有未成而可成的事功,有将实而仍虚的愿望;岂但为我?牵及众生,大哉生命!

这一切,融合着无限之生一刹那顷,此时此地的,宇宙中流动的光辉,是幽忧,是彻悟,都已宛宛氤氲,超凡入圣——

万能的上帝,我诚何福?我又何辜?……

一九二四年二月三十日夜,沙穰。

【评　析】

文章借描绘林中月下的青山,抒发孤寂、怀乡的情思,讴歌大自然的美和生命的伟大。

前半着重写月下青山的静美。下笔交待描写对象,并融入赞叹之情。接下来实写望中景物,用“流动”“充满”“流溢”形容月色的铺洒,化静止为活动,化无形为有形,突出了月下境界的静美。正面写了“静美”之后,又用“将军夜猎”“燃枝野餐”“爱友话别”“高士徘徊”四个虚拟场景侧面烘托,巧妙地补写了山林、雪地、月光。“我依枕百般回肠凝想”一句是文章的中轴和桥梁,由所见、所思转入后半抒情。七个“有”字领起的一组排比,真切地表现了作者遐思的不断、情感的奔泻。下面逐一写去国离乡、辗转漂泊的旅思,人生短暂、生命无常的哀愁。结尾写依枕看月时的“幽感”和“彻悟”,以向上帝叩问的口吻,总收上文景的描绘和情的抒发。

本文语言轻倩中含几分凝重,流丽中又不乏典雅,好读,耐读。

【习　题】

1. 阅读冰心留美时期其他作品,谈谈本文所抒发的情感内涵。
2. “意描”是冰心散文的一大特色,试结合作品前半部分文字加以分析。
3. 以张爱玲、庐隐、石评梅、萧红等散文为参照,分析冰心“小诗”体散文的基本特征。

墓畔哀歌

石评梅

石评梅(1902—1928),原名石汝璧,山西平定人。她是继冰心、冯沅君之后活跃在20世纪20年代文坛的青年女作家。1919年就读于北京女子高等师范学校体育科,1921年起发表诗歌、剧本,1924年转向散文创作。石评梅散文的内容可以概括为"爱"和"愁"两个字,这两个方面纠结在一起,难分难解。其作品主观抒情色彩浓烈,富于典雅的诗意,抒情哀婉缠绵,意境凄幽淡美,语言冷艳清绮,极具情感震撼力和艺术感染力。石评梅去世后,其好友为她编辑出版了散文集《偶然草》《涛语》。

一

我由冬的残梦里惊醒,春正吻着我的睡靥低吟!晨曦照上了窗纱,望见往日令我醺醉的朝霞,我想让丹彩的云流,再认认我当年的颜色。

披上那件绣着蛱蝶的衣裳,姗姗地走到尘网封锁的妆台旁。呵!明镜里照见我憔悴的枯颜,像一朵颤动在风雨中苍白凋零的梨花。

我爱,我原想追回那美丽的皎容,祭献在你碧草如茵的墓旁,谁知道青春的残蕾已和你一同殉葬。

二

假如我的眼泪真凝成一粒一粒珍珠,到如今我已替你缀织成绕你玉颈的围巾。

假如我的相思真化作一颗一颗的红豆,到如今我已替你堆集永久勿忘的爱心。

哀愁深埋在我心头。

我愿燃烧我的肉身化成灰烬,我愿放浪我的热情怒涛汹涌,天呵!这蛇似的蜿蜒,蚕似的缠绵,就这样悄悄地偷去了我生命的青焰。

我爱,我吻遍了你墓头青草在日落黄昏;我祷告,就是空幻的梦吧,也让我再见见你的英魂。

三

明知道人生的尽头便是死的故乡,我将来也是一座孤冢,衰草斜阳。有一天呵!我离开繁华的人寰,悄悄入葬,这悲艳的爱情一样是烟消云散,昙花一现,梦醒后飞落在心头的都是些残泪点点。

然而我不能把记忆毁灭,把埋我心墟上的残骸抛却,只求我能永久徘徊在这垒垒荒冢之间,为了看守你的墓茔,祭献那茉莉花环。

我爱,你知否我无言的忧衷,怀想着往日轻盈之梦。梦中我低低唤着你小名,醒来只是深夜长空有孤雁哀鸣!

四

黯淡的天幕下，没有明月也无星光，这宇宙像数千年的古墓；皑皑白骨上，飞动闪映着惨绿的磷花。我匍匐哀泣于此残锈的铁栏之旁，愿烘我愤怒的心火，烧毁这黑暗丑恶的地狱之网。

命运的魔鬼有意捉弄我弱小的灵魂，罚我在冰雪寒天中，寻觅那凋零了的碎梦。求上帝饶恕我，不要再惨害我这仅有的生命，剩得此残躯在，容我杀死那狞恶的敌人！

我爱，纵然宇宙变成烬余的战场，野烟都腥：在你给我的甜梦里，我心长系驻于虹桥之中，赞美永生！

五

我镇天踟蹰于垒垒荒冢，看遍了春花秋月不同的风景，抛弃了一切名利虚荣，来到此无人烟的旷野，哀吟缓行。我登了高岭，向云天苍茫的西方招魂，在绚烂的彩霞里，望见了我沉落的希望之陨星。

远处是烟雾冲天的古城，火星似金箭向四方飞游！隐约的听见刀枪搏击之声，那狂热的欢呼令人震惊！在碧草萋萋的墓头，我举起了胜利的金觥，饮吧我爱，我奠祭你静寂无言的孤冢！

星月满天时，我把你遗我的宝剑纤手轻擎，宣誓向长空：愿此生永埋了英雄儿女的热情。

六

假如人生只是虚幻的梦影，那我这些可爱的映影，便是你赠与我的全生命。我常觉你在我身后的树林里，骑着马轻轻地走过去。常觉你停息在我的窗前，徘徊着等我的影消灯熄。常觉你随着我唤你的声音悄悄走近了我，又含泪退到了墙角。常觉你站在我低垂的雪帐外，哀哀地对月光而叹息！

在人海尘途中，偶然逢见个像你的人，我停步凝视后，这颗心呵！便如秋风横扫落叶般冷森凄零！我默思我已经得到爱之心，如今只是荒草夕阳下，一座静寂无语的孤冢。

我的心是深夜梦里，寒光闪灼的残月，我的情是青碧冷静，永不再流的湖水。残月照着你的墓碑，湖水环绕着你的坟，我爱，这是我的梦，也是你的梦，安息吧，敬爱的灵魂！

七

我自从混迹到尘世间，便忘却了我自己；在你的灵魂我才知是谁。

记得也是这样夜里。我们在河堤的柳丝中走过来，走过去。我们无语，心海的波浪也只有月儿能领会。你倚在树上望明月沉思，我枕在你胸前听你的呼吸。抬头看见黑翼飞来掩遮住月儿的清光，你抖颤着问我：假如这苍黑的翼是我们的命运时，应该怎样？

我认识了欢乐，也随来了悲哀，接受了你的热情，同时也随来了冷酷的秋风。往日，我怕恶魔的眼睛凶，白牙如利刃；我总是藏伏在你的腋下趑趄不敢进，你一手执宝剑，一手扶着我践踏着荆棘的途径，投奔那如花的前程！

如今，这道上还留着你斑斑血痕，恶魔的眼睛和牙齿再是那样凶狠。但是我爱，你不要怕我孤零，我愿用这一纤细的弱玉腕，建设那如意的梦境。

八

春来了，催开桃蕾又飘到柳梢，这般温柔慵懒的天气真使人恼！她似乎躲在我眼底有意缭绕，一阵阵风翼，吹起了我灵海深处的波涛。

这世界已换上了装束，如少女般那样娇娆，她披拖着浅绿的轻纱，蹁跹在她那姹紫嫣红中舞蹈。伫立于白杨下，我心如捣，强睁开模糊的泪眼，细认你墓头，萋萋芳草。

满腔辛酸与谁道？愿此恨吐向青空将天地包。它纠结围绕着我的心，像一堆枯黄的蔓草，我爱，我待你用宝剑来挥扫，我待你用火花来焚烧。

九

垒垒荒冢上，火光熊熊，纸灰缭绕，清明到了。这是碧草绿水的春郊。墓畔有白发老翁，有红颜年少，向这一抔黄土致不尽的怀忆和哀悼，云天苍茫处我将魂招；白杨萧条，暮鸦声声，怕孤魂归路迢迢。

逝去了，欢乐的好梦，不能随墓草而复生，明朝此日，谁知天涯何处寄此身？叹漂泊我已如落花浮萍，且高歌，且痛饮，拼一醉浇熄此心头余情。

我爱，这一杯苦酒细细斟，邀残月与孤星和泪共饮，不管黄昏，不论夜深，醉卧在你墓碑旁，任霜露侵凌罢！我再不醒。

十六年清明陶然亭畔

【评　析】

《墓畔哀歌》表达了生死不渝的爱情、悲哀至极的心境。

文章采用断章组接的结构，宜于虚实相错，宜于跌宕起伏，能充分体现情感的缠绵温婉。第一部分写人之憔悴、哀之幽深。第一节以“惊醒”开篇，揽镜自照，发现自己已如花凋残；第二节化用传说和古诗，表达对高君宇永难消磨的深爱和痛不欲生的情怀。第二部分写荒冢徘徊、苦忆悲思。第三节设想自己的归宿，表白死后芳魂相依相伴的意愿；第四节写继续寻梦，追求恋人给她的“甜梦”；第五节写墓冢徘徊，表示独抱一腔情爱与恋人孤冢相伴；第六节写美丽幻觉，在作者的心目中恋人如生；第七节写旧日欢聚，月下喁语（实写），踏荆奋进（虚写）。第三部分写墓地祭奠、痛不欲生。第八节写春日愁人，以春光明媚反衬自己满腔痛苦和辛酸。第九节写清明上坟，“不再醒”反呼篇首“惊醒”而收结全篇。

本文抒情哀婉缠绵，结构曲折回环，语言绮丽精美。

【习　题】

1. 石评梅散文的主观抒情色彩极强，以本文为例分析这种抒情风格。
2. “梦”在这篇散文中出现的频率很高，请逐一分析其情感内涵。
3. 本文的诗化特征很明显，语言绮丽精美，结合本文最后两节谈谈其语言之美。

雅　舍

梁实秋

梁实秋(1903—1987),原名梁治华,字实秋,原籍浙江钱塘,生于北京,现代文学批评家、作家、翻译家。梁实秋的散文融文人散文与学者散文于一体,追求"绚烂之极归于平淡"的境界及文调雅洁与感情渗入的有机统一,总体风格是简洁典雅。作品摹写世态人情,寄寓人生感悟,说古道今,谈人论物,幽默诙谐中含蕴委婉讽刺,讽刺揶揄中透出温厚旨趣。行文穿插中外掌故、俚语、趣闻,知识密度极大,东鳞西爪,信手拈来,疾徐有致,情韵悠长。著有散文集《雅舍小品》《槐园梦忆》等,译著有《莎士比亚全集》,编著有《英国文学史》。

到四川来,觉得此地人建造房屋最是经济。火烧过的砖,常常用来做柱子,孤零零的砌起四根砖柱,上面盖上一个木头架子。看上去瘦骨嶙嶙,单薄得可怜;但是顶上铺了瓦,四面编了竹篦墙,墙上敷了泥灰,远远的看过去,没有人能说不像是座房子。我现在住的"雅舍"正是这样一座典型的房子。不消说,这房子有砖柱有竹篦墙,一切特点都应有尽有。讲到住房,我的经验不算少,什么"上支下摘","前廊后厦","一楼一底","三上三下","亭子间","茅草棚","琼楼玉宇"和"摩天大厦",各式各样,我都尝试过。我不论住在那里,只要住得稍久,对那房子便发生感情,非不得已我还舍不得搬。这"雅舍",我初来时仅求其能蔽风雨,并不敢存奢望。现在住了两个多月,我的好感油然而生,虽然我已渐渐感觉它是并不能蔽风雨;因为有窗而无玻璃,风来则洞若凉亭;有瓦而空隙不少,雨来则渗如滴漏。纵然不能蔽风雨,"雅舍"还是自有它的个性。有个性就可爱。

"雅舍"的位置在半山腰,下距马路约有七八十层的土阶。前面是阡陌螺旋的稻田。再远望过去是几抹葱翠的远山。旁边有高粱地,有竹林,有水池,有粪坑,后面是荒僻的榛莽未除的土山坡。若说地点荒凉,则月明之夕,或风雨之日,亦常有客到,大抵好友不嫌路远,路远乃见情谊。客来则先爬几十级的土阶,进得屋来,仍须上坡,因为屋内地板乃依山势而铺,一面高,一面低,坡度甚大,客来无不惊叹,我则久而安之,每日由书房走到饭厅是上坡,饭后鼓腹而出是下坡,亦不觉有大不便处。

"雅舍"共是六间,我居其二。篦墙不固,门窗不严,故我与邻人均可互通声息。邻人轰饮作乐,咿唔诗章,喁喁细语,以及鼾声,喷嚏声,吮汤声,撕纸声,脱皮鞋声,均随时由门窗护壁的隙处荡漾而来,破我岑寂。入夜则鼠子瞰灯,才合一眼,鼠子便自由行动,或搬核桃在地板上顺坡而下,或吸灯油而推翻烛台,或攀援而上帐顶,或在门框桌脚上磨牙,使人不得安枕。但是对于鼠子,我很惭愧的承认,我"没有法子"。"没有法子"一语是被外国人常常引用着的,以为这话最足代表中国人的懒惰隐忍的态度。其实我的对付鼠子并不懒惰。窗上糊纸,纸一戳就破;门户关紧,而相鼠有牙,一阵咬便是一个洞洞。试问还有什么法子?洋鬼子住到"雅舍"里,不也是"没有法子"?比鼠子更骚扰的是蚊子。"雅舍"的蚊风之盛,是我前所未见的。"聚蚊成雷"真有其事!每当黄昏时候,满屋里磕头碰脑的全是蚊子,又黑又大,骨骼都像是硬的。在别处蚊子早已肃清的时候，在“雅舍”则格外猖獗，来客偶不留心，则两腿伤处累累隆起如玉蜀黍，但是我乃安之。冬天一到，蚊子自然绝迹，明年夏天——谁知道我还是住在“雅舍”！

“雅舍”最宜月夜——地势较高，得月较先。看山头吐月，红盘乍涌，一霎间，清光四射，天空皎洁，四野无声，微闻犬吠，坐客无不悄然！舍前有两株梨树，等到月升中天，清光从树间筛洒而下，地下阴影斑斓，此时犹为幽绝。直到兴阑人散，归房就寝，月光仍然逼进窗来，助我凄凉。细雨濛濛之际，“雅舍”亦复有趣。推窗展望，俨然米氏章法，若云若雾，一片弥漫。但若大雨滂沱，我就又惶悚不安了，屋顶浓印到处都有，起初如碗大，俄而扩大如盆，继则滴水乃不绝，终乃屋顶灰泥突然崩裂，如奇葩初绽，砉然一声而泥水下注，此刻满屋狼藉，抢救无及。此种经验，已数见不鲜。

“雅舍”之陈设，只当得简朴二字，但洒扫拂拭，不使有纤尘。我非显要，故名公巨卿之照片不得入我室；我非牙医，故无博士文凭张挂壁间；我不业理发，故丝织西湖十景以及电影明星之照片亦均不能张我四壁。我有一几一椅一榻，酣睡写读，均已有着，我亦不复他求。但是陈设虽简，我却喜欢翻新布置。西人常常讥笑妇人喜欢变更桌椅位置，以为这是妇人天性喜变之一征。诬否且不论，我是喜欢改变的。中国旧式家庭，陈设千篇一律，正厅上是一条案，前面一张八仙桌，一边一把靠椅，两傍是两把靠椅夹一只茶几。我以为陈设宜求疏落参差之致，最忌排偶。“雅舍”所有，毫无新奇，但一物一事之安排布置俱不从俗。人入我室，即知此是我室。笠翁《闲情偶寄》之所论，正合我意。

“雅舍”非我所有，我仅是房客之一。但思“天地者万物之逆旅”，人生本来如寄，我住“雅舍”一日，“雅舍”即一日为我所有。即使此一日亦不能算是我有，至少此一日“雅舍”所能给予之苦辣酸甜，我实躬受亲尝。刘克庄词：“客里似家家似寄”，我此时此刻卜居“雅舍”，“雅舍”即似我家。其实似家似寄，我亦分辨不深。

长日无俚，写作自遣，随想随写，不拘篇章，冠以“雅舍小品”四字，以示写作所在，且志因缘。

【评　析】

《雅舍》表现了俯仰自得、超然物外的雅人心态。

文章以“雅舍”为线索。第一部分写“雅舍”构造。四根砖柱，一个木架，顶上铺瓦，编竹为墙，雅舍就这么简陋。第二部分写“雅舍”之苦。其一是攀爬之苦，它筑在半山腰，要爬七八十级土阶，室内坡度甚大，饮食起居必须上坡下坡；其二是受扰之苦，邻人生活的噪音不绝于耳，入夜老鼠彻夜骚扰，夏夜蚊子“格外猖獗”。第三部分写“雅舍”之乐。雅舍是赏月佳处，从“山头吐月”到“月升中天”，再到斜月窥窗，月起月落的整个过程尽在眼中。雅舍亦是观雨佳处，“细雨濛濛之际”，推窗展望，“若云若雾，一片弥漫”，就像米芾的泼墨山水。第四部分写“雅舍”感悟。舍“雅”全因人“雅”，诚然人生如寄，“雅舍”非我所有，若俯仰自得，超然物外，“似家似寄”，何须“分辨”？

本文集中体现了一个“雅”字：高雅的志趣、优雅的文调和儒雅的辞采。

【习　题】

1. 阅读《雅舍小品》，谈谈《雅舍》表达了作者怎样的处世哲学，你是否认同？

2.《雅舍》集中体现了一个“雅”字，谈谈作者是如何选择材料、安排结构的。
3. 梁实秋散文朴实恬淡，幽默风趣，请以《雅舍》为例谈谈梁文的行文风格。

爱尔克的灯光

巴 金

巴金(1904—2006)，原名李尧棠，字芾甘，四川成都人，现代小说家、散文家。对不合理的社会现实的控诉和讨伐是巴金小说的中心主题，作品不以客观冷静的描写见长，而以激情奔放的叙述撼人心魄，表现出浓烈的主观色彩。与长篇小说风格近似，短篇小说的形象塑造主要通过细腻的抒情手法和热情清丽的语言来完成。探索人生的真谛，永不休止地追求光明，是巴金散文的创作主旨，作品感情充沛，毫无矫饰，语言流畅，是巴金散文的主要特征。主要作品有《灭亡》《激流三部曲》(《家》《春》《秋》)、《爱情三部曲》(《雾》《雨》《电》)、《憩园》《寒夜》《随想录》等。

傍晚，我靠着逐渐黯淡的最后的阳光的指引，走过十八年前的故居。这条街、这个建筑物开始在我的眼前隐藏起来，像在躲避一个久别的旧友。但是它们的改变了的面貌于我还是十分亲切。我认识它们，就像认识我自己。还是那样宽的街，宽的房屋。巍峨的门墙代替了太平缸和石狮子[1]，那一对常常做我们坐骑的背脊光滑的雄狮也不知逃进了哪座荒山。然而大门开着，照壁上“长宜子孙”四个字却是原样地嵌在那里[2]，似乎连颜色也不曾被风雨剥蚀[3]。我望着那同样的照壁，我被一种奇异的感情抓住了，我仿佛要在这里看出过去的十九个年头，不，我仿佛要在这里寻找十八年以前的遥远的旧梦。

守门的卫兵用怀疑的眼光看我。他不了解我的心情。他不会认识十八年前的年轻人。他却用眼光驱逐一个人的许多亲密的回忆。

黑暗来了，我的眼睛失掉了一切。于是大门内亮起了灯光。灯光并不曾照亮什么，反而增加了我心上的黑暗。我只得失望地走了。我向着来时的路回去。已经走了四五步，我忽然掉转头，再看那个建筑物。依旧是阴暗中一线微光。我好像看见一个盛满希望的水碗一下子就落在地上打碎了一般，我痛苦地在心里叫起来。在这条被夜幕覆盖着的近代城市的静寂的街中，我仿佛看见了哈立希岛上的灯光[4]。那应该是姐姐爱尔克点的灯罢。她用这灯光来给她的航海的兄弟照路。每夜每夜灯光亮在她的窗前，她一直到死都在等待那个出远门的兄弟回来。最后她带着失望进入坟墓。

街道仍然是清静的。忽然一个熟悉的声音在我耳边轻轻地唱起了这个欧洲的古传说。在这里不会有人歌咏这样的故事。应该是书本在我心上留下的影响。但是这个时候我想起了自己的事情。

十八年前在一个春天的早晨，我离开这个城市、这条街的时候，我也曾有一个姐姐，也曾答应过有一天回来看她，跟她谈一些外面的事情。我相信自己的诺言。那时我的姐姐还是一个出阁才只一个多月的新嫁娘，都说她有一个性情温良的丈夫，因此也会有长久的幸福的岁月。

然而人的安排终于被“偶然”毁坏了。这应该是一个“意外”。但是这“意外”却毫无怜悯地打击了年轻的心。我离家不过一年半光景，就接到了姐姐的死讯。我的哥哥用了颤抖的哭诉的笔叙说一个善良女性的悲惨的结局，还说起她死后受到的冷落的待遇。从此那个作过她丈夫的所谓温良的人改变了，他往一条丧失人性的路走去。他想往上爬，结果却不停地向下面落，终于到了用鸦片烟延续生命的地步。对于姐姐，她生前我没有好好地爱过她，死后也不曾做过一样纪念她的事。她寂寞地活着，寂寞地死去。死带走了她的一切，这就是在我们那个地方的旧式女子的命运。

我在外面一直跑了十八年。我从没有向人谈过我的姐姐。只有偶尔在梦里我看见了爱尔克的灯光。一年前在上海我常常睁起眼睛做梦。我望着远远的在窗前发亮的灯，我面前横着一片大海，灯光在呼唤我，我恨不得腋下生出翅膀，即刻飞到那边去。沉重的梦压住我的心灵，我好像在跟许多无形的魔手挣扎。我望着那灯光，路是那么远，我又没有翅膀。我只有一个渴望：飞！飞！那些熬煎着心的日子！那些可怕的梦魇[5]！

但是我终于出来了。我越过那堆积着像山一样的十八年的长岁月，回到了生我养我而且让我刻印了无数儿时回忆的地方。我走了很多的路。

十九年，似乎一切全变了，又似乎都没有改变。死了许多人，毁了许多家。许多可爱的生命葬入黄土。接着又有许多新的人继续扮演不必要的悲剧。浪费，浪费，还是那许多不必要的浪费——生命，精力，感情，财富，甚至欢笑和眼泪。我去的时候是这样，回来时看见的还是一样的情形。关在这个小圈子里，我禁不住几次问我自己：难道这十八年全是白费？难道在这许多年中间所改变的就只是装束和名词？我痛苦地搓自己的手，不敢给一个回答。

在这个我永不能忘记的城市里，我度过了五十个傍晚。我花费了自己不少的眼泪和欢笑，也消耗了别人不少的眼泪和欢笑。我匆匆地来，也将匆匆地去。用留恋的眼光看我出生的房屋，这应该是最后的一次了。我的心似乎想在那里寻觅什么。但是我所要的东西绝不会在那里找到。我不会像我的一个姑母或者嫂嫂，设法进到那所已经易了几个主人的公馆，对着园中的花树垂泪，慨叹着一个家族的盛衰。摘吃自己栽种的树上的苦果，这是一个人的本分。我没有跟着那些人走一条路，我当然在这里找不到自己的脚迹。几次走过这个地方，我所看见的还只是那四个字：“长宜子孙”。

“长宜子孙”这四个字的年龄比我的不知大了多少。这也该是我祖父留下的东西吧。最近在家里我还读到他的遗嘱。他用空空两手造就了一份家业。到临死还周到地为儿孙安排了舒适的生活。他叮嘱后人保留着他修建的房屋和他辛苦地搜集起来的书画。但是儿孙们回答他的还是同样的字：分和卖。我很奇怪，为什么这样聪明的老人还不明白一个浅显的道理，财富并不“长宜子孙”，倘使不给他们一个生活技能，不向他们指示一条生活道路！“家”这个小圈子只能摧毁年轻心灵的发育成长，倘使不同时让他们睁起眼睛去看广大世界；财富只能毁灭崇高的理想和善良的气质，要是它只消耗在个人的利益上面。

“长宜子孙”，我恨不能削去这四个字[6]！许多可爱的年轻生命被摧残了，许多有为的年轻心灵被囚禁了。许多人在这个小圈子里面憔悴地捱着日子[7]。这就是“家”！“甜蜜的家”！这不是我应该来的地方。爱尔克的灯光不会把我引到这里来的。

于是在一个春天的早晨，依旧是十八年前的那些人把我送到门口，这里面少了几个，也多了几个。还是和那次一样，看不见我姐姐的影子，那次是我没有等待她，这次是我找不到她的坟墓。一个叔父和一个堂兄弟到车站送我，十八年前他们也送过我一段路程。

我高兴地来，痛苦地去。汽车离站时我心里的确充满了留恋。但是清晨的微风，路上的尘土，马达的叫吼，车轮的滚动，和广大田野里一片盛开的菜子花，这一切驱散了我的离愁。我不顾同行者的劝告，把头伸到车窗外面，去呼吸广大天幕下的新鲜空气。我很高兴，自己又一次离开了狭小的家，走向广大的世界中去！

忽然在前面田野里一片绿的蚕豆和黄的菜花中间，我仿佛又看见了一线光，一个亮，这还是我常常看见的灯光。这不会是爱尔克的灯里照出来的，我那个可怜的姐姐已经死去了。这一定是我的心灵的灯，它永远给我指示我应该走的路。

1941 年 3 月在重庆

【注　释】

[1]太平缸：旧时大户人家门口常放一口大缸，里面装满了清水，以备万一发生火灾时使用，故名“太平缸”。　[2]照壁：旧时大户人家院子内迎门的小墙，类似皇宫内的萧墙。　[3]剥蚀：物质表面因风化而损坏。　[4]哈立希岛上的灯光：出自欧洲的一个古老的传说。在哈立希岛上，有姐弟二人相依为命，弟弟出海捕鱼，姐姐就点上灯为她航海的弟弟照路。后来，弟弟出海遇难，姐姐仍希望弟弟能平安返航，一直坚持每天点灯，直到姐姐去世。　[5]梦魇：梦中见到可怕的事而呻吟，惊叫，或感到压抑，呼吸困难。　[6]作者 1959 年注：“1956 年 12 月，我终于走进了这个‘公馆’，‘长宜子孙’果然跟着（照壁）一起消灭了。”　[7]捱（ái）：艰难地度日。

【评　析】

本文通过叙述回归故园的经过，批判了祖宗遗训的危害，告诫青年人寻找光明之路。

灯光是贯穿全篇的线索：故居内的灯光（家族没落崩溃的象征）—爱尔克的灯光（归家希望破灭的象征）—心灵中的灯光（追求理想光明的象征）。开头写回故园，作者徘徊故居门外，见到照壁上“长宜子孙”四字“原样”嵌着，不禁感慨万千、失望痛苦。中间写在故园，主要是追忆、联想和思考。写姐姐的悲惨命运——“寂寞地活着，寂寞地死去”，写远在异地梦见“爱尔克的灯光”的呼唤，却无法回到故园。然而作者发现阔别的故园居然毫无改变，人们在“小圈子里”“憔悴”度日，浪费生命。作者痛感财富并不“长宜子孙”，对摧残生命、囚禁心灵的祖训做了无情批判。结尾写离故园。庆幸再次离开“狭小的家”，在“心灵的灯”的指引下，走向广大的世界。

运用象征艺术手法，抒情、叙事、议论相结合是本文特色。

【习　题】

1. 作者由“长宜子孙”引发了怎样的思考？请谈谈这种思考的意义。
2. 有人认为三种“灯光”各有象征意义，谈谈你的看法。
3. 文章综合运用了哪几种表达方式？试举例说明。

野 店

李广田

李广田(1906—1968),原名王锡爵,号洗岑,山东邹平人。现代散文家、诗人。1930年入北京大学外语系学习,同时开始文学创作。受西方浪漫派、象征派影响,与卞之琳、何其芳三人合出诗集《汉园集》。"汉园三诗人"中李广田散文写得最多,著有散文集《画廊集》《银狐集》等。作品充满浓郁的生活气息,激荡着感情的波澜。文笔疏密有致,朴实无华,有着北方人的那种朴实与真诚;在"五四"以后的散文作家中,以粗犷和质朴的特点,成为别具特色的名家。作者不仅精于散文写作,而且钻研散文理论。

太阳下山了,又是一日之程,步行人,也觉得有点疲劳了。

你走进一个荒僻的小村落——这村落对你很生疏。然而又好像熟悉,因为你走过许多这样的小村落了。看看有些人家的大门已经闭起,有些也许还在半掩,有几个人正迈着沉重的脚步回家。后面跟着狗或牛羊,有的女人正站在门口张望,或用了柔缓的声音在招呼谁来晚餐,也许,又听到几处闭门声响了,"如果能到哪家门里去息下呀",这时候你会这样想吧。但走不多远,你便会发现一座小店待在路旁,或十字路口,虽然明早还须赶路,而当晚你总能作得好梦了。"荒村雨露眠宜早,野店风霜起要迟",这样的对联,会发现在一座宽大而破陋的店门上,有意无意地,总会叫旅人感到心暖吧。在这儿你会受到殷勤的招待,你们遇到一对很朴野、很温良的店主夫妇,他们的颜色和语气,会使你发生回到了老家的感觉。但有时,你也会遇着一个刁狡的村少,他会告诉你到前面的村镇还有多远,而实在并不那么远;他也会向你讨多少脚驴钱,而实在也并不值那么多。然而,他的刁狡,你也许并未看出刁狡得讨厌,他们也只是有点拙笨罢了。什么又不是拙笨的呢。一个青生铁的洗脸盆,像一口锅,那会是用过几世的了;一把黑泥的宜兴茶壶,尽够一个人喝半天,也许有人会说是非常古雅呢。饭菜呢,则只在分量上打算,"总得够吃,千里有缘的,无论如何,总不能亏心哪。"店主人会对了每个客人这样说。

在这样地方,你是很少感到寂寞的。因为既已疲劳了,你需要休息,不然,也总有些伙伴谈天儿。"四海之内皆兄弟呀。"你会听到有人这样大声笑着,喊:"啊,你不是从山北的下洼来的吗? 那也就算是邻舍人了。"常听到这样的招呼。从山里来卖山果的,渡了河来卖鱼的,推车的、挑担的、卖皮鞭的、卖泥人的,拿破绳子换洋火的……也许还有一个老学究先生,现在却做着走方郎中了,这些人,都会偶然地成为一家了。他们总能说慷慨义气话,总是那样亲切而温厚地相照应,他们都很重视这些机缘,总以为这也有神的意思,说不定是为了将来的什么大患难,或什么大前程,而才有了这样一夕呢。如果是在冬天,便会有大方的店主抱了松枝或干柴来给煨火,这只算主人的款待,并不另取火钱。在和平与温暖中,于是一伙陌路人都来烘火而话家常了。

直到现在,虽然交通是比较便利了,但像这样的僻野地方,依然少有人知道所谓报纸新闻之类的东西。但这些地方并非完全无新闻,那就专靠这些挑担推车的人们了。他们走过了多少地方，他们同许多异地人相遇，一到了这样场合，便都争先恐后地倾吐他们听见所闻的一切。某个村子里出了什么人命盗案了，或是某个县城里正在哄传着一件什么阴谋的谣言，以及各地的货物行情等，他们都很熟悉。这类新闻，一经在小店里谈论之后，一到天明，也就会传遍了全村，也许又有许多街头人在那里议论纷纭，借题发挥起来呢。说是新闻，其实也并不完全新，也许已经是多年前的故事了，传说过多少次，忘了，又提起来了，鬼怪的，狐仙的，吊颈女人的，马贩子的艳遇，尼姑的犯规……都重在这里开演了。有的人要唱一支山歌，唱一阵南腔北调了。他们有时也谈一些国家大事，譬如战争灾异之类，然而这也只是些故事，像讲《封神演义》那样子讲讲罢了。火熄了，店主东早已去了，有些人也已经打了合铺，睡了，也许还有两个人正谈得很密切。譬如有两个比较年轻的人，这时候他们之中的一个也许会告诉，说是因为在故乡曾犯了什么不可饶恕的大罪过，他逃出来了，逃了这么远，几百里，几千里还不知道，而且也逃出了这许多年了。"我呢……"另一个也许说，"——我是为了要追寻一个潜逃了的老婆，为了她，我便作了这小小生意了。"他们也许会谈了很久，谈了整夜，而且竟订下了很好的交情。"鸡声茅店月，人迹板桥霜"，窗上发白，街上已经有人在走动着了，水筒的声音，辘轳的声音，仿佛是很远，很远，已经又到了赶路的时候了。

呼唤声、呵欠声、马蹄声……这时候忙乱的又是店主人。他又要向每个客人打招呼，问每个客人：盘费可还足吗？不曾丢掉了什么东西吗？如不是急于赶路，真应当用了早餐再走呢，等等。于是一伙路人，又各自拾起了各人的路，各向不同的方向跋涉去了。"几时再见呢？""谁知道？一切都没准呢！"有人这样说。也许还有人多谈几句，也许还听到几声叹息，也许说："我们这些浪荡货，一夕相聚又散了。散了，永不再见了，话谈得真投心，真投心呢！"

真是的，在这些场合中，纵然一个老江湖，也不能不有些惘然之情吧。更有趣的是在这样野店的土墙上，偶尔你也会读到用小刀或瓦砾写下来的句子，如某县某村某人在此一宿之类。有时，会读到些诗样的韵语。虽然都鄙俚不堪，而这些陌路人在一个偶然的机遇里，陌路的相遇又相知，他们一时高兴了，忘情一切了，或是想起一切了，便会毫不计较地把真情流露了出来，于是你就会感到一种特别的人间味。就如古人所歌咏的：

君乘车，我戴笠，
他日相逢下车揖；
君担簦，我跨马，
他日相逢为君下。

——这样的歌子，大概也是在这样的情形下产生的吧。

【评　析】

《野店》通过对山村野店的描写，表现了桃花源式的山乡生活，刻画了山民的辛勤、诚挚和朴实。

起笔点出投店时间，接着描写荒村日暮的景象，渲染旅人投店的心情。店主夫妇有着古道热肠，小店给人"心暖""回到老家"的感觉。吃喝之后自然是"宿"了，这部分主要借夜谈写旅伴。先写夜谈氛围，旅伴们重视萍水相逢的机缘，刚见面就挺热乎，言语上透出"慷慨义气"，行动上"亲切而温厚地相照应"；后写夜谈内容，无非是些关于案件、谣传的"新闻"和鬼狐、艳遇的"旧闻"，有时也唱南北山歌，或谈战争灾异。夜谈内容，折射出社会的动荡不安和民生的苦难无奈。清晨野店又开始忙乱了，呼唤声、呵欠声、马蹄声、招呼声盈耳不绝。宿客们分手前，询问何时重逢，叹息聚散无常，感慨夜话投心，凄然惜别。

本文以野店为线索，从投野店写到宿野店，写到离野店，行云流水般地写出风土人情来。

【习　题】

1. 作者说好的散文“紧凑如建筑”，谈谈这篇文章的结构是否达到了这种要求。
2. 本文对野店的特点和店主的形象都作了生动的刻画，请试做具体分析。
3. 李广田文笔朴素恬淡，简谈这篇散文所体现的谈话体风格特征。

山　屋

吴伯箫

吴伯箫(1906—1982)，原名吴熙成，字伯箫，笔名山屋、天荪等，山东济南人，现代诗人、散文家。1931 年夏从北京师范大学英语系毕业，在大学读书时开始散文创作。前期重要的散文集是《羽书》，集中散文感情丰富，想象奇特，语言新鲜活泼，妩媚之态可掬。吴伯箫的散文，既高亢粗犷、神采飘逸，又活泼生动、柔细幽深，在 20 世纪 30 年代后期，堪称散文大家。后期散文构思精心，笔法娴熟，文字老练，题旨明确，但往往圆熟有余而韵致不足。著名的散文集还有《烟尘集》《北极星》等。

屋是挂在山坡上的。门窗开处便都是山。不叫它别墅，因为不是旁宅支院颐养避暑的地方；唤作什么楼也不妥，因为一底一顶，顶上就正对着天空。无以名之，就姑且直呼为山屋吧，那是很有点老实相的。

搬来山屋，已非一朝一夕了；刚来记得是初夏，现在已慢慢到了春天呢。忆昔入山时候，常常感到一种莫名的寂寞，原来地方太偏僻，离街市太远啊。可是习惯自然了，浸假又爱了它的幽静[1]；何况市镇边缘上的山，山坡上的房屋，终究还具备着市廛与山林两面的佳胜呢。想热闹，就跑去繁嚣的市内；爱清闲，就索性锁在山里，是两得其便左右逢源的。倘若你来，于山屋，你也会喜欢它的吧？傍山人家，是颇有情趣的。

譬如说，在阳春三月，微微煦暖的天气，使你干什么都感到几分慵倦；再加整天的忙碌，到晚上你不会疲惫得像一只晒腻了太阳的猫么？打打舒身都嫌烦。一头栽到床上，怕就蜷伏着昏昏入睡了，活像一条死猪。熟睡中，踢来拌去的乱梦，梦味儿都是淡淡的。心同躯壳是同样的懒啊。几乎可以说是泥醉着，糊涂着，乏不可耐。可是大大的睡了一场，寅卯时分[2]，你的梦境不是忽然透出了一丝绿莹莹的微光么？像东风吹过经冬的衰草似的，展眼就青到了天边。恍恍惚惚的，屋前屋后有一片啾唧啢啢的闹声，像是姑娘们吵嘴，又像一群活泼泼的孩子在嘈杂乱唱；兀的不知怎么一来，那里“支幽”一响，你就醒了。立刻你听到了满山满谷的鸟叫。缥缥渺遥的哪里的钟声；也嗡嗡的传了过来。你睁开了眼，窗帘后一缕明亮，给了你一个透底的清醒。靠左边一点，石工们在丁东的凿石声中，说着呜呜噜噜的话；稍偏右边，得得的马蹄声又仿佛一路轻的撒上了山去。一切带来的是个满心的欢笑啊。那时你还能躺在床上么？不，你会霍然一跃就起来的。衣裳都来不及披一件，先就跳下床来打开窗子。那窗外像笑着似的处女的阳光，一扑就扑了你个满怀。

“呵，我的灵魂，我们在平静而清冷的早晨找到我们自己了。”（惠特曼《草叶集》）

那阳光洒下一屋的愉快，你自己不是都几乎笑了么？通身的轻松。那山上一抹嫩绿的颜色，使你深深地吸一口气，清爽是透到脚底的。瞧着那窗外的一丛迎春花，你自己也仿佛变作了它的一枝。

我知道你是不暇妆梳的，随便穿了衣裳，就跑上山去了。一路，鸟儿们飞着叫着的赶着问“早啊？早啊？”的话，闹得简直不像样子。戴了朝露的那山草野花，遍山弥漫着，也懂事不懂事似的直对你颔首微笑，受宠若惊，你忽然骄蹇起来了，迈着昂藏的脚步三跨就跨上了山巅。你挺直了腰板，要大声嚷出什么来，可是怕喊破了那清朝静穆的美景，你又没嚷。只高高地伸出了你粗壮的两臂，像要拥抱那个温郁[3]的娇阳似的，很久很久，你忘掉了你自己。自然融化了你，你也将自然融化了。等到你有空再眺望一下那山根尽头的大海的时候，看它展开着万顷碧浪，翻掀着千种金波。灵机一动，你主宰了山、海。宇宙全在你的掌握中了。

下山，路那边邻家的小孩子，苹果脸映着旭阳，正向你闪闪招手，烂漫地笑；你不会赶着问她，“宝宝起这样早哇？姐姐呢？”

再一会，山屋里的人就是满口的歌声了。

再一会，山屋右近的路上，就是逛山的人格格的笑语了。

要是夏天，晌午阳光正毒，在别处是热得汤煮似的了，山屋里却还保持着相当的凉爽。坡上是通风的。四周的山松也有够浓的荫凉。敞着窗，躺在床上，噪耳的蝉声中你睡着了，噪耳的蝉声中你又醒了。没人逛山。樵夫也正傍了山石打盹儿。市声又远远的，只有三五个苍蝇，“嗡”，飞到了这里，“嗡”，又飞到了那里。老鼠都会瞅空出来看看景的吧，“蝉噪林逾静，鸟鸣山更幽”，心跳都听得见扑腾呢。你说，山屋里的人，不该是无怀氏之民么[4]？

夏夜，自是更好。天刚黑，星就悄悄的亮了。流萤点点，像小灯笼，像飞花。檐边有吱吱叫的蝙蝠，张着膜翅凭了羞光的眼在摸索乱飞。远处有乡村味的犬吠，也有都市味的火车的汽笛。几丈外谁在毕剥的拍得蒲扇响呢？突然你听见耳边的蚊子薨薨了。这样，不怕露冷，山屋门前坐到丙夜是无碍的[5]。

可是，我得告诉你，秋来的山屋是不大好斗的啊。若然你不时时刻刻咬紧了牙，记牢自己是个男子，并且想着“英国的孩子是不哭的”那句名言的话，你真挡不了有时候要落泪呢。黄昏，正自无聊的当儿，阴沉沉的天却又淅淅沥沥地落起雨来。不紧也不慢，不疏也不密，滴滴零零，抽丝似的，人的愁绪可就细细的长了。真愁人啊！想来个朋友谈谈天吧，老长的山道上却连把雨伞的影子也没有；喝点酒解解闷吧，又往哪里去找个把牧童借问酒家何处呢？你听，偏偏墙角的秋虫又凄凄切切唧唧而吟了。呜呼，山屋里的人其不坦然蹙眉颓然告病者，怕极稀矣，极稀矣！

凑巧，就是那晚上，不，应当说是夜里，夜至中宵。没有闭紧的窗后，应着潇潇的雨声，冷冷的虫声，不远不近，袭来了一片野兽踏落叶的悉索声。呕吼呕吼，接二连三的嗥叫，告诉你那是一只饿狼或是一匹饥狐的时候，喂，伙计，你的头皮不会发胀么？好家伙！真得要蒙蒙头。

虽然,“采菊东篱下”,陶彭泽的逸兴还是不浅的。

最可爱,当然数冬深。山屋炉边围了几个要好的朋友,说着话,暖烘烘的。有人吸着烟,有人就偎依在床上,唏嘘也好,争辩也好,锁口默然也好,态度却都是那样淳朴诚恳的。回忆着华年旧梦的有,希冀着来日尊荣的有,发着牢骚,大夸其企图与雄心的也有。怒来拍一顿桌子,三句话没完却又笑了。那怕当面骂人呢,该骂的是不会见怪的,山屋里没有“官话”啊,要讲“官话”,他们指给你,说:“你瞧,那座亮堂堂的奏着军乐的,请移驾那楼上去吧。”

若有三五乡老,晚饭后咳嗽了一阵,拖着厚棉鞋提了长烟袋相将而来,该是欢迎的吧?进屋随便坐下,便尔开始了那短短长长的闲话。八月十五云遮月,单等来年雪打灯。说到了长毛[6],说到了红枪会[7],说到了税,捐,拿着粮食换不出钱,乡里的灾害,兵匪的骚扰,希望中的太平丰年及怕着的天下行将大乱:说一阵,笑一阵,就鞋底上磕磕烟灰,大声的打个呵欠,“天不早了。”“总快鸡叫了。”要走,却不知门开处已落了满地的雪呢。

原来我已跑远了。急急收场:“雪夜闭户读禁书。”你瞧,这半支残烛,正是一个好伴儿。

一九三四年四月六日,青岛万年兵营

【注 释】

[1]浸假:逐渐。 [2]寅卯:均为十二时辰之一,寅时为三时至五时;卯时为五时至七时。 [3]温郁:温暖。 [4]无怀氏:远古原始部落,酋长姓风,名苍茫。 [5]丙夜:三更,半夜的时候。汉魏之后,谓夜为甲夜、乙夜、丙夜……,亦云一更、二更、三更…… [6]长毛:太平天国军恢复汉民族蓄发不剃的习俗,用以对抗清政府剃发留辫的律令,当时被称为“长毛”。 [7]红枪会:20世纪20年代,北方山东、河南、陕西、河北等省农民因不堪兵匪的骚扰,而组织起武装自卫组织,武器多为长矛,长矛上系红缨枪,故名“红枪会”。

【评 析】

《山屋》叙写的是作者山居的情趣,写出了平和、宁静生活的特殊滋味。

文章采用了娓语漫谈的笔调,极为自然的章法。开始两个段落介绍山屋本身(简陋小巧)及山居特点(“颇有情趣”),后面依次介绍春夏秋冬四季山居生活情景,朴素自然而不平板,写春只是写清晨,写夏、秋、冬则均是由昼至晚,整体上由春之清晨至冬之深夜,非常完整。四季的共同特征是静:幽静、清静、寂静、宁静,不过写得各有侧重,写春突出初阳暖怀(阳光温煦,空气清新),写夏突出荫凉清静(一是通风,二是荫多),写秋突出秋雨愁人(夜至中宵,更觉清寂),写冬突出雪深屋暖(炉边围坐,暖烘烘的)。生活场景也各有侧重,春日是登高远眺,夏日是午觉乘凉,秋日是听雨闻虫,冬日是围炉夜话,体现出人与自然和谐的节律,读来如亲历山中四季,兴味盎然。

《山屋》全篇匀称,从头到尾,一气呵成。

【习 题】

1. 结合时代背景,谈谈本文描写山居生活的社会批判意义。
2. 本文以时为序描写山居情趣,试分析作品如何写出四季情形的不同。
3. 试比较《山屋》与李广田的《野店》,谈谈两者散文笔调的细微差别。

读 沧 海

刘再复

刘再复(1941—),福建南安人,当代文艺理论家、作家。1963年毕业于厦门大学中文系,曾在《新建设》杂志任文学主编,1977年调入社科院文研所,1985年任文研所所长。1989年出国,在欧美多所大学任客座教授和访问学者。才气与胆识、睿智与激情、诗意与哲思,在刘再复的散文中完美地统一在一起。著有散文诗集《雨丝集》《深海的追寻》和《寻找的悲歌》,散文集《人论二十五种》《漂流手记》等。另有传记《鲁迅传》学术专著《鲁迅美学思想论稿》《性格组合论》等。

一

我又来到海滨了,又亲吻着海的蔚蓝色。

这是北方的海岸,烟台山迷人的夏天。我坐在花间的岩石上,贪婪地读着沧海——展示在天与地之间的书籍,远古与今天的启示录,我心中不朽的大自然的经典。

我带着千里奔波的饥渴,带着长岁月久久思慕的饥渴,读着浪花,读着波光,读着迷蒙的烟涛,读着从天外滚滚而来的蓝色文字,发出雷一样响声的白色的标点。我敞开胸襟,呼吸着海香很浓的风,开始领略书本中汹涌的内容,澎湃的情思,伟大而深邃的哲理。

打开海蓝色的封面,我进入了书中的境界。隐约地,我听到太阳清脆的铃声,海底朦胧的音乐。乐声中,我眼前出现了神奇的海景,我看到了安徒生神话里天鹅洁白的舞姿,看到罗马大将安东尼和女王克莉奥佩特拉在海战中爱与恨交融的戏剧,看到灵魂复苏的精卫鸟化作大群的银鸥在寻找当年投入海中的树枝,看到徐悲鸿的马群在这蓝色的大草原上仰天长啸,看到舒伯特的琴键像星星在浪尖上跳动……

就在此时此刻,我感到一种神奇的变动在我身上发生,一种无法言说的谜在我胸中跃动:一种曾经背叛过我自己但是非常美好的东西复归了,而另一种我曾想摆脱而无法摆脱的东西消失了。我感到身上好像减少了很多,又增加了很多,只是减少了些什么和增加了些什么,我说不出来。只感到我自己的世界在扩大,胸脯在奇异地伸延,一直伸延到无穷的远方,伸延到海天的相接处,我觉得自己的心,同天,同海,同躲藏的星月连成一片。也就在这个时候,喜悦像涌上海面的潜流,突然滚过我的胸脯。生活多么好呵!这大海拥载着的土地,这土地拥载着的生活,多么值得我爱恋呵!

我不能解释自己身上所发生的一切,然而,我仿佛听到蔚蓝色的启示录在对我说,你知道什么是幸福吗?你如果要赢得它,请你继续敞开你的胸襟,体验着海,体验着自由,体验着无边无际的壮阔,体验着无穷无尽的渊深!

二

我读着海。我知道海是古老的书籍,很古老很古老了,古老得不可思议。

原始海洋没有水，为了积蓄成大海，造化曾经用了整整十亿年。造化天才的杰作呵！十亿年的积累，十亿年的构思，十亿年吮吸天空与大地的乳汁。雄伟的、横贯天地的巨卷呵，谁能在自己的一生中读尽你的丰富而博大的内涵呢？

有人在你身上读到豪壮，有人在你心中读到爱情，也有人在你心中读到仇恨，有人在你身边寻找生，有人在你身边寻找死。那些蹈海的英雄，那些自沉海底的失败的改革者，那些越过怒浪向彼岸进取的冒险家，那些潜入深海发掘古化石的学者，那些耳边飘忽着丝绸带子的水兵，那些驾着风帆顽强地表现自身强大本质的运动健将，还有那些仰仗着你的豪强铤而走险的海盗，都在你这里集合过，把你作为人生拼搏的舞台。

你，伟大的双重结构的生命，兼收并蓄的胸怀：悲剧与喜剧，壮剧与闹剧，正与反，潮与汐，深与浅，珊瑚与礁石，洪涛与微波，浪花与泡沫，火山与水泉，巨鲸与幼鱼，狂暴与温柔，明朗与朦胧，清新与混沌，怒吼与低唱，日出与日落，诞生与死亡，都在你身上冲突着，交织着。

哦！雨果所说的“大自然的双面像”，你不就是典型吗？

在颤抖的长岁月中，不知有多少江河带着黄土污染你的蔚蓝，不知道有多少狂风带着大陆的尘埃挑衅你的壮丽，也不知道有多少巨鲸与群鲨的尸体毒化你的芬芳，然而，你还是你，海浪还是那样活泼，波光还是那样明艳，阳光下，海水还是那样清。不是吗？我明明读到浅海的海底，明明读到沙，读到礁石，读到飘动的海带。

呵，我的书籍，不被污染的伟大篇章，不会衰老的雄奇的文彩！我终于找到了书魂——一种伟大的力量，一种比海上的风暴更伟大的力量，这是举世无双的沉淀力与排除力，这是自我克服与自我战胜的蔚蓝色的奇观。

三

我读着海，从浅海读到深海，从海平面读到海底我神往的世界。但我困惑了，在我的视线未能穿透的海底，伟大书籍的最深层次，有我读不懂的大深奥。

我知道许多智勇双全的大科学家、工程师和探险家，也在读着深海，他们的眼光像一团炬火正在越过黑色的深渊去照明海底的黄昏。全人类都在读海，世界皱着眉头在钻研着海的学问。海底的水晶宫在哪里？海底的大森林在哪里？海底火山与石油的故乡在哪里？古生代里怎样开始生物繁衍的故事？寒武纪发生过怎样惊天动地的浮沉与沧桑？奥陶纪和志留纪经历过怎样扣人心扉的生存与死灭？海里有机界的演化又有过怎样波澜壮阔的革命的飞跃？

我读着我不懂的深奥，于是，在花间的岩石上，我对着浪花，发出一串串的海问，从我起伏的热血中涌流出来的海问。我知道人类一旦解开了海谜，读懂这不朽的书卷，开拓这伟大的存在，人类将会展开更伟大的生活，世界将三倍地富有。

我有我读不懂的大深奥，然而，我知道今天的海，是曾经化为桑田的海，是曾经被圆锥形的动物统治过的海，是曾经被凶猛的海蛇和海龙霸占过的海。而今天，这荒凉的波涛世界变成了另一个繁忙的人世间。我读着海，读着眼前驰骋的七彩风帆，读着威武的舰队，读着层楼似的庞大的轮船，读着海滩上那些红白相间的帐篷，和刚刚拥抱过海而倒卧在沙地上沐浴阳光的男人与女人。我相信，二十年后的海，被人类读不懂其深奥的海，又会是另一种壮观，另一种七彩，另一种海与人和谐的世界。

伟大的书籍，你时时在更新，在丰富，在进化，一刻也不静止。我曾经千百次地思索，大海，你为什么能够终古常新，能够有这样永远不会消失的气魄。而今天，我读懂了：因为你自身是强大的，自身是健康的，自身是倔强地流动着的。

别了，大海，我心中伟大的启示录，不朽的经典，今天，我在你身上体验到自由，体验到力，体验到丰富与渊深。也体验到我的愚昧，我的贫乏，我的弱小。然而，我将追随你滔滔的寒流与暖流，驰向前方，驰向深处，去寻找新的力和新的未知数，去充实我的生命，更新我的灵魂！

【评　析】

《读沧海》通过对大海的解读，表现自己对生活、对人生的求索。

始三段是全文总提。“书籍”“启示录”“经典”将大海幻化为人生教科书，落实了“读”字。第一章写读海面，突出其秀美。纷至沓来的意象，把海浪舒缓浑厚的声响、和谐跃动的线条、蓝白相叠的色彩、动荡奔涌的情态、恬静温馨的气息，出神入化地表现出来。第二章写读浅海，突出其壮美。这部分围绕“无限内涵”展开，写大海历史悠久，包罗万象，内涵复杂三层文字，将大海浩瀚的面积、巨大的容量、惊人的能量、激烈的冲突、磅礴的气势，做了足够的渲染。第三章写读深海，突出其深邃。“全人类都在读海”，点出人类开发海底的热情，强调了大海内涵的深奥。文末“去充实”“去沉淀”“去更新”分别对应着海面、浅海和深海的启示，首尾呼应，结构严密。

文章思想深邃，情感丰沛，气势开阔，文笔雄放，具有震撼人心的艺术效果。

【习　题】

1. 与你所读过的写大海的文章相比，这篇文章的构思有何独特之处？
2. 简析这篇文章结构布局的特点，如此结构的长处何在？
3. 举例分析本文语言的诗性特征。

阳　关　雪

余秋雨

余秋雨(1946—　)，浙江余姚人，当代文艺理论家、散文家。余秋雨致力于历史文化的探寻，在创作中有意识地将人、历史、自然交融在一起，展示了极为开阔的时空视野，表现出一种俯仰天地古今的浑厚大气，给人一种深邃苍凉而又厚重沉甸的沧桑之感。诗情与理性在他的散文中能有机结合，作品既洋溢诗情又饱含哲理。宽泛的题材(文学的、艺术的、历史的、社会的)，深厚的内容(知识的、文化的、审美的、学术的)，精巧的结构(人文景观+历史故事+现代性批判+文化感伤)，贵族的气质(自信、理性、从容、智慧)，是余秋雨“文化散文”的特色。著有散文集《文化苦旅》《山居笔记》等。

中国古代，一为文人，便无足观。文官之显赫，在官而不在文，他们作为文人的一面，在官场也是无足观的。但是事情又很怪异，当峨冠博带早已零落成泥之后，一杆竹管笔偶尔涂划的诗文，竟能镌刻山河、雕镂人心，永不漫漶。

我曾有缘，在黄昏的江船上仰望过白帝城，顶着浓烈的秋霜登过黄鹤楼，还在一个冬夜摸到了寒山寺。我的周围，人头济济，差不多绝大多数人的心头，都回荡着那几首不必引述的诗。人们来寻景，更来寻诗。这些诗，他们在孩提时代就能背诵。孩子们的想象，诚恳而逼真。因此，这些城，这些楼，这些寺，早在心头自行搭建。待到年长，当他们刚刚意识到有足够脚力的时候，也就给自己负上了一笔沉重的宿债，焦渴地企盼着对诗境实地的踏访。为童年，为历史，为许多无法言传的原因。有时候，这种焦渴，简直就像对失落的故乡的寻找，对离散的亲人的查访。

文人的魔力，竟能把偌大一个世界的生僻角落，变成人人心中的故乡。他们褪色的青衫里，究竟藏着什么法术呢？

今天，我冲着王维的那首《渭城曲》，去寻阳关了，出发前曾在下榻的县城向老者打听，回答是："路又远，也没什么好看的，倒是有一些文人辛辛苦苦找去。"老者抬头看天，又说："这雪一时下不停，别去受这个苦了。"我向他鞠了一躬，转身钻进雪里。

一走出小小县城，便是沙漠。除了茫茫一片雪白，什么也没有，连一个皱折也找不到。在别地赶路，总要每一段为自己找一个目标，盯着一棵树，赶过去。然后再盯着一块石头，赶过去。在这里，睁疼了眼也看不见一个目标，哪怕是一片枯叶，一个黑点。于是，只好抬起头来看天。从未见过这样完整的天，一点儿也没有被吞食，边沿全是挺展展的，紧扎扎地把大地罩了个严实。有这样的地，天才叫天；有这样的天，地才叫地。在这样的天地中独个儿行走，侏儒也变成了巨人；在这样的天地中独个儿行走，巨人也变成了侏儒。

天竟晴了，风也停了，阳光很好。没想到沙漠中的雪化得这样快，才片刻，地上已见斑斑沙底，却不见湿痕。天边渐渐飘出几缕烟迹，并不动，却在加深，疑惑半晌，才发现，那是刚刚化雪的山脊。

地上的凹凸已成了一种令人惊骇的铺陈，只可能有一种理解：那全是远年的坟堆。

这里离县城已经很远，不大会成为城里人的丧葬之地。这些坟堆被风雪所蚀，因年岁而坍，枯瘦萧条，显然从未有人祭扫。它们为什么会有那么多，排列得又是那么密呢？只可能有一种理解：这里是古战场。

我在望不到边际的坟堆中茫然前行，心中浮现出艾略特的《荒原》。这里正是中华历史的荒原：如雨的马蹄，如雷的呐喊，如注的热血。中原慈母的白发，江南春闺的遥望，湖湘稚儿的夜哭。故乡柳荫下的诀别，将军圆睁的怒目，猎猎于朔风中的军旗。随着一阵烟尘，又一阵烟尘，都飘散远去。我相信，死者临亡时都是面向朔北敌阵的；我相信，他们又很想在最后一刻回过头来，给熟悉的土地投注一个目光。于是，他们扭曲地倒下，化作沙堆一座。

这繁星般的沙堆，不知有没有换来史官们的半行墨迹？史官们把卷帙一片片翻过，于是，这块土地也有了一层层的沉埋。堆积如山的二十五史，写在这个荒原上的篇页还算是比较光彩的，因为这儿毕竟是历代王国的边远地带，长久担负着保卫华夏疆域的使命。所以，这些沙堆还站立得较为自在，这些篇页也还能哗哗作响。就像干寒单调的土地一样，出现在西北边陲的历史命题也比较单纯。在中原内地就不同了，山重水复、花草掩映，岁月的迷宫会让最清醒的头脑胀得发昏，晨钟暮鼓的音响总是那样的诡秘和乖戾。那儿，没有这么大大咧咧铺张开的沙堆，一切都在重重美景中发闷，无数不知为何而死的怨魂，只能悲愤懊丧地深潜地底。不像这儿，能够袒露出一帙风干的青史，让我用二十世纪的脚步去匆匆抚摩。

远处已有树影。急步赶去，树下有水流，沙地也有了高低坡斜。登上一个坡，猛一抬头，看见不远的山峰上有荒落的土墩一座，我凭直觉确信，这便是阳关了。

树愈来愈多，开始有房舍出现。这是对的，重要关隘所在，屯扎兵马之地，不能没有这一些。转几个弯，再直上一道沙坡，爬到土墩底下，四处寻找，近旁正有一碑，上刻“阳关古址”四字。

这是一个俯瞰四野的制高点。西北风浩荡万里，直扑而来，踉跄几步，方才站住。脚是站住了，却分明听到自己牙齿打战的声音，鼻子一定是立即冻红了的。呵一口热气到手掌，捂住双耳用力蹦跳几下，才定下心来睁眼。这儿的雪没有化，当然不会化。所谓古址，已经没有什么故迹，只有近处的烽火台还在，这就是刚才在下面看到的土墩。土墩已坍了大半，可以看见一层层泥沙，一层层苇草，苇草飘扬出来，在千年之后的寒风中抖动。眼下是西北的群山，都积着雪，层层叠叠，直伸天际。任何站立在这儿的人，都会感觉到自己是站在大海边的礁石上，那些山，全是冰海冻浪。

王维实在是温厚到了极点。对于这么一个阳关，他的笔底仍然不露凌厉惊骇之色，而只是缠绵淡雅地写道：“劝君更进一杯酒，西出阳关无故人。”他瞟了一眼渭城客舍窗外青青的柳色，看了看友人已打点好的行囊，微笑着举起了酒壶。再来一杯吧，阳关之外，就找不到可以这样对饮畅谈的老朋友了。这杯酒，友人一定是毫不推却，一饮而尽的。

这便是唐人风范。他们多半不会洒泪悲叹，执袂劝阻。他们的目光放得很远，他们的人生道路铺得很广。告别是经常的，步履是放达的。这种风范，在李白、高适、岑参那里，焕发得越加豪迈。在南北各地的古代造像中，唐人造像一看便可识认，形体那么健美，目光那么平静，神采那么自信。在欧洲看蒙娜丽莎的微笑，你立即就能感受，这种恬然的自信只属于那些真正从中世纪的梦魇中苏醒、对前路挺有把握的艺术家们。唐人造像中的微笑，只会更沉着、更安详。在欧洲，这些艺术家们翻天覆地地闹腾了好一阵子，固执地要把微笑输送进历史的魂魄。谁都能计算，他们的事情发生在唐代之后多少年。而唐代，却没有把它的属于艺术家的自信延续久远。阳关的风雪，竟越见凄迷。

王维诗画皆称一绝，莱辛等西方哲人反复论述过的诗与画的界线，在他是可以随脚出入的。但是，长安的宫殿，只为艺术家们开了一个狭小的边门，允许他们以卑怯侍从的身分躬身而入，去制造一点娱乐。历史老人凛然肃然，扭过头去，颤巍巍地重又迈向三皇五帝的宗谱。这里，不需要艺术闹出太大的局面，不需要对美有太深的寄托。

于是，九州的画风随之黯然。阳关，再也难于享用温醇的诗句。西出阳关的文人还是有的，只是大多成了谪官逐臣。

即便是土壤、是石城，也受不住这么多叹息的吹拂，阳关坍弛了，坍弛在一个民族的精神疆域中。它终成废墟，终成荒原。身后，沙坟如潮；身前，寒峰如浪。谁也不能想象，这儿，一千多年之前，曾经验证过人生的壮美，艺术情怀的弘广。

这儿应该有几声胡笳和羌笛的，音色极美，与自然浑和，夺人心魄。可惜它们后来都成了兵士们心头的哀音。既然一个民族都不忍听闻，它们也就消失在朔风之中。

回去罢，时间已经不早。怕还要下雪。

【评 析】

这篇散文充满历史沧桑感、民族自豪感和理性思辨。

起笔写古代文人身前际遇和身后影响，交代雪天踏访阳关的心理、情感依据。而后以行踪为序写打听阳关—走近阳关—阳关怀古。打听阳关，凸显古代文人“魔力”之大和作者访古热情之高。走近阳关，写徒步沙漠的感觉和面对坟堆的思索。根据坟堆特点，作者判断这里是古战场，联想起艾略特的“荒原”，迭现出一幅幅与古代战争相关的画面。随后从地理位置的独特、历史命题的单纯，说明此处留存“一帙风干的青史”的缘由。阳关怀古，在描绘出远近的荒凉之后，笔锋转到《渭城曲》，引出“唐人风范”的议论，慨叹封建统治阶级轻视文人，遂使作为“唐人风范”底气的文人自信归于湮灭，阳关的坍弛不啻是一种象征。尾声以虚拟的声音强化环境的死寂，表达对历史的无尽哀惋。

将自然景观与人文景观结合起来进行描写是本文特色。

【习 题】

1.《阳关雪》表达了怎样的历史文化意识？“雪”在这篇散文中究竟起什么作用？

2.余秋雨“文化散文”的基本结构为“人文景观＋历史故事＋现代性批判＋文化感伤”，试结合本文做具体分析。

3.余秋雨散文的语言带有才子、学者和哲人的特征，请联系实例加以说明。

第十章

现当代小说

中国现代小说的发展趋向可以归纳为:内容由生活走向政治,形式由歧异走向规范,队伍由分散走向统一。20 世纪 20 年代小说的主要特点是,反封建的题材占着重要地位,出现了底层劳动者的形象,体裁多样化。鲁迅的《狂人日记》揭开现代白话小说创作序幕,他把重造国民灵魂作为价值取向,《呐喊》《彷徨》标志着中国现代小说的成熟。郁达夫以主观意志的表达和情感的宣泄为价值目标,《沉沦》一出惊世骇俗。叶绍钧以冷静的目光注视市民社会,《潘先生在难中》为灰色人生写照。到 30 年代,小说创作理性归趋明确,农民形象塑造受到重视,各种体裁趋向成熟。中篇小说、历史小说、讽刺小说、心理分析小说各领风骚,茅盾《子夜》、巴金《家》、老舍《骆驼祥子》、沈从文《边城》,是此时期小说创作的重要收获。40 年代解放区小说以歌颂光明为主,多为翻身农民形象,注重大众化、民族化,短篇繁荣发达,格调明朗乐观昂扬,名作有赵树理《小二黑结婚》、孙犁《荷花淀》、丁玲《太阳照在桑干河上》、周立波《暴风骤雨》等。国统区、"孤岛"、沦陷区小说以暴露黑暗为主,多为小市民、小资产阶级知识分子形象,注重创造性、个性化,长篇竞写成潮,格调悲壮冷峻苦涩,名作有巴金《寒夜》、老舍《四世同堂》、钱钟书《围城》、路翎《财主底儿女们》、张爱玲《金锁记》等。沙汀《在其香居茶馆里》、张天翼《华威先生》则是中、短篇小说佳作。

中国当代小说分为两个时期。新中国成立后十七年小说主要成就是历史长篇小说,如杜鹏程《保卫延安》、梁斌《红旗谱》、吴强《红日》、杨沫《青春之歌》、曲波《林海雪原》、欧阳山《三家巷》、姚雪垠《李自成》等。赵树理《三里湾》、柳青《创业史》、周而复《上海的早晨》等则是反映现实生活的长篇代表作。刘心武《班主任》开新时期文学之先声;卢新华《伤痕》引发大量伤痕小说佳作。张洁、王安忆、林白等对爱情与女性题材,徐怀中、李存葆、朱苏进等对军旅文学,进行了大胆突破。方之、高晓声、李国文、谌容、蒋子龙、张洁等部分作品体现了"反思文学"和"改革文学"的创作实绩。汪曾祺、刘绍棠等的乡土小说和邓友梅、冯骥才、陆文夫等的市井小说,融历史与现实于一体,表现出新的美学风格。梁晓声、叶辛等的知青小说表现出严峻的文化批判意识。韩少功、阿城、贾平凹、莫言、王安忆等的"文化寻根"小说,着意挖掘传统文化的影响。王蒙《春之声》等作品以意识流手法,拓宽了当代小说创作路数。80 年代中期以后,马原、洪峰、余华、格非等的先锋小说崛起,发起一场小说叙述革命。刘恒、刘震云、池莉等的新写实主义小说,专注于普通人生和现实生活的原生状态。莫言、苏童、叶兆言等的新历史主义小说,将眼光从现实转向历史。以王朔为代表的新市民小说,则以世俗对抗崇高。进入90年代，影响较大的有陈忠实《白鹿原》、张承志《心灵史》、阿来《尘埃落定》、王安忆《长恨歌》等。

台港澳地区盛产武侠小说，最负盛名的当数古龙、金庸的新派武侠小说。林海音《城南旧事》、白先勇《台北人》、高阳《胡雪岩》等分别为怀乡文学、现代小说、历史小说翘楚。

狂人日记[1]

鲁　迅

鲁迅(1881—1936)，原名周树人，字豫才，浙江绍兴人。中国现代伟大的文学家、思想家、革命家，中国现代文学的奠基人。鲁迅一生在文学创作、文学批评、思想研究、文学史研究、翻译、美术理论引进、基础科学介绍和古籍校勘与研究等多个领域具有重大贡献。1918年后，陆续创作出版了小说集《呐喊》《彷徨》《故事新编》，散文诗集《野草》，散文集《朝花夕拾》，杂文集《热风集》《华盖集》等。鲁迅小说完成了中国古典小说艺术到现代小说艺术的根本转变。鲁迅杂文是对中国议论性散文的创造性发展，杂文因之跻身文学殿堂。此外编著《汉文学史纲要》《中国小说史略》等。

某君昆仲，今隐其名，皆余昔日在中学校时良友；分隔多年，消息渐阙。日前偶闻其一大病；适归故乡，迂道往访，则仅晤一人，言病者其弟也。劳君远道来视，然已早愈，赴某地候补矣[2]。因大笑，出示日记二册，谓可见当日病状，不妨献诸旧友。持归阅一过，知所患盖“迫害狂”之类[3]。语颇错杂无伦次，又多荒唐之言；亦不著月日，惟墨色字体不一，知非一时所书。间亦有略具联络者，今撮录一篇，以供医家研究。记中语误，一字不易；惟人名虽皆村人，不为世间所知，无关大体，然亦悉易去。至于书名，则本人愈后所题，不复改也。七年四月二日识。

一

今天晚上，很好的月光。

我不见他，已是三十多年；今天见了，精神分外爽快。才知道以前的三十多年，全是发昏；然而须十分小心。不然，那赵家的狗，何以看我两眼呢？

我怕得有理。

二

今天全没月光，我知道不妙。早上小心出门，赵贵翁的眼色便怪：似乎怕我，似乎想害我。还有七八个人，交头接耳的议论我，又怕我看见。一路上的人，都是如此。其中最凶的一个人，张着嘴，对我笑了一笑；我便从头直冷到脚跟，晓得他们布置，都已妥当了。

我可不怕，仍旧走我的路。前面一伙小孩子，也在那里议论我；眼色也同赵贵翁一样，脸色也都铁青。我想我同小孩子有什么仇，他也这样。忍不住大声说：“你告诉我！”他们可就跑了。

我想：我同赵贵翁有什么仇，同路上的人又有什么仇；只有廿年以前，把古久先生的陈年流水簿子[4]，踹了一脚，古久先生很不高兴。赵贵翁虽然不认识他，一定也听到风声，代抱不平；约定路上的人，同我作冤对。但是小孩子呢？那时候，他们还没有出世，何以今天也睁着怪眼睛，似乎怕我，似乎想害我。这真教我怕，教我纳罕而且伤心。

我明白了。这是他们娘老子教的！

三

晚上总是睡不着。凡事须得研究，才会明白。

他们——也有给知县打枷过的，也有给绅士掌过嘴的，也有衙役占了他妻子的，也有老子娘被债主逼死的；他们那时候的脸色，全没有昨天这么怕，也没有这么凶。

最奇怪的是昨天街上的那个女人，打他儿子，嘴里说道："老子呀！我要咬你几口才出气！"他眼睛却看着我。我出了一惊，遮掩不住；那青面獠牙的一伙人，便都哄笑起来。陈老五赶上前，硬把我拖回家中了。

拖我回家，家里的人都装作不认识我；他们的眼色，也全同别人一样。进了书房，便反扣上门，宛然是关了一只鸡鸭。这一件事，越教我猜不出底细。

前几天，狼子村的佃户来告荒，对我大哥说，他们村里的一个大恶人，给大家打死了；几个人便挖出他的心肝来，用油煎炒了吃，可以壮壮胆子。我插了一句嘴，佃户和大哥便都看我几眼。今天才晓得他们的眼光，全同外面的那伙人一模一样。

想起来，我从顶上直冷到脚跟。

他们会吃人，就未必不会吃我。

你看那女人"咬你几口"的话，和一伙青面獠牙人的笑，和前天佃户的话，明明是暗号。我看出他话中全是毒，笑中全是刀。他们的牙齿，全是白厉厉的排着，这就是吃人的家伙。

照我自己想，虽然不是恶人，自从踹了古家的簿子，可就难说了。他们似乎别有心思，我全猜不出。况且他们一翻脸，便说人是恶人。我还记得大哥教我做论，无论怎样好人，翻他几句，他便打上几个圈；原谅坏人几句，他便说："翻天妙手，与众不同。"我那里猜得到他们的心思，究竟怎样；况且是要吃的时候。

凡事总须研究，才会明白。古来时常吃人，我也还记得，可是不甚清楚。我翻开历史一查，这历史没有年代，歪歪斜斜的每叶上都写着"仁义道德"几个字。我横竖睡不着，仔细看了半夜，才从字缝里看出字来，满本都写着两个字是"吃人"！

书上写着这许多字，佃户说了这许多话，却都笑吟吟的睁着怪眼睛看我。

我也是人，他们想要吃我了！

四

早上，我静坐了一会儿。陈老五送进饭来，一碗菜，一碗蒸鱼；这鱼的眼睛，白而且硬，张着嘴，同那一伙想吃人的人一样。吃了几筷，滑溜溜的不知是鱼是人，便把他兜肚连肠的吐出。

我说："老五，对大哥说，我闷得慌，想到园里走走。"老五不答应，走了，停一会，可就来开了门。

我也不动，研究他们如何摆布我；知道他们一定不肯放松。果然！我大哥引了一个老头子，慢慢走来；他满眼凶光，怕我看出，只是低头向着地，从眼镜横边暗暗看我。大哥说："今天你仿佛很好。"我说："是的。"大哥说："今天请何先生来，给你诊一诊。"我说："可以！"其实我岂不知道这老头子是刽子手扮的！无非借了看脉这名目，揣一揣肥瘠：因这功劳，也分一片肉吃。我也不怕；虽然不吃人，胆子却比他们还壮。伸出两个拳头，看他如何下手。老头子坐着，闭了眼睛，摸了好一会，呆了好一会；便张开他鬼眼睛说："不要乱想。静静的养几天，就好了。"

不要乱想，静静的养！养肥了，他们是自然可以多吃；我有什么好处，怎么会"好了"？他们这群人，又想吃人，又是鬼鬼祟祟，想法子遮掩，不敢直捷下手，真要令我笑死。我忍不住，便放声大笑起来，十分快活。自己晓得这笑声里面，有的是义勇和正气。老头子和大哥，都失了色，被我这勇气正气镇压住了。

但是我有勇气，他们便越想吃我，沾光一点这勇气。老头子跨出门，走不多远，便低声对大哥说道："赶紧吃罢！"大哥点点头。原来也有你！这一件大发见，虽似意外，也在意中：合伙吃我的人，便是我的哥哥！

吃人的是我哥哥！

我是吃人的人的兄弟！

我自己被人吃了，可仍然是吃人的人的兄弟！

五

这几天是退一步想：假使那老头子不是刽子手扮的，真是医生，也仍然是吃人的人。他们的祖师李时珍做的"本草什么"上[5]，明明写着人肉可以煎吃；他还能说自己不吃人么？

至于我家大哥，也毫不冤枉他。他对我讲书的时候，亲口说过可以"易子而食"[6]；又一回偶然议论起一个不好的人，他便说不但该杀，还当"食肉寝皮"[7]。我那时年纪还小，心跳了好半天。前天狼子村佃户来说吃心肝的事，他也毫不奇怪，不住的点头。可见心思是同从前一样狠。既然可以"易子而食"，便什么都易得，什么人都吃得。我从前单听他讲道理，也胡涂过去；现在晓得他讲道理的时候，不但唇边还抹着人油，而且心里满装着吃人的意思。

六

黑漆漆的，不知是日是夜。赵家的狗又叫起来了。

狮子似的凶心，兔子的怯弱，狐狸的狡猾，……

七

我晓得他们的方法，直捷杀了，是不肯的，而且也不敢，怕有祸祟。所以他们大家连络，布满了罗网，逼我自戕。试看前几天街上男女的样子，和这几天我大哥的作为，便足可悟出八九分了。最好是解下腰带，挂在梁上，自己紧紧勒死；他们没有杀人的罪名，又偿了心愿，自然都欢天喜地的发出一种呜呜咽咽的笑声。否则惊吓忧愁死了，虽则略瘦，也还可以首肯几下。

他们是只会吃死肉的！——记得什么书上说，有一种东西，叫"海乙那"的[8]，眼光和样子都很难看；时常吃死肉，连极大的骨头，都细细嚼烂，咽下肚子去，想起来也教人害怕。"海乙那”是狼的亲眷，狼是狗的本家。前天赵家的狗，看我几眼，可见他也同谋，早已接洽。老头子眼看着地，岂能瞒得我过。

最可怜的是我的大哥，他也是人，何以毫不害怕；而且合伙吃我呢？还是历来惯了，不以为非呢？还是丧了良心，明知故犯呢？

我诅咒吃人的人，先从他起头；要劝转吃人的人，也先从他下手。

八

其实这种道理，到了现在，他们也该早已懂得，……

忽然来了一个人；年纪不过二十左右，相貌是不很看得清楚，满面笑容，对了我点头，他的笑也不像真笑。我便问他，“吃人的事，对么？”他仍然笑着说，“不是荒年，怎么会吃人。”我立刻就晓得，他也是一伙，喜欢吃人的；便自勇气百倍，偏要问他。

“对么？”

“这等事问他甚么。你真会……说笑话。……今天天气很好。”

天气是好，月色也很亮了。可是我要问你，“对么？”

他不以为然了。含含胡胡的答道，“不……”

“不对？他们何以竟吃？！”

“没有的事……”

“没有的事？狼子村现吃；还有书上都写着，通红斩新！”

他便变了脸，铁一般青。睁着眼说：“有许有的，这是从来如此……”

“从来如此，便对么？”

“我不同你讲这些道理；总之你不该说，你说便是你错！”

我直跳起来，张开眼，这人便不见了。全身出了一大片汗。他的年纪，比我大哥小得远，居然也是一伙；这一定是他娘老子先教的。还怕已经教给他儿子了；所以连小孩子，也都恶狠狠的看我。

九

自己想吃人，又怕被别人吃了，都用着疑心极深的眼光，面面相觑。……

去了这心思，放心做事走路吃饭睡觉，何等舒服。这只是一条门槛，一个关头。他们可是父子、兄弟、夫妇、朋友、师生、仇敌和各不相识的人，都结成一伙，互相劝勉，互相牵掣，死也不肯跨过这一步。

十

大清早，去寻我大哥；他立在堂门外看天，我便走到他背后，拦住门，格外沉静，格外和气的对他说，

“大哥，我有话告诉你。”

“你说就是。”他赶紧回过脸来，点点头。

“我只有几句话，可是说不出来。大哥，大约当初野蛮的人，都吃过一点人。后来因为心思不同，有的不吃人了，一味要好，便变了人，变了真的人。有的却还吃，——也同虫子一样，有的变了鱼、鸟、猴子，一直变到人。有的不要好，至今还是虫子。这吃人的人比不吃人的

人，何等惭愧。怕比虫子的惭愧猴子，还差得很远很远。

易牙蒸了他儿子[9]，给桀纣吃，还是一直从前的事。谁晓得从盘古开辟天地以后，一直吃到易牙的儿子；从易牙的儿子，一直吃到徐锡林[10]；从徐锡林，又一直吃到狼子村捉住的人。去年城里杀了犯人，还有一个生痨病的人，用馒头蘸血舐。

他们要吃我，你一个人，原也无法可想；然而又何必去入伙。吃人的人，什么事做不出；他们会吃我，也会吃你，一伙里面，也会自吃。但只要转一步，只要立刻改了，也就人人太平。虽然从来如此，我们今天也可以格外要好，说是不能！大哥，我相信你能说，前天佃户要减租，你说过不能。”

当初，他还只是冷笑，随后眼光便凶狠起来，一到说破他们的隐情，那就满脸都变成青色了。大门外立着一伙人，赵贵翁和他的狗，也在里面，都探头探脑的挨进来。有的是看不出面貌，似乎用布蒙着；有的是仍旧青面獠牙，抿着嘴笑。我认识他们是一伙，都是吃人的人。可是也晓得他们心思很不一样，一种是以为从来如此，应该吃的；一种是知道不该吃，可是仍然要吃，又怕别人说破他，所以听了我的话，越发气愤不过，可是抿着嘴冷笑。

这时候，大哥也忽然显出凶相，高声喝道，

“都出去！疯子有什么好看！”

这时候，我又懂得一件他们的巧妙了。他们岂但不肯改，而且早已布置；预备下一个疯子的名目罩上我。将来吃了，不但太平无事，怕还会有人见情。佃户说的大家吃了一个恶人，正是这方法。这是他们的老谱！

陈老五也气愤愤的直走进来。如何按得住我的口，我偏要对这伙人说，

“你们可以改了，从真心改起！要晓得将来容不得吃人的人，活在世上。

“你们要不改，自己也会吃尽。即使生得多，也会给真的人除灭了，同猎人打完狼子一样！——同虫子一样！”

那一伙人，都被陈老五赶走了。大哥也不知那里去了。陈老五劝我回屋子里去。屋里面全是黑沉沉的。横梁和椽子都在头上发抖；抖了一会，就大起来，堆在我身上。

万分沉重，动弹不得；他的意思是要我死。我晓得他的沉重是假的，便挣扎出来，出了一身汗。可是偏要说，

“你们立刻改了，从真心改起！你们要晓得将来是容不得吃人的人，……”

十一

太阳也不出，门也不开，日日是两顿饭。

我捏起筷子，便想起我大哥；晓得妹子死掉的缘故，也全在他。那时我妹子才五岁，可爱可怜的样子，还在眼前。母亲哭个不住，他却劝母亲不要哭；大约因为自己吃了，哭起来不免有点过意不去。如果还能过意不去，……

妹子是被大哥吃了，母亲知道没有，我可不得而知。

母亲想也知道；不过哭的时候，却并没有说明，大约也以为应当的了。记得我四五岁时，坐在堂前乘凉，大哥说爷娘生病，做儿子的须割下一片肉来，煮熟了请他吃，才算好人[11]；母亲也没有说不行。一片吃得，整个的自然也吃得。但是那天的哭法，现在想起来，实在还教人伤心，这真是奇极的事！

十二

不能想了。

四千年来时时吃人的地方，今天才明白，我也在其中混了多年；大哥正管着家务，妹子恰恰死了，他未必不和在饭菜里，暗暗给我们吃。

我未必无意之中，不吃了我妹子的几片肉，现在也轮到我自己，……

有了四千年吃人履历的我，当初虽然不知道，现在明白，难见真的人！

十三

没有吃过人的孩子，或者还有？

救救孩子……

一九一八年四月

【注　释】

[1]最初发表于1918年5月《新青年》第四卷第五号。作者首次采用了"鲁迅"这一笔名。它是我国现代文学史上第一篇猛烈抨击"吃人"的封建礼教的小说。作者除在《呐喊·自序》中提及它产生的缘由外，又在《〈中国新文学大系〉小说二集序》中指出它"意在暴露家族制度和礼教的弊害"，可以参看。 [2]候补：清代官制，通过科举或捐纳等途径取得官衔，但还没有实际职务的中下级官员，由吏部抽签分发到某部或某省，听候委用，称为候补。 [3]迫害狂：一种精神病。患者常有受人迫害的幻觉。 [4]古久先生：暗指历来被奉为"古圣先贤"的反动统治者。陈年流水簿子：逐日记载的旧账本，比喻中国几千年来封建主义统治的历史。 [5]本草什么：指《本草纲目》，明代医学家李时珍(1518—1593)的药物学著作。该书曾经提到唐《本草拾遗》中以人肉医治痨的记载，并表示了异议。此处以此为彼显系狂人误记。 [6]易子而食：把子女交换来充饥。 [7]食肉寝皮：吃仇人的肉，且剥仇人的皮当被褥睡觉。 [8]海乙那：鬣狗的英语(hyena)音译名，一种食肉兽，常跟在狮虎等猛兽之后，以它们吃剩的兽类的残尸为食。 [9]易牙：春秋时齐国人，善于调味。据《管子·小称》载：易牙曾蒸其子献给齐桓公吃。桀、纣与易牙不同代却扯到一起，足见狂人"语颇错杂无伦次"。 [10]徐锡林：隐指徐锡麟(1873—1907)，字伯荪，浙江绍兴人，清末革命团体光复会的重要成员。1907年在安庆刺杀安徽巡抚恩铭时被捕，当日惨遭杀害，心肝被恩铭的卫队挖出炒食。[11]"大哥"四句：指"割股疗亲"，即割取自己的股肉煎药，以医治父母的重病。这是封建社会的一种愚孝行为。

【评　析】

《狂人日记》主旨为"暴露家族制度和礼教的弊害"。

十三则日记，内在联系相当紧密，"吃人"二字贯穿始终：狂人对"吃人"者的恐惧 —狂人对"吃人"法的猜测 —狂人对"吃人"者的不满 —狂人对不"吃人"社会的向往 。小说中的"狂人"是真实的精神病患者，他有着跳跃不定的思维，无端敏感的联想，多疑恐惧的心理，虚幻奇特的感觉，混乱不清的神志，喜怒无常的情绪；"狂人"又是反封建的斗士，对现实认识清醒，对现状敢于反抗，对自我严于解剖，对未来乐观自信。塑造这一形象的妙处在于：借其"狂"，证实精神迫害的残酷和惨重；因其"狂"，故多"离经叛道"触及本相的发现；因其"狂"，故能放言无忌地揭示礼教吃人的本质。

小说在艺术方面的最大特色是现实主义和象征主义相结合，宏观着眼，微观落墨，使作品呈现出既有准确的写实性，又有幽深的象征性的艺术效果。

【习 题】

1. 有人说，狂人既是精神病患者，又是反封建斗士，你怎么看？
2. 本小说采用了心理结构手法，请分析这对表现小说主题所起的作用。
3. 本小说现实主义和象征主义是如何结合起来的？这种结合有何艺术效果？

断 魂 枪

老 舍

老舍(1899—1966)，满族，原名舒庆春，字舍予，北京人，著名小说家、剧作家，中国现代文学史上最杰出的市民表现者、批判者，最杰出的市民诗人。1930年后，先后在济南齐鲁大学、青岛山东大学等学校任教。抗战时期，为中华文艺界抗敌协会主要领导人。老舍的作品充满着地域文化色彩，被称为“京味”十足的“市井文学”。市民日常生活的全景式的风俗描写，加上富有悲喜剧色彩的情节和响脆晓畅、俗不伤雅的京味语言，使得老舍的小说和戏剧深得读者的欢迎。著有长篇小说《骆驼祥子》《四世同堂》、中篇小说《月牙儿》、短篇小说《断魂枪》、话剧《茶馆》等。

“生命是闹着玩，事事显出如此；从前我这么想过，现在我懂得了。”

沙子龙的镖局已改成客栈[1]。

东方的大梦没法子不醒了。炮声压下去马来与印度野林中的虎啸。半醒的人们，揉着眼，祷告着祖先与神灵；不大会儿，失去了国土、自由与主权。门外立着不同面色的人，枪口还热着。他们的长矛毒弩，花蛇斑彩的厚盾，都有什么用呢；连祖先与祖先所信的神明全不灵了啊！龙旗的中国也不再神秘，有了火车呀，穿坟过墓的破坏着风水。枣红色多穗的镖旗，绿鲨皮鞘的钢刀，响着串铃的口马[2]，江湖上的智慧与黑话，义气与声名，连沙子龙，他的武艺，事业，都梦似的变成昨夜的。今天是火车、快枪，通商与恐怖。听说，有人还要杀下皇帝的头呢！

这是走镖已没有饭吃，而国术还没被革命党与教育家提倡起来的时候。

谁不晓得沙子龙是短瘦、利落、硬棒，两眼明得像霜夜的大星？可是，现在他身上放了肉。镖局改了客栈，他自己在后小院占着三间北房，大枪立在墙角，院子里有几只楼鸽。只是在夜间，他把小院的门关好，熟习熟习他的“五虎断魂枪”。这条枪与这套枪，二十年的工夫，在西北一带，给他创出来“神枪沙子龙”五个字，没遇见过敌手。现在，这条枪与这套枪不会再替他增光显胜了；只是摸摸这凉、滑、硬而发颤的杆子，使他心中少难过一些而已。只有在夜间独自拿起枪来，才能相信自己还是“神枪沙”。在白天，他不大谈武艺与往事；他的世界已被狂风吹了走。

在他手下创练起来的少年们还时常来找他。他们大多数是没落子弟，都有点武艺，可是没地方去用。有的在庙会上去卖艺：踢两趟腿，练套家伙，翻几个跟头，附带着卖点大力丸，混个三吊两吊的。有的实在闲不起了，去弄筐果子，或挑些毛豆角，赶早儿在街上论斤吆喝出去。那时候米贱肉贱，肯卖膀子力气本来可以混个肚儿圆；他们可是不成：肚量既大，而且得吃口管事儿的；干饽饽、辣饼子咽不下去。况且他们还时常去走会：五虎棍，开路，太狮少狮……虽然算不了什么——比起走镖来——可是到底有个机会活动活动，露露脸。是的，走会捧场是买脸的事，他们打扮的得像个样儿，至少得有条青洋绉裤子，新漂白细市布的小褂，和一双鱼鳞洒鞋——顶好是青缎子抓地虎靴子。他们是神枪沙子龙的徒弟——虽然沙子龙并不承认——得到处露脸，走会得赔上俩钱，说不定还得打场架。没钱，上沙老师那里去求。沙老师不含糊，多少不拘，不让他们空着手儿走。可是，为打架或献技去讨教一个招数，或是请给说个"对子"——什么空手夺刀，或虎头钩进枪——沙老师有时说句笑话，马虎过去："教什么？拿开水浇吧！"有时直接把他们逐出去。他们不大明白沙老师是怎么了，心中也有点不乐意。

可是，他们到处为沙老师吹腾，一来是愿意使人知道他们的武艺有真传授，受过高人的指教；二来是为激动沙老师：万一有人不服气而找上老师来，老师难道还不露一两手真的么？所以：沙老师一拳就砸倒了个牛！沙老师一脚把人踢到房上去，并没使多大的劲！他们谁也没见过这种事，但是说着说着，他们相信这是真的了，有年月，有地方，千真万确，敢起誓！

王三胜——沙子龙的大伙计——在土地庙拉开了场子，摆好了家伙。抹了一鼻子茶叶末色的鼻烟，他抡了几下竹节钢鞭，把场子打大一些。放下鞭，没向四围作揖，叉着腰念了两句："脚踢天下好汉，拳打五路英雄！"向四围扫了一眼："乡亲们，王三胜不是卖艺的；玩艺儿会几套，西北路上走过镖，会过绿林中的朋友。现在闲着没事，拉个场子陪诸位玩玩。有爱练的尽管下来，王三胜以武会友，有赏脸的，我陪着。神枪沙子龙是我的师傅；玩艺地道！诸位，有愿下来的没有？"他看着，准知道没人敢下来，他的话硬，可是那条钢鞭更硬，十八斤重。

王三胜，大个子，一脸横肉，努着对大黑眼珠，看着四围。大家不出声。他脱了小褂，紧了紧深月白色的"腰里硬"，把肚子杀进去。给手心一口唾沫，抄起大刀来：

"诸位，王三胜先练趟瞧瞧。不白练，练完了，带着的扔几个；没钱，给喊个好，助助威。这儿没生意口。好，上眼[3]！"

大刀靠了身，眼珠努出多高，脸上绷紧，胸脯子鼓出，像两块老桦木根子。一跺脚，刀横起，大红缨子在肩前摆动。削砍劈拨，蹲越闪转，手起风生，忽忽直响。忽然刀在右手心上旋转，身弯下去，四围鸦雀无声，只有缨铃轻叫。刀顺过来，猛的一个跺泥，身子直挺，比众人高着一头，黑塔似的。收了势："诸位！"一手持刀，一手叉腰，看着四围。稀稀的扔了几个铜钱，他点点头。"诸位！"他等着，等着，地上依旧是那几个亮而削薄的铜钱，外层的人偷偷散去。他咽了口气："没人懂！"他低声的说，可是大家全听见了。

"有功夫！"西北角上一个黄胡子老头儿答了话。

"啊？"王三胜好似没听明白。

"我说：你——有——功——夫！"老头子的语气很不得人心。

放下大刀，王三胜随着大家的头往西北看。谁也没看起这个老人：小干巴个儿，披着件粗蓝布大衫，脸上窝窝瘪瘪，眼陷进去很深，嘴上几根细黄胡，肩上扛着条小黄草辫子，有筷子那么细，而绝对不像筷子那么直顺。王三胜可是看出这老家伙有功夫，脑门亮，眼睛亮——眼眶虽深，眼珠可黑得像两口小井，深深的闪着黑光。王三胜不怕：他看得出别人有功夫没有，可更相信自己的本事，他是沙子龙手下的大将。

“下来玩玩，大叔！”王三胜说得很得体。

点点头，老头儿往里走。这一走，四外全笑了。他的胳臂不大动；左脚往前迈，右脚随着拉上来，一步步的向前拉扯，身子整着，像是患过瘫痪病。蹭到场中，把大衫扔在地上，一点没理会四围怎样笑他。

“神枪沙子龙的徒弟，你说？好，让你使枪吧；我呢？”老头子非常的干脆，很像久想动手。

人们全回来了，邻场耍狗熊的无论怎么敲锣也不中用了。

“三截棍进枪吧？”王三胜要看老头子一手，三截棍不是随便就拿得起来的家伙。

老头子又点点头，拾起家伙来。

王三胜努着眼，抖着枪，脸上十分难看。

老头子的黑眼珠更深更小了，像两个香火头，随着面前的枪尖儿转，王三胜忽然觉得不舒服，那俩黑眼珠似乎要把枪尖吸进去！四外已围得风雨不透，大家都觉出老头子确是有威。为躲那对眼睛，王三胜耍了个枪花。老头子的黄胡子一动：“请！”王三胜一扣枪，向前躬步，枪尖奔了老头子的喉头去，枪缨打了一个红旋。老人的身子忽然活展了，将身微偏，让过枪尖，前把一挂，后把撩王三胜的手。拍，拍，两响，王三胜的枪撒了手。场外叫了好。王三胜连脸带胸口全紫了，抄起枪来；一个花子，连枪带人滚了过来，枪尖奔了老人的中部。老头子的眼亮得发着黑光；腿轻轻一屈，下把掩裆，上把打着刚要抽回的枪杆；拍，枪又落在地上。

场外又是一片彩声。王三胜流了汗，不再去拾枪，努着眼，木在那里。老头子扔下家伙，拾起大衫，还是拉拉着腿，可是走得很快了。大衫搭在臂上，他过来拍了王三胜一下：

“还得练哪，伙计！”

“别走！”王三胜擦着汗，“你不离，姓王的服了！可有一样，你敢会会沙老师？”

“就是为会他才来的！”老头子的干巴脸上皱起点来，似乎是笑呢。“走；收了吧；晚饭我请！”

王三胜把兵器拢在一处，寄放在变戏法二麻子那里，陪着老头子往庙外走。后面跟着不少人，他把他们骂散。

“你老贵姓？”他问。

“姓孙哪，”老头子的话与人一样，都那么干巴。“爱练；久想会会沙子龙。”

沙子龙不把你打扁了！王三胜心里说。他脚底下加了劲，可是没把孙老头落下。他看出来，老头子的腿是老走着查拳门中的连跳步；交起手来，必定很快。但是，无论他怎么快，沙子龙是没对手的。准知道孙老头要吃亏，他心中痛快了些，放慢了些脚步。

“孙大叔贵处？”

“河间的，小地方。”孙老者也和气了些，“月棍年刀一辈子枪，不容易见功夫！说真的，你那两手就不坏！”

王三胜头上的汗又回来了，没言语。

到了客栈，他心中直跳，唯恐沙老师不在家，他急于报仇。他知道老师不爱管这种事，师弟们已碰过不少回钉子，可是他相信这回必定行，他是大伙计，不比那些毛孩子；再说，人家在庙会上点名叫阵，沙老师还能丢这个脸么？

“三胜，”沙子龙正在床上看着本《封神榜》，“有事吗？”

三胜的脸又紫了，嘴唇动着，说不出话来。

沙子龙坐起来,“怎么了,三胜?”

“栽了跟头!”

只打了个不甚长的哈欠,沙老师没别的表示。

王三胜心中不平,但是不敢发作;他得激动老师:“姓孙的一个老头儿,门外等着老师呢;把我的枪,枪,打掉了两次!”他知道“枪”字在老师心中有多大分量。没等吩咐,他慌忙跑出去。

客人进来,沙子龙在外间屋等着呢。彼此拱手坐下,他叫三胜去泡茶。三胜希望两个老人立刻交了手,可是不能不沏茶去。孙老者没话讲,用深藏着的眼睛打量沙子龙。沙很客气:

“要是三胜得罪了你,不用理他,年纪还轻。”

孙老者有些失望,可也看出沙子龙的精明。他不知怎样好了,不能拿一个人的精明断定他的武艺。“我来领教领教枪法!”他不由的说出来。

沙子龙没接碴儿。王三胜提着茶壶走进来——急于看二人动手,他没管水开了没有,就沏在壶中。

“三胜,”沙子龙拿起个茶碗来,“去找小顺们去,天汇见,陪孙老者吃饭。”

“什么!”王三胜的眼珠几乎掉出来。看了看沙老师的脸,他敢怒而不敢言地说了声“是啦!”走出去,撅着大嘴。

“教徒弟不易!”孙老者说。

“我没收过徒弟。走吧,这个水不开!茶馆去喝,喝饿了就吃。”沙子龙从桌子上拿起缎子褡裢,一头装着鼻烟壶,一头装着点钱,挂在腰带上。

“不,我还不饿!”孙老者很坚决,两个“不”字把小辫从肩上抡到后边去。

“说会子话儿。”

“我来为领教领教枪法。”

“功夫早搁下了,”沙子龙指着身上,“已经放了肉!”

“这么办也行,”孙老者深深的看了沙老师一眼,“不比武,教给我那趟五虎断魂枪。”

“五虎断魂枪?”沙子龙笑了:“早忘净了!早忘净了!告诉你,在我这儿住几天,咱们各处逛逛,临走,多少送点盘缠。”

“我不逛,也用不着钱,我来学艺!”孙老者立起来,“我练趟给你看看,看够得上学艺不够!”一屈腰已到了院中,把楼鸽都吓飞起去。拉开架子,他打了趟查拳:腿快,手飘洒,一个飞脚起去,小辫儿飘在空中,像从天上落下来一个风筝;快之中,每个架子都摆得稳、准、利落;来回六趟,把院子满都打到,走得圆,接得紧,身子在一处,而精神贯串到四面八方。抱拳收势,身儿缩紧,好似满院乱飞的燕子忽然归了巢。

“好!好!”沙子龙在台阶上点着头喊。

“教给我那趟枪!”孙老者抱了抱拳。

沙子龙下了台阶,也抱着拳:“孙老者,说真的吧,那条枪和那套枪都跟我入棺材,一齐入棺材!”

“不传?”

“不传!”

孙老者的胡子嘴动了半天,没说出什么来。到屋里抄起蓝布大衫,拉拉着腿:“打搅了,再会!”

“吃过饭走!”沙子龙说。

孙老者没言语。

沙子龙把客人送到小门,然后回到屋中,对着墙角立着的大枪点了点头。

他独自上了天汇,怕是王三胜们在那里等着。他们都没有去。

王三胜和小顺们都不敢再到土地庙去卖艺,大家谁也不再为沙子龙吹腾;反之,他们说沙子龙栽了跟头,不敢和个老头儿动手;那个老头子一脚能踢死个牛。不要说王三胜输给他,沙子龙也不是“个儿”[4]。不过呢,王三胜到底和老头子见了个高低,而沙子龙连句硬话也没敢说。“神枪沙子龙”慢慢似乎被人们忘了。

夜静人稀,沙子龙关好了小门,一气把六十四枪刺下来;而后,拄着枪,望着天上的群星,想起当年在野店荒林的威风。叹一口气,用手指慢慢摸着凉滑的枪身,又微微一笑,“不传!不传!”

【注　释】

[1]镖(biāo)局:旧时以保护行旅商客安全为业的机构,在接受客户的纳资委托以后即派镖客护送。镖客保护人或货物,即称“走镖”。 [2]口马:北地出的马,北方的马。 [3]上眼:拿眼瞧,犹言请看。 [4]个儿:对手。

【评　析】

《断魂枪》写的是三个拳师的故事,展示了武林中人不同的武术境界,重点写沙子龙在近代社会急剧变化中的复杂心态。小说情节结构比较简单,以时为序分为四大板块。第一板块写沙子龙淡出江湖,众徒弟倾慕如常;第二板块写王三胜街头卖艺,孙老者技高取胜;第三板块写孙老者登门求技,沙子龙断然不传;第四板块写众徒弟深深失望,沙子龙半夜练枪。小说开头先交代人物生存的社会背景,点出小说的主题内涵。前半部分写王三胜、孙老者比武都是铺垫。结尾深入到沙子龙的内心世界,写出他的孤芳自赏以及悲愤欲绝而又极为茫然的心态,小说的第一句和最后一句都是末路英雄的心声,首尾呼应。个人命运的小故事被置于时代变迁的历史大背景中,在短小的篇幅里营造出了大格局。运用烘托和对照手法显示不同性格,通过白描手法描绘动作细节、刻画人物心理,是小说塑造形象的基本手段。

【习　题】

1. 参读老舍《老字号》,分析《断魂枪》对传统文化出路问题做了怎样的思考。

2. 本文成功刻画了沙子龙、王三胜、孙老者的形象,谈谈小说形象刻画的特点。

3. 老舍小说语言带有地道的京片子风味,请举例说明本小说语言的这种特色。

丈　夫

沈从文

沈从文(1902—1988),原名沈岳焕,湖南凤凰人,现代小说家、散文家,京派小说的领衔者,抒情小说的创造者。小说创作趋向浪漫主义,表现作家所向往的人性美和人情美,有着浓浓的地方色彩、淡淡的时代投影。作品深沉朴实,无论是展现纷繁复杂的都市人生,还是描画神奇多彩的乡村世界,都饱含着深深的人生忧患与思考,其中以反映湘西下层人民生活的作品最具特色,赢得"湘西生活的歌者"美誉,代表作有《边城》《长河》等。其散文多描绘湘西乡土风景画和生命哲思意识图像,简洁洒脱,朴素隽美,自然中透出情韵,平淡中饱含真诚,代表作为《湘行散记》。

落了春雨,一共有七天,河水涨大了。

河中涨了水,平常时节泊在河滩的烟船、妓船,离岸极近,全系在吊脚楼下的支柱上。

在楼上四海春茶馆喝茶的闲汉子,俯身临河一面窗口,可以望到对河宝塔边"烟雨红桃"好景致,也可以知道船上妇人陪客烧烟的情形。因为那么近,上下都方便,有喊熟人的声音,从上面或从下面喊叫,到后是互相见面了,谈话了,取了亲昵样子,骂着野话粗话,于是楼上人会了茶钱,从湿而发臭的甬道走去,从那些肮脏地方走到船上了。

上了船,花钱半元到五块,随心所欲吃烟睡觉,同妇人毫无拘束的放肆取乐。这些在船上生活的大臀肥身的年青乡下女人,就用一个妇人的好处,热忱而切实的服侍男子过夜。

船上人,把这件事也像其余地方一样称呼,这叫做"生意"。她们都是做生意而来的。在名分上,那名称与别的工作同样,既不和道德相冲突,也并不违反健康。她们从乡下来,从那些种田挖园的人家,离了乡村,离了石磨同小牛,离了那年青而强健的丈夫,跟随了一个同乡熟人,就来到这船上做生意了。做了生意,慢慢的变成为城市里人,慢慢的与乡村离远,慢慢的学会了一些只有城市里才需要的恶德,于是妇人就毁了。但那毁是慢慢的,因为很需要一些日子,所以谁也不去注意。而且也仍然不缺少在任何情形下还依旧好好的保留着那乡村纯朴气质的妇人。所以在市上的小河妓船上,决不会缺少年青女子的来路。

事情非常简单,一个不亟亟于生养孩子的妇人,到了城市,能够每月把从城市里两个晚上所得的钱,送给那留在乡下诚实耐劳、种田为生的丈夫,在那方面就可以过了好日子,名分不失,利益存在。所以许多年青的丈夫,在娶媳妇以后,把她送出来,自己留在家中耕田种地,安分过日子,也竟是极其平常的事情。

这种丈夫,到什么时候,想及那在船上做生意的年青的媳妇,或逢年过节,照规矩要见见媳妇的面了,媳妇不能回来,自己便换了一身浆洗干净的衣服,腰带上挂了那个工作时常不离口的短烟袋,背了整箩整篓的红薯、糍粑之类,赶到市上来,像访远亲一样,从码头第一号船上问起,一直到认出自己女人所在的船上为止。问明白后,到了船上,小心小心的把一双布鞋放到舱外护板上,把带来的东西交给了女人,一面便用着吃惊的眼睛,搜索女人的全身。

这时节，女人在丈夫眼下自然已完全不同了。

大而油光的发髻，用小镊子扯成的细细眉毛，脸上的白粉同绯红胭脂，以及那城市里人神气派头、城市里人的衣服，都一定使从乡下来的丈夫感到极大的惊讶，有点手足无措。那呆相是女人很容易清楚的。女人到后开了口，或者问："那次五块钱得了么?"或者问："我们那对猪养儿子了没有?"女人说话时口音自然也完全不同了，变成像城市里做太太的大方自由，完全不是在乡下做媳妇的羞涩畏缩神气了。

听女人问到钱，问到家乡豢养的猪，这作丈夫的看出自己做丈夫的身分，并不在这船上失去，看出这城里奶奶还不完全忘记乡下，胆子大了一点，慢慢的摸出烟管同火镰。第二次惊讶，是烟管忽然被女人夺去，即刻在那粗而厚大的手掌里，塞了一枝"哈德门"香烟的缘故。吃惊也仍然是暂时的事，于是这做丈夫的，一面吸烟一面谈话……

到了晚上，吃过晚饭，仍然在吸那有新鲜趣味的香烟。来了客，一个船主或一个商人，穿生牛皮长统靴子，抱兜一角露出粗而发亮的银链，喝过一肚子烧酒，摇摇荡荡的上了船。一上船就大声的嚷要亲嘴要睡觉，那洪大而含糊的声音，那势派，都使这作丈夫的想起了村长同乡绅那些大人物的威风。于是这丈夫不必指点，也就知道往后舱钻去，躲到那后梢舱上去低低的喘气，一面把含在口上那枝卷烟摘下来，毫无目的的眺望河中暮景。夜把河上改变了，岸上河上已经全是灯火，这丈夫到这时节一定要想起家里的鸡同小猪，仿佛那些小小东西才是自己的朋友，仿佛那些才是亲人；如今和妻接近，与家庭却离得很远，淡淡的寂寞袭上了身，他愿意转去了。

当真转去没有？不。三十里路路上有豺狗，有野猫，有查夜放哨的团丁，全是不好惹的东西，转去自然做不到。船上的大娘自然还得留他上"三元宫"看夜戏，到"四海春"去喝清茶。并且既然到了市上，大街上的灯同城市中人更不可不去看看。于是留下了，坐在后舱独自看河中景致，等候大娘的空暇。到后要上岸了，就由船边小阳桥攀援篷架到船头；玩过后，仍然由那旧地方转到船上，小心小心使声音放轻，省得留在舱里躺到床上烧烟的客人发怒。

到要睡觉的时候，城里起了更，西梁山上的更鼓咚咚响了一会，悄悄的从板缝里看看客人还不走，丈夫没有什么话可说，就在梢舱上新棉絮里一个人睡了。半夜里，或者已睡着，或者还在胡思乱想，那媳妇抽空爬过了后舱，问是不是想吃一点糖。本来非常欢喜口含片糖的脾气，做媳妇的记得清楚明白，所以即或说已经睡觉，已经吃过，也仍然还是塞了一小片糖在口里。媳妇用着略略抱怨自己那种神气走去了。丈夫把糖含在口里，正像仅仅为了这一点理由，就得原谅媳妇的行为，尽她在前舱陪客，自己仍然很和平的睡觉了。

这样的丈夫在黄庄多着！那里出强健女子同忠厚男人。地方实在太穷了，一点点收成照例要被上面的人拿去一大半，手足贴地的乡下人，任你如何勤省耐劳的干做，一年中四分之一时间，即或用红薯叶和糠灰拌和充饥，总还是不容易对付下去。地方虽在山中，离大河码头只二十里，由于习惯，女子出乡讨生活，男人通明白这做生意的一切利益。他懂事，女子名分上仍然归他，养得儿子归他，有了钱，也总有一部分归他。

那些船排列在河下，一个陌生人，数来数去是永远无法数清的。明白这数目，而且明白那秩序，记忆得出每一个船与摇船人样子，是五区一个老"水保"。

水保是个独眼睛的人。这独眼据说在年青时节因殴斗杀过一个水上恶人，因为杀人，同时也就被人把眼睛抠瞎了。但两只眼睛不能分明的，他一只眼睛却办到了。一个河里都由他管事。他的权力在这些小船上，比一个中国的皇帝、总统在地面上的权力还统一集中。

涨了河水，水保比平时似乎忙多了。由于责任，他得各处去看看，是不是有些船上做父母的上了岸，小孩子在哭奶了。是不是有些船上在吵架，需要排难解纷。是不是有些船因照料无人，有溜去的危险。在今天，这位大爷，并且要到各处去调查一些从岸上发生影响到了水面的事情。岸上这几天来发生三次小抢案，据公安局那方面人说，凡地上小缝小罅都找寻到了，还是毫无痕迹。地上小缝小罅都亏那些体面的在职从公人员找过，于是水保的责任便到了。他得了通知，就是那些说谎话的公安局办事处通知，要他到半夜会同水面武装警察上船去搜索“歹人”。

水保得到这个消息时是上半天。一个整白天他要做许多事情。他要先尽一些从平日受人款待好酒好肉而来的义务了，于是沿了河岸，从第一号船起始，每个船上去谈谈话。他得先调查一下，问问这船上是不是留容得有不端正的外乡人。

做水保的人照例是水上一霸，凡是属于水面上的事情他无有不知。这人本来就是一个吃水上饭的人，是立于法律同官府对面，按照习惯被官吏来利用，处治这水上一切的。但人一上了年纪，世界成天变，变去变来这人有了钱，成过家，喝点酒，生儿育女，生活安舒，这人慢慢的转成一个和平正直的人了。在职务上帮助官府，在感情上却亲近了船家。在这些情形上面他建设了一个道德的模范。他受人尊敬不下于官，却不让人害怕厌恶。他做了河船上许多妓女的干爹。由于这些社会习惯的联系，他的行为处事是靠在水上人一边的。

他这时节正从一个跳板上跃到一只新油漆过的“花船”头，那船位置在较清静的一家莲子铺吊脚楼下，他认得这只船归谁管业，一上船就喊“七丫头”。

没有声音。年青的女人不见出来，年老的掌班也不见出来。老年人很懂事情，以为或者是大白天有年青男子上船做呆事，就站在船头眺望，等了一会。

过一阵，他又喊了两声，又喊伯妈，喊五多；五多是船上的小毛头，年纪十二岁，人很瘦，声音尖锐，平时大人上了岸就守船，买东西煮饭，常常挨打，爱哭，过一会儿又唱起小调来。但是喊过五多后，也仍然得不到结果，因为听到舱里又似乎实在有声音，像人出气，不像全上了岸，也不像全在做梦。水保就偻身窥觑舱口，向暗处询问“是谁在里面”。

里面还是不敢作答。

水保有点生气了，大声的问，“你是哪一个？”

里面一个很生疏的男子声音，又虚又怯回答说：“是我。”接着又说：“都上岸去了。”

“都上岸了么？”

“上岸了。她们……”

好像单单是这样答应，还深恐开罪了来人，这时觉得有一点义务要尽了，这男子于是从暗处爬出来，在舱口，小心小心扳着篷架，非常拘束的望着来人。

先是望到那一对峨然巍然似乎是为柿油涂过的猪皮靴子，上去一点是一个赭色柔软麂皮抱兜，再上去是一双回环抱着的毛手，满是青筋黄毛，手上有颗其大无比的黄金戒指，再上去才是一块正四方形像是无数橘子皮拼合而成的脸膛。这男子，明白这是有身分的主顾了，就学着城市里人说话：“大爷，您请里面坐坐，她们就回来。”

从那说话的声音，以及干浆衣服的风味上，这水保一望就明白这个人是才从乡下来的种田人。本来女人不在船就想走，但年青人忽然使他发生了兴味，他留着了。

“你从什么地方来的？”他问他，为了不使人拘束，水保取得是做父亲的和平样子，望到这年青人。“我认不得你。”

他想了一下，好像也并不认得客人，就回答，“我是昨天来的。”

“乡下麦子抽穗了没有？”

“麦子吗？水碾子前我们那麦子，哈，我们那猪，哈，我们那……”

这个人，像是忽然明白了答非所问，记起了自己是同一个有身分的城里人说话，不应当说“我们”，不应当说“我们水碾子”同“猪”。把字眼儿用错，所以再也接不下去了。

因为不说话，他就怯怯的望到水保微笑，他要人了解他，原谅他——他是个正派人，并不敢有意张三拿四。

水保是懂这个意思的。且在这对话中，明白这是船上人的亲戚了，他问年青人，“老七到什么地方去了？什么时候可以回来？”

这时节，这年轻人答语小心了。他仍然说，“是昨天来的。”他又告水保，他“昨天晚上来的”；末了才说，老七同掌班同五多上岸烧香去了，要他守船。因为守船必得把守船身分说出，他还告给了水保，他是老七的“汉子”。

因为老七平常喊水保都喊“干爹”，这干爹第一次认识了女婿，不必挽留，再说了几句，不到一会儿，两人皆爬进舱中了。

舱中有个小小床铺，床上有锦绸同红色印花洋布铺盖，折叠得整整齐齐。来客照规矩应当坐在床沿。光线从舱口来，所以在外面以为舱中极黑，到里面却一切分明。

年轻人，为客找烟卷，找自来火，毛脚毛手打翻了身边一个贮栗子的小坛子，圆而发乌金光泽的板栗在薄明的船舱里各处滚去，年轻人各处用手去捕捉，仍然放到小坛中去，也不知道应当请客人吃点东西。但客人却毫不客气，从舱板上把栗拾起咬破了吃，且说这风干的栗子真好。

“这个很好，你不欢喜么？”因为水保见到主人并不剥栗子吃。

“我欢喜。这是我屋后栗树上长的。去年生了好多，乖乖的从刺球里爆出来，我欢喜。”他笑了，近于提到自己儿子模样，很高兴说这个话。

“这样大栗子不容易得到。”

“我一个一个选出来的。”

“你选？”

“是的，因为老七欢喜吃这个，我才留下来。”

“你们那里可有猴栗？”

“什么猴栗？”

水保就把故事所说的：“猴子在大山上住，被人辱骂时，抛下拳大栗子打人。人想这栗子，就故意去山下骂丑话，预备捡栗子。”一一说给乡下人听。

因为栗子，正苦无话可说的年青人，得到同情他的人了。他知道的乡下问题可多咧。于是他说到地名“栗坳”的新闻。又说到一种栗木作成的犁柄如何结实合用。这人太需要说些家常了。昨天来一晚上都有客人吃酒烧烟，把自己关闭在小船后梢，同五多说话，五多却睡得成死猪。今天一早上，本来应当有机会同媳妇谈到乡下事情了，女人又说要上岸过七里桥烧香，派他一个人守船。坐到船上等了半天，还不见人回，到后梢去看河上景致，一切新奇不同，只给自己发闷，先一时，正睡在舱里，就想这满江大水若到乡下去涨，鱼梁上不知道应当有多少鲤鱼上梁！把鱼捉来时，用柳条穿鳃到太阳下去晒，正计算那数目，总算不清楚。忽然客人来到船上，似乎一切鱼都争着跳进水中去了。

来了客人，且在神气上看出来人是并不拒绝这些谈话的，所以这年青人，凡是预备到同自己媳妇在枕边诉说的各样事情，这时得到了一个好机会，都拿来同水保谈着。

他告给水保许多乡下情形，说到小猪捣乱的脾气，叫小猪名字是“乖乖”，又说到新由石匠整治过的那副石磨，顺便告给了一个石匠的笑话。又提起一把失去了多久的镰刀，一把水保梦想不到的小镰刀，他说：“你瞧，奇怪不奇怪？我赌咒我各处都找到了。我们的床下、门枋上、仓角里，什么不找到？它简直躲了。躲猫猫一样，不见了。我为这件事骂老七。老七哭过。可还是不见。鬼打岩，蒙蒙眼，原来它躲在屋梁上饭箩里！半年躲在饭箩里！它吃饭！一身锈得像生疮。这东西多坏多狡猾！我说这个你明白我没有？怎么会到饭箩里半年？那是一只做样子的东西，挂到斗窗上。我记起那事了，是我削楔子，手上刮了皮，流了血，生了大气，抖气把刀那么一丢。……到水上磨了半天，还不错，仍然能吃肉，你一不小心，就得流血。我还不曾同老七说起这个，她不会忘记那哭得伤心的一回事。找到了，哈哈，真找到了。”

“找到它就好了。”水保随便那么说着。

“是的，得到了它那是好的。因为我总疑心这东西是老七掉到溪里，不好意思说明。我知道她不骗我了。我明白了。我知道她受了冤屈，因为我说过：‘找不出么？那我就要打人！’我并不曾动过手。可是生气时也真吓人。她哭了半夜！”

“你不是用得着它割草么？”

“嗨，哪里，用处多咧。是小镰刀，那么精巧，你怎么说是割草？那是削一点薯皮，刮刮箫：这些这些用的。小得很，值三百钱，钢火妙极了。我们都应当有这样一把刀，放到身边，不明白么？”

水保说：“明白明白，都应当有一把，我懂你这个话。”

他以为水保当真懂的，因此再说下去，什么也说到了，甚至于希望明年来一个小宝宝，这样只合宜于同自己的媳妇睡到一个枕头上商量的话也说到了。年青人毫无拘束的还加上许多粗话蠢话。说了半天，水保起身要走了，他才记起问客人贵姓。

“大爷，您贵姓？留一个片子到这里，我好回话。”

“不用不用。你只告她有这么一个大个儿到过船上，穿这样大靴子。告她晚上不要接客，我要来，有事情。”

“不要接客，您要来？”

“就是这样说，我一定要来的。我还要请你喝酒。我们是朋友。”

“是朋友，是朋友。”

水保用他那大而肥厚的手掌，拍了一下年青人的肩膊，从船头跃上岸，走到别一个船上去了。

水保走去后，年青人就一面等候，一面猜想这个大汉子是谁。他还是第一次同这样尊贵的人物谈话。他不会忘记这很好的印象的。人家今天不仅是同他谈话，还喊他做朋友，答应请他喝酒！他猜想这人一定是老七的“熟客”。他猜想老七一定得了这人许多钱。他忽然觉得愉快，感到要唱一个歌了，就轻轻的唱了一首山歌，用四溪人体裁，他唱的是：“水涨了，鲤鱼上梁，大的有大草鞋那么大，小的有小草鞋那么小。”

但是等了一会，还不见老七回来，一个鬼也不回来，他又想起那大汉子的丰采言谈了。

他记起那一双靴子，闪闪发光，以为不是极好的山柿油涂到上面，是不会如此体面好看的。他记起那黄而发沉的戒指，说不分明那将值多少钱，一点不明白那宝贝为什么如此可爱。他记起那伟人点头同发言，一个督抚的派头，一个省长的身分——这是老七的财神！他于是又唱了一首歌，用杨村人不庄重口吻，唱的是："山坳里团总烧炭，山脚里地保爬灰；爬灰红薯才肥，烧炭脸庞发黑。"

到午时，各处船上都已经有人在烧饭了。湿柴烧不燃，烟子各处窜，使人流泪打嚏。柴烟平铺到水面时如薄绸。听到河街馆子里大师傅用铲子敲打锅边的声音，听到邻船上白菜落锅的声音，老七还不见回来。可是船上烧湿柴的本领，年青人还没有学到，小钢灶总是冷冷的不发吼。做了半天还是无结果，只有拿它放下了。

应当吃饭时候不得饭吃，人饿了，坐到小凳上敲打舱板，他仍然得想一点事情。一个不安分的估计在心上滋长了。正似乎为装满了钱钞便极其骄傲模样的抱兜，在他眼下再现时，把原有的和平已失去了。一个用酒糟同红血所捏成的橘皮红色四方脸，也是极其讨厌的神气，保留到印象上。并且，要记忆有什么用？他记忆得到那嘱咐，是当到一个丈夫面前说的！"今晚上不要接客，我要来。"该死的话，是那么不客气的从那吃红薯的大口里说出！为什么要说这个？有什么理由要说这个？……

胡想使他心上增加了愤怒，饥饿重复揪着了这愤怒的心，便有一些原始人所不缺少的情绪，在这个年青简单的人情绪中滋长不已。

他不能再唱一首歌了。喉咙为妒嫉所扼，唱不出什么歌。他不能再有什么快乐。按照一个种田人的脾气，他想到明天就要回家。

有了脾气，再来烧火，自然更不行了，于是把所有的柴全丢到河里去了。

"雷打你这柴！要你到洋里海里去！"

但那柴是在两三丈以外，便被别个船上的人捞起了的。那船上人似乎一切都准备好了，正等待一点从河面漂流而来的湿柴，把柴捞上，即刻就见到用废缆一段引火，且即刻满船发烟，火就带着小小爆裂声音燃好了。眼看这一切，新的愤怒使年青人感到羞辱，他想不必等待人回船就走路。

在街尾遇到女人同小毛头五多两个人，正牵了手说着笑着走来。五多手上拿得有一把胡琴，崭新的样子，这是做梦也不曾遇到的一件好家伙！

"你走哪里去？"

"我——要回去。"

"要你看船船也不看，要回去。什么人得罪了你，这样小气？"

"我要回去，你让我回去。"

"回到船上去！"

看看媳妇，样子比说话还硬劲。并且看到那一张胡琴，明知道这是特别买来给他的，所以再不能坚持，摸了摸自己发烧的额角，幽幽的说，"回去也好，回去也好"，就跟了媳妇的身后跑转船上。

掌班大娘也赶来了，原来提了一副猪肺，好像东西只是乘便偷来的，深恐被人追上带到衙门里去。所以跑得颧骨发了红，喘气不止。大娘一上船，女人在舱中就喊：

"大娘，你瞧，我家汉子想走！"

"谁说的,戏都不看就走!"

"我们到街口碰到他,他生气样子,一定是怪我们不早回来。"

"那是我的错;是菩萨的错;是屠户的错。我不该同屠户为一个钱吵闹半天,屠户不该肺里灌这样多水。"

"是我的错。"陪男子在舱里的女人,这样说了一句话,坐下了。对面是男子汉。她于是有意的在把衣服解换时,露出极风情的红绫胸褡。胸褡上绣了"鸳鸯戏荷",是上月自己亲手新作的。

男子觑着不说话。有说不出的什么东西,在血里窜着涌着。

在后梢,听到大娘同五多谈着柴米。

"怎么,我们的柴都被谁偷去了?"

"米是谁淘好的?"

"一定是火烧不燃。……姊夫是乡下人,只会烧松香。"

"我们不是昨天才解散一捆柴么?"

"都完了。"

"去前面搬一捆,不要说了。"

"姊夫只知道淘米!"小五多一面说一面笑。

听到这些话的年青汉子,一句话不说,静静的坐在舱里,望着那一把新买来的胡琴。

女人说,"弦都配好了,试拉拉看。"

先是不作声,到后把琴搁在膝上,查看琴筒上的松香。调弦时,生疏的音响从指间流出,拉琴人便快乐的微笑了。

不到一会满舱是烟,男子被女人喊出去,依旧把琴拿到外面去,站在船头调弦。

到吃中饭时,五多说:

"姊夫你回头拉《孟姜女哭长城》,我唱。"

"我不会拉!"

"我听说你拉得很好,你骗我,谎我。"

"我不骗你。我只会拉《娘送女》流水板。"

大娘说:"我听老七说你拉得好,所以到庙里,一见这琴,我想起你,才说就为姊夫买回去吧。真是运气,烂贱就买来了。这到乡里一块钱还恐怕买不到,不是么?"

"是的。值多少钱?"

"一吊六。他们都说值得!"

五多笑着搭嘴说:"谁那么说值得?"

大娘很生气的说:"毛丫头,谁说不值得?你知道什么?撕你的嘴!"

五多把舌伸伸,表示口不关风说错了话。

原来这琴是从个卖琴熟人手上拿来,一个钱不花。听到大娘的谎话,五多分辩,大娘就骂五多。老七却笑了。男子以为这是笑大娘不懂事,所以也在一旁干笑着。

男子先把饭一骨碌吃完,就动手拉琴,新琴声音又清又亮。五多高兴到得意忘形,放下碗筷唱将起来,被大娘结结实实打了一筷子头,才忙着吃饭,收碗,洗锅子。

到了晚上,前舱盖了篷,男子拉琴,五多唱歌,老七也唱歌。美孚灯罩子有红纸剪成的遮光帽，全舱灯光红红的如过年办喜事。年轻人在热闹中心上开了花。可是过不久，有兵士从河街过身，喝得烂醉，听到这声音了。

两个醉鬼踉踉跄跄到了船边，两手全是污泥，手扳船沿，像含胡桃那么混混胡胡的嚷叫：

“什么人唱，报上名来！唱得好，赏一个五百。不听到么？老子赏你五百！”

里面琴声戛然而止，沉静了下来。

醉鬼用脚不住踢船，篷篷篷发出钝而沉闷的声音。且想推篷，搜索不到篷盖接榫处，于是又叫嚷，“不要赏么，婊子狗造的！装聋，装哑？什么人敢在这里作乐？我怕谁？皇帝我也不怕。大爷，我怕皇帝我不是人！我们军长师长，都是混账王八蛋，是皮蛋鸡蛋，寡了的臭蛋，我才不怕。”

另一个喉咙发沙的说道：

“骚婊子，出来拖老了上船！”

并且即刻听到用石头打船篷，大声的辱骂祖宗，一船人都吓慌了。大娘忙把灯扭小一点，走出去推篷，男子听到那汹汹声气，挟了胡琴就往后舱钻去。不一会，醉人已经进到前舱了。两个人一面说着野话，一面还要争夺同老七亲嘴，同大娘、五多亲嘴。且听到有个哑嗓子问：“是什么人在此唱歌作乐？把拉琴的抓来再给老子唱一个歌。”

大娘不敢作声，老七也无了主意，两个酒疯子就大声的骂人。

“臭货，喊龟子出来，跟老子拉琴，赏一千！英雄盖世的曹孟德也不会这样大方！我赏一千，一千个红薯，快来，不出来我烧掉你们这只船！听着没有，老东西！赶快，莫让老子们生了气，灯笼子认不得人？”

“大爷，这是我们自己家几个人玩玩，不是外人……”

“不！不！不！老婊子，你不中吃。你老了，皱皮柑！快叫拉琴的来！杂种！我要拉琴，我要自己唱！”一面说一面便站起身来，想向后舱去搜寻。大娘弄慌了，把口张大合不拢去。老七人急智生，拖着那醉鬼的手，安置到自己的大奶上。醉鬼懂到这个意思，又坐下了。“好的，妙的，老子出得起钱，老子今天晚上要到这里睡觉！……孤王酒醉桃花宫，韩素梅生来好貌容……”

这一个在老七左边躺下去后，另一个不说什么，也在右边躺了下去。

年轻人听到前舱仿佛安静了一会，在隔壁轻轻的喊大娘。正感到一种侮辱的大娘，悄悄爬过去，男子还不大分明是什么事情，问大娘：“什么事情？”

“营上的副爷，醉了，像猫，等一会儿就得走。”

“要走才行。我忘记告你们了，今天有一个大方脸人来，好像大官，吩咐过我，他晚上要来，不许留客。”

“是脚上穿大皮靴子，说话像打锣么？”

“是的，是的。他手上还有一个大金戒子。”

“那是老七干爹。他今早上来过了么？”

“来过的。他说了半天话才走，吃过些干栗子。”

“他说些什么？”

“他说一定要来，一定莫留客……还说一定要请我喝酒。”

大娘想想，来做什么？难道是水保自己要来歇夜？难道是老对老，水保注意到……？想不通，一个老鸨虽说一切丑事做成习惯，什么也不至于红脸，但被人说到“不中吃”时，是多少感到一种羞辱的。她悄悄的回到前舱，看前舱新事情不成样子，扁了扁瘪嘴，骂了一声“猪狗”，终归又转到后舱来了。

“怎么？”

“不怎么。”

“怎么，他们走了？”

“不怎么，他们睡了。”

“睡了？——”

大娘虽不看清楚这时男子的脸色，但她很懂得这语气，就说：“姊夫，你难得上城来，我们可以上岸玩玩去。今夜三元宫夜戏，我请你坐高台子，是《秋胡三戏结发妻》。”

男子摇头不语。

兵士胡闹一阵走去后，五多、大娘、老七都在前舱灯光下说笑，说那兵士的醉态。男子留在后舱不出来。大娘到门边喊过了二次，不答应，不明白这脾气从什么地方发生。大娘回头就来检查那四张票子的花纹，因为她已经认得出票子的真假了。票子倒是真的，她在灯光下指点给老七看那些记号，那些花，且放到鼻子上嗅嗅，说这个一定是清真牛肉馆子里找出来的，因为有牛油味道。

五多第二次又走过去，“姊夫，姊夫，他们走了，我们来把那个唱完，我们还得……”

女人老七像是想到了什么心事，拉着了五多，不许她说话。

一切沉默了。男子在后舱先还是正用手指扣琴弦，作小小声音，这时手也离开那弦索了。

船上四个人都听到从河街上飘来的锣鼓、唢呐声音。河街上一个做生意人办喜事，客来贺喜，大唱堂戏，一定有一整夜热闹。

过了一会，老七一个人轻脚轻手爬到后舱去，但即刻又回来了。显然是要讲和，交涉办不好。

大娘问：“怎么了？”

老七摇摇头，叹了一口气，“牛脾气，让他去。”

先以为水保恐怕不会来的，所以大家仍然睡了觉，大娘、老七、五多三个人在前舱，只把男子放到后面。

查船的在半夜时，由水保领来了，水面鸦雀无声，四个全副武装警察守在船头，水保同巡官晃着手电筒进到前舱。这时大娘已把灯捻明了，她经验多，懂得这不是大事情。老七披了衣坐在床上，喊“干爹”，喊“巡官老爷”，要五多倒茶。五多还睡意迷蒙，只想到梦里在乡下摘三月莓！

男子被大娘摇醒揪出来，看到水保，看到一个穿黑制服的大人物，吓得不能说话，不晓得有什么严重事情发生。那巡官于是装成很有威风的神气开了口：“这是什么人？”

水保代为答应，“老七的汉子，才从乡下来走亲戚。”

老七补说道，“巡官，他昨天才来的。”

巡官看了一会儿男子，又看了一会儿女人，仿佛看出水保的话不是谎话，就不再说话了，随意在前舱各处翻翻。待注意到那个贮风干栗子的小坛子时，水保便抓了一大把栗子，塞进巡官那件体面制服的大口袋里去，巡官只是笑，也不说什么。

一伙人一会儿就走到另一船上去了。大娘刚要盖篷，一个警察回来传话：

“大娘，大娘，你告老七，巡官要回来过细考察她一下，你懂不懂？”

大娘说，“就来么？”

“查完夜就来。”

“当真吗？”

“我什么时候同你这老婊子说过谎？”

大娘很欢喜的样子，使男子很奇怪，因为他不明白为什么巡官还要回来考察老七。但这时节望到老七睡起的样子，上半晚的气已经没有了，他愿意讲和，愿意同她在床上说点家常私话，商量件事情，就傍床沿坐定不动。

大娘像是明白男子的心事，明白男子的欲望，也明白他不懂事，故只同老七打知会，“巡官就要来的！”

老七咬着嘴唇不作声，半天发痴。

男子一早起来就要走路，沉沉默默的一句话不说，端整了自己的草鞋，找到了自己的烟袋。一切归一了，就坐到那矮床边沿，像是有话说又说不出口。

老七问他，“你不是昨晚上答应过干爹，今天到他家中吃中饭吗？”

“……”摇摇头不作答。

“人家特意为你办了酒席！四盘四碗一火锅，大面子事情，难道好意思不领情？”

“……”

“戏也不看看么？”

“……”

“‘满天红’的荤油包子，到半日才上笼，那是你欢喜的包子！”

“……”

一定要走了，老七很为难，走出船头呆了一会，回身从荷包里掏出昨晚上那兵士给的票子来，点了一下数目，一共四张，捏成一把塞到男子左手心里去。男子无话说，老七似乎懂到那意思了，“大娘，你拿那三张也把我。”大娘将钱取出，老七又将这钱点数了一下，塞到男子右手心里去。

男子摇摇头，把票子撒到地下去，两只大而粗的手掌捂着脸孔，像小孩子那样莫名其妙的哭了起来。

五多同大娘看情形不好，一齐逃到后舱去了。五多心想这真是怪事，那么大的人会哭，好笑！可是她并不笑。她站在船后梢看见挂在梢舱顶梁上的胡琴，很愿意唱一个歌，可是不知为什么也总唱不出声音来。

水保来船上请远客吃酒时，只有大娘同五多在船上，问及时，才明白两夫妇一早都回转乡下去了。

1930 年 4 月 13 日作于吴淞

【评　析】

小说通过一个丈夫进城见卖淫妻子的故事，批判了当时社会经济制度背悖人性的罪恶，表现了下层人民从蒙昧麻木走向人的尊严觉醒的过程。

第一部分妓船的介绍是铺垫，交代送妻卖淫地方风气的来龙去脉。其余五个部分均以时为序安排：水保巡船见面—深感羞辱走人—女人劝夫回船—夜来连遭羞辱—决然领妻返乡。老七的男人是一个由蒙昧走向觉醒，由逆来顺受走向坚决反抗的人物。小说将人的尊严的觉醒，凝聚在一日一夜通过三个心理层次来完成。初与水保相见，他心存几分敬畏，而想起水保晚上来嫖，老七不接他客的嘱咐，他愤然离船上岸；两个醉鬼士兵隔着舱板夹他女人而睡，使他愤恨积聚膨胀；巡官要来"考察"他妻子，大娘催逼他迅速躲开，他做人的尊严终于在灵魂战栗中觉醒，于是次日领妻离船回乡。

作者善于运用喜剧的色调来表现悲剧的实质，惯以漫不经心、幽默轻松的笔触铺陈悲剧故事。

【习　题】

1. 心理描写是这篇小说的主要艺术特色，简析小说中的丈夫由蒙昧走向觉醒的心理历程。

2. 沈从文强烈的爱憎之情掩藏在调侃式的叙述之中，请结合本文分析这一特点。

3. 阅读《萧萧》，以《萧萧》和本文为例谈谈沈从文小说语言的独特韵味。

山　峡　中

艾　芜

艾芜(1904—1992)，原名汤道耕，四川成都人。1925年夏曾怀着"劳工神圣"的信仰，孑然一身，流浪在我国西南边境以及缅甸、马来西亚、新加坡等地，干过杂役、马店伙计、僧人伙夫、报馆校对、小学教师等各式职业，亲身体验了社会下层人民的思想感情。1931年来到上海，与沙汀成为文学挚友，在鲁迅先生的鼓舞下坚定了从事文学创作的信心。其主要作品有短篇小说集《南行记》、长篇小说《山野》《百炼成钢》等。《南行记》是艾芜最突出的短篇集，他以特异的边地人民传奇生活为题材，开拓了现代文学反映现实的新领域。

江上横着铁链作成的索桥，巨蟒似的，现出顽强古怪的样子，终于渐渐吞蚀在夜色中了。

桥下凶恶的江水，在黑暗中奔腾着，咆哮着，发怒地冲打崖石，激起吓人的巨响。

两岸蛮野的山峰，好像也在怕着脚下的奔流，无法避开一样，都把头尽量地躲入疏星寥落的空际。

夏天的山中之夜，阴郁、寒冷、怕人。

桥头的神祠，破败而荒凉的。显然已给人类忘记了，遗弃了，孤零零地躺着，只有山风江流送着它的余年。

我们这几个被世界抛却的人们，到晚上的时候，趁着月色星光，就从远山那边的市集里，悄悄地爬了下来，进去和残废的神们，一块儿住着，作为暂时的自由之家。

黄黑斑驳的神龛面前，烧着一堆煮饭的野火，跳起熊熊的红光，就把伸手取暖的阴影，鲜明地绘在火堆的周遭。上面金衣剥落的江神，虽也在暗淡的红色光影中，显出一足踏着龙头的悲壮样子，但人一看见那只扬起的握剑的手，是那么地残破，危危欲坠了，谁也要怜惜他这位末路英雄的。锅盖的四围，呼呼地冒出白色的蒸气，咸肉的香味和着松柴的芬芳，一时到处弥漫起来。这是宜于哼小曲吹口哨的悠闲时候，但大家都是静默地坐着，只在暖暖手。

另一边角落里，燃着一节残缺的蜡烛，摇曳地吐出微黄的光辉，展画出另一个暗淡的世界。没头的土地菩萨侧边，躺着小黑牛，污腻的上身完全裸露出来。正无力地呻唤着，衣和裤上的血迹，有的干了，有的还是湿渍渍的。夜白飞就坐在旁边，给他揉着腰干，擦着背，一发现重伤的地方，便惊讶地喊：

"呵呀，这一处！"

接着咒骂起来：

"他妈的！这地方的人，真毒！老子走尽天下，也没碰见过这些吃人的东西！……这里的江水也可恶，像今晚要把我们冲走一样！"

夜愈静寂，江水也愈吼得厉害，地和屋宇和神龛都在震颤起来。

"小伙子，我告诉你，这算什么呢？对待我们更要残酷的人，天底下还多哩……苍蝇一样的多哩！"

这是老头子不高兴的声音，由那薄暗的地方送来，仿佛在责备着，"你为什么要大惊小怪哪。"他躺在一张破烂虎皮的毯子上面，样子却望不清楚，只是铁烟管上的旱烟，现出一明一暗的红焰。复又吐出教训的话语：

"我么？人老了，拳头棍棒可就挨得不少。……想想看，吃我们这行饭，不怕挨打就是本钱哪！……没本钱怎么做生意呢？"

在这边烤火的鬼冬哥把手一张，脑袋一仰，就大声插嘴过去，一半是讨老人的好，一半是夸自己的狠。

"是呀，要活下去。我们这批人打断腿子倒是常有的事情……像那回在鸡街，鼻血打出了，牙齿打脱了，腰干也差不多伸不起来，我回来的时候，不是还在笑吗？……"

"对哪！"老头子高兴地坐了起来，"还有，小黑牛就是太笨了，嘴巴又不会扯谎，有些事情一说就说脱了的……像今天，你说，也掉东西，谁还拉着你哩……只晓得说'不是我，不是我'，就是这一句，人家怎不搜你身上呢？……不怕挨打，也好嘛？……呻唤，呻唤，尽是呻唤！"

我虽是没有就着火光看书了，但却仍旧把书拿在手里的。鬼冬哥得了老头子的赞许，就动手动足起来，一把抓着我的书喊道：

"看什么？书上的废话，有什么用呢？一个钱也不值……烧起来还当不得这一根干柴……听，老人家在讲我们的学问哪！"

一面就把一根干柴，送进火里。

老头子在砖上叩去了铁烟管上的余烬，很矜持地说道：

"我们的学问，没有写在纸上……写来给傻子读么？……第一……一句话，就是不怕和扯谎！……第二……我们的学问，哈哈哈。"

似乎一下子觉出了，我才同他合伙没久的，便用笑声掩饰着更深一层的话了。

“烧了吧，烧了吧，你这本傻子才肯读的书！”

鬼冬哥作势要把书抛进火里去，我忙抢着喊：

“不行！不行！”侧边的人就叫了起来：

“锅碰倒了！锅碰倒了！”

“同你的书一块去跳江吧！”

鬼冬哥笑着把书丢给了我。

老头子轻徐地向我说道：

“你高兴同我们一道走，还带那些书做什么呢。……那是没用的，小时候我也读过一两本。”

“用处是不大的，不过闲着的时候，看看罢了，像你老人家无事时吸烟一样。……”

我不愿同老头子引起争论，因为就有再好的理由也说不服他这顽强的人的，所以便这样客气地答复他。他得意地笑了，笑声在黑暗中散播着。至于说到要同他们一道走，我却没有如何决定，只是一路上给生活压来说气忿话的时候，老头子就误以为我真的要入伙了。今天去干的那一件事，无非由于他们的逼迫，凑凑角色罢了，并不是另一个新生活的开始。我打算趁此向老头子说明，也许不多几天，就要独自走我的，但却给小黑牛突然一阵猛烈的呻唤，打断了。

大家皱着眉头沉默着。

在这些时候，不息地打着桥头的江涛。仿佛要冲进庙来，扫荡一切似的。江风也比往天晚上大些，挟着尘沙，一阵阵地滚入，简直要连人连锅连火吹走一样。

残烛熄灭，火堆也闷着烟，全世界的光明，统给风带走了，一切重返于无涯的黑暗。只有小黑牛痛苦的呻吟，还表示出了我们悲惨生活的存在。

野老鸦拨着火堆，尖起嘴巴吹，闪闪的红光，依旧喜悦地跳起，周遭不好看的脸子，重又画出来了。大家吐了一口舒适的气。野老鸦却是流着眼泪了，因为刚才吹的时候，湿烟熏着了他的眼睛，他伸手揉揉之后，独自悠悠然地说：

“今晚的大江，吼得这么大……又凶……像要吃人的光景哩，该不会出事吧……”

大家仍旧沉默着。外面的山风江涛，不停地咆哮，不停地怒吼，好像诅咒我们的存在似的。

小黑牛突然大声地呻唤，发出痛苦的呓语：

“哎呀……哎……害了我了……害了我了……哎呀……哎呀……我不干了！我不……”

替他擦着伤处的夜白飞，点燃了残烛，用一只手挡着风，照映出小黑牛打坏了的身子——正痉挛地做出要翻身不能翻的痛苦光景，就赶快替他往腰部揉一揉，狠狠地抱怨他：

“你在说什么？你……鬼附着你哪！”

同时掉头回去，恐怖地望望黑暗中的老头子。

小黑牛突地翻过身，沙声嘶叫：

“你们不得好死的！你们！……菩萨呀！……菩萨呀！”

已经躺下的老头子突然坐了起来，轻声说道。

“这样么？……哦……”

忽又生气了，把铁烟管用力地往砖上叩了一下，说：

“菩萨，菩萨，菩萨也同你一样地倒霉！”

交闪在火光上面的眼光，都你望我我望你地现出不安的神色。

野老鸦向着黑暗的门外，看了一下，仍旧静静地说：

“今晚的江水实在吼得太大了！……我说嘛……”

“你说，……你一开口，就是吉利的！”

鬼冬哥粗暴地盯了野老鸦一眼，狠狠地诅咒着。

一阵风又从破门框上刮了进来，激起点点红艳的火星，直朝鬼冬哥的身上溅射。他赶快退后几步，向门外黑暗中的风声，扬着拳头骂：

“你进来！你进来……”

神祠后面的小门一开，白色鲜明的玻璃灯光和着一位油黑蛋脸的年青姑娘，连同笑声，挤进我们这个暗淡的世界里来了。黑暗、沉闷和忧郁，都悄悄地躲去。

“喂，懒人们！饭煮得怎样了？……孩子都要饿哭了哩！”

一手提灯，一手抱着一块木头人儿，亲昵地偎在怀里，作出母亲那样高兴的神情。蹲着暖手的鬼冬哥把头一仰，手一张，高声哗笑起来：

“哈呀，野猫子……一大半天，我说你在后面做什么？……你原来是在生孩子哪！……”

“呸，我在生你！”

接着“颇”的响了一声。野猫子生气了，鼓起原来就是很大的乌黑眼睛，把木人儿打在鬼冬哥的身旁，一下子冲到火堆边上，放下了灯，揭开祸盖，用筷子查看锅里翻腾滚沸的咸肉。白蒙蒙的蒸气，便在雪亮的灯光中袅袅地上升着。

鬼冬哥拾起木人儿，做模做样地喊道：

“呵呀，……尿都跌出来了！……好狠毒的妈妈！”

野猫子不说话，只把嘴巴一尖，头颈一伸，向他作个顽皮的鬼脸，就撕着一大块油腻腻的肉，有味的嚼她的。

小骡子用手肘碰碰我，斜起眼睛打趣说：

“今天不是还在替孩子买衣料么？”

接着大笑起来。

“吓吓……酒鬼……吓吓，酒鬼。”

鬼冬哥也突地记起了，哗笑着，向我喊：

“该你抱！该你抱！”

就把木人儿递在我的面前。

野猫子将锅盖骤然一盖，抓着木人儿，抓着灯，像风一样蓦地卷开了。

小骡子的眼珠跟着她的身子溜，点点头说：

“活像哪，活像哪，一条野猫子！”

她把灯，木人儿，和她自己，一同蹲在老头子的面前。撒娇地说：

“爷爷，你抱抱！娃儿哭哩！”

老头子正生气地坐着，虎着脸，耳根下的刀痕，绽出红涨的痕迹。不答理他的女儿。女儿却不怕爸爸的，就把木人儿的蓝色小光头，伸向短短的络腮胡上，顽皮地乱闯着，一面努起小嘴巴，娇声娇气地说：

“抱，嗯，抱，一定要抱！”

“不！”

老头子的牙齿缝里挤出这么一声。

"嗯，一定要抱，一定要，一定！"

老头子在各方面，都很顽强的，但对女儿却每一次总是无可如何地屈伏了。接着木人儿，对在鼻子尖上，鼓大眼睛，粗声粗气地打趣道：

"你是哪个的孩子？……喊声外公吧！喊，蠢东西！"

"不给你玩！拿来，拿来！"

野猫子一把抓去了，气得翘起了嘴巴。

老头子却粗暴地哗笑起来。大家都感到了异常的轻松，因为残留在这个小世界里的怒气，这一下子也已完全冰消了。

我只把眼光放在书上，心里却另外浮起了今天那一件新鲜而有趣的事情。

早上，他们叫我装作农家小子，拿着一根长烟袋，野猫子扮成农家小媳妇，提着一只小竹篮，同到远山那边的市集里，假做去买东西。他们呢，两个三个地，远远尾在我们的后面，也装作忙忙赶市的样子。往日我只是留着守东西，从不曾伙他们去干的，今天机会一到，便逼着扮演一位不重要的角色，可笑而好玩地登台了。

山里的市集，也很热闹的，拥挤着许多远地来的庄稼人。野猫子同我走到一家布摊子的面前，她就把竹篮子套在手腕上，乱翻起摊子上的布来，选着条纹花的说不好，选着棋盘格的也说不好，惹得老板也感到烦厌了。最后她扯出一匹蓝底白色的印花布，喜孜孜地叫道：

"呵呀！这才好看哪！"

随即掉转身来，仰起乌溜溜的眼睛，对我说：

"爸爸……买一件给阿狗吧！"

我简直想笑起来——天呀！她怎么装得这样像！幸好始终板起了面孔，立刻记起了他们教我的话。

"不行，太贵了！……我没那样多的钱花！"

"酒鬼，我晓得！你的钱，是要喝马尿水的！"

同时在我的鼻子尖上，竖起一根示威的指头，点了两点。说完就一下子转过身去，气狠狠地把布丢在摊子上。

于是，两个人就小小地吵起嘴来了。

满以为狡猾的老板总要看我们这幕滑稽剧的，哪知道他才是见惯不惊了，眼睛始终照顾着他的摊子。

野猫子最后赌气说：

"不买了，什么也不买了！"

一面却向对面街边上的货摊子望去。突然作出吃惊的样子，低声地向我也是向着老板喊：

"呀！看，小偷在摸东西哪！"

我一望去，简直吓灰了脸，怎么野猫子会来这一着？在那边干的人不正是夜白飞、小黑牛他们吗？

然而正因为这一着，事情却得手了。后来，小骡子在路上告诉我，就是在这个时候，狡猾的老板始把时时刻刻都在提防的眼光，引向远去，他才趁势偷去一匹上好的细布的。当时我却不知道，只听得老板幸灾乐祸地袖着手说：

“好呀！好呀！王老三，你也倒霉了！”

我还呆着看，野猫子便揪了我一把，喊着：

“酒鬼，死了么？”

我便跟着她赶快走开，却听着老板在后面冷冷地笑着，说风凉话哩。

“年纪青青，就这样的泼辣！咳！”

野猫子掉回头去啐了一口。

……

“看进去了！看进去了！”

鬼冬哥一面端开炖肉的锅，一面打趣着我。

于是，我的回味，便同山风刮着的火烟，一道儿溜走了。

中夜，纷乱的足声和嘈杂的低语，惊醒了我；我没有翻爬起来，只是静静地睡着。像是野猫子吧？走到我所睡的地方，站了一会，小声说道：

“睡熟了，睡熟了。”

我知道一定有什么瞒我的事在发生着了，心里禁不住惊跳起来，但却不敢翻动，只是尖起耳朵凝神地听着，忽然听见夜白飞哀求的声音，在暗黑中颤抖地说着：

“这太残酷了，太，太残酷了……魏大爷，可怜他是……”

尾声低小下去，听着的只是夜深打岸的江涛。

接着老头子发出钢铁一样的高音，叱责着。

“天底下的人，谁可怜过我们？……小伙子，个个都对我们捏着拳头哪！要是心肠软一点，还活得到今天么？你……哼，你！小伙子，在这里，懦弱的人是不配活的。……他，又知道我们的……咳，那么多！怎好白白放走呢？”

那边角落里躺着的小黑牛，似乎被人抬了起来，一路带着痛苦的呻唤和着杂色的足步，流向神祠的外面去。一时屋里静悄悄的了，简直空洞得十分怕人。

我轻轻地抬起头，朝破壁缝中望去，外面一片清朗的月色，已把山峰的姿影，崖石的面部和林木的参差，或浓或淡地画了出来，更显着峡壁的阴森和凄郁，比黄昏时候看起来还要怕人些。山脚底，汹涌着一片蓝色的奔流，碰着江中的石礁，不断地在月光中，溅跃起，喷射起银白的水花。白天，尤其黄昏时候，看起来像是顽强古怪的铁索桥呢，这时却在皎洁的月下，露出妩媚的修影了。

老头子和野猫子站在桥头。影子投在地上。江风掠飞着他们的衣裳。

另外抬着东西的几个阴影，走到索桥的中部，便停了下来。蓦地一个人那么样的形体，很快地，丢下江去。原先就是怒吼着的江涛，却并没有因此激起一点另外的声息，只是一霎时在落下处，跳起了丈多高亮晶晶的水珠，然而也就马上消灭了。

我明白了，小黑牛已经在这世界上凭借着一只残酷的巨手，完结了他的悲惨的命运了。但他往天那样老实而苦恼的农民样子，却还遗留在我的心里，搅得我一时无法安睡。

他们回来了。大家都是默无一语地，悄然睡下，显见得这件事的结局是不得已的，谁也不高兴做的。

在黑暗中，野老鸦翻了一个身，自言自语地低声说道：

“江水实在吼得太大了！”

没有谁，答一句话，只有庙外的江涛和山风，鼓噪地应和着。

我回忆起小黑牛坐在坡上息气时，常常爱说的那一句话了，“那多好呀！……那样的山地！……还有那小牛！”

随着他那忧郁的眼睛，瞭望去，一定会在晴明的远山上面，看出点点灰色的茅屋和正在缕缕升起的蓝色轻烟的。同伴们也知道，他是被那远处人家的景色，勾引起深沉的怀乡病了。但却没有谁来安慰他，只是一阵地瞎打趣。

小骡子每次都爱接着他的话说：

“还有那白白胖胖的女人罗！”

另一人插喝道：

“正在张太爷家里享福哪，吃好穿好的。”

小黑牛呆住了，默默地低下了头。

“鬼东西，总爱提这些！……我们打几盘再走吧，牌呢？牌呢？……谁捡着？”

夜白飞始终袒护着小黑牛；众人知道小黑牛的悲惨故事，也是由他的嘴巴传达出来的。

“又是在想，又是在想！你要回去死在张太爷的拳头下才好的！……同你的山地牛儿一块去死吧！”

鬼冬哥在小黑牛的鼻子尖上，示威似地摇一摇拳头，就抽身到树荫下打纸牌去了。

小黑牛在那个世界里躲开了张太爷的拳击，掉过身来在这个世界里，却仍然又免不了江流的吞食，不禁就由这想起，难道穷苦人的生活本身，便原是悲痛而残酷的么？也许地球上还有另外的光明留给我们的吧？明天我准于要走了。

次晨醒来，只有野猫子和我留着。

破败凋残的神祠，灰尘满积的神龛，吊挂蛛网的屋角，俱如我枯燥的心地一样，是灰色的，暗淡的。

除却时时刻刻都在震人心房的江声而外，在这里简直可以说没有一样东西使人感到兴奋了。

野猫子先我起来，穿着青花布的短衣，大脚统的黑绸裤，独自生着火，炖着开水，悠悠闲闲地坐在火旁边唱着：

“……

江水呵，

慢慢流，

流呀流，

流到东边大海头，

……”

我一面爬起来扣着衣纽，听着这样的歌声，越发感到岑寂了。便没精打采地问(其实自己也是知道的)：

“野猫子，他们哪里去了？”

“发财去了！”

接着又唱她的：

“那儿呀，没有忧！

那儿呀，没有愁！”

她见我不时朝昨夜小黑牛睡的地方瞭望，便打探似地说道：

“小黑牛昨夜可真叫得凶，大家都吵来睡不着。”

一面闪着她乌黑的狡猾的眼睛。

“我没听见。”

打算听她再捏造些什么话，便故意这样地回答。

她便继续说：

“一早就抬他去医伤去了！……他真是个该死的家伙，不是爸爸估着他，说着好，他还不去呢！”

她比着手势，很出色地形容着，好像真有那么一回事一样。

刚在火堆边坐着的我，简直感到忿怒了。便低下头去，用干树枝拔着火冷冷地说：

“你的爸爸，太好了，太好了！……可惜我却不能多跟他老人家几天了。”

“你要走了么？”她吃了一惊，随即生气地骂道：“你也想学小黑牛了！”

“也许……不过……”

我一面用干枝画着灰，一面犹豫地说。

“不过什么？不过！……爸爸说的好，懦弱的人，一辈子只有给人踏着过日子的。……伸起腰干吧！抬起头吧！……羞不羞哪，像小黑牛那样子！”

“你的爸爸，说的话，是对的，做的事，却错了！”

“为什么？”

“你说为什么？……并且昨夜的事情，我通通看见了！”

我说着，冷冷的眼光浮了起来。看见她突然变了脸色，但又一下子恢复了原状，而且狡猾地笑着：“吓吓，就是为了这才要走么？你这不中用的！”

马上揭开开水罐子看，气冲冲地骂：

“还不开！还不开！”

蓦地像风一样卷到神殿后面去，一会儿，抱了一抱干柴出来。一面拨大火，一面柔和地说：

“害怕么？要活下去，怕是不行的。昨夜的事，多着哩，久了就会见惯了的。……是么？规规矩矩地跟我们吧……你这阿狗的爹，哈哈哈。”

她狂笑起来，随即抓着昨夜丢下了的木人儿，顽皮地命令我道：

“木头，抱，抱，他哭哩！”

我笑了起来，但却仍然去整顿我的衣衫和书。

“真的要走么？来来来，到后面去！”

她的两条眉峰一竖，眼睛露出恶毒的光芒，看起来，却是又美丽又可怕的。

她比我矮一个头，身子虽是结实，但却总是小小的，一种好奇的冲动捉弄着我，于是无意识地笑了一下，便尾着她到后面去了。

她从柴草中抓出一把雪亮的刀来，半张不理地递给我，斜瞬着狡猾的眼睛，命令道：

“试试看，哪，你砍这棵树！”

我由她摆布，接着刀，照着面前的黄果树，用力砍去，结果只砍了半寸多深。因为使刀的本事，我原是不行的。

“让我来！”

她突地活跃了起来，夺去了刀，作出一个侧面骑马的姿势，很结实地一挥，喳的一刀，便没入树身三四寸的光景，又毫不费力地拔了出来，依旧放在柴草里面，然后气昂昂地走来我的面前，两手插在腰上，微微地噘起嘴巴，笑嘻嘻地嘲弄我：

“你怎么走得脱呢？……你怎么走得脱呢？”

于是，在这无人的山中，我给这位比我小块的野女子窘住了。正还打算这样地回答她：“你的爸爸会让我走的！”但她却忽地抽身跑开了，一面高声唱着，仿佛奏着凯旋一样。

“这儿呀……也没有忧，

这儿呀……也没有愁，

……”

我漫步走到江边去，无可奈何地徘徊着。

峰尖浸着粉红的朝阳。山半腰，抹着一两条淡淡的白雾。崖头苍翠的树丛，如同洗后一样的鲜绿。峡里面，到处都流溢着清新的晨光。江水仍旧发着声吼，但却没有夜来那样的怕人。清亮的波涛，碰在嶙峋的石上，溅起万朵灿然的银花，宛若江在笑着一样。谁能猜到这样美好的地方，曾经发生过夜里那样可怕的事情呢？

午后，在江流的澎湃中，迸裂出马铃子连击的声响，渐渐强大起来。野猫子和我都感到非常的诧异，赶快跑出去看。久无人行的索桥那边，从崖上转下来一小队人，正由桥上走了过来。为首的一个胖家伙，骑着马，十多个灰衣的小兵，尾在后面。还有两三个行李挑子，和一架坐着女人的滑竿。

“糟了！我们的对头呀！”

野猫子恐慌起来，我却故意喜欢地说道：

“那么，是我的救星了！”

野猫子恨恨地看了我一眼，把嘴唇紧紧地闭着，两只嘴角朝下一弯，傲然地说：

“我还怕么？……爸爸说的，我们原先是在刀上过日子哪！迟早总有那么一天的。”

他们一行人来到庙前，便息了下来。老爷和太太坐在石阶上，互相温存地问询着。勤务兵似的孩子，赶忙在挑子里面，找寻着温水瓶和毛巾。抬滑竿的伕子，满头都是汗，走下江边去喝江水。兵士们把枪横在地上，从耳上取下香烟缓缓地点燃，吸着。另一个班长似的灰衣汉子，军帽挂在脑后，毛巾缠在颈上，走到我们的面前，枪兜子抵在我的足边，眼睛盯着野猫子，盘问我们是做什么的，从什么地方来，到什么地方去。

野猫子咬着嘴唇，不做声。

我就从容地回答他，说我们是山那边的人，今天从丈母家回来，在此息息气的。同时催促野猫子说：

“我们走吧！——阿狗怕在家里哭哩！”

“是呀，我很担心的。……唉，我的足怪疼的哩！”

野猫子作出焦眉愁眼的样子，一面就摸着她的足，叹气。

“那就再息一会吧。”

我们便开始讲起山那边家中的牛马和鸡鸭，竭力作出一对庄稼人应有的风度。

他们息了一会，就忙着赶路走了。

野猫子欢喜的直是跳，抓着我喊：

“你怎么不叫他们抓我呢？怎么不呢？怎么不呢？”

她静下来叹一口气，说：

“我倒打算杀你哩；唉，我以为你是恨我们的。……我还想杀了你，好在他们面前显显本事。……先前，我还不曾单独杀过一个人哩。”

我静静地笑着说：

“那么，现在还可以杀哩。”

“不，我现在为什么要杀你呢？……”

“那么，规规矩矩地让我走吧！”

“不！你得让爸爸好好地教导一下子！……往后再吃几个人血馒头就好了！”

她坚决地吐出这话之后，就重又唱着她那常常在哼的歌曲，我的话，我的祈求，全不理睬了。

于是，我只好待着黄昏的到来，抑郁地。

晚上，他们回来了，带着那么多的“财喜”，看情形，显然是完全胜利，而且不像昨天那样小干的了。老头子喝得泥醉，由鬼冬哥的背上放下，便呼呼地睡着。原来大家因为今天事事得手，就都在半路上的山家酒店里，喝过庆贺的酒了。

夜深都睡得很熟，神殿上交响着鼻息的鼾声。我却不能安睡下去，便在江流激湍中，思索着明天怎样对付老头子的话语，同时也打算趁夜深人静，悄悄地离开此地。但一想到山中不熟悉的路径，和夜间出游的野物，便又只好等待天明了。

大约将近天明的时候，我才昏昏地沉入梦中。醒来时，已快近午，发现出同伴们都已不见了，空空洞洞的破残神祠里，只我一人独自留着。江涛仍旧热心地打着崖石，不过比往天却显得单调些，寂寞些了。

我想着，这大概是我昨晚独自儿在这里过夜，做了一场荒诞不经的梦，今朝从梦中醒来，才有点感觉异常吧。

但看见躺在砖地上的灰堆，灰堆旁边的木人儿，与留在我书里的三块银元时，烟霭也似的遐思和怅惘，便在我岑寂的心上，缕缕地升起来了。

1933 年冬，上海

【评 析】

《山峡中》写了一群沦为盗贼、栖身破祠的农民辛酸而悲惨的生活，刻画出他们性格的扭曲和心地的善良。

小说情节结构的组织相当自然，除“我”回想白天与夜猫子结伴行窃和人们打趣思家的小黑牛是插叙之外，其余都是顺叙：入夜（身受重伤的小黑牛痛苦呓语）—中夜（小黑牛被同伙扔进江流）—次晨（野猫子尽力挽留“我”，“我”在官兵面前救了她）—夜深（“我”决意离开盗贼们）—近午（盗贼们给“我”留下三块银元后离去）。小黑牛的悲剧集中代表了盗贼们命运的悲惨，被黑暗现实逼得走投无路才铤而走险，到荒山野岭与盗贼为伍，在“刀上过日子”。盗贼们处置小黑牛，集中表现了他们人性的扭曲，是社会的黑暗、处境的危险使他们变得麻木冷酷、野蛮凶狠、心硬如铁。

悲剧故事的展开和多姿多彩的山光水色描写构成鲜明对比，借景物的美反衬黑暗社会的丑，借自然景物的丑烘托故事的悲剧气氛。

【习　题】

1. 艾芜笔下的“化外之民”有淡淡的理想化色彩，请以“野猫子”形象为例加以说明。

2. 以“我”的经历来结构故事是艾芜小说的常式，请分析这篇小说的结构艺术。

3. 结合本小说的自然景物描写，略述艾芜小说长于抒情式描写的特色和效果。

永远的尹雪艳

白先勇

白先勇（1937—　），广西桂林人，回族，父亲为国民党高级将领白崇禧。中国台湾地区“现代派”小说代表作家。白先勇的作品或描写国民党旧官僚由盛至衰的人生轨迹，或表现台湾地区各阶层人们漂泊的乡愁，或反映台湾地区旅美知识分子无根的痛苦，其中蕴涵了浓厚的民族文化乡愁，贯穿历史沧桑、人生今昔、灵肉分离的苍凉感。其创作既大量吸收西方现代派文学的表现技巧，又流淌着民族传统的血脉，小说具有沧海桑田、人事变迁的悲怆情调，古典诗意与现代品格兼具的鲜明特色。著有短篇小说集《纽约客》《台北人》，长篇小说《孽子》，评论集《蓦然回首》等。

一

尹雪艳总也不老。十几年前那一班在上海百乐门舞厅替她捧场的五陵年少，有些天平开了顶，有些两鬓添了霜；有些来台湾降成了铁厂、水泥厂、人造纤维厂的闲顾问，但也有少数却升成了银行的董事长、机关里的大主管。不管人事怎么变迁，尹雪艳永远是尹雪艳，在台北仍旧穿着她那一身蝉翼纱的素白旗袍，一径那么浅浅地笑着，连眼角儿也不肯皱一下。

尹雪艳着实迷人。但谁也没能道出她真正迷人的地方。尹雪艳从来不爱擦脂抹粉，有时最多在嘴唇上点着些似有似无的蜜丝佛陀[1]；尹雪艳也不爱穿红戴绿，天时炎热，一个夏天，她都浑身银白，净扮的了不得。不错，尹雪艳是有一身雪白的肌肤，细挑的身材，容长的脸蛋儿配着一副俏丽甜净的眉眼子，但是这些都不是尹雪艳出奇的地方。见过尹雪艳的人都这么说，也不知是何道理，无论尹雪艳一举手、一投足，总有一份世人不及的风情。别人伸个腰、蹙一下眉，难看，但是尹雪艳做起来，却又别有一番妩媚了。尹雪艳也不多言、不多语，紧要的场合插上几句苏州腔的上海话，又中听、又熨贴。有些荷包不足的舞客，攀不上叫尹雪艳的台子，但是他们却去百乐门坐坐，观观尹雪艳的风采，听她讲几句吴侬软语，心里也是舒服的。尹雪艳在舞池子里，微仰着头，轻摆着腰，一径是那么不慌不忙地起舞着；即使跳着快狐步，尹雪艳从来也没有失过分寸，仍旧显得那么从容，那么轻盈，像一球随风飘荡的柳絮，脚下没有扎根似的。尹雪艳有她自己的旋律。尹雪艳有她自己的拍子。绝不因外界的迁异，影响到她的均衡。

尹雪艳迷人的地方实在讲不清，数不尽。但是有一点却大大增加了她的神秘。尹雪艳名气大了，难免招忌，她同行的姐妹淘醋心重的就到处吵起说：尹雪艳的八字带着重煞，犯了白虎[2]，沾上的人，轻者家败，重者人亡。谁知道就是为着尹雪艳享了重煞的令誉，上海洋场的男士们都对她增加了十分的兴味。生活悠闲了，家当丰沃了，就不免想冒险，去闯闯这颗红遍了黄浦滩的煞星儿。上海棉纱财阀王家的少老板王贵生就是其中探险者之一。天天开着崭新的卡迪拉克，在百乐门门口候着尹雪艳转完台子，两人一同上国际饭店二十四楼的屋顶花园去共进华美的宵夜。望着天上的月亮及灿烂的星斗，王贵生说，如果用他家的金条儿能够搭成一道天梯，他愿意爬上天空去把那弯月牙儿掐下来，插在尹雪艳的云鬓上。尹雪艳吟吟地笑着，总也不出声，伸出她那兰花般细巧的手，慢条斯理地将一枚枚涂着俄国乌鱼子的小月牙儿饼拈到嘴里去。

王贵生拼命地投资，不择手段地赚钱，想把原来的财富堆成三倍四倍，将尹雪艳身边那批富有的逐鹿者一一击倒，然后用钻石玛瑙串成一根链子，套在尹雪艳的脖子上，把她牵回家去。当王贵生犯上官商勾结的重罪，下狱枪毙的那一天，尹雪艳在百乐门停了一宵，算是对王贵生致了哀。

最后赢得尹雪艳的却是上海金融界一位热可炙手的洪处长。洪处长休掉了前妻，抛弃了三个儿女，答应了尹雪艳十条条件；于是尹雪艳变成了洪夫人，住在上海法租界一幢从日本人接收过来华贵的花园洋房里。两三个月的工夫，尹雪艳便像一株晚开的玉梨花，在上海上流社会的场合中以压倒群芳的姿态绽发起来。

尹雪艳着实有压场的本领。每当盛宴华筵，无论在场的贵人名媛，穿着紫貂，围着火狸，当尹雪艳披着她那件翻领束腰的银狐大氅，像一阵三月的微风，轻盈盈地闪进来时，全场的人都好像给这阵风熏中了一般，总是情不自禁地向她迎过来。尹雪艳在人堆子里，像个冰雪化成的精灵，冷艳逼人，踏着风一般的步子，看得那些绅士以及仕女们的眼睛都一齐冒出火来。这就是尹雪艳：在兆丰夜总会的舞厅里，在兰心剧院的过道上，以及在霞飞路上一幢幢侯门官府的客堂中，一身银白，歪靠在沙发椅上，嘴角一径挂着那流吟吟浅笑，把场合中许多银行界的经理、协理、纱厂的老板及小开，以及一些新贵和他们的夫人们都拘到跟前来。

可是洪处长的八字倒底软了些，没能抵得住尹雪艳的重煞。一年丢官，两年破产，到了台北连个闲职也没捞上。尹雪艳离开洪处长时还算有良心，除了自己的家当外只带走一个从上海跟来的名厨师及两个苏州娘姨。

二

尹雪艳的新公馆落在仁爱路四段的高级住宅区里，是一幢崭新的西式洋房，有个十分宽敞的客厅，容得下两三桌酒席。尹雪艳对她的新公馆倒是刻意经营过一番。客厅的家具是一色桃花心红木桌椅。几张老式大靠背的沙发，塞满了黑丝面子鸳鸯戏水的湘绣靠枕，人一坐下去就陷进了一半，倚在柔软的丝枕上，十分舒适。到过尹公馆的人，都称赞尹雪艳的客厅布置妥贴，叫人坐着不肯动身。打麻将有特别设备的麻将间，麻将桌、麻将灯都设计得十分精巧。有些客人喜欢挖花[3]，尹雪艳还特别腾出一间有隔音设备的房间，挖花的客人可以关在里面恣意唱和。冬天有暖炉，夏天有冷气，坐在尹公馆里，很容易忘记外面台北市的阴寒及溽暑。客厅案头的古玩花瓶，四时都供着鲜花。尹雪艳对于花道十分讲究，中山北路的玫瑰花店常年都送来上选的鲜货，整个夏天，尹雪艳的客厅中都细细地透着一股又甜又腻的晚香玉。

尹雪艳的新公馆很快地便成为她旧雨新知的聚会所。老朋友来到时，谈谈老话，大家都有一腔怀古的幽情，想一会儿当年，在尹雪艳面前发发牢骚，好像尹雪艳便是上海百乐门时代永恒的象征，京沪繁华的佐证一般。

“阿媛，看看干爹的头发都白光喽！依还像枝万年青一式，愈来愈年青！”

吴经理在上海当过银行的总经理，是百乐门的座上常客，来到台北赋闲，在一家铁工厂挂个顾问的名义。见到尹雪艳，他总爱拉着她半开玩笑而又不免带点自怜的口吻这样说。吴经理的头发确实全白了，而且患着严重的风湿，走起路来，十分蹒跚，眼睛又害沙眼，眼毛倒插，常年淌着眼泪，眼圈已经开始溃烂，露出粉红的肉来。冬天时候，尹雪艳总把客厅里那架电暖炉移到吴经理的脚跟前，亲自奉上一盅铁观音，笑吟吟地说道：“哪里的话，干爹才是老当益壮呢！”

吴经理心中熨贴了，恢复了不少自信，眨着他那烂掉了睫毛的老花眼，在尹公馆里，当众票了一出“坐宫”[4]，以苍凉沙哑的嗓子唱出：

“我好比浅水龙，

被困在沙滩。”

尹雪艳有迷男人的功夫，也有迷女人的功夫。跟尹雪艳结交的那班太太们，打从上海起，就背地数落她。当尹雪艳平步青云时，这起太太们气不忿，说道：凭你怎么爬，左不过是个货腰娘[5]。当尹雪艳的靠山相好遭到厄运的时候，她们就叹气道：命是逃不过的，煞气重的娘儿们到底沾惹不得。可是十几年来这起太太们一个也舍不得离开尹雪艳，到台北都一窝蜂似地聚到尹雪艳的公馆里，她们不得不承认尹雪艳实在有她惊动人的地方。尹雪艳在台北的鸿祥绸缎庄打得出七五折，在小花园里挑得出最登样的绣花鞋儿，红楼的绍兴戏码，尹雪艳最在行，吴燕丽唱《孟丽君》的时候，尹雪艳可以拿得到免费的前座戏票，论起西门町的京沪小吃，尹雪艳又是无一不精了。于是这起太太们，由尹雪艳领队，逛西门町、看绍兴戏、坐在三六九里吃桂花汤团，往往把十几年来不如意的事儿一古脑儿抛掉，好像尹雪艳周身都透着上海大千世界繁华的麝香一般，熏得这起往事沧桑的中年妇人都进入半醉的状态，而不由自主都津津乐道起上海五香斋的蟹黄面来。这起太太们常常容易闹情绪。尹雪艳对于她们都一一施以广泛的同情，她总耐心地聆听她们的怨艾及委屈，必要时说几句安抚的话，把她们焦躁的脾气一一熨平。

“输呀，输得精光才好呢！反正家里有老牛马垫背，我不输，也有旁人帮我输！”

每逢宋太太搓麻将输了钱时就向尹雪艳带着酸意地抱怨道。宋太太在台湾得了妇女更年期的痴肥症，体重暴增到一百八十多磅，形态十分臃肿，走多了路，会犯气喘。宋太太的心酸话较多，因为她先生宋协理有了外遇，对她颇为冷落，而且对方又是一个身段苗条的小酒女。十几年前宋太太在上海的社交场合出过一阵风头，因此她对以往的日子特别向往。尹雪艳自然是宋太太倾诉衷肠的适当人选，因为只有她才能体会宋太太那种今昔之感。有时讲到伤心处，宋太太会禁不住掩面而泣。

“宋家阿姐，‘人无千日好，花无百日红’，谁又能保得住一辈子享荣华、受富贵呢？”

于是尹雪艳便递过热毛巾给宋太太揩面，怜悯地劝说道。宋太太不肯认命，总要抽抽搭搭地怨怼一番：

“我就不信我的命又要比别人差些！像侬吧，尹家妹妹，侬一辈子是不必发愁的，自然有人会来帮衬侬。”

三

尹雪艳确实不必发愁，尹公馆门前的车马从来也未曾断过。老朋友固然把尹公馆当做世外桃源，一般新知也在尹公馆找到别处稀有的吸引力。尹雪艳公馆一向维持它的气派。尹雪艳从来不肯把它降低于上海霞飞路的排场。出入的人士，纵然有些是过了时的，但是他们有他们的身分，有他们的派头，因此一进到尹公馆，大家都觉得自己重要，即使是十几年前作废了的头衔，经过尹雪艳娇声亲切地称呼起来，也如同受过诰封一般[6]，心理上恢复了不少的优越感。至于一般新知，尹公馆更是建立社交的好所在了。

当然，最吸引人的，还是尹雪艳本身。尹雪艳是一个最称职的主人。每一位客人，不分尊卑老幼，她都招呼得妥妥贴贴。一进到尹公馆，坐在客厅中那些铺满黑丝面椅垫的沙发上，大家都有一种宾至如归、乐不思蜀的亲切之感，因此，做会总在尹公馆开标，请生日酒总在尹公馆开席，即使没有名堂的日子，大家也立一个名目，凑到尹公馆成一个牌局。一年里，倒有大半的日子，尹公馆里总是高朋满座。

尹雪艳本人极少下场，逢到这些日子，她总预先替客人们安排好牌局：有时两桌，有时三桌。她对每位客人的牌品及癖性都摸得清清楚楚，因此牌搭子总配得十分理想，从来没有伤过和气。尹雪艳本人督导着两个头干脸净的苏州娘姨在旁边招呼着。午点是宁波年糕或者湖州粽子。晚饭是尹公馆上海名厨的京沪小菜：金银腿、贵妃鸡、炝虾、醉蟹——尹雪艳亲自设计了一个转动的菜牌，天天转出一桌桌精致的筵席来。到了下半夜，两个娘姨便捧上雪白喷了明星花露水的冰面巾，让大战方酣的客人们揩面醒脑，然后便是一碗鸡汤银丝面作了宵夜。客人们掷下的桌面十分慷慨，每次总上两三千。赢了钱的客人固然值得兴奋，即使输了钱的客人也是心甘情愿。在尹公馆里吃了玩了，末了还由尹雪艳差人叫好计程车，一一送回家去。

当牌局进展激烈的当儿，尹雪艳便换上轻装，周旋在几个牌桌之间，踏着她那风一般的步子，轻盈盈地来回巡视着，像个通身银白的女祭司，替那些作战的人们祈祷和祭祀。

"阿媛，干爹又快输脱底喽！"

每到败北阶段，吴经理就眨着他那烂掉了睫毛的眼睛，向尹雪艳发出讨救的哀号。

"还早呢，干爹，下四圈就该你摸清一色了。"

尹雪艳把个黑丝椅垫枕到吴经理害了风湿症的背脊上，怜恤地安慰着这个命运乖谬的老人。

"尹小姐，你是看到的。今晚我可没打错一张牌，手气就那么背！"

女客人那边也经常向尹雪艳发出乞怜的呼吁，有时宋太太输急了，也顾不得身分，就抓起两颗骰子啐道：

"呸！呸！呸！勿要面孔的东西，看你霉到甚么辰光！"

尹雪艳也照例过去，用着充满同情的语调，安抚她们一番。这个时候，尹雪艳的话就如同神谕一般令人敬畏。在麻将桌上，一个人的命运往往不受控制，客人们都讨尹雪艳的口采来恢复自信心及加强斗志。尹雪艳站在一旁，叼着金嘴子的三个九，徐徐地喷着烟圈，以悲天悯人的眼光看着她这一群得意的、失意的、老年的、壮年的、曾经叱咤风云的、曾经风华绝代的客人们，狂热地互相厮杀，互相宰割。

四

新来的客人中，有一位叫徐壮图的中年男士，是上海交通大学的毕业生，生得品貌堂堂，高高的个儿，结实的身体，穿着剪裁合度的西装，显得分外英挺。徐壮图是个台北市新兴的实业巨子，随着台北市的工业化，许多大企业应运而生，徐壮图头脑灵活，具有丰富的现代化工商管理的知识，才是四十出头，便出任一家大水泥公司的经理。徐壮图有位贤慧的太太及两个可爱的孩子。家庭美满，事业充满前途，徐壮图成为一个雄心勃勃的企业家。

徐壮图第一次进入尹公馆是在一个庆生酒会上。尹雪艳替吴经理做六十大寿，徐壮图是吴经理的外甥，也就随着吴经理来到尹雪艳的公馆。

那天尹雪艳着实装饰了一番，穿着一袭月白短袖的织锦旗袍，襟上一排香妃色的大盘扣；脚上也是月白缎子的软底绣花鞋，鞋尖却点着两瓣肉色的海棠叶儿。为了讨喜气，尹雪艳破例地在右鬓簪上一朵酒杯大血红的郁金香，而耳朵上却吊着一对寸把长的银坠子。客厅里的寿堂也布置得喜气洋洋。案上全换上才铰下的晚香玉，徐壮图一踏进去，就嗅中一阵沁入脑肺的甜香。

"阿媛，干爹替侬带来顶顶体面的一位客人。"吴经理穿着一身崭新的纺绸长衫，佝着背，笑呵呵地把徐壮图介绍给尹雪艳道，然后指着尹雪艳说：

"我这位干小姐呀，实在孝顺不过。我这个老朽三灾五难的还要赶着替我做生。我忖忖：我现在又不在职，又不问世，这把老骨头天天还要给触霉头的风湿症来折磨。管他折福也罢，今朝我且大模大样地生受了干小姐这场寿酒再讲。我这位外甥，年轻有为，难得放纵一回，今朝也来跟我们这群老朽一道开心开心。阿媛是个最妥当的主人家，我把壮图交给侬，侬好好地招待招待他吧。"

"徐先生是稀客，又是干爹的令戚，自然要跟别人不同一点。"尹雪艳笑吟吟地答道，发上那朵血红的郁金香颤巍巍地抖动着。

徐壮图果然受到尹雪艳特别的款待。在席上，尹雪艳坐在徐壮图旁边一径殷勤地向他劝酒让菜，然后歪向他低声说道：

"徐先生，这道是我们大师傅的拿手，你尝尝，比外面馆子做的如何？"

用完席后，尹雪艳亲自盛上一碗冰冻杏仁豆腐捧给徐壮图，上面却放着两颗鲜红的樱桃。用完席成上牌局的时候，尹雪艳经常走到徐壮图背后看他打牌。徐壮图的牌张不熟，时常发错张子。才到八圈，徐壮图已经输掉一半筹码。有一轮，徐壮图正当发出一张梅花五筒的时候，突然尹雪艳从后面欠过身伸出她那细巧的手把徐壮图的手背按住说道：

"徐先生，这张牌是打不得的。"

那一盘徐壮图便和了一副"满园花"，一下子就把输出去的筹码赢回了大半。客人中有一个开玩笑抗议道：

"尹小姐，你怎么不来替我也点点张子，瞧瞧我也输完啦。"

"人家徐先生头趟到我们家，当然不好意思让他吃了亏回去的喽。"徐壮图回头看到尹雪艳朝着他满面堆着笑容，一对银耳坠子吊在她乌黑的发脚下来回地浪荡着。

客厅中的晚香玉到了半夜，吐出一蓬蓬的浓香来。席间徐壮图喝了不少热花雕，加上牌桌上和了那盘"满园花"的亢奋，临走时他已经有些微醺的感觉了。

"尹小姐，全得你的指教，要不然今晚的麻将一定全盘败北了。"

尹雪艳送徐壮图出大门时，徐壮图感激地对尹雪艳说道。尹雪艳站在门框里，一身白色的衣衫，双手合抱在胸前，像一尊观世音，朝着徐壮图笑吟吟地答道：

"哪里的话，隔日徐先生来白相[7]，我们再一道研究研究麻将经。"

隔了两日，果然徐壮图又来到了尹公馆，向尹雪艳讨教麻将的诀窍。

五

徐壮图太太坐在家中的藤椅上，呆望着大门，两腮一天天削瘦，眼睛凹成了两个深坑。

当徐太太的干妈吴家阿婆来探望她的时候，她牵着徐太太的手失惊叫道：

“嗳呀，我的干小姐，才是个把月没见着，怎么你就瘦脱了形？”

吴家阿婆是一个六十来岁的妇人，硕壮的身材，没有半根白发，一双放大的小脚，仍旧行走如飞。吴家阿婆曾经上四川青城山去听过道，拜了上面白云观里一位道行高深的法师做师父。这位老法师因为看上吴家阿婆天资禀异，飞升时便把衣钵传了给她[8]。吴家阿婆在台北家中设了一个法堂，中央供着她老师父的神像。神像下面悬着八尺见方黄绫一幅。据吴家阿婆说，她老师父常在这幅黄绫上显灵，向她授予机宜，因此吴家阿婆可预卜凶吉，消灾除祸。吴家阿婆的信徒颇众，大多是中年妇女，有些颇有社会地位。经济环境不虞匮乏，这些太太们的心灵难免感到空虚。于是每月初一十五，她们便停止一天麻将，或者标会的聚会[9]，成群结队来到吴家阿婆的法堂上，虔诚地念经叩拜，布施散财，救济贫困，以求自身或家人的安宁。有些有疑难大症，有些有家庭纠纷，吴家阿婆一律慷慨施以许诺，答应在老法师灵前替她们祈求神助。

“我的太太，我看你的气色竟是不好呢！”吴家阿婆仔细端详了徐太太一番，摇头叹息。徐太太低首俯面忍不住伤心哭泣，向吴家阿婆道出了许多衷肠话来。

“亲妈，你老人家是看到的，”徐太太流着眼泪断断续续地诉说着，“我们徐先生和我结婚这么久，别说破脸，连句重话都向来没有过。我们徐先生是个争强好胜的人。他一向都这么说：‘男人的心五分倒有三分应该放在事业上。’来台湾熬了这十来年，好不容易盼着他们水泥公司发达起来，他才出了头，我看他每天为公事在外面忙着应酬，我心里只有暗暗着急。事业不事业倒在其次，求祈他身体康宁，我们母子再苦些也是情愿的。谁知道打上月起，我们徐先生竟好像变了一个人似的。经常两晚三晚不回家。我问一声，他就摔碗砸筷，脾气暴的了不得。前天连两个孩子都挨了一顿狠打。有人传话给我说是我们徐先生在外面有了人，而且人家还是个有头有脸的人物。亲妈，我这个本本分分的人哪里经过这些事情？人还撑得住不走样？”

“干小姐，”吴家阿婆拍了一下巴掌说道：“你不提呢，我也就不说了。你知道我是最怕兜揽是非的人。你叫了我声亲妈，我当然也就向着你些。你知道那个胖婆儿宋太太呀，她先生宋协理搞上个甚么‘五月花’的小酒女。她跑到我那里一把鼻涕一把眼泪要我替她求求老师父。我拿她先生的八字来一算，果然冲犯了东西。宋太太在老师父灵前许了重愿，我替她念了十二本经。现在她男人不是乖乖地回去了？后来我就劝宋太太：‘整天少和那些狐狸精似的女人穷混，念经做善事要紧！’宋太太就一五一十地把你们徐先生的事情原原本本数了给我听。那个尹雪艳呀，你以为她是个什么好东西？她没有两下，就能拢得住这些人？连你们徐先生那么个正人君子她都有本事抓得牢。这种事情历史上是有的：褒姒、妲己、飞燕、太真——这起祸水！你以为都是真人吗？妖孽！凡是到了乱世，这些妖孽都纷纷下凡，扰乱人间。那个尹雪艳还不知道是个什么东西变的呢！我看你呀，总得变个法儿替你们徐先生消了这场灾难才好。”

“亲妈，”徐太太忍不住又哭了起来，“你晓得我们徐先生不是那种没有良心的男人。每次他在外面逗留了回来，他嘴里虽然不说，我晓得他心里是过意不去的。有时他一个人闷坐着猛抽烟，头筋叠暴起来，样子真吓人。我又不敢去劝解他，只有干着急。这几天他更是着了魔一般，回来嚷着说公司里人人都寻他晦气。他和那些工人也使脾气，昨天还把人家开除了几个。我劝他说犯不着和那些粗人计较，他连我也呵斥了一顿。他的行径反常得很，看着不像，真不由得不叫人担心哪!”

“就是说啊!”吴家阿婆点头说道，“怕是你们徐先生也犯着了什么吧？你且把他的八字递给我，回去我替他测一测。”

徐太太把徐壮图的八字抄给了吴家阿婆说道：

“亲妈，全托你老人家的福了。”

“放心，”吴家阿婆临走时说道，“我们老师父最是法力无边，能够替人排难解厄的。”

然而老师父的法力并没有能够拯救徐壮图。有一天，正当徐壮图向一个工人拍起桌子喝骂的时候，那个工人突然发了狂，一把扁钻从徐壮图前胸刺穿到后胸。

六

徐壮图的治丧委员会吴经理当了总干事。因为连日奔忙，风湿又弄犯了，他在极乐殡仪馆穿出穿进的时候，一径拄着拐杖，十分蹒跚，开吊的那一天灵堂就设在殡仪馆里。一时亲戚好友的花圈丧帐白簇簇地一直排到殡仪馆的门口来。水泥公司同仁挽的却是“痛失英才”四个大字。来祭吊的人从早上九点钟起开始络绎不绝。徐太太早已哭成了痴人，一身麻衣丧服带着两个孩子，跪在灵前答谢。吴家阿婆却率领了十二个道士，身着法衣，手执拂尘，在灵堂后面的法坛打解冤洗业醮[10]。此外并有僧尼十数人在念经超度，拜大悲忏[11]。

正午的时候，来祭吊的人早挤满了一堂，正当众人熙攘之际，突然人群里起了一阵骚动，接着全堂静寂下来，一片肃穆。原来尹雪艳不知什么时候却像一阵风一般地闪了进来。尹雪艳仍旧一身素白打扮，脸上未施脂粉，轻盈盈的走到管事台前，不慌不忙的提起毛笔，在签名簿上一挥而就地签上了名，然后款款的走到灵堂中央，客人们都倏地分开两边，让尹雪艳走到灵台跟前，尹雪艳凝着神，敛着容，朝着徐壮图的遗像深深地鞠了三鞠躬。这时在场的亲友大家都呆如木鸡。有些显得惊讶，有些却是忿愤，也有些满脸惶惑，可是大家都好似被一股潜力镇住了，未敢轻举妄动。这次徐壮图的惨死，徐太太那一边有些亲戚迁怒于尹雪艳；他们都没有料到尹雪艳居然有这个胆识闯进徐家的灵堂来。场合过分紧张突兀，一时大家都有点手足无措。尹雪艳行完礼后，却走到徐家太太面前，伸出手抚摸了一下两个孩子的头，然后庄重地和徐太太握了一握手。正当众人面面相觑的当儿，尹雪艳却踏着她那风一般的步子走出了极乐殡仪馆。一时灵堂里一阵大乱，徐太太突然跪倒在地，昏厥了过去，吴家阿婆赶紧丢掉拂尘，抢身过去，将徐太太抱到后堂去。

当晚，尹雪艳的公馆里又成上了牌局，有些牌搭子是白天在徐壮图祭悼会后约好的。吴经理又带了两位新客人来。一位是南国纺织厂新上任的余经理；另一位是大华企业公司的周董事长。这晚吴经理的手气却出了奇迹，一连串地在和满贯，吴经理不停地笑着叫着，眼泪从他烂掉了睫毛的血红眼圈一滴滴淌下来。到了第十二圈，有一盘吴经理突然双手乱舞大叫起来：

“阿媛，快来！快来！‘四喜临门’！这真是百年难见的怪牌。东、南、西、北——全齐了，外带自摸双！人家说和了大四喜，兆头不祥。我倒霉了一辈子，和了这副怪牌，从此否极泰来。阿媛，阿媛，侬看看这副牌可爱不可爱？有趣不有趣？”

吴经理喊着笑着把麻将撒满了一桌子。尹雪艳站到吴经理身边，轻轻地按着吴经理的肩膀，笑吟吟地说道：

“干爹，快打起精神多和两盘。回头赢了余经理及周董事长他们的钱，我来吃你的红[12]！”

【注　释】

[1]蜜丝佛陀：一种高级的美国唇膏。　[2]八字：过去星命学以人出生的年、月、日、时为四柱，配合天干地支，合为八字，来推算人命运的好坏。重煞、白虎：都是凶兆的命。　[3]挖花：宁波天九牌的一种打法。[4]坐宫：京戏名，为“四郎探母”中的一个折子。　[5]货腰娘：舞女。　[6]诰封：指封建时代受过皇帝封赠的人。　[7]白相：方言，玩，游戏。　[8]飞升：道家称死为“飞升”。　[9]标会：旧时民间盛行的一种信用互助方式。一般由发起人邀请亲友若干人参加，约定每月、每季或每年举会一次，每次各缴一定数量的会款，轮流交一人使用，借以互助。　[10]打醮：指僧道为禳除灾难而设道场。“解冤洗业醮”目的在减轻罪孽，让死者得升天堂。　[11]大悲忏：即大悲咒，千手千眼观音之咒语，迷信者认为能替死者忏悔，以求超度。　[12]红：红利，这里指打牌赢的钱。

【评　析】

这个短篇以交际花尹雪艳为核心，揭示台湾上流社会的纸醉金迷和精神空虚，为旧时代唱出了一首挽歌。

情节按时间先后顺序安排。第一章主要是忆旧，写尹雪艳“总也不老”“着实迷人”。第二章以后紧扣“迷人”二字来写。她是一块“吸铁石”，公馆成了旧雨新知的聚会所，男人“迷”她，因为她会恭维；女人“迷”她，因为她会劝慰。第三章通过张罗牌局继续写她高超的交际本领，她是“最称职”的主人，谁都招呼得“妥妥帖帖”。第四章以后的故事均与实业巨子徐壮图相关，情节发展甚快，开始是吴经理庆寿，徐壮图上钩；接着是徐太太哭诉，徐壮图暴死；最后是尹雪艳吊丧，吴经理赢牌。外在的美艳和内在的阴冷在尹雪艳身上达到了奇特的统一。

作品通篇采用对比。大陆与台湾的生活对比，尹雪艳与周围人容色的对比，尹雪艳的妖冶外表与冷酷内心的对比，都有力地阐发了作品主题。

【习　题】

1. 小说中的尹雪艳是维持腐朽没落生活气派的典型，试分析这个形象的特征和意义。
2. 作品中的尹雪艳、尹公馆、麻将桌等无不具有强烈的象征意义，请一一试加分析。
3. 结合作品，谈谈多样的反讽、灵活的倒叙和精致的白描诸多手法的艺术表现效果。

哦，香雪

铁　凝

铁凝(1957—　)，当代作家。祖籍河北赵县，生于北京，1975年到河北博野插队，1979年任《花山》小说编辑，现为中国作家协会主席。寻找并表现生命长河中的纯净瞬间是铁凝作品的灵魂，她的小说多写平凡渺小而质朴善良的人物，题材开掘面小而生活意蕴丰厚，善于把诗歌、散文的因素融入小说，偏重于主观感受的诗意抒发，语言清丽、机智、幽默。著有长篇小说《玫瑰门》《大浴女》，中篇小说《麦秸垛》《没有纽扣的红衬衫》，短篇小说《哦，香雪》《马路动作》以及散文集《女人的白夜》、电影文学剧本《红衣少女》等。

如果不是有人发明了火车，如果不是有人把铁轨铺进深山，你怎么也不会发现台儿沟这个小村。它和它的十几户乡亲，一心一意掩藏在大山那深深的皱褶里，从春到夏，从秋到冬，默默地接受着大山任意给予的温存和粗暴。

然而，两根纤细、闪亮的铁轨延伸过来了。它勇敢地盘旋在山腰，又悄悄地试探着前进，弯弯曲曲，曲曲弯弯，终于绕到台儿沟脚下，然后钻进幽暗的隧道，冲向又一道山梁，朝着神秘的远方奔去。

不久，这条线正式营运，人们挤在村口，看见那绿色的长龙一路呼啸，挟带着来自山外的陌生、新鲜的清风，擦着台儿沟贫弱的脊背匆匆而过。它走得那样急忙，连车轮碾轧钢轨时发出的声音好像都在说：不停不停，不停不停！是啊，它有什么理由在台儿沟站脚呢，台儿沟有人要出远门吗？山外有人来台儿沟探亲访友吗？还是这里有石油储存，有金矿埋藏？台儿沟，无论从哪方面讲，都不具备挽住火车在它身边留步的力量。

可是，记不清从什么时候起，列车的时刻表上，还是多了"台儿沟"这一站。也许乘车的旅客提出过要求，他们中有哪位说话算数的人和台儿沟沾亲；也许是那个快乐的男乘务员发现台儿沟有一群十七八岁的漂亮姑娘，每逢列车疾驶而过，她们就成帮搭伙地站在村口，翘起下巴，贪婪、专注地仰望着火车。有人朝车厢指点，不时能听见她们由于互相捶打而发出的一两声娇嗔的尖叫。也许什么都不为，就因为台儿沟太小了，小得叫人心疼，就是钢筋铁骨的巨龙在它面前也不能昂首阔步，也不能不停下来。总之，台儿沟上了列车时刻表，每晚七点钟，由首都方向开往山西的这列火车在这里停留一分钟。

这短暂的一分钟，搅乱了台儿沟以往的宁静。从前，台儿沟人历来是吃过晚饭就钻被窝，他们仿佛是在同一时刻听到大山无声的命令。于是，台儿沟那一小片石头房子在同一时刻忽然完全静止了，静得那样深沉、真切，好像在默默地向大山诉说着自己的虔诚。如今，台儿沟的姑娘们刚把晚饭端上桌就慌了神，她们心不在焉地胡乱吃几口，扔下碗就开始梳妆打扮。她们洗净蒙受了一天的黄土、风尘，露出粗糙、红润的面色，把头发梳得乌亮，然后就比赛着穿出最好的衣裳。有人换上过年时才穿的新鞋，有人还悄悄往脸上涂点胭脂。尽管火车到站时已经天黑，她们还是按照自己的心思，刻意斟酌着服饰和容貌。然后，她们就朝村口，朝火车经过的地方跑去。香雪总是第一个出门，隔壁的凤娇第二个就跟了出来。

七点钟，火车喘息着向台儿沟滑过来，接着一阵空哐乱响，车身震颤一下，才停住不动了。姑娘们心跳着涌上前去，像看电影一样，挨着窗口观望。只有香雪躲在后面，双手紧紧捂着耳朵。看火车，她跑在最前边，火车来了，她却缩到最后去了。她有点害怕它那巨大的车头，车头那么雄壮地吐着白雾，仿佛一口气就能把台儿沟吸进肚里。它那撼天动地的轰鸣也叫她感到恐惧。在它跟前，她简直像一叶没根的小草。

"香雪，过来呀，看！"凤娇拉过香雪向一个妇女头上指，她指的是那个妇女头上别着的那一排金圈圈。

"怎么我看不见？"香雪微微眯着眼睛。

"就是靠里边那个，那个大圆脸。看，还有手表哪，比指甲盖还小哩！"凤娇又有了新发现。

香雪不言不语地点着头，她终于看见了妇女头上的金圈圈和她腕上比指甲盖还要小的手表。但她也很快就发现了别的。"皮书包！"她指着行李架上一只普通的棕色人造革学生书包。就是那种连小城市都随处可见的学生书包。

尽管姑娘们对香雪的发现总是不感兴趣，但她们还是围了上来。

"哟，我的妈呀！你踩着我的脚啦！"凤娇一声尖叫，埋怨着挤上来的一位姑娘。她老是爱一惊一咋的。

"你咋呼什么呀，是想叫那个小白脸和你搭话了吧？"被埋怨的姑娘也不示弱。

"我撕了你的嘴！"凤娇骂着，眼睛却不由自主地朝第三节车厢的车门望去。

那个白白净净的年轻乘务员真下车来了。他身材高大，头发乌黑，说一口漂亮的北京话。也许因为这点，姑娘们私下里都叫他"北京话"。"北京话"双手抱住胳膊肘，和她们站得不远不近地说："喂，我说小姑娘们，别扒窗户，危险！"

"哟，我们小，你就老了吗？"大胆的凤娇回敬了一句。

姑娘们一阵大笑，不知谁还把凤娇往前一搡，弄得她差点撞在他身上，这一来反倒更壮了凤娇的胆，"喂，你们老呆在车上不头晕？"她又问。

"房顶子上那个大刀片似的，那是干什么用的？"又一个姑娘问。她指的是车厢里的电扇。

"烧水在哪儿？"

"开到没路的地方怎么办？"

"你们城市里一天吃几顿饭？"香雪也紧跟在姑娘们后面小声问了一句。

"真没治！""北京话"陷在姑娘们的包围圈里，不知所措地嘟囔着。

快开车了，她们才让出一条路，放他走。他一边看表，一边朝车门跑去，跑到门口，又扭头对她们说："下次吧，下次告诉你们！"他的两条长腿灵巧地向上一跨就上了车，接着一阵叽哩哐啷，绿色的车门就在姑娘门面前沉重地合上了。列车一头扎进黑暗，把她们撇在冰冷的铁轨旁边。很久，她们还能感觉到它那越来越轻的震颤。

一切又恢复了寂静，静得叫人惆怅。姑娘们走回家去，路上还要为一点小事争论不休：

"谁知道别在头上的金圈圈是几个？"

"八个。"

"九个。"

"不是！"

"就是!"

"凤娇你说哪?"

"她呀,还在想'北京话'哪!"有人开起了凤娇的玩笑。

"去你的,谁说谁就想。"凤娇说着捏了一下香雪的手,意思是叫香雪帮腔。

香雪没说话,慌得脸都红了。她才十七岁,还没学会怎样在这种事上给人家帮腔。

"他的脸多白呀!"那个姑娘还在逗凤娇。

"白? 还不是在那大绿屋里捂的。叫他到咱台儿沟住几天试试。"有人在黑影里说。

"可不,城里人就靠捂。要论白,叫他们和咱香雪比比。咱们香雪,天生一副好皮子,再照火车那些闺女的样儿,把头发烫成弯弯绕,啧啧!'真没治'! 凤娇姐,你说是不是?"

凤娇不接茬儿,松开了香雪的手。好像姑娘们真的在贬低她的什么人一样,她心里真有点替他抱不平呢。不知怎么的,她认定他的脸绝不是捂白的,那是天生。

香雪又悄悄把手送到凤娇手心里,她示意凤娇握住她的手,仿佛请求凤娇的宽恕,仿佛是她使凤娇受了委屈。

"凤娇,你哑巴啦?"还是那个姑娘。

"谁哑巴啦! 谁像你们,专看人家脸黑脸白。你们喜欢,你们可跟上人家走啊!"凤娇的嘴巴很硬。

"我们不配!"

"你担保人家没有相好的?"

……

不管在路上吵得怎样厉害,分手时大家还是十分友好的,因为一个叫人兴奋的念头又在她们心中升起:明天,火车还要经过,她们还会有一个美妙的一分钟。和它相比,闹点小别扭还算回事吗?

哦,五彩缤纷的一分钟,你饱含着台儿沟的姑娘们多少喜怒哀乐!

日久天长,这五彩缤纷的一分钟,竟变得更加五彩缤纷起来,就在这个一分钟里,她们开始跨上装满核桃、鸡蛋、大枣的长方形柳条篮子,站在车窗下,抓紧时间跟旅客和和气气地做买卖。她们踮着脚尖,双臂伸得直直的,把整筐的鸡蛋、红枣举上窗口,换回台儿沟少见的挂面、火柴,以及属于姑娘们自己的发卡、香皂。有时,有人还会冒着回家挨骂的风险,换回花色繁多的纱巾和能松能紧的尼龙袜。

凤娇好像是大家有意分配给那个"北京话"的,每次都是她提着篮子去找他。她和他做买卖故意磨磨蹭蹭,车快开时才把整篮的鸡蛋塞给他。要是他先把鸡蛋拿走,下次见面时再付钱,那就更够意思了。如果他给她捎回一捆挂面、两条纱巾,凤娇就一定抽回一斤挂面还给他。她觉得,只有这样才对得起和他的交往,她愿意这种交往和一般的做买卖有所区别。有时她也想起姑娘们的话:"你担保人家没有相好的?"其实,有没有相好的不关凤娇的事,她又没想过跟他走。可她愿意对他好,难道非得是相好的才能这么做吗?

香雪平时话不多,胆子又小,但做起买卖却是姑娘中最顺利的一个。旅客们爱买她的货,因为她是那么信任地瞧着你,那洁如水晶的眼睛告诉你,站在车窗下的这个女孩子还不知道什么叫受骗。她还不知道怎么讲价钱,只说:"你看着给吧。"你望着她那洁净得仿佛一分钟前才诞生的面孔,望着她那柔软得宛若红缎子似的嘴唇,心中会升起一种美好的感情。你不忍心跟这样的小姑娘耍滑头,在她面前,再爱计较的人也会变得慷慨大度。

有时她也抓空儿向他们打听外面的事，打听北京的大学要不要台儿沟人，打听什么叫“配乐诗朗诵”（那是她偶然在同桌的一本书上看到的）。有一回她向一位戴眼镜的中年妇女打听能自动开关的铅笔盒，还问到它的价钱。谁知没等人家回话，车已经开动了。她追着它跑了好远，当秋风和车轮的呼啸一同在她耳边鸣响时，她才停下脚步意识到，自己的行为是多么可笑啊。

火车眨眼间就无影无踪了。姑娘们围住香雪，当她们知道她追火车的原因后，便觉得好笑起来。

“傻丫头！”

“值不当的！”

她们像长者那样拍着她的肩膀。

“就怪我磨蹭，问慢了。”香雪可不认为这是一件值不当的事，她只是埋怨自己没抓紧时间。

“咳，你问什么不行呀！”凤娇替香雪挎起篮子说。

“谁叫咱们香雪是学生呢。”也有人替香雪分辨。

也许就因为香雪是学生吧，是台儿沟唯一考上初中的人。

台儿沟没有学校，香雪每天上学要到七八公里以外的公社。尽管不爱说话是她的天性，但和台儿沟的姐妹们总是有话可说的。公社中学可就没那么多姐妹了，虽然女同学不少，但她们的言谈举止，一个眼神，一声轻轻的笑，好像都是为了叫香雪意识到，她是小地方来的，穷地方来的。她们故意一遍又一遍地问她：“你们那儿一天吃几顿饭？”她不明白她们的用意，每次都认真地回答：“两顿。”然后又友好地瞧着她们反问道：“你们呢？”

“三顿！”她们每次都理直气壮地回答。之后，又对香雪在这方面的迟钝感到说不出的怜悯和气恼。

“你上学怎么不带铅笔盒呀？”她们又问。

“那不是吗？”香雪指指桌角。

其实，她们早知道桌角那只小木盒就是香雪的铅笔盒，但她们还是做出吃惊的样子。每到这时，香雪的同桌就把自己那只宽大的泡沫塑料铅笔盒摆弄得哒哒乱响。这是一只可以自动合上的铅笔盒，很久以后，香雪才知道它所以能自动合上，是因为铅笔盒里包藏着一块不大不小的吸铁石。香雪的小木盒呢，尽管那是当木匠的父亲为她考上中学特意制作的，它在台儿沟还是独一无二的呢。可在这儿，和同桌的铅笔盒一比，为什么显得那样笨拙、陈旧？它在一阵哒哒声中有几分羞涩地畏缩在桌角上。

香雪的心再也不能平静了，她好像忽然明白了同学对她的再三盘问，明白了台儿沟是多么贫穷。她第一次意识到这是不光彩的，因为贫穷，同学才敢一遍又一遍地盘问她。她盯住同桌那只铅笔盒，猜测它来自遥远的大城市，猜测它的价值肯定非同寻常。三十个鸡蛋换得来吗？还是四十个、五十个？这时她的心又忽地一沉：怎么想起这些了？娘攒下鸡蛋，不是为了叫她乱打主意啊！可是，为什么那诱人的哒哒声老是在耳边响个没完？

深秋，山风渐渐凛冽了，天也黑得越来越早。但香雪和她的姐妹们对于七点钟的火车，是照等不误的。她们可以穿起花棉袄了，凤娇头上别起了淡粉色的有机玻璃发卡，有些姑娘的辫梢还缠上了夹丝橡皮筋。那是她们用鸡蛋、核桃从火车上换来的。她们仿照火车上那些城里姑娘的样子把自己武装起来，整齐地排列在铁路旁，像是等待欢迎远方的贵宾，又像是准备着接受检阅。

火车停了，发出一阵沉重的叹息，像是在抱怨着台儿沟的寒冷。今天，它对台儿沟表现了少有的冷漠：车窗全部紧闭着，旅客在黄昏的灯光下喝茶、看报，没有人向窗外瞥一眼。那些眼熟的、长跑这条线的人们，似乎也忘记了台儿沟的姑娘。

凤娇照例跑到第三节车厢去找她的"北京话"，香雪紧紧头上的紫红色线围巾，把臂弯里的篮子换了换手，也顺着车身不停的跑着。她尽量高高地踮起脚尖，希望车厢里的人能看见她的脸。车上一直没有人发现她，她却在一张堆满食品的小桌上，发现了渴望已久的东西。它的出现，使她再也不想往前走了，她放下篮子，心跳着，双手紧紧扒住窗框，认清了那真是一只铅笔盒，一只装有吸铁石的自动铅笔盒。它和她离得那样近，她一伸手就可以摸到。

一位中年女乘务员走过来拉开了香雪。香雪挎起篮子站在远处继续观察。当她断定它属于靠窗的那位女学生模样的姑娘时，就果断地跑过去敲起了玻璃。女学生转过脸来，看见香雪臂弯里的篮子，抱歉地冲她摆了摆手，并没有打开车窗的意思，不知怎么的她就朝车门跑去，当她在门口站定时，还一把攥住了扶手。如果说跑的时候她还有点犹豫，那么从车厢里送出来的一阵阵温馨的、火车特有的气息却坚定了她的信心，她学着"北京话"的样子，轻巧地跃上了踏板。她打算以最快的速度跑进车厢，以最快的速度用鸡蛋换回铅笔盒。也许，她所以能够在几秒钟内就决定上车，正是因为她拥有那么多鸡蛋吧，那是四十个。

香雪终于站在火车上了。她挽紧篮子，小心地朝车厢迈出了第一步。这时，车身忽然悸动了一下，接着，车门被人关上了。当她意识到眼前发生了什么事时，列车已经缓缓地向台儿沟告别了。香雪扑在车门上，看见凤娇的脸在车下一晃。看来这不是梦，一切都是真的，她确实离开姐妹们，站在这又熟悉、又陌生的火车上了。她拍打着玻璃，冲凤娇叫喊："凤娇！我怎么办呀，我可怎么办呀！"

列车无情地载着香雪一路飞奔，台儿沟刹那间就被抛在后面了。下一站叫西山口，西山口离台儿沟三十里。

三十里，对于火车、汽车真的不算什么，西山口在旅客们闲聊之中就到了。这里上车的人不少，下车的只有一位旅客，那就是香雪，她胳膊上少了那只篮子，她把它塞到那个女学生座位下面了。

在车上，当她红着脸告诉女学生，想用鸡蛋和她换铅笔盒时，女学生不知怎么的也红了脸。她一定要把铅笔盒送给香雪，还说她住在学校吃食堂，鸡蛋带回去也没法吃。她怕香雪不信，又指了指胸前的校徽，上面果真有"矿冶学院"几个字。香雪却觉着她在哄她，难道除了学校她就没家吗？香雪一面摆弄着铅笔盒，一面想着主意。台儿沟再穷，她也从没白拿过别人的东西。就在火车停顿前发出的几秒钟的震颤里，香雪还是猛然把篮子塞到女学生的座位下面，迅速离开了。

车上，旅客们曾劝她在西山口住上一夜再回台儿沟。热情的"北京话"还告诉她，他爱人有个亲戚就住在站上。香雪没有住，更不打算去找"北京话"的什么亲戚，他的话倒更使她感到了委屈，她替凤娇委屈，替台儿沟委屈。她只是一心一意地想：赶快走回去，明天理直气壮地去上学，理直气壮地打开书包，把"它"摆在桌上。车上的人既不了解火车的呼啸曾经怎样叫她像只受惊的小鹿那样不知所措，更不了解山里的女孩子在大山和黑夜面前到底有多大本事。

列车很快就从西山口车站消失了，留给她的又是一片空旷。一阵寒风扑来，吸吮着她单薄的身体。她把滑到肩上的围巾紧裹在头上，缩起身子在铁轨上坐了下来。香雪感受过各种各样的害怕，小时候她怕头发，身上粘着一根头发择不下来，她会急得哭起来；长大了她怕晚上一个人到院子里去，怕毛毛虫，怕被人胳肢（凤娇最爱和她来这一手）。现在她害怕这陌生的西山口，害怕四周黑幽幽的大山，害怕叫人心惊肉跳的寂静，当风吹响近处的小树林时，她又害怕小树林发出的窸窸窣窣的声音。三十里，一路走回去，该路过多少大大小小的林子啊！

一轮满月升起来了，照亮了寂静的山谷，灰白的小路，照亮了秋日的败草，粗糙的树干，还有一丛丛荆棘、怪石，还有满山遍野那树的队伍，还有香雪手中那只闪闪发光的小盒子。

她这才想到把它举起来仔细端详。它想，为什么坐了一路火车，竟没有拿出来好好看看？现在，在皎洁的月光下，它才看清了它是淡绿色的，盒盖上有两朵洁白的马蹄莲。她小心地把它打开，又学着同桌的样子轻轻一拍盒盖，"哒"的一声，它便合得严严实实。她又打开盒盖，觉得应该立刻装点东西进去。她从兜里摸出一只盛擦脸油的小盒放进去，又合上了盖子。只有这时，她才觉得这铅笔盒真属于她了，真的。它又想到了明天，明天上学时，她多么盼望她们会再三盘问她啊！

她站了起来，忽然感到心里很满，风也柔和了许多。她发现月亮是这样明净，群山被月光笼罩着，像母亲庄严、神圣的胸脯；那秋风吹干的一树树核桃叶，卷起来像一树树金铃铛，她第一次听清它们在夜晚，在风的怂恿下"豁啷啷"地歌唱。她不再害怕了，在枕木上跨着大步，一直朝前走去。大山原来是这样的！月亮原来是这样的！核桃树原来是这样的！香雪走着，就像第一次认出养育她长大成人的山谷。台儿沟呢？不知怎么的，她加快了脚步。她急着见到它，就像从来没有见过它那样觉得新奇。台儿沟一定会是"这样的"：那时台儿沟的姑娘不再央求别人，也用不着回答人家的再三盘问。火车上的漂亮小伙子都会求上门来，火车也会停得久一些，也许三分、四分，也许十分、八分。它会向台儿沟打开所有的门窗，要是再碰上今晚这种情况，谁都能从从容容地下车。

今晚台儿沟发生了什么事？对了，火车拉走了香雪，为什么现在她像闹着玩儿似地去回忆呢？四十个鸡蛋没有了，娘会怎么说呢？爹不是盼望每天都有人家娶媳妇、聘闺女吗？那时他才有干不完的活儿，他才能光着红铜似的脊梁，不分昼夜地打出那些躺柜、碗橱、板箱，挣回香雪的学费。想到这儿，香雪站住了，月光好像也暗淡下来，脚下的枕木变成一片模糊。回去怎么说？她环视群山，群山沉默着；她又朝着近处的杨树林张望，杨树林窸窸窣窣地响着，并不真心告诉她应该怎么做。是哪来的流水声？她寻找着，发现离铁轨几米远的地方，有一道浅浅的小溪。她走下铁轨，在小溪旁边坐了下来。她想起小时候有一回和凤娇在河边洗衣裳，碰见一个换芝麻糖的老头。凤娇劝香雪拿一件汗衫换几块糖吃，还教她对娘说，那件衣裳不小心叫河水给冲走了。香雪很想吃芝麻糖，可她到底没换。她还记得，那老头真心实意等了她半天呢。为什么她会想起这件小事？也许现在应该骗娘吧，因为芝麻糖怎么也不能和铅笔盒的重要性相比。她要告诉娘，这是一个宝盒子，谁用上它，就能一切顺心如意，就能上大学、坐上火车到处跑，就能要什么有什么，就再也不会被人盘问她们每天吃几顿饭了。娘会相信的，因为香雪从来不骗人。

小溪的歌唱高昂起来了，它欢腾着向前奔跑，撞击着水中的石块，不时溅起一朵小小的浪花。香雪也要赶路了，她捧起溪水洗了把脸，又用沾着水的手抿光被风吹乱的头发。水很凉，但她觉得很精神。她告别了小溪，又回到了长长的铁路上。

前边又是什么？是隧道，它愣在那里，就像大山的一只黑眼睛。香雪又站住了，但她没有返回去，她想到怀里的铅笔盒，想到同学们惊羡的目光，那些目光好像就在隧道里闪烁。她弯腰拔下一根枯草，将草茎插在小辫里。娘告诉她，这样可以“避邪”。然后她就朝隧道跑去。确切地说，是冲去。

香雪越走越热了，她解下围巾，把它搭在脖子上。她走出了多少里？不知道。尽管草丛里的“纺织娘”、“油葫芦”总在鸣叫着提醒她。台儿沟在哪儿？她向前望去，她看见迎面有一颗颗黑点在铁轨上蠕动。再近一些她才看清，那是人，是迎着她走过来的人群。第一个是凤娇，凤娇身后是台儿沟的姐妹们。

香雪想快点跑过去，但腿为什么变得异常沉重？她站在枕木上，回头望着笔直的铁轨，铁轨在月亮的照耀下泛着清淡的光，它冷静地记载着香雪的路程。她忽然觉得心头一紧，不知怎么的就哭了起来，那是欢乐的泪水，满足的泪水。面对严峻而又温厚的大山，她心中升起一种从未有过的骄傲。她用手背抹净眼泪，拿下插在辫子里的那根草棍儿，然后举起铅笔盒，迎着对面的人群跑去。

山谷里突然爆发了姑娘们欢乐的呐喊，她们叫着香雪的名字，声音是那样奔放、热烈；她们笑着，笑得是那样不加掩饰，无所顾忌。古老的群山终于被感动得颤栗了，它发出宽亮低沉的回音，和她们共同欢呼着。

哦，香雪！香雪！

一九八二年六月

【评　析】

《哦，香雪》表现了山村少女纯洁美好的心灵世界和对山外文明的向往之情，折射出时代生活的巨变。

小说不以情节线索来安排叙述，而是根据情感抒发的内在逻辑，把一些情节片段加以组接，极力在“一分钟”里开掘，细致入微地描写香雪们对新生活纯真热切的向往和追求；将特定的“一分钟”里发生的事件以特定的方式加以精心选择、排列和叙述：朦胧的“骚动”—原始的“交易”—忘情的“冒险”—骄傲的“夜归”。作品对香雪夜归的情景做了浓墨重彩的渲染，使情感的抒发达到高潮。小说成功地塑造了一群天真、活泼、朴实的山村姑娘的形象，而在这个群体中，香雪又是作者着力刻画的形象。香雪纯真无邪，淳朴善良，坚毅执着，有着丰富的内心世界，又有着崇高的精神追求——渴求科学文化，渴望摆脱贫困，追求文明生活。

小说集中笔墨开掘内心世界的细微隐秘，笔调清新婉丽，语言优美纯净，具有诗一样的美。

【习　题】

1. 作家通过台儿沟的变化要说明什么？

2. 试分析小说的主人公香雪的形象。

3. 简谈小说人物塑造的特点和语言风格。

第十一章

外国诗歌

古代诗歌重要作品出现于古埃及、古巴比伦、古希伯来、古印度、古希腊和古罗马。古埃及的《亡灵书》收集了大量宗教性诗篇。古巴比伦的《吉尔伽美什》是世界文学中最早的史诗。古希伯来的《旧约》中收录有大量劳动歌谣、英雄战歌、雅歌、哀歌等。印度诗歌成就卓著,有两大史诗《摩诃婆罗多》和《罗摩衍那》,抒情诗集《梨俱吠陀》和迦梨陀娑抒情长诗《云使》。荷马史诗《伊利亚特》《奥德赛》是古希腊文学的最高成就,开西方叙事文学先河,其他还有赫希俄德的教谕诗和萨福的抒情诗。维吉尔、贺拉斯、奥维德为古罗马三大诗人,维吉尔史诗《伊尼德》为古罗马诗歌典范。

中古欧洲除了四大英雄史诗《罗兰之歌》(法)、《尼伯龙根之歌》(德)、《熙德之歌》(西)、《伊戈尔远征记》(俄),还盛行骑士抒情诗和叙事诗。意大利诗人但丁是中世纪最有影响的作家,《神曲》是一部划时代的作品。中古波斯著名诗人有"诗歌之父"鲁达基和"三大诗人"菲尔多西、萨迪、哈菲兹等。《万叶集》是日本文学史上抒情诗的光辉起点,日本的俳句创作繁荣,松尾芭蕉为一代宗师。越南杰出古典诗人阮攸,写出诗体小说《金云翘传》。

到了近代,意大利人文主义先驱彼特拉克的十四行诗完善了西方抒情诗形式,开一代诗风。英国出现众多著名诗人:"英国诗歌之父"乔叟,写下第一部资产阶级民主史诗《仙后》的斯宾塞,十四行诗无与匹敌的莎士比亚,"文人史诗"典范《失乐园》的作者弥尔顿,"湖畔派"诗人华兹华斯、柯尔律治、骚塞,及稍晚登上诗坛的拜伦、雪莱和济慈。诗体小说《唐璜》是拜伦的登峰造极之作。德国浪漫主义诗人主要有施莱格尔兄弟、诺瓦利斯、霍夫曼,诺瓦利斯以《夜的颂歌》闻名于世。德国最伟大的民族诗人歌德,花毕生精力写出了诗剧杰作《浮士德》。海涅的长诗《德国,一个冬天的童话》标志着德国文学向现实主义的过渡。拉马丁的《沉思集》重新打开了法国抒情诗歌的源泉,法国最伟大的浪漫主义诗人是雨果,其《惩罚集》被称为"战斗的圣经"。波德莱尔的《恶之花》,是一部开西方象征主义先河的作品。之后,象征派三杰魏尔伦、兰波、马拉美扩大了影响。普希金被称为"俄罗斯诗歌的太阳",其代表作是诗体小说《叶甫盖尼·奥涅金》。继普希金之后,俄国著名诗人有莱蒙托夫和涅克拉索夫。匈牙利民族诗歌的骄傲是杰出的革命诗人裴多菲。惠特曼的《草叶集》创造了崭新的自由诗体,成为美国"自由诗"的滥觞,其他著名诗人还有朗费罗、狄金森等。泰戈尔是近代印度文学的光辉代表,他的《吉檀迦利》获诺贝尔文学奖。黎巴嫩最优秀的诗人为纪伯伦,其代表作是散文诗集《先知》。古巴卓越诗人何塞·马蒂被称为现代主义先驱,其主要诗集有《纯朴的诗》《自由的诗》等。

苏联有一批优秀诗人，如马雅可夫斯基、勃洛克、叶赛宁、帕斯捷尔纳克、阿赫玛托娃等。欧洲后期象征主义诗派的杰出代表是艾略特，其《荒原》是西方现代诗歌的奠基之作，该派重要诗人还有法国诗人瓦莱里、奥地利诗人里尔克和爱尔兰诗人叶芝。20 世纪欧美诗坛群星灿烂，著名的有西班牙诗人希门内斯、意大利诗人蒙塔莱、希腊诗人埃利蒂斯、美国诗人庞德和金斯堡、墨西哥诗人帕斯、乌拉圭诗人胡安娜、智利诗人聂鲁达和米斯特拉尔。

迷　娘　曲[1]

歌　德

约翰·沃尔冈夫·歌德（1749—1832），德国伟大诗人，德国古典文学的代表人物。早年为“狂飙运动”主将，其《葛兹·冯·伯里欣根》（剧本）是德国第一部现实主义历史悲剧，《少年维特之烦恼》（小说）为第一部产生重大国际影响的德国文学作品。《哀格蒙特》（历史剧）和《依斐格纳亚》（剧本），标志着歌德从狂飙突进运动到古典主义的过渡。《浮士德》（诗剧）是歌德以毕生心血来完成的一部杰作，被西方誉为世界“现代诗歌的皇冠”，它的创作过程贯穿于歌德的全部写作生涯，概括了诗人的全部生活实践和艺术实践。

你可知，那柠檬花开的地方？
浓阴深覆，金橙流黄，
轻柔的风，来自天边。
桃金娘默默，月桂枝挺然。
你可知道？
　　　　那里，那里
我的爱，我愿与你同去留连！

你可知，那玉柱通顶的巨厦？
大厅辉煌，华屋摇光，
罗列的大理石像把我仔细端详：
孩子，是谁把你欺负成这般模样？
你可知道？
　　　　那里！那里
我的恩人，我愿与你同去寻访！

你可知，那仙山和它的云梯隐隐？
青驴踏雾，寻觅幽径；
洞穴里，老龙的子孙盘守；

石崖崩裂，洪潮泛滥——
你可知道？
那里！那里
噢，父亲，让我们同去遨游！

（欧凡　译）

【注　释】

[1]本诗是歌德小说《威廉·迈斯特的学习时代》中小姑娘迷娘所唱的一首歌。小说中的迷娘是意大利人，早年被人骗到德国，卖到一个杂技团里，受尽虐待和摧残，后来威廉（一位富于正义感的青年商人）把她搭救出来。此后，迷娘跟随威廉，视他为爱人和父亲。在威廉的保护和养育之下，迷娘渐渐长成为一个可爱的少女，但对自己朦胧记忆里的意大利，仍然怀着深深的思念和渴慕，因而郁郁寡欢，终至夭折。

【评　析】

《迷娘曲》唱出了迷娘对于意大利祖国的思念和赞美之情，反映了她对于光明、自由和幸福生活的热烈向往与追求。

作品从迷人的自然风光写起，精心挑选了几种最有代表性的植物，并赋予它们浓艳的色彩和各异的姿态，南欧的风光景致，通过短短数语描画出来了，含有无比动人的力量。接着由自然风光转到人文景观，描写豪华的古典建筑。诗歌通过迷娘对熟悉的建筑和雕塑的怀念，通过遐想故园对苦命少女的怀爱，更强烈地抒发了迷娘的家国之恋。最后落脚于回归之路，描写奇特的地理状貌。诗歌描写了迷娘回国沿途的奇山异水，险峰耸入云霄，山道迷雾缭绕，岩窟幽深神秘，飞瀑崩崖转石，这些构成了令人神往的神话世界。诗人通过迷娘的歌唱，艺术地抒发了自己对于德国现实的不满和对于光明未来的热烈追求。

三小节诗都采用了设问和反复手法；善于汲取民歌的营养，用语朴实而富于音乐性。

【习　题】

1. 试分析这首诗的深刻思想内涵。
2. 谈谈诗中意大利这一象征意象的特征。
3. 分析此诗运用设问和反复的艺术效果。

致杜鹃

华兹华斯

威廉·华兹华斯(1770—1850),生于英格兰北部湖区,18世纪英国著名诗人。长期住在农村、湖畔,诗作大多描写湖光山色和田园生活,歌咏大自然的美。诗人重视想象力,善于把平凡的日常生活勾勒得富于奇妙色彩;注意吸取民间诗歌的艺术特色,采用民间生动淳朴的口语,独辟蹊径,呈现出清新、华美、天然成趣的境界,被称为"自然诗人"。他是"湖畔诗派"的主要代表,1798年与柯尔律治合出《抒情歌谣集》,这本诗集成为英国诗歌史上的转折点。主要作品有长诗《序曲》《远游》、组诗《露西》、抒情诗《丁登寺》和《孤独的收割人》等。

快活的鸟呀!你新来乍到,
　听到你唱我就高兴。
杜鹃哪!我该把你叫做鸟?
　或只叫飘荡的歌声?

我躺在草地上,倾听着你
　那成双捉对的叫唤;
这声音像在山丘间飘逸,
　听来既很近又很远。

虽然你是对幽谷咕咕地
　谈论着鲜花和阳光,
你却在我心眼前展现了
　一幕幕往事的景象。

热烈地欢迎你,春之骄子!
　可你在我的眼睛里——
不是鸟,而是无形的影子,
　是一种歌声或者谜。

以往,在我上学的日子里,
　我曾谛听你的呼叫;
曾朝着天上,曾在树丛里,
　千百次地把你寻找。

为了寻找你，我常游荡在
　树林中或者草原上；
而你呀却是希望、却是爱——
　看不见，但被人渴望。

现在我又把你的歌细听；
　又仰卧在这平原上
听着你在唱，直到我的心，
　回到黄金般的时光。

杜鹃哪！你这受祝福的鸟！
　你使世界起了变化；
它像是成了缥缈的仙岛，
　成了配得上你的家！

（黄杲炘　译）

【评　析】

《致杜鹃》在对杜鹃那到处飘荡无所不在的叫声的描绘中再现诗人金色的童年。

诗开头就称杜鹃为“快活的鸟”，点出全诗的基本情调：欢快。第一节极巧妙地写出了春天里杜鹃四处啼叫在诗人心中造成的幻觉。第二、三节写诗人对杜鹃声的关注、辨识和想象。躺在草地上“倾听”，从地点、姿态和神情上将“听”字具象化。杜鹃的叫声勾起了诗人无限遐思和美好回忆，从而顺理成章地过渡到下一节。接着用三节诗展示过去生活的画面，通过对往事的描述，极为真挚地表达了一个富于好奇心的孩童对于杜鹃的至爱。第七节收回追忆，着重写诗人又闻鹃声的内心感受，神思牵系于童年的时光。最后一节写杜鹃给世界带来的变化，它抚慰人的心灵，净化人的感情，使世界变得美好。

此诗构思很巧妙：避形写声，以声显形，笔墨始终集中于杜鹃的啼声，把读者带进一个“千山响杜鹃”的美妙空灵的艺术境界。

【习　题】

1. 本诗写杜鹃从虚处着笔，请谈谈这种艺术构思的审美效果。
2. 以本诗为例，分析诗人将自然风光同人的思想情感紧密沟通起来的特点。
3. 阅读《丁登寺》，结合本诗谈谈华兹华斯诗歌咏写大自然美的意义。

西 风 颂

雪 莱

波西·比希·雪莱(1792—1822),生于英国苏塞克斯郡,19世纪英国著名浪漫主义诗人,欧洲文学史上最早的歌颂空想社会主义的革命诗人。1804年进入伊顿公学学习法文和德文,1809年开始诗歌创作,主要作品有长篇哲理诗《麦布女王》,诗剧《解放了的普罗米修斯》,抒情诗《给英国人民之歌》《西风颂》《云雀颂》等。1818年,诗人受统治阶级迫害,永远离开英国。雪莱被恩格斯称为“天才的预言家”,《西风颂》是他最著名的抒情诗之一,1819年秋天写于意大利的佛罗伦萨。雪莱的诗歌音调和谐,节奏明快,含蓄委婉,有很高的艺术性。

一

哦,犷野的西风,秋之实体的气息!
由于你无形无影的出现,万木萧疏,
似鬼魅逃避驱魔巫师,蔫黄,魆黑,

苍白,潮红,疫疠摧残的落叶无数[1],
四散飘舞;哦,你又把有翅的种籽
凌空运送到他们黑暗的越冬床圃;

仿佛是一具具僵卧在坟墓里的尸体,
他们将分别蛰伏,冷落而又凄凉,
直到阳春你蔚蓝的姐妹向梦中的大地

吹响她嘹亮的号角(如同牧放群羊
驱送香甜的花蕾到空气中觅食就饮)
给高山平原注满生命的色彩和芬芳。

不羁的精灵,你啊,你到处运行;
你破坏,你也保存,听,哦,听!

二

在你的川流上,在骚动的高空,
纷乱的乌云,那雨和电的天使,
正像大地凋零枯败的落叶无穷,

挣脱天空和海洋交错缠接的柯枝，
漂流奔泻；在你清虚的波涛表面，
似狰狞女妖头上扬起的明亮发丝。

从那茫茫地平线阴暗的边缘
直到苍穹的绝顶，到处散布着
迫近的暴风雨飘摇翻腾的发卷。

你啊，垂死残年的挽歌，四合的夜幕
在你聚集的全部水汽威力的支撑下，
将构成他那庞大墓穴的拱形顶部。

从你那雄浑磅礴的氛围，将迸发
黑色的雨、火、冰雹；哦，听啊！

三

你，哦，是你把蓝色的地中海
从梦中唤醒，他在一整个夏天
都酣睡在巴雅湾一座浮石岛外[2]，

被澄澈的流水喧哗声催送入眠，
梦见了古代的楼台、塔堡和宫闱，
在波涛汹涌的日夜，不住地抖颤，

全部长满了蔚蓝色苔藓和花卉，
馨香馥郁，如醉的知觉难以描摹。
哦，为了给你让路，大西洋水

豁然开裂，而在浩渺波澜深处，
海底的花藻和枝叶无汁的丛林，
哦，由于把你的呼啸声辨认出，

一时都惨然变色，胆怵心惊，
战栗着自行凋落；听，哦，听！

四

我若是一朵轻捷的浮云能和你同飞，
我若是一片落叶，你所能提携，
我若是一头波浪能喘息于你的神威，

分享你雄强的脉搏，自由不羁，
仅次于，哦，仅次于不可控制的你，
我若能像在少年时，作为伴侣，

随你同游天际，因为在那时节，
似乎超越你天界的神速也不为奇迹；
我也就不至于像现在这样急切，

向你苦苦祈求。哦，快把我飏起，
就像你飏起的波浪、浮云、落叶！
我倾覆于人生的荆棘！我在流血！

岁月的重负压制着的这一个太像你[3]，
像你一样，骄傲，不驯，而且敏捷。

五

像你以森林演奏，请也以我为琴，
哪怕我的叶片也像森林一样凋谢！
你那非凡和谐的慷慨激越之情，

定能从森林和我同奏出深沉的秋乐，
悲怆却又甘洌。但愿你勇猛的精灵
竟是我的魂魄，我能成为剽悍的你！

请把我枯萎的思绪播送宇宙，
就像你驱遣落叶催促新的生命，
请凭借我这韵文写就的符咒，

就像从未灭的余烬飏出炉灰和火星，
把我的话语传遍天地间万户千家，
通过我的嘴唇，向沉睡未醒的人境，

让预言的号角奏鸣！哦，风啊，
如果冬天来了，春天还会远吗？

（江枫　译）

【注　释】

[1]疫疠：即瘟疫。　[2]巴雅湾：指意大利那不勒斯附近的一处海湾。巴雅海湾中的岛屿由火山岩形成，故称浮石岛。　[3]这一个：诗人自指。

【评　析】

《西风颂》表达了诗人澎湃的革命激情和对未来的深刻预言。

第一首写西风"犷野""不羁"，它一随季节出现就摧枯拉朽，在"破坏"的同时又在"保存"，这两重性概括了秋风的自然特征，暗示了贯穿全诗的主题。第二首境界由地上扩展到高空，写西风"雄浑磅礴"，它无远弗届，调遣一切，如天马行空。第三首境界由高空转换到海洋，写西风不可抵御，它所向披靡，万物折服。以下由写景转向抒情，抒发诗人对西风的热爱和向往之情。第四首写诗人祈求飞翔，要像浮云那样与西风同飞，像落叶那样随风飘扬，像波浪那样感受神威。第五首写诗人乐观自信，诗人把秋风拟想为大自然的乐师，而把自己拟想为"琴"，要与西风同奏出"深沉的秋乐"。结句展示了万紫千红的春天必然到来的光明前景，寓意深远，余味无穷。

此诗采用象征手法，无论是写景还是抒情，都没有脱离西风这个中心对象。

【习　题】

1.《西风颂》通篇采用象征和比喻的手法，寓意深远含蓄，请做具体分析。

2. 本诗具有严谨的结构和清晰的层次，请结合作品加以阐释。

3. 简析本诗结句所蕴含的信念、情感和意义。

小　花

普希金

亚历山大·谢尔盖耶维奇·普希金(1799—1837)，19世纪俄国伟大的诗人，现实主义文学奠基人。他出身于贵族家庭，自幼喜爱文学。13岁开始写诗，15岁发表作品，短促的一生留下了许多杰出作品。名作有长篇诗体小说《叶甫盖尼·奥涅金》、叙事长诗《茨冈》、童话诗《渔夫和金鱼的故事》、小说《上尉的女儿》和历史剧《鲍里斯·戈东诺夫》等。在他的创作中，抒情诗占有重要地位，约800多首。这些抒情诗内容丰富，除了抒发他热爱祖国、向往自由的进步思想外，也有不少歌颂爱情和友谊的。感情真挚，语言晓畅，风格优雅，基调明朗而健康。

我在书里发现一朵小花，
它早已干枯了，也不再芬芳，
因此，我的心里就充满了
许许多多奇异的遐想：

是哪一个春天，在哪一处
它盛开的？开了有多久？
为什么夹在这里？谁摘来的？

是朋友还是陌生人的手?

可是为了纪念温柔的会见?
还是留作永久的别情?
或者只是由于孤独的散步
在田野的幽寂里,在林荫?

是他还是她?还在世吗?
哪一个角落是他们的家?
呵,也许他们早已枯萎了,
一如这朵不知名的小花?

(查良铮 译)

【评 析】

《小花》寄托了对岁月流逝的感伤,对生命消殒的怅惘,告诫世人珍惜生命芳华。

诗歌的结构依据生活的逻辑来安排,即发现小花——小花遐想,"发现"是"遐想"的由头,"遐想"是诗歌的重心。第一节简洁叙事,夹在书页里的枯花很不起眼,而诗人的遐想却丰富而"奇异",这一巨大反差造成阅读悬念。下面三节紧扣"遐想"渐次展开:何人所夹—有何寄托—其人命运。第二节前两句悬想小花开的季节、地点、状态、久暂,后两句由花及人,何人所"摘"?为何而"夹"?疑问一步步深入。第三节进而猜测,具体而诗意化地描述人生悲欢离合的生活内容,虽寥寥几笔,但极富暗示性和现场性。最后一节继续遐想,摘花人是谁无法确知并不重要,重要的是这位朋友是否还在人世?如果健在又在何方?一系列无由确证的追忆最终归结于对人生的感悟,对生命的思索。

这首诗如流水一般,婉约缠绵,自然清新。

【习 题】

1. 以小见大是本诗艺术构思的最大特色,谈谈你从中受到的启发。
2. 本诗依循生活逻辑和心理逻辑结构全篇,谈谈这样安排的好处。
3. 试删去本诗最后两句,看看诗作艺术质量会发生什么变化。

忧　郁

波德莱尔

沙尔·波德莱尔(1821—1867),对现代西方文艺有着巨大影响的法国诗人、散文家和批评家,西方象征主义文学的先驱。生于巴黎,幼年丧父,母亲改嫁,使他产生"永远孤独的命运感"。20岁开始诗歌创作,擅长以特殊的心理和视角观察、表现世界,常以社会病态或世态炎凉为诗歌表现主题,代表作为诗集《恶之花》和散文诗集《巴黎的忧郁》,《恶之花》在诗歌史上标志着法国古典诗歌的结束和与现代诗歌的开端。波德莱尔主张发掘"恶中之美",关注城市题材,提倡运用"五官通感"、通过象征渠道披露人生底蕴,为西方诗歌开辟了广阔的艺术新天地。

雨月,整个城市使它感到气恼,
它从瓮中把大量阴暗的寒冷,
洒向附近墓地的苍白的亡魂,
把一片死气罩住多雾的市郊。

我的猫在方砖地上寻找垫草,
不停地摇着它那生疮的瘦身,
老诗人的魂在落水管里升沉,
像怕冷的幽灵似的发出哀号。

大钟在悲鸣,冒着烟气的柴薪,
用假声伴奏伤风的钟摆之声,
这时,在一个患浮肿的老妇人。

死后留下的发臭的扑克牌里,
红心侍从和黑桃皇后在一起,
闷闷地交谈他俩过去的爱情。

(钱春绮　译)

【评　析】

《忧郁》描述的是诗人在阴雨连绵的冬天,在城里所感受到的郁闷与哀愁。

第一节描写冬雨天气的寒冷、阴郁、死气沉沉,一开始就蕴含着悲观、绝望的情调。第二节似乎由外景转向内景,一只猫"生疮的瘦身"在光秃秃的方砖地上寻找可以暖身的垫草,荒谬而绝望。铁皮水管的流水声似塞似通、沉闷沙哑,如同"哀号"着的老诗人"怕冷的幽灵"在其间“升沉”。后面两节又写室内，由于天气的阴湿，钟声、钟摆声皆失去了平日的悦耳和清晰，大钟像“悲鸣”，而钟摆像患了“伤风”，连壁炉上的干柴也燃不着，一屋子的烟，令人郁闷哀愁。两张丢落在地的扑克牌臭烘烘的连在一起，那是患浮肿病的老妇的遗物。廉价的爱情和沉重的死亡相拼接，滑稽而荒诞。

这首诗成功地运用了“五官通感”和象征暗示，呈现出超感官的世界，造成奇诡阴冷的氛围，艺术地暗示了诗人在特定情境下的心理和感觉。

【习　题】

1. 波德莱尔发掘“恶中之美”的积极意义何在?
2. 结合本诗谈谈象征派诗歌“五官通感”的表达效果。
3. 诗人主张通过象征渠道披露人生底蕴，请结合本诗谈谈他的艺术实践。

豹——于巴黎植物园

里尔克

莱纳·马利亚·里尔克(1875—1926)，生于捷克布拉格，奥地利杰出诗人，现代德语文学中最重要的抒情诗人。早期诗歌具有新浪漫主义抒情性兼音乐性，后期渐渐增加诗的雕塑性、意象性和客观化的象征性，摆脱浪漫主义的影响，成为独具风格的象征主义诗人。《祈祷书》是其成名作，代表作有散文诗集《旗手克里斯多夫·里尔克的爱和死亡之歌》，长篇小说《布利克随笔》，诗集《图像集》《时辰书》《新诗集》等。作品大多充满孤独、感伤、焦虑、惶恐的世纪末情绪和虚无主义思想，其艺术探索和创新，对20世纪上半叶西方文艺界和知识界影响重大。

在铁栏前不停地来回往返，
他的目光已疲倦得什么都看不见。
眼前好似唯有千条的铁栏，
世界不复存在，在千条铁栏后面。

柔韧灵活的脚迈出有力的步子
在一个小小的圆圈中旋转，
就像力之舞环绕一个中心，
在中心有一个伟大的意志晕眩。

只是偶尔无声地撩起眼帘，
于是便有一幅图像侵入，

透过四肢紧张的寂静——
在心中化为乌有。

（杨武能　译）

【评　析】

《豹》含蓄地表达了诗人在探索人生意义时的迷惘、彷徨和苦闷的心情。

第一节写豹从“往返”到“疲倦”。首句扣住副题，写豹不甘于囚禁，在寻找通往外部世界的出路。次句写豹的感觉和心理，它直瞪瞪地看着笼外世界，而那个世界已被密密的铁栅割得支离破碎。第二节写豹从“旋转”到“晕眩”，暗示了反抗的悲剧性。它的脚“柔韧灵活”，步子稳健“有力”，但只能在“小小的圆圈”中“旋转”，在如此空间“旋转”久了自然会感到“晕眩”，“晕眩”导致要求自由的意志渐趋消磨。第三节写豹子彻底失望。“疲倦”和“晕眩”使它难以或是懒得睁开眼睛，它从四肢不自觉的“紧张的寂静”中，清醒地意识到处境不可改变，往昔生活情景不会重现，在肉体和精神上都失败了。

《豹》意在通过动物与生存环境的矛盾来象征人与社会的矛盾，通过被剥夺自由的动物的心情的摹写，来表现人“被囚禁”的感觉。

【习　题】

1. 诗中的笼子和豹子各象征什么？
2. 简析本诗通过豹子意象所抒发的情感。
3. 谈谈《豹》与普通的咏物诗的不同特征。

米拉波桥[1]

阿波里奈尔

吉约姆·阿波里奈尔（1880—1918），20世纪法国第一个大诗人，法国先锋派诗歌开创者，现代诗探险家。作品相当庞杂，最重要的是诗歌，诗集有《动物小唱》《醇酒集》《被杀害的诗人》《美好的文字》。成名作《醇酒集》汇集了他青年时代的诗作，反映了他诗歌创作的过程，诗人力求从传统诗律中得到解放，重视诗歌内在的节奏与旋律，从而开辟了现代诗结构革新的方向。《醇酒集》由于采用了新的节奏，和谐地表现了纯朴、自然、清新、亲切的意境，成为法国抒情诗发展历程上的新标志。剧作《蒂雷西亚的乳房》被认为是超现实主义的发轫之作。

米拉波桥下流淌着塞纳河
和我们的爱
要不要抚今追昔呢

从来如此苦尽而后甘来

任黑夜来临钟声敲响
光阴流逝而我却留下

我们手挽着手面对着面
永恒的目光
汇成疲乏的漪涟
在我们手搭的桥下流淌

任黑夜来临钟声敲响
光阴流逝而我却留下

爱情像这流水一样消亡
爱情在消亡
而人生却是漫长
人的希望更是又烈又强

任黑夜来临钟声敲响
光阴流逝而我却留下

时间在一天天匆匆流过
岁月不复返
爱情也不会再来
米拉波桥下流着塞纳河

任黑夜来临钟声敲响
光阴流逝而我却留下

（李清安　译）

【注　释】

［1］此诗是诗人情感生活的一次真实记录，他创作这首诗时与画家玛丽·洛朗辛的爱情正出现裂痕，屡经周折，最后归于失败。

【评　析】

《米拉波桥》是一曲爱情的挽歌，感伤爱情的失败、时光的流逝，表达得含蓄蕴藉，优美动人。

诗歌是依循时间流逝的顺序来铺写的，一、三基本写实，即写别时的情态；五、七由实到虚，即写别后的悬想。第一行诗点地点题，后接“和我们的爱”，爱情流逝之意思已隐含其里。

第三节写两人默默无语，手携手，面对面，难舍难分。第五节开始设想别后，用两行诗着意强化爱情的消亡和不可逆转。第七节设想曾经的一切都将不复存在，更不复再来，风景依旧而旧情难再，令人怅惘不已。“任黑夜来临钟声敲响/光阴流逝而我却留下”，这两句诗反复四次，这种复沓吟唱在情感波澜中有规律地出现，既富于流动起伏的节奏感，又富于一唱三叹的抒情性。

这首诗不用标点符号，模糊了诗句的起止界限，无疑增添了缠绵感；“长句—短句—次短句—次长句”的特殊排列，生出一种流水般跌宕起伏的韵律。

【习　题】

1. 谈谈本诗抒情的基本特点。
2. 简析流水这一动感意象对抒情的作用。
3. 谈谈本诗诗句特殊排列的艺术效果。

窗前晨景

艾略特

托马斯·斯特恩斯·艾略特(1888—1965)，现代英美诗歌中极有影响的诗人。原为美国人，曾在哈佛大学求学，1914 年到英国，在庞德支持下从事诗歌创作。早期诗作从意象主义出发，后来发展成为复杂的意象并置和拼接(古典和现代、崇高与庸俗的意象拼接)，旨在彻底揭露现代人的精神空虚和价值观念的破灭。长诗《荒原》表达了西方一代人思想的幻灭，是英美现代诗歌的里程碑。其他重要作品还有诗《空心人》《灰星期三》《四个四重奏》和诗剧《大教堂凶杀案》等。他的创作和评论对整个西方文坛的影响甚巨，于 1948 年获诺贝尔文学奖。

地下厨房里早餐盘子哗哗响，
而沿着行人践踏的街道两边，
我觉察到女佣人潮湿的灵魂
在大门口沮丧地冒出嫩芽。

晨雾的黄色波浪从街道底上
向我抛来一个个扭歪的面孔，
从穿脏裙子的路人脸上撕下
一个无目的的笑，让它飘在空中
沿着屋檐的水平方向渐渐消失。

（赵毅衡　译）

【评　析】

《窗前晨景》主要写大城市的丑陋污浊，写人性的异化扭曲。

第一节镜头对准地下厨房，画面由"晨响"开始，主要描写女佣，突出其"潮湿的灵魂"。"早餐"扣题中"晨"字，"盘子哗哗响"表明女佣们正在忙于准备早餐。诗人觉察女佣"潮湿的灵魂"在"沮丧地冒出嫩芽"，"沮丧"意味着"芽"是纤瘦、歪斜、弯扭的，这正是女佣异化的生命、扭曲的灵魂的幻化形象。第二节镜头对准街道路面，画面由"晨雾"开始，主要描写路人，突出其"扭歪的面孔"。"黄色波浪"显示了伦敦晨雾饱含重工业烟尘的个性特征，行人在雾里影影绰绰地走，面孔依稀可见，看不真切的面孔确乎给人"扭歪"的感觉，诗人意在通过路人外在的畸变暗示他们人格的异化。路人任雾"抛来"抛去，笑容任雾"撕下"飘落，意味着人没有丝毫的人格可言。

艾略特诗歌的联想过于丰富，复杂的意象中暗示甚多，比较晦涩难懂。

【习　题】

1. 这首诗前后两部分究竟是通过什么联系的？

2. 试比较本诗与波德莱尔《忧郁》，看前后期象征主义诗歌的共性特征。

3. 阅读瓦莱里、里尔克、叶芝等代表作，加深对后期象征主义文学的理解。

第十二章

外国散文

上古欧洲、中西亚、北非散文比较发达。历史著作、哲学著作和演说词是古希腊、罗马散文的三大品种。古希腊史学家希罗多德、修昔底德、色诺芬，哲学家苏格拉底、柏拉图、亚里士多德对古代散文的发展贡献尤巨。吕西阿斯、苏格拉底、狄摩西尼的演说词堪称古希腊散文珍品。“欧洲散文之父”西塞罗（古罗马）的演说词和书信被欧人视为古代散文的典范。基督教思想家奥古斯丁的《忏悔录》是一部卓越的散文作品。古罗马重要散文家还有塞内加和小普林尼。上古埃及、希伯来、印度散文主要以故事的形式出现，希伯来文学总集《旧约》、印度故事总集《五卷书》等包含大量散文作品。

中古欧洲散文无论数量和质量都无法与古希腊、罗马相比，聊可称道的仅有法国民间故事《列那狐的故事》。此时期亚非散文成就超过欧洲，阿拉伯散文经典《古兰经》在伊斯兰世界受到广泛推崇，穆格法散文译著《卡里莱和笛木乃》和民间故事集《一千零一夜》是阿拉伯散文的重要果实。波斯萨迪的故事集《蔷薇园》和日本清少纳言的随笔集《枕草子》，都是东方散文的传世之作。

近现代欧美散文名家名集众多。法国蒙田为欧洲近代散文的创始人，其《随笔集》带来法国散文的勃兴，后世帕斯卡尔《思想录》、拉布吕耶尔《品格论》、卢梭《忏悔录》等竞展风华；布封《自然史》、米什莱《大自然的诗》、法布尔《昆虫记》、列那尔《自然纪事》等别开新境；波德莱尔《巴黎的忧郁》一发而为世界散文诗冠冕；阿兰、莫洛亚、莫里亚克、列维·施特劳斯、加缪、巴尔特等也为法国散文赢得了声誉。英国散文后来居上，成为欧洲散文高地。弗朗西斯·培根《随笔》开创了英国随笔文体，嗣后布朗、斯威夫特、约翰逊、哥尔斯密、吉朋等相继崛起。兰姆为18、19世纪之交散文巨擘，《伊利亚随笔》给英国散文带来黄金时代，许多作家成为散文领域的佼佼者，如《席间闲谈》作者哈兹里特、《自传》作者德·昆西、《四季随笔》作者吉辛，还有卡莱尔、马考莱、安诺德、罗斯金、史蒂文森、福斯特、比尔博姆、林德、劳伦斯、赫胥黎、卡内蒂等一大批散文高手。俄国和苏联也是欧洲散文重镇，普里什文《林中水滴》、帕乌斯托夫斯基《金蔷薇》、别尔戈茨基《白天里的星星》、卡扎科夫《北方日记》饮誉世界，蒲宁的抒情散文、屠格涅夫的散文诗、高尔基的叙事散文、纳博科夫的现代散文各擅胜场。其他国家影响较大的散文家，还有德国的海涅、黑塞、图霍尔斯基，东欧的显克维奇、米沃什、伏契克、彼林和北欧的安徒生。脱胎于英国散文的美国散文也得到蓬勃发展，前期欧文、爱默生、霍桑、梭罗，后期马克·吐温、詹姆斯、戴可、桑塔雅纳、艾略特、怀特等，散文造诣甚高，梭罗《瓦尔登湖》为扛鼎之作。一些政治家如富兰克林、华盛顿、亨利、杰弗逊、林肯的演说词也为散文园地增添了光彩。加拿大作家里柯克多部幽默随笔集，在欧美具有广泛影响。拉美著名散文佳作有帕斯《孤独的迷宫》、米斯特拉尔《母亲的诗》、博尔赫斯《我的回忆》、伊瓦沃罗《清凉的水罐》等，"小说散文"是拉美散文的一大创造。

近现代亚非散文整体落后于西方。印度泰戈尔和黎巴嫩纪伯伦的散文诗双峰并峙，差可与欧美散文竞雄；日本散文成就较大，德富芦花、川端康成、东山魁夷为三大家。另外，阿富汗乌尔法特散文也别有洞天。

穷亲戚

兰　姆

查尔斯·兰姆(1775—1834)，英国散文家。出生于伦敦，父亲是法学院律师的仆人。他自幼喜爱读书，与诗人柯尔律治同班，并结下终生友谊。45岁时开始以"伊利亚"的笔名为《伦敦杂志》撰写小品文。他创作过诗歌、传奇、喜剧和文学评论，与姐姐玛丽合作的《莎士比亚戏剧故事集》风靡一时，流传至今，代表作为散文集《伊利亚随笔》。兰姆的散文涉及种种细小的琐事，笔调亲切，风格幽默，具有很浓的人情味，贯穿着作者自己善良、正直、乐观的个性，是英国文学中风格独特、富于民族特色的艺术珍品。

一名穷亲戚是什么？——那是天底下最不亲不戚的人了，——一种迹近渎犯的相应关系，——一件令人作呕的近似事物，——一桩缠人要命的良心负担，——一个荒谬已极的身边怪影，愈是当你好运的太阳当头高照，它就伸得愈长，——一位不受欢迎的提醒人[1]，——一种反复不绝的沮丧，——一个你钱袋上的漏洞，——一声对你荣誉上更为难堪的催索，——一件你事业上的拖累，——一层你升迁上的障碍，——一宗你血统上的不纯，——一个你家声上的污点，——一处你服装上的破绽，——一具你家宴席上的死人骷髅[2]，——阿迦索克里斯的讨吃锅盆[3]，——宅门前的莫底凯[4]，——堂门上的拉匝勒[5]，——一头拦路的狮子，——一只乱室的青蛙，——一只兰脂芗泽中的苍蝇，——一撮你眼睛里的灰尘，——在你的冤家，是他的一场胜利；在你的朋友，是你的一番解释，——一件谁也不要收留的什物，——一件收获季节的冰雹，——一瓢甜蜜中的苦水。

他的敲门便是他的通报。你的心头一沉，明白"这是×××先生"。门的敲法，在惯熟与恭谨之间；仿佛在指望着，而同时却又绝望于人家的欢迎。他走进时，面带笑容，却又面带尴尬。他伸出手，要你来握，但又缩了回去。他不过偶然进来坐坐，却恰当你用饭的时候——桌上已摆满了杯盘。他向你告退，提出你家已有客人——但却被挽留下来。他入了座，而你客人的两个孩子则在旁边的小桌上受着招待。他照例偏偏不在会客日到[6]，遇到这类日子，你的夫人准会信心十足地讲道，"亲爱的，××先生也许今天要来"。他是记得准你家里人的那些生日的——而且要表白一番，他的运气不坏，又碰上了一次生日。他宣称说不要吃鱼，这大菱鲆不够尺寸——但却又背其初衷，听凭人家给他敬上一块。他坚持说自己只饮葡萄酒——但是如果哪位客人怂恿他把剩下的半杯喀莱里脱干掉[7]，那也正中其怀。他对佣人是个难题，他们既怕对他过于奉承，又怕对他短了礼数。客人们的心中想起来了，他们以前见过他的。人们纷纷猜测起他的境遇身份；但又不约而同地认定他是——在等交好运吧，他称呼你时，总是直呼你的教名，言外之意，他本来和你沾亲。他已经是过于简慢，而你却还宁愿他不必如此谦卑。如果他不是这么简慢过度，人们不过把他看作一名临时帮闲罢了；如果更加大胆一些，他也就不致留给人现在这种印象。作为一个朋友，他未免谦逊太过，但毕竟又有点架子，因与他的依附身份不合。他还不如乡下的佃户受人欢迎，因为他携不来半文租子——然而从他的装束与举止端详，八成你的客人又把他当成这种人来看待。他被邀去牌桌上凑一把手；他哪，因为贫穷，作了拒绝，但却又——愤愤被冷落一旁。聚会散了后，他提出要自己去叫车——把要去的佣人拦了。他追忆起你的祖父；中间总是要加进几件——有关贵府的——猥琐不须一提的小事。他是深知底细的。彼时的一切尚不是如他"今日得见，三生有幸"的现在的样子。他追忆过去情景的目的，照他的话讲，是为了构成——愉快的对比。他以一种略带挑剔的称道口吻询问你的木器价钱；但却专夸你的窗帷不错，以屈辱你。他的看法是，那只缸子固然颇为雅致，但是毕竟还是你那把旧茶壶似乎更加适用——而那茶壶你一定还能记得。他敢断定，现在自家有了马车，你一定会感到不胜方便，然后便质之于你的夫人，加以验证。并要询问，是否你已在羊皮纸张上用过你家的纹章[8]，而且直到最近方才知道你家的纹章为如何如何。他的回忆不合时宜，他的恭维更是荒唐，他的谈话令人心烦，他的逗留没结没完，因而一旦等他离去之后，你马上会没命似地把他的那把椅子往墙角一摔，感到总算清理掉了这双份的孽债。

（高健　译）

【注　释】

[1]提醒人：常揭暴发户过去的老底，故云。　[2]宴席上的死人骷髅：某埃及人曾携一死人头到富人们的宴会上，对他们讲，将来他们也无不如此。见希罗多德《历史》。　[3]阿迦索克里斯的讨吃锅盆：阿迦索克里斯，西西里王，本是一位陶工的遗弃子，幼年曾因贫穷沿门乞讨。　[4]莫底凯：古波斯王的犹太姬以斯帖的亲戚，幼贫苦，见《旧约·以斯帖记》。　[5]拉匝勒：耶稣所讲寓言中的乞丐，见《新约·路加福音》。[6]会客日：西俗会客有一定时间，如每星期某一天规定为会客日，这时客人可自由来访，其他时候则需预约。　[7]喀莱里脱：法国波尔多所产的有名的红葡萄酒。　[8]纹章：过去外国贵族在自家的马车上与文件上照例印有其家族的纹章（即以某种动植物的图形为自己家族的徽号或标记），以示显贵。

【评　析】

《穷亲戚》仅用两段文字，就把穷亲戚的全部精神状态、心理矛盾与寒酸形象描绘得活灵活现。

开头一段连用几十个比喻，来比譬穷人在富人心目中的可憎印象。之所以反复重叠地用喻，是为了极力渲染穷亲戚的令人厌憎和令人无奈。下面通过一次富家生日宴会，对穷亲戚作了细致入微的勾画。文章总体依循宴前、宴中、宴后的顺序行文，对穷亲戚做了一次全程跟踪摄像。宴前写了他"敲门""进门""落座"的神情、心态；宴中写了他如何"表白"，如何"吃喝"，如何"称呼"；宴后简要写了"玩牌""叫车"，重点写"饶舌"。他追忆中含着调侃，恭维中带了羞辱，羡慕中杂有嘲讽，带了些揭老底的意味，令主人忍无可忍。

这篇文章故意模拟富人的口吻，用幽默尖刻的语言，把穷亲戚写得一无是处，骨子里是让富人自我暴露其冷漠、刻薄、势利，让读者推想当时的世态炎凉和金钱社会的丑恶。

【习　题】

1. 谈谈作者把穷亲戚放在一次富家生日宴会这样一个特定场景来刻画的妙处。
2. 文章开头一段连用几十个比喻的艺术效果怎样？举例分析诸多比喻的内在联系。
3. 穷亲戚究竟是怎样一个形象？试分析作家对穷亲戚的情感态度。

论　永　生

哈兹里特

威廉·哈兹里特(1778—1830)，英国近代杰出的散文作家，尤长于小品文字。出身于肯特郡一个思想激进的牧师家庭，青年时去巴黎学过美术，中年后为《检查者》及其他杂志写稿。哈兹里特著述颇丰，笔涉历史、哲学、政论等，但主要成就是文艺批评和小品随笔。哈兹里特随笔题材广泛，诸如论书籍与学问，论职业拳击赛，论憎恨某种事物等；作品结构随意，语言简劲直截，干净利落，几乎具有格言警句般的精粹性质。晚期散文笔致更趋完美，代表着他一生最圆熟的成就，代表作《席间闲谈》等极有影响。

处于青春年华的人仿佛觉得自己似神仙长生不老。不错，光阴荏苒，人生的一半已流逝。但满载无穷珍珠的另一半人生正向我们招手。面对锦绣前程，我们充满无限的希冀和神奇的幻想，未来属于我们！

对于我们，死亡和衰老是毫无意义的字眼，就像耳边轻风吹过，我们不屑一顾。别人也许承受过生老病死的痛苦，也许还要忍受它们的折磨。——而我们的生命“却有魔法保护”，它无情地嘲笑着所有那些病态的幻境。犹如在开始愉快的旅行时，我们热切地极目远眺——欢呼着远方美好的景象。

我们阔步向前，一路上看到的是无尽的壮丽风光和新鲜气象。因此，在生命的开端，我们无羁无绊，尽情欢乐，不失良机地满足情趣。我们面前没有艰难险阻，我们意志昂扬，我们仿佛能一往无前，永不停息。我们举目环视：清新的大千世界生机盎然，变化无穷，不断向前。看看我们自己：情绪振奋，精力旺盛，与这世界同步合拍。现有的种种情形使我们无法设想，我们也会按照客观的规律而为时代所淘汰，也会走向桑榆暮年，也会坠入坟地墓穴。天真无知以及对青春的抽象感觉使我们把自己与天长地久的大自然视为一体；缺乏经验而又感情丰富使我们认为人类像大自然一样永不衰败。我们沾沾自喜，错把短暂的生命，当作和大自然牢不可破的永恒结合，当作不知地冻天寒，不谙风云变幻，没有离愁别绪的蜜月。我们像含笑入睡的婴孩在任意遐想的摇篮中晃晃悠悠，在天地万物的喧闹声中进入安恬的梦乡。我们迫不及待地畅饮着生活的美酒，但不仅无法喝干，更多的美酒却满溢而出。生活中无穷的事物纷至沓来，填满了我们的心房，满足了我们的欲望。因而，我们无暇考虑死亡，无暇考虑我们这千千万万灵魂与肉体可能在顷刻之间统统化作灰尘，“让这有知觉的、温暖的、活跃的生命化为泥土”。周围的一切如画似梦，使我们眼花缭乱，头晕目眩，无法窥视墓地的阴森。我们前不见起点，后不见终线，空白的昔日几乎已从记忆中消逝，丰富多彩的未来被匆匆云集而来的事件所遮掩。我们或许能看见讨厌的死亡阴影在地平线上徘徊，但我们却永远也到不了那地平线上。……我们觉得，那位两眼昏花、老态龙钟的时间老人，对我们这些精力充沛、灵活敏捷的青年人只能望尘莫及，永远追赶不上。斯泰恩笔下曾生动地描述过一个又笨又胖的厨房帮手，当她听到博比先生去世时，她当即的反应是“我没死!”我们像她那样，他人的死讯丝毫动摇不了我们的信心，反而增强了我们永生的信念，增添了我们对生活的热爱。他人也许像落叶飘零，也许像鲜花遭时间的刀锋摧残而凋谢。然而，目空一切、傲慢至极的青年人对这些充耳不闻，视而不见。直到我们目睹周围爱情的鲜花凋谢，快乐的良辰消逝，希望之火熄灭，一切美好的东西被连根拔去，我们才能领悟到其中的寓意，宏伟的抱负才可能减弱，这时，我们才会正视直逼而来的空虚和沉闷，从而心安理得地去受用墓穴的宁静。

（王玲　译）

【评　析】

《论永生》谈论生命的本质及如何正确对待死亡。

文章起头就触及话题，青年人眼中的未来是锦绣铺就的，死亡，对于青年人来说是别人的事情。青年人何以如此？下文絮谈其中缘由。作者根据所论对象的年龄特征，谈了四点：生命力的强旺使他们“无法设想”死亡，意识上的蒙昧使他们“无法设想”死亡，对生活的欲求使他们“无暇考虑”死亡，假象的屏蔽使他们“无法窥视”死亡。以上几层意思的表述，充满生动形象、生活气息和实在之情，句句有味，字字中听。青年人“永生”的错觉，充分暴露了他们对生命本质认识不足。生命的本质是什么？其一，生命是由时间构成的，人一生的时间是相当有限的；其二，事实上生命并不是死于一旦，人在逐日地消耗生命的活力。最后，文章谈到对死亡“充耳不闻，视而不见”的青年人的必然结局——服从自然规律。

哈兹里特散文以直言不讳、富于论辩性为特色。

【习　题】

1. 本文的训诫之意是什么？生命的本质是什么？

2. 哪些地方对浑浑噩噩、纵情享乐的人作出了善意批评？

3. 文章用第一人称和娓语漫谈的笔调来写，对表达思想内容有何作用？

孤　　独

梭　罗

亨利·戴维·梭罗(1817—1862),19世纪美国超验主义作家,是著名散文家、哲学家和诗人爱默生的挚友。他的著作都是根据自己在大自然中的体验写成,在语句结构与遣词用字上并无特异于传统写法的地方,但由于观察的独到细腻,时有发现,文章多层次、富曲折,疏朗清峻,体格高妙。为了实践超验主义,梭罗于1845年在美国马萨诸塞州东部的瓦尔登湖畔筑室卜居,孤身一人在林间湖畔生活了两年半时光。其散文集《瓦尔登湖》是在大自然中的生活札记,优美的关于大自然的著作,被公认为是梭罗代表作。

在这美妙的黄昏,我的身心融为一体,大自然的一切尤显得与我相宜。夜幕降临了,风儿依然在林中呼啸,水仍在拍打着堤岸,一些生灵唱起了动听的催眠曲。伴随黑夜而来的并非寂静,猛兽在追寻猎物。这些大自然的更夫使得生机勃勃的白昼不曾间断。

我的近邻远在一英里开外,举目四望,不见一片房舍,只有距我半英里地的黑魆魆的山峰。四周的丛林围起一块属于我的天地。远方邻近水塘的一条铁路线依稀可辨,只是绝大部分时间,这条铁路像是建在莽原之上,少有车过。这儿更像是在亚洲或非洲,而不是在新英格兰,我独享太阳、月亮和星星,还有我那小小的天地。

然而,我常常发现,在任何自然之物中,我们都可以找到天真无邪、令人鼓舞的伙伴。对于生活在大自然中的人来说,永远没有绝望的时候。我生活中的一些最愉快的时光,莫过于春秋时日阴雨连绵独守空房的时刻。

人们常常问我:"你一个人住在那儿一定很孤独,很想见见人吧,特别是在雨雪天里。"我真想这样回答他们:"我们赖以生存的地球不也只是宇宙中的一叶小舟吗?我为什么会感到孤独呢?我们的地球不是在银河系之中吗?"将人与人分开并使其孤独的空间是什么?我觉得使两颗心更加亲近的不是双腿。试问,我们最喜欢逗留何处?当然不是邮局,不是酒吧,不是学校,更非副食商店;纵使这些场所使人摩肩接踵。我们不愿住在人多之处,而喜欢与自然为伍,与我们生命的不绝源泉接近。

我觉得经常独处使人身心健康。与人为伴,即便是与最优秀的人相处也会很快使人厌倦。我好独处,迄今我尚未找到一个伙伴能有独处那样令我感到亲切。当我们来到异国他乡,置身于滚滚人流之中,却常常比独处家中更觉孤独。孤独不能以人与人的空间距离来度量。一个真正勤勉的学生,置身于拥挤不堪的教室之中,也能像沙漠中的隐士一样对周围一切视而不见,听而不闻。整天在地里锄草或在林中伐木的农夫虽只孤身一人却并不感到孤独,这是因为他的身心均有所属。但一旦回到家里,他不会继续独处一方,而必定与家人邻居聚在一起,以补偿所谓一天的"寂寞"。于是,他对此感到不可思议:学生怎么能整夜整天地单独坐在房子里而不感到厌倦与沮丧。他没能意识到,学生尽管坐在屋里却正像他在田野中锄草,在森林中伐木一样。

社会已远远背离"社会"一词的基本意义。尽管我们接触频繁,但却没有时间从对方身上发现新的价值。我们不得不恪守一套条条框框，即所谓“礼节”与“礼貌”，才能使这频繁的接触不至于变得不能容忍而诉诸武力。在邮局中，在客栈里，在黑夜的篝火旁，我们到处相逢。我们挤在一起，互相妨碍，彼此设障，长此以往，怎么能做到相敬如宾？毫无疑问，相互接触的适当减少决不会影响我们之间的重要交流。假如每平方公里的土地上只住一个人——就像我现在这样，那将更好。人的价值不在其表面，我们需要的是深刻的了解，而非频繁而浅薄的接触。

身居陋室，以物为伴，独享闲情，尤当清晨无人来访之时。我想这样来比喻，也许能使人对我的生活略知一斑：我不比那些戏水湖中的鸭子或瓦尔登湖本身更孤独，而那湖水又以何为伴呢？我好比茫茫草原上的一株蒲公英，好比一片豆叶，一只苍蝇，一只大黄蜂，我们都不感到孤独。我好比一条小溪，或那一颗北极星；好比那南来的风，四月的雨，一月的霜，或那新居里的第一只蜘蛛，我们都不知道孤独。

（杨建新　译）

【评　析】

《孤独》写在大自然中独处的生活真相，表现热爱大自然的情怀和独特的生命意识。

第一段从时间上着笔，从黄昏到入夜，作者觉得这段时光是“美妙”的，大自然的一切与人“相宜”。第二段从空间上着笔，那是一片远离尘嚣的天地，给人非同寻常的“独享”意识。中间几个段落又从事理上加以说明。林中独处是否孤独？作者用三个反问句作答，而后以“将人与人分开……”两句作为下文议论总纲，先侧重谈空间的距离并不必然地造成孤独，后侧重谈频繁的接触并不利于心灵的接近。作者用日常生活中人们的共性体验引导人们认识：不能把“独处”与“孤独”等同起来。最后一段重申独处根本不觉孤独，是对第一部分所写独处生活的总结。结尾与万物为侣的陶然自得与开头对大自然声息的静心谛听，精神上是一致的，作者的心胸和形象真切地袒露在读者面前。

梭罗散文既有田园意境，又有哲学思考，恬淡优美，隽永深邃。

【习　题】

1. 谈谈本文所表现的人生态度，为什么说孤独与否并不取决于物理空间？
2. 试析本文各部分的内在联系，说说梭罗散文的结构特征。
3. 阅读《瓦尔登湖》，思考它对现代人的启迪意义。

乡　村

屠格涅夫

伊凡·谢尔盖维奇·屠格涅夫(1818—1883),19世纪俄国批判现实主义作家。出身于农村贵族家庭,少年时代在庄园度过。1833年至1837年,先后在莫斯科、彼得堡两地大学就读,后在德国柏林大学学习。从大学时代起,屠格涅夫就开始浪漫主义的诗歌、诗剧、散文及中篇小说创作。特写集《猎人日记》是其成名作,标志着他向现实主义的转变,小说代表作为《前夜》《父与子》,还创作了大量的散文和散文诗。他是描写风景的圣手,对大自然具有画家和音乐家的敏感,善于发现和捕捉景物的特有性格,语言精确洗练,色彩鲜明,具有独特的抒情风格。

六月里最后的一天。周围是俄罗斯千里幅员——亲爱的家乡。

整个天空一片蔚蓝。天上只有一朵云彩,似乎是在飘动,似乎是在消散。没有风,天气暖和……空气里仿佛弥漫着牛奶似的东西!

云雀在鸣啭,大脖子鸽群咕咕叫着,燕子无声地飞翔,马儿打着响鼻、嚼着草,狗儿没有吠叫,温驯地摇尾站着。

空气里蒸腾着一种烟味,还有草香,并且混杂一点儿松焦油和皮革的气味。大麻已经长得很茂盛,散发出它那浓郁的好闻的气味。

一条坡度和缓的深谷。山谷两侧各栽植数行柳树,它们的树冠连成一片,下面的树干已经龟裂。一条小溪在山谷中流淌。透过清澈的涟漪,溪底的碎石子仿佛在颤动。远处,天地相交的地方,依稀可见一条大河的碧波。

沿着山谷,一侧是整齐的小粮库、禁闭门户的小仓房;另一侧,散落着五六家薄板屋顶的松木农舍。家家屋顶上,竖着一根装上椋鸟巢的长竿子;家家门檐上,饰着一匹铁铸的扬鬃奔马。粗糙不平的窗玻璃,辉映出彩虹的颜色。护窗板上,涂画着插有花束的陶罐。家家农舍前,端端正正地摆着一条结实的长凳。猫儿警惕地竖起透明的耳朵,在土台上蜷缩成一团。高高的门槛后面,清凉的前室里一片幽暗。

我把毛毯铺开,躺在山谷的边缘。周围是整堆整堆刚刚割下、香得使人困倦的干草。机灵的农民,把干草铺散在木屋前面:只要再稍稍晒干一点,就可以藏到草棚里去!这样,将来睡在上面有多舒服!

孩子们长着卷发的小脑袋,从每一堆干草后面钻出来。母鸡晃动着鸡冠,在干草里寻觅种种小虫。白唇的小狗,在乱草堆里翻滚。

留着淡褐色卷发的小伙子们,穿着下摆束上腰带的干净衬衣,蹬着沉重的镶边皮靴,胸脯靠在卸掉了牲口的牛车上,彼此兴致勃勃地谈天、逗笑。

圆脸的少妇从窗子里探出身来。不知是由于听到了小伙子们说的话,还是因为看到了干草堆上孩子们的嬉闹,她笑了。

另一个少妇伸出粗壮的胳膊,从井里提上一只湿淋淋的大桶……水桶在绳子上抖动着、摇晃着，滴下一滴滴闪光的水珠。

我面前站着一个年老的农妇，她穿着新的方格子布裙子，蹬着新鞋子。

在她黝黑、精瘦的脖子上，绕着三圈空心的大串珠。花白头发上系着一条带小红点儿的黄头巾。头巾一直遮到已失去神采的眼睛上面。

但老人的眼睛有礼貌地笑着，布满皱纹的脸上也堆着笑意。也许，老妇已有六十多岁年纪了……就是现在也可以看得出来：当年她可是个美人呵！

她张开晒黑的右手五指，托着一罐刚从地窖里拿出来的、没有脱脂的冷牛奶，罐壁上蒙着许多玻璃珠子似的水汽；左手掌心里，老妇拿给我一大块还冒着热气的面包。她说："为了健康，吃吧，远方来的客人！"

雄鸡忽然啼鸣起来，忙碌地拍打着翅膀；拴在圈里的小牛犊和它呼应着，不慌不忙地发出哞哞的叫声。

"瞧这片燕麦！"传来我马车夫的声音。

啊，俄罗斯自由之乡的满足，安逸，富饶！啊，宁静和美好！

于是我想到：皇城里圣索菲娅教堂圆顶上的十字架以及我们城里人正孜孜以求的一切，算得了什么呢？

（张守仁　译）

【评　析】

《乡村》描写俄罗斯乡村的美丽富饶和宁静安逸。

文章大体结构是：原野景色—深谷乡村—由衷赞美。写原野景色，给乡村描画一个背景。写天空着意突出它的明净；写空气突出生活气息；写声响笔墨由高而低，由飞禽到牲畜。给人的审美感受是：原野是那么悠阔和宁静。下面写乡村坐落的山谷，山谷柳树蓊郁苍茂，小溪清澈见底。写乡村生活画面是全文重点，农舍有着典型的林区风味，人物写得各有特征、各有神采。小孩们在草堆上玩耍，小伙子在牛车旁谈笑，两个少妇写得别有神韵。这些人物所构成的生活场景，又成为"年老的农妇"的生动背景。写农妇之"神"只写了一个字："笑"，表现其善良和真诚。乡村人心灵的美丽，与大自然的美丽水乳交融。乡村风景描写以雄鸡的啼鸣和牛犊的哞叫收结。最后一部分是对乡村的赞美，与文章开头相呼应，带有总结性质。

本文寓情于景，示情以景，情景彼此渗透。

【习　题】

1. 乡村、故乡、祖国在作品中融为一体，简述本文所抒情感的深度和浓度。
2. 谈谈本文章法结构的特征和人物形象刻画的手法。
3. 屠格涅夫散文语言以洗练质朴著称，试结合本文具体分析。

脚下的路

泰戈尔

拉宾德拉纳特·泰戈尔(1861—1941),印度近代伟大诗人、作家和社会活动家,第一个获得诺贝尔文学奖的东方作家,举世公认的散文诗大师。他8岁开始写诗,16岁起正式发表作品。在60多年的文学生涯中,共写了50多部诗集,12部中长篇小说,20多个剧本,文学、哲学、政治论著及游记书简多卷。中篇小说《沉船》是其创作中的珍品,因抒情诗集《吉檀迦利》获诺贝尔文学奖。泰戈尔的全部作品构成了印度文艺复兴运动和民族独立运动的一个重要历史侧面,对印度社会生活和文艺运动均产生了重大的影响。

一

脚下的路,走出林海,走进一望无际的恒河平原。它在田畴河畔流连,在渡口榕树底下盘桓;从衰老的河埠踅回村落,穿过芒果园、芝麻地,绕过莲塘、祭神彩车,便不知溜达到哪个村里去了。

数不清的人,踏着这条路,在我身旁来去匆匆。有的携带家眷,有的望去只是团模糊的身影;有的蒙着面纱,有的露着面孔;有的去汲水,有的头顶盛满河水的陶罐归来。

二

白日流逝,黄昏来临。

我记得我有一天认为这路归我所有,完完全全归我所有。如今,看来我不过是受命在这条路上走一遭而已。

柠檬林,池畔,十二座神庙前的埠头,沙渚,牛厩,稻垛……所到之处,那熟悉的瞥视,熟悉的语调,熟悉的嘴唇里,何曾再次听见"哎,你瞧!"

这路是前行的路,不是归返的路。

暮色渐浓的黄昏,偶尔回头远眺,但见路上凝聚着无数支被遗忘的足迹的赞歌,凝结着颂神的琴曲。

年复一年,一切过往的旅人的生平,被这路用一颗尘粒的笔锋简略地记载下来。尘粒的笔锋不停地移动,从日出的东山到日落的西山,从金碧辉煌的东方闾阖到金碧辉煌的西方闾阖。

三

"呵,脚下的路,你不要以尘土的桎梏禁锢千百年浩繁的史实,使它们有口难言,我侧耳贴近路面,对我细声耳语吧!"

路,伸出手指着黑沉沉的夜幕,不发一语。

"呵,脚下的路,亿万旅人的如许愁思,如许企望,湮没在何处?"

路不答话，像哑巴似的。只是牵引我的视线，从旭日喷薄的地平线到残阳垂落的西天。

“呵，脚下的路，你坦荡的胸脯上落下的花雨般的足迹，而今不复存在了么？”

脚下的路莫非晓得自己的终结？那里，云集着全部回归的落花和缄默的弦乐，星光下正隆重举行苦难的永不熄灭的灯节吧？

（白开元　译）

【评　析】

这篇作品表达了对人生的思考，提醒人们严肃对待人生，认真走好“脚下的路”。

文章以“路”为线，以时为序，串接起完美的文本结构。首先写早晨的路，主要从空间上着笔。先写路本身，描写它的曲折漫长、无所不至、无远弗届。再写路上行人，从人数多寡、年龄性别、来去方向三个角度作了概括描述。其次写黄昏的路，主要从时间着笔。“白日流逝，黄昏来临”，除了点明时分外，还强调了时光飞逝。许多熟悉的面孔渐渐在“路”上消失了，“路”已然转化为人生命里程的象征。下面进一步生发此意，每个人特定的足迹，串接成他的人生之“路”。最后写夜晚的路，为了追寻生命的意义，作者不禁一次次地叩问，他要追索的不是一个人的生命史，而是整个人类的生命史。最后是对“路”的终点的想象：云集着全部“回归的落花和缄默的弦乐”。

本文既有形象的写实，又有自然的象征，生活气息浓厚，语言清新婉约。

【习　题】

1. 简析作者是怎样把路的自然属性与象征意义结合起来的。
2. 谈谈本文艺术结构所体现的完整性。
3. 思考“东方闾阖”“西方闾阖”在文中的象征意义。

坚硬的荒原

罗　多

何塞·恩里克·罗多(1871—1917)，乌拉圭现代作家、思想家，生于蒙德维的亚。青少年时代受过人文主义教育，曾任文学教授和国家图书馆馆长。1889 年写成他最重要的作品《爱丽儿》。他的作品还有《普罗特奥的宗旨》《普罗特奥的新宗旨》《普罗特奥的最后宗旨》《普罗斯佩罗的游廊》和《美洲人》等，阐述了他的哲学、文学、美学观点。他的创作风格是带有高蹈派和象征派色彩的现代主义，他被认为是拉丁美洲现代主义文学在散文方面的代表人物。

坚硬的荒原，一望无际，灰茫茫，朴实得连一条皱褶都没有，凄清，空旷，荒凉，寒冷，笼罩在铅也似的穹隆下。荒原上站着一位高大的老人：瘦骨嶙峋，古铜色的脸，没有胡须。高大的老人站在那里，宛似一株光秃秃的树木。他的双眼像那荒原和那天空一样冷峻；鼻似刀裁，斧头般坚硬；肌肉像那荒凉的土地一样粗犷；双唇不比宝剑的锋刃更厚。老人身旁站着三个僵硬、消瘦、穷苦的孩子：三个可怜的孩子瑟瑟发抖，老人无动于衷，目空一切，犹如那坚硬荒原的品格。老人手里有一把细小的种子，另一只手，伸着食指，戳着空气，宛似戳着青铜铸成的东西。此时此刻，他抓着一个孩子松弛的脖子，把手里的种子给他看，并用下冰雹似的声音对他说："刨坑，把它种上。"然后将他那颤栗的身躯放下，那孩子扑通一声，像一袋装满卵石的不大不小的口袋落在坚硬的荒原上。

"爹，"孩子抽泣着，"到处都光秃秃、硬邦邦的，我怎么刨呢？""用牙啃。"又是下冰雹似的声音回答。他抬起一只脚，放在孩子软弱无力的脖子上。可怜的孩子，牙齿咔咔作响，啃着岩石的表面，宛似在石上磨刀。如此过了许久，许久，那孩子终于在岩石上开出一个骷髅大小的坑穴。然后又啃呀，啃呀，带着微弱的呻吟。可怜的孩子在老人脚下啃着，老人冷若冰霜，纹丝不动，像那坚硬的荒原一样。

当坑穴达到需要的深度，老人抬起了脚。谁若是亲临其境，会越发痛心的，因为那孩子，依然是孩子，却已满头白发。老人用脚把他踢到一旁，接着提起第二个孩子，这孩子已颤抖着目睹了前面的全部经过。

"给种子攒土。"老人对他说。

"爹，"孩子怯生生地问道，"哪里有土啊？""风里有。把风里的土攒起来。"老人回答，并用拇指与食指将孩子可怜的下巴掰开。孩子迎着风，用舌头和咽喉将风中飘扬的尘土收拢起来，然后，再将那微不足道的粉末吐出。又过了许久，许久，老人不焦不躁，更不心慈手软，冷若冰霜，纹丝不动地站在荒原上。

当坑穴填满了土，老人撒下种子，将第二个孩子丢在一旁。这孩子像被榨干了果汁的空壳，痛苦使他的头发变白。老人对此不屑一顾，然后又提起最后一个孩子，指着埋好的种子对他说："浇水。"孩子难过得抖成一团，似乎在问他："爹，哪里有水呀？""哭，你眼睛里有。"老人回答，说着扭转他那两只无力的小手，孩子眼中顿时刷刷落泪，干渴的尘土吸吮着。就这样哭了许久，许久。为了挤出那疲惫不堪的泪水，老人冷若冰霜，纹丝不动地站在坚硬的荒原上。

泪水汇成一条哀怨的细流抚摩着土坑的四周。种子从地表探出了头，然后抽出嫩芽，长出了几个叶片。在孩子哭泣的同时，小树增加着枝叶，又经过了许久，许久，直到那棵树主干挺拔，树冠繁茂，枝叶和花朵洋溢着芳香，比那冷若冰霜、纹丝不动的老人更高大，孤零零地屹立在坚硬的荒原上。

风吹得树叶飒飒作响，天上的鸟儿都来枝头上筑巢，它的花儿已经结出果实。老人放开了孩子，他已经停止哭泣，满头白发。三个孩子向树上的果实伸出贪婪的手臂，但是那又瘦又高的老人抓住他们的脖子，像抓住幼崽儿一样，取出一粒种子，把他们带到附近的另一块岩石旁，抬起一只脚，将第一个孩子的牙齿按到地上。那孩子在老人的脚下，牙齿咔咔作响，重新啃着岩石的表面。老人冷若冰霜，纹丝不动，默不作声，站立在坚硬的荒原上。

那荒原是我们的生命，那冷酷无情的硬汉是我们的意志，那三个瑟瑟发抖的孩子是我们的内脏、我们的机能、我们的力量。我们的意志从他们的弱小无依中吸取了无穷的力量，去征服世界和冲破神秘的黑暗。

一抔尘土，被转瞬而逝的风吹起，当风停息时，又重新散落在地上。软弱、短暂、幼小的生灵蕴藏着特殊的力量,无拘无束的力量。这力量胜过大海的怒涛、山岳的引力和星球的运转。一抔尘土可以居高临下,俯视万物神秘的要素并对它说:"如果你作为自由的力量而存在并自觉的行动,你便像我一样,便是一种意志,我与你同族,我是你的同类;然而如果你是盲目的、听天由命的力量,如果世界只是一支在无限的空间往返的奴隶的巡逻队,如果它屈从于一种连自身也毫无意识的黑暗,那我就比你强得多,请把我给你起的名字还给我,因为在天地万物之中,唯我为大。"

(赵振江　译)

【评　析】

这是一个关于播种的故事,也是人生历程的寓言和生命意义的赞歌。

文章采用童话重章三叠的方式,依次描述了从刨坑到覆土到浇水的艰难种植过程,其艰难常人难以想象,主体的幼弱和客体的强硬有着天壤般的悬殊。重章三叠的结构方式很容易使情节雷同,由于作者注意赋予人物以各异的动作内容和方式,就有效地避免了重复和单调。"三叠"过后文章总写奇迹的出现:种子抽出嫩芽,不断长叶,终于枝繁叶茂,鸟语花香,硕果累累。故事本可就此落幕,没想老人又把他们带到另一块岩石旁开始了新的劳作……作者告诉读者:荒原、老人、孩子分别是生命、意志和人内在潜能的象征,生命的意义在于充分发挥自身能量,不断去征服世界,去改造生命,去改变命运;生命的神奇在于它有着超然的力量,这力量来自人自身崇高的信念。

本文借助象征手法,设置看似荒诞离奇的情节,来表达深邃的主题。

【习　题】

1. 试述本文在构思上的独特之处,简析文章中的老人形象及其象征意义。
2. 作品由叙事和议论两部分组成,分析它们之间的联系。
3. 阅读海明威《老人与海》,试比较两篇作品主旨的异同。

萨　勒　玛

考洛斯

爱诺·考洛斯(1878—?),芬兰女作家,以小说创作为主,兼及散文创作。考洛斯少时在赫尔辛基上学,受过良好的文化教育。青年时期开始喜欢写作,嫁给一位爱沙尼亚外交官后,长期在爱沙尼亚生活。考洛斯经常穿越芬兰湾,往返于赫尔辛基与塔林之间,在萨勒玛岛上(一个由被掠夺、被贩卖的人所组成的奴隶的岛)多次逗留观光,写下了一系列以该岛为表现对象的游记,汇编成散文集《白船》。考洛斯一生作品不多,但几乎每一篇都可以称为杰作。

萨勒玛，奴隶的岛……广漠的牧场，多少的草原；夏天的时候，乡人的家畜都在那里吃草。许多哩的平坦的没有树木的平原，一直向太阳展开，太阳的光慢慢地燃烧着它，将青草晒成了在地面上的短短的乱丝。粘软的灰色的泥土，因了大旱豁裂了，有了深深的窟窿，起着凹凸，皱得像老年人的皮肤。连一棵树的树荫也没有，泥土像岩石一样硬，就便是一阵倾盆的大雨罢，也不能渗进去，雨水只在地面上流着小小的棕色的溪流。雨后，地上显着活力，因为有了蜗牛，背着它们的屋子，迟钝地向前爬着。

在仲夏之前，一切的草木都去了；只有桧树仍然坚执地伸根到太阳晒硬了的地里去。然而，一群群饥饿的羊，在经过的地方，却不让一片叶子剩下，甚至于也损坏了桧树的有刺的枝条。在这些矮树的四周咬着，渐渐地咬成了绿色的大圆丘的样子，一堆一堆地在平坦的地上排列着。它们像是种植在罗柯柯式的花园中的，由于一位熟练的园丁修剪而成的装饰，有的像圆球一样，有的像蛋一样椭圆，有的又像葱一样，或是俄国教堂的圆屋顶。在这些桧树林之间，只有山楂能够生长，一朵微小的红花，它的火一样的卷曲的花球，在凋残的绿色中闪着红光，像一阵火花。

风景渐渐好看起来——牧场让步给生着榛树的草原，桧树似乎不胜骄傲，有了大树的形状，看来像是南方的坟场列树中的那些柏树的可怜的不曾长足的雏形。一带低低山岗在大路上横着，正如挡住那不息地进攻着的大风的盾，风的本意好似要拂除了它吧，然而却老是从它的顶巅扫起了一大片白色的飞沙，以至于在邻近四周过路的人似乎全是沉没于一床的锯屑中一样。

萨勒玛的农场和小屋也就看到了，在大路的两边，也有在一边的，掩藏于树丛中，或是四散在零落地铺着石子的平地上，或是聚拢了成为五六家一簇的小小的村子。这些老是很粗陋，天花板很低——铺着草、泥或麦草的斜矗的屋顶遮着墙，像是一顶帽子，一直拉下了遮着眼睛。这些屋子尽量地贴近地面，似乎为了不致引起些微的注意，它们的永远灰色的色彩，几乎难于与四周的泥土区别。就便聚成了村子了，它们仍然是胆怯而且惧怕，像是恐怖已经将这半打的小屋赶在一起，以作一致的防御似的暗黑而又破败，一间住屋，打谷仓，牛栏，都惊惶无措地局促于屋顶之下，这屋顶似乎要将下面小屋中的一切生命都给窒息而且压榨出去。随处有的是风磨，在圆圆的石墩上，用了它的灰色的翅子缓缓地削着空气。

萨勒玛的心是石头做成的。在春天的洪水和大雨的期间，大地都豁裂了，就露出了白绿色的石灰石，是地面受了重伤，在创痕之下的骨头。这正是萨勒玛的脊骨。

萨勒玛保存了很多的历史，但是萨勒玛自己却正是它的最无偏见的历史家。七世纪的奴隶的史实都在它的景色上记录着了。

全体都是受压迫的，柔弱的，像是在铁踵之下被践踏了几世纪。那些睁了眼看的——那工奴的饥饿而且犯罪似的容貌从晒焦了的、荒芜的牧场的四面八方凝视过来。

萨勒玛的岩石简直也反映出了奴隶的灵魂，永不高成一座高山，永不与天空挑战，只退避到地上，藏起了它的威吓在心里，像奴隶一样。在地面上难于看出的草野的荆棘，会暗暗地刺伤了你的手或脚，在你，那些是太卑下了，不值得去罚；甚至于也不必因之而停止，你仍然向前走去，想着："荆棘的复仇，正不过是奴隶的复仇呀！"

萨勒玛的花时也很短促而且浮华。像奴隶们的假日。在仲夏之前，不过两礼拜，生长得繁盛的，高高的车轴草田波动着色彩之海。于是，这就正如波罗的海的温室，充满着风，吹来了在寒冷的北方很少人知道的稀罕的花朵。镰刀已经预备好了，使人神经破裂的磨刀声在家家的屋子里响了起来，刀片在小屋的角落里闪着光——到了明天或是明天的明天，这可爱的闪变的色彩就完了。然而这些在仲夏之前引导着的日子正是萨勒玛的新婚的日子，随风吹着甜蜜的芬芳的宝藏，唱着各色的欢乐的颂歌。这里是对于荒芜的牧场与饥饿的草原的补偿。这里有的是大地也快乐地装饰着的日子，就像是在这大地上做着苦工的奴隶，当礼拜日穿上了华丽的本国的衣服，在鲜艳的衣饰中忘掉了不是礼拜日所穿的他们的褴褛的破布了。在简单的、低低的、圆石砌成的栏边，野蔷薇将多灰土的干燥的路装点为新鲜的玫瑰园，猫一样地在红的花蕊下藏起了它们的刺。浸着水的低地波动着遮盖在面上的白色的绵草，像刚落下的雪片一样地柔软；在喷泉旁，开放着相思花，永远是近在水边的，为了可以洗净它们的蓝眼睛罢。地主们所在的街巷里，随处都有从叶丛中探出来的七叶树的白花，在枝条上直立着，像是一串点着的蜡烛。在沙冈与石栏之间的窟窿里，甚至于在盖着草的屋顶的罅裂里，有黄的佛甲草密贴地生着，层层叠叠的像黄的地衣。

这是萨勒玛，奴隶的岛……

（孙用　译）

【评　析】

《萨勒玛》借岛上自然景观的介绍叙述，描绘刻画奴隶外貌、精神和灵魂。

“萨勒玛，奴隶的岛”，开门见山，醒目有力，就将读者引进规定的思路和情绪。主体部分先写萨勒玛夏季的牧场，这片土地的特点是荒凉贫瘠和毫无生机。萨勒玛的路是由自然景观转入人工设施描绘的过渡意象。大路旁的农场和小屋，是写得最为精彩的段落，客观的描绘融入了主观的感受，破败的小屋，在作者笔下居然具有人的心理和神色。牧场、草原、村落写完了，文章转入对主体的描写。写奴隶之前关于地貌特征的文字意含双关。大地因洪水和大雨而“豁裂”，如同“受了重伤”；裂口露出的石灰石，如同“创痕之下的骨头”，这些文字即是奴隶的写照。下文揭示出奴隶岛的实质：萨勒玛是奴隶苦难的化身。最后主题句重现，余音袅袅。

本文写景写人合一，运用比喻、象征、双关、特写等多种手法，丰富而细腻地展现总主题。

【习　题】

1. 回顾你所读过的游记作品，看看本文描写自然景物与普通意义的游记有何不同。
2. 谈谈本文主体部分结构安排的特色，分析“路”的意象在行文中的作用。
3. 本文首尾以主题句前呼后应，产生了怎样的艺术效果？

听　　泉

东山魁夷

东山魁夷(1908—1998),日本风景画家、散文家,生于神奈川县横滨市。从中学时代起,他就对文学产生了极大的兴趣,广泛阅读诗歌、小说,并与志趣相同的同学创办了小报《鬼蓟》。东山魁夷是具有世界声誉的画家,在写生作画的同时还写下了大量的论画散文,如《和风景对话》《听泉》《探求日本的美》等。这些散文大都是写景抒怀之作。作者对大自然的一景一物都寄予无限的情趣,嗟叹咏歌,意趣盎然,他的散文和他的风景画一样,具有飘逸淡雅的风格和恬静优美的意境。

鸟儿飞过旷野。一批又一批,成群的鸟儿接连不断地飞了过去。

有时候四五只联翩飞翔,有时候排成一字长蛇阵。看,多么壮阔的鸟群啊!……

鸟儿鸣叫着,它们和睦相处,互相激励;有时又彼此憎恶,格斗,伤残。有的鸟儿因疾病、疲惫或衰老而掉队。

今天,鸟群又飞过旷野。它们时而飞过碧绿的田原,看到小河在太阳照耀下流泻;时而飞过丛林,窥见鲜红的果实在树荫下闪烁。想从前,这样的地方有的是。可如今,到处都是望不到边的漠漠荒原。任凭大地改换了模样,鸟儿一刻也不停歇,昨天,今天,明天,它们继续打这里飞过。

不要认为鸟儿都是按照自己的意志飞翔的。它们为什么飞?它们飞向何方?谁都弄不清楚,就连那些领头的鸟儿也无从知晓。

为什么必须飞得这样快?为什么就不能飞得慢一点儿呢?

鸟儿只觉得光阴在匆匆忙忙中逝去了。然而,它们不知道时间是无限的、永恒的,逝去的只是鸟儿自己。它们像着了迷似的那样剧烈、那样急速地振翮翱翔。它们没有想到,这会招来不幸,会使鸟儿更快地从这块土地上消失。

鸟儿依然忽喇喇拍着翅膀,更急速、更剧烈地飞过去……

森林中有一泓清澈的泉水,发出叮叮咚咚的响声,悄然流淌。这里有鸟群休息的地方,尽管是短暂的,但对于飞越荒原的鸟群说来,这小憩何等珍贵!地球上的一切生物,都是这样,一天过去了,又去迎接明天的新生。

鸟儿在清泉旁歇歇翅膀,养养精神,倾听泉水的絮语。鸣泉啊,你是否指点了鸟儿要去的方向?

泉水从地层深处涌出来,不间断地奔流着,从古到今,阅尽地面上一切生物的生死,荣枯。因此,泉水一定知道鸟儿应该飞去的方向。

鸟儿站在清澄的水边,让泉水映照着身影,它们想必看到了自己疲倦的模样。它们终于明白了鸟儿作为天之骄子的时代已经一去不复返了。

鸟儿想随处都能看到泉水,这是困难的。因为,它们只顾尽快飞翔。

不过，它们似乎有所觉悟，这样连续飞翔下去，到头来，鸟群本身就会泯灭的，但愿鸟儿尽早懂得这个道理。

我也是群鸟中的一只，所有的人们都是在荒凉的不毛之地上飞翔不息的鸟儿。

人人心中都有一股泉水，日常的烦乱生活，遮蔽了它的声音。当你半夜突然醒来，你会从心灵的深处，听到幽然的鸣声，那正是潺湲的泉水啊！

回想走过的道路，多少次在这旷野上迷失了方向。每逢这个时候，当我听到心深处的鸣泉，我就重新找到了前进的标志。

泉水常常问我：你对别人，对自己，是诚实的吗？我总是深感内疚，答不出话来，只好默默低着头。

我从事绘画，是出自内心的祈望：我想诚实地生活。心灵的泉水告诉我：要谦虚，要朴素，要舍弃清高和偏执。

心灵的泉水教导我：只有舍弃自我，才能看见真实。

舍弃自我是困难的，甚至是不可能的，我想。然而，絮絮低语的泉水明明白白对我说：美，正在于此。

（陈德文　译）

【评　析】

《听泉》借对鸟群与泉水的描写，揭示了深刻的生活哲理。

文章分三步运笔，先出现"鸟"，再出现"泉"，最后出现"人"，画面逐渐丰富，寓意逐渐显豁。开始，鸟群进入画面，描写由抽象到具体，由粗略到细致，很有层次感。下面着眼于旷野的变化，写飞鸟们的盲目，褒贬隐含于描述之中。鸟群终于发现了泉水，那一泓清澈的泉水，在森林中"悄然流淌"，一路"叮叮咚咚"。"倾听"和"絮语"均将鸟和泉人格化，也点了题目。作品根据主题表达需要，采用了超现实的方式描述。泉水让鸟们明白：鸟并不能无远弗届，也不总能翱翔蓝天。但鸟儿并不能够常常见到那足以提醒它们正视自己、思考命运的泉水。文章将前面描写的意义点穿：鸟群原来是人类的化影，泉水原来是心灵泉水的化身。结尾处几段文字，集中表达了作者的社会理想和道德理想。

东山散文是人生哲学的自白，具有飘逸淡雅的风格和恬静优美的意境。

【习　题】

1."听泉"为什么从鸟群飞翔写起？人听心灵之泉与鸟听自然之泉是如何联系起来的？

2.结构疏简是东山魁夷散文的特色，请简析本文的结构方式。

3.东山魁夷散文用语省净，试结合作品做具体分析。

第十三章

外国小说

上古、中古欧洲小说创作比较萧条，古罗马阿普列尤斯《金驴记》初具小说雏形，后数百年几无继者。亚洲小说创作则略胜一筹，长篇小说不乏佳制，上古印度有波那《戒日王传》和檀丁《十公子传》，中古日本有紫式部《源氏物语》（亚洲第一部长篇），朝鲜有《春香传》等三大传奇，越南有阮攸《金云翘传》。

文艺复兴时期欧洲小说开始繁荣。意大利薄伽丘《十日谈》（短篇集）、法国拉伯雷《巨人传》、西班牙塞万提斯《堂吉诃德》标志着欧洲小说的成熟。进入18世纪后，欧美小说长盛不衰。法国小说成就辉煌，卢梭《新爱洛绮丝》代表了启蒙小说的最高成就，司汤达《红与黑》开创了批判现实主义传统，巴尔扎克创作了包括近百部小说的《人间喜剧》，雨果以《悲惨世界》等鸿篇巨制震动文坛，福楼拜《包法利夫人》、左拉《萌芽》、大仲马《基督山伯爵》以及莫泊桑短篇小说都为传世经典。英国继菲尔丁《汤姆·琼斯》等现实小说、斯泰恩《感伤的旅行》等感伤小说、司各特《艾凡赫》等历史小说之后，一大批出色的现实主义名作陆续问世，如狄更斯《双城记》、萨克雷《名利场》、夏洛蒂·勃朗特《简·爱》、奥斯丁《傲慢与偏见》、哈代《德伯家的苔丝》，还有王尔德的唯美主义小说。德国小说相对歉收，著名小说仅有歌德《少年维特之烦恼》和霍夫曼《金罐》等。俄国与英法势均力敌，果戈理《死魂灵》为现实主义长篇小说奠基，托尔斯泰以《安娜·卡列尼娜》等三大长篇比肩巴尔扎克，重要作品还有莱蒙托夫《当代英雄》、冈察洛夫《奥勃洛摩夫》、屠格涅夫《父与子》、陀思妥耶夫斯基《罪与罚》、契诃夫（短篇小说巨匠）《第六病室》等。苏联小说成果斐然，高尔基《母亲》、阿·托尔斯泰《苦难的历程》、肖洛霍夫《静静的顿河》、帕斯捷尔纳克《日瓦戈医生》都饮誉一时。美国小说奋起直追欧洲，霍桑《红字》、麦尔维尔《白鲸》为浪漫主义小说名作，马克·吐温以《哈克贝利·费恩历险记》等名垂青史，欧·亨利、杰克·伦敦的短篇堪与莫泊桑、契诃夫媲美。19世纪中后期，欧美文学进入多元发展期：现实主义长篇有罗曼·罗兰《约翰·克利斯朵夫》、高尔斯华绥《福尔赛世家》、劳伦斯《儿子与情人》、托马斯·曼《布登勃洛克一家》、斯坦贝克《愤怒的葡萄》、德莱塞《美国的悲剧》、海明威《永别了，武器》等。现代派小说代表作有卡夫卡《变形记》（表现主义），普鲁斯特《追忆逝水年华》、乔伊斯《尤利西斯》、福克纳《喧哗与骚动》（意识流），加缪《局外人》（存在主义）、罗布－格里耶《窥视者》（新小说），海勒《第二十二条军规》（黑色幽默），图里亚斯《总统先生》、马尔克斯《百年孤独》（魔幻现实主义）。

亚非地区具有世界影响的近现代小说不算太多，主要集中于日本、印度、埃及，如（日本）

夏目漱石《我是猫》、川端康成《雪国》、大江健三郎《万延元年的足球队》、(印度)泰戈尔《沉船》、普列姆昌德《戈丹》、(埃及)塔哈·侯赛因《日子》、马哈福兹《三部曲》、(土耳其)雅夏尔·凯马尔《瘦子麦麦德》、奥尔罕·帕莫克《我的名字叫红》、(以色列)阿格农《新娘的华盖》、(印尼)普拉姆迪亚《人世间》、(尼日利亚)索因卡《解释者》和(南非)戈迪默《朱莱的人们》等。

珠　　宝

莫泊桑

居伊·德·莫泊桑(1850—1894),19世纪后半期法国优秀的批判现实主义作家。1870年到巴黎攻读法学,适逢普法战争爆发,遂应征入伍。退伍后先后在海军部和教育部任职。舅父和母亲的好友、著名作家福楼拜是其文学导师。莫泊桑有“世界短篇小说巨匠”美称,短篇小说侧重摹写人情世态,构思布局别具匠心,细节描写、人物语言和故事结尾均有独到之处。代表作有《羊脂球》《我的叔叔于勒》《两个朋友》《项链》等。长篇小说6部,其中《一生》《俊友》两部已列入世界长篇小说名著之林。

朗丹先生在副科长家里的一次晚会上,遇到了这个年轻姑娘,从此就堕入了情网。

她的父亲是外省的一个收税官,死了已经有好几年。后来她跟着母亲来到了巴黎。她的母亲指望把她嫁出去,常常到附近几家中产阶级人家去。她们穷虽穷,可是为人正派,稳重而且和蔼。这个年轻姑娘仿佛是规矩女人的完美无缺的典型,每一个明智的年轻人都梦想着把自己的一生托付给这种典型的女人。她的纯朴美里有一种天使般的贞洁的魅力;从不离开嘴唇的那一丝不易觉察的笑意,仿佛是她心灵的回光。

人人都称赞她;凡是认识她的人都再三夸奖说:“娶她的人肯定会幸福。再也找不到比她更好的了。”

朗丹先生那时在内政部里当主任科员,每年的薪水是三千五百法郎。他向她求婚,娶了她做妻子。

跟她在一起,他的幸福简直是难以用笔墨形容。她勤俭持家,精打细算,因而他们的日子好像过得很阔绰。她对丈夫无比的关心、体贴、温存。而且她本人的诱惑力又是那么大,虽然他们相遇已经有六年了,可是他比开头那些日子还要爱她。

他责备她的,只有两个嗜好:爱看戏,爱假珠宝。

她的朋友们(她认识几个小官吏的妻子)经常能够替她搞到包厢,请她去看当时风行的戏,甚至首次上演的新戏;她不管她丈夫愿意不愿意,总是拖着他一块去;不过一天工作下来,这种消遣反而增加他的疲劳。因此,他恳求她请一位她认识的太太陪她去看戏,只要能送她回来就成。她认为这个办法不太合适,所以说来说去怎么也不肯答应,直到最后才为了讨好他,勉强让了步;他对她说不出的感激。

然而,这种爱看戏的嗜好,很快地引起了她爱打扮的需要。不错,她的服装还是跟从前一样简单,既风雅而又朴素;而且她那温柔的美,她那令人倾倒的、谦逊的、含笑的美,仿佛从她朴素的打扮里得到一种新的风韵，但是她渐渐地养成了一种习惯，爱在耳朵上戴两粒冒充钻石的大莱茵石。她还戴假珍珠的项链、赛金的镯子和镶着五颜六色的、代替宝石的玻璃钻的梳子。

她的丈夫有点不满意这种对假货的爱好，常常说："亲爱的，对一个买不起真珠宝的人来说，美丽和妩媚就是她的装饰品，再说，这也是世上最稀罕的珠宝。"

但是她露出温柔的笑容，每一次都这么回答："有什么办法呢？我爱好这个。这是我的缺点。我也知道你说得对；可是本性难移呀。我当然更喜欢有真的珠宝！"

她一边用手指转动着珍珠项链，或者让宝石的切面放出夺目的光彩，一边不停地说："你倒是瞧瞧呀，做得多么好。简直跟真的一样。"

他微笑着说："你的趣味倒跟吉卜赛人一样。"

有时候，到了晚上，只有他们俩待在炉火旁边，她就把装着朗丹先生所谓"便宜货"的摩洛哥皮匣子捧到茶桌上，开始热情地细细观看那些假珠宝，好像其中有一种无穷的、秘密的乐趣似的。她还一定要把一串项链挂在她丈夫的脖子上，为的是挂上以后，好痛痛快快地笑一番，然后大声说："瞧你有多滑稽！"接着就扑到他怀里，像发了疯似的吻他。

一个冬天的夜里，她从歌剧院回来，冻得全身直打哆嗦，第二天不停地咳嗽，一个星期以后就害肺炎死了。

朗丹差一点也跟她进了坟墓。他是那么失望，不到一个月的工夫头发都变白了。他从早哭到晚，难以忍受的痛苦撕碎了他的心灵；回忆，笑容，声音以及死者身上的种种魅力不断地出现在他的脑际。

时间并没有减轻他的悲伤。往往在上班的时候，同事们正在聊当天的新闻，会忽然看见他双颊一鼓、鼻子一皱，眼睛里含着两包泪水；他做出一副苦相，接着就呜呜地哭起来。

他让亡妻的卧室保持原状。他每天都要把自己关在里面想她；所有的家具，甚至连她的衣裳，都像她临死那天一样放在原来的地方。

但是生活对他来说越来越困难了。他的薪水在他妻子的手里，足够家里的一切开支，现在剩下他一个人，反而不够用了。他奇怪她哪儿来的那么大的本领，居然能够让他天天喝上等的酒，吃精美的食物，如今他靠他那微薄的收入再也没法弄到了。

他借了几笔债，像穷得走投无路的人一样，千方百计地想办法找钱。终于有一天早上，离着月底还有整整一个星期，手上却连一个子儿也没有了。于是他打主意变卖东西。他立刻想到了他妻子的那些"便宜货"，因为他心里对这些从前叫他生气的"冒牌货色"还怀着怨恨。甚至每天看见它们，都会损害到对他心爱的人的回忆。

他在她留下的那一堆假货中找来找去，找了很久，因为她一直到临死前几天还不断地买回来，差不多每天晚上都要带一样新东西回来。他决定卖掉她好像特别喜欢的那串大项链，因为虽是假货，可是做工考究，想来还可以值个七八法郎。

他把它放在衣袋里，顺着一条条大街，朝部里走去，打算找一家可靠的珠宝店。

他终于看到一家，走了进去，一想到露出一副穷相，变卖这样一件不值钱的东西，他又觉得有点儿不好意思。

"先生，"他对商人说，"我想请您估估这件东西。"

那个人接过来翻来覆去地仔细看了一阵儿，又掂了掂分量，拿起一个放大镜，把他的伙计叫过来，小声嘀咕了几句，然后把项链放在柜台上，瞧瞧远看的效果如何。

这样小题大做反把朗丹先生弄得很不自在，他张嘴正要说："噢！我也知道它值不了几个钱，"那个珠宝商却先开口了："先生，值一万五千法郎；不过您得先把它的来源告诉我，我才能够收购。"

这个鳏夫两只眼睛睁得老大，愣在那儿，一下子糊涂了。临了，他结结巴巴地说："您说什么？……您没有估错吧。"对方误会了他惊讶的原因，冷冷地说："您可以到别处去问问，看别人是不是肯出更高的价钱。照我看，它顶多值一万五。如果您找不到更好的地方，就再来找我好了。"

朗丹先生完全变成了一个傻子；他需要一个人去好好考虑考虑，于是拿起项链走了出去。

但是一到街上，他反而想笑了。他想："傻瓜呀！傻瓜！我要是当时就卖给他呢？居然有这么一个不辨真假的珠宝商人！"

他走进和平街口的另一家首饰店。老板见了这件首饰，就立刻叫了起来：

"哎呀！我可认识这串项链，它是从我们这儿卖出去的。"

朗丹先生感到很惊慌，问：

"值多少钱？"

"先生，我是两万五千法郎售出的。我准备出一万八千法郎收回来，不过按照法律规定，您得先把这件东西弄到手的经过告诉我。"

这一次，朗丹先生惊奇得两腿发软，坐了下来。他说："不过……不过，您再好好看看，先生，我一直以为它是……假的呢。"

首饰商人又问："您愿意告诉我，您姓什么吗，先生？"

"当然愿意。我姓朗丹，我是内务部的科员，住在殉道者街十六号。"

商人打开账簿，查了查，说："这串项链的确是在一八七六年七月二十日送到朗丹太太的住址，殉道者街十六号去的。"

两个人你望着我，我望着你，科员惊讶得简直要发疯了，首饰商疑心他是个贼。

首饰商接着又说："您愿意把这件东西在我这儿放二十四小时吗？我可以给您出一张收据。"

朗丹先生结结巴巴地说："当然可以。"他把纸条折起来，放在衣袋来，走了出去。

他穿过大街，继续朝前走，走着走着发现走错了路，又转过身来往回走，走到了杜依勒里宫，过了塞纳河，一看又走错了，于是又回到香榭丽舍大街，脑子里乱得没有一点儿主意。他想好好地考虑考虑，弄明白到底是怎么回事。他的妻子没有力量买一件这样贵重的东西，——当然没有。那么，这是别人送的一件礼物了！礼物！谁送的？为什么送呢？

他停下来，呆呆地立在大街中间。可怕的疑窦掠过他的脑海。莫非她？这么说，其余的珠宝也都是礼物了！他觉得地在摇晃，觉得面前的一棵树倒下来；他伸出双臂，倒在地上，失去了知觉。

等他醒过来，才发现自己在一家药房里，原来是过路人把他抬来的。他请人送他回家，随后就把自己关在屋里。

他伤心地哭到天黑，咬住一块手绢，免得哭出声来。最后他又疲乏，又伤心，支持不住，倒在床上昏昏沉沉睡着了。

一道阳光照醒了他，他慢腾腾地起来，准备到部里去。受到这样的打击以后，再要工作是很困难的。他考虑了一下，觉得可以请求科长原谅，于是写了一封信。接着，他想到了应该再到首饰店去一次，想到这儿，臊得满脸通红。他考虑来考虑去，无论怎么说，总不能把那串项链留在那家店里；于是他穿好衣服，走了出去。

天气晴朗，蔚蓝的天空覆盖着这笑脸迎人的城市。几个无所事事的人两手插在衣袋里在街上闲逛。

朗丹先生望着他们走过，对自己说："有财产的人多么幸福啊！一个人有了钱，甚至连忧愁都可以摆脱，他爱上哪儿就上哪儿，他可以旅行，可以寻欢作乐！啊！要是我有钱就好了！"

他发觉肚子饿了，因为从前天晚上起，他就没有吃过东西。但是他的口袋空空的，于是他又想起了那串项链。一万八千法郎！一万八千法郎！这笔数目真不小呀！

他走到和平街，开始在首饰店对面的人行道上踱来踱去。一万八千法郎！一连有二十次，他都差点儿走进去，可是每次都被羞耻心拦住了。

然而，他肚子饿，饿得很厉害，而且又没有一个子儿。他突然下了决心，为了不让自己有考虑的时间，一口气奔过大街，冲进了首饰店。

商人见了他，连忙迎上前，面带笑容，彬彬有礼地搬来一把椅子。伙计们也过来了，他们眼睛里，嘴边也都带着笑意，不断地瞟着朗丹。

珠宝商开口说："我已经打听过了，先生，如果您没有改变主意，我可以立刻照我出的价钱付款。"

科员结结巴巴地说："当然没有改变。"

首饰商人从抽屉里取出十八张大钞票，点了一遍递给朗丹。朗丹在一张小收据上签了字，用一只颤巍巍的手把钱放在衣袋里。

他正打算出去，又转过身来，垂下眼睛，对一直在微笑的商人说："我……我还有别的珠宝……都是从……同一个人那儿继承来的。您都愿意收买吗？"

商人鞠了个躬，说："当然愿意，先生。"

有一个伙计跑出去了，为的是笑个痛快。另外一个伙计使劲地擤鼻子。

满脸通红的朗丹用若无其事的严肃口吻说："我去给您拿来。"

他叫了一辆马车，回去拿首饰。

一个钟头以后，他回到首饰店，到这时候他还没有吃早饭。他们开始一件件地研究，一件件地估价。几乎全部都是这家店里卖出的。

朗丹现在也撕破脸皮争价钱了，他发脾气，要人把账簿给他看；随着金额的增加，他的嗓门也越提越高。

大粒的钻石耳坠两万法郎；镯子三万五千法郎；胸针、戒指和链坠儿一万六千法郎；一件用祖母绿和蓝宝石镶成的首饰一万四千法郎；一条当项链用的金链连同吊着的独粒钻石四万法郎；总数共达十九万六千法郎。

商人用开玩笑的口吻说：

"这些东西的主人把所有的积蓄都存在珠宝上了。"

朗丹一本正经地说："这也是一种存钱的方法，并不特殊。"他又和买主约好第二天还要约请行家复查，然后走了出来。

到了街上，他看见旺多姆纪念柱[1]，恨不得跟爬夺彩竿[2]似的爬上去。他感到自己身轻如燕，只要一纵身，就可以和柱顶上高耸入云的皇帝雕像玩玩跳背游戏。

他到瓦赞饭店吃了中饭，喝的是二十法郎一瓶的酒。

吃完饭，他叫了一辆马车，到布洛涅树林去兜风。他带着几分轻蔑的神气望着来来往往的车马，恨不得向行人嚷叫："我也有钱。我有二十万法郎！"

他想起了内务部，连忙叫马车送他去。他大模大样走进科长办公室，说：

"先生，我是来向您辞职的。我得到了一笔三十万法郎的遗产。"他又去和老同事们握手告别，把自己将来的生活打算告诉他们；然后到英国咖啡馆去吃晚饭。

他正好坐在一位看上去好像很有身分的绅士旁边，心里痒痒的，忍不住想炫耀一下，于是告诉这位先生，他刚刚得到了一笔四十万法郎的遗产。

有生以来，他第一次对看戏不感到厌烦，他还和一些妓女混了一夜。

半年以后，他又结婚了。他的第二个妻子虽然很规矩，可是脾气难侍候，给他带来了许多痛苦。

（郝运　译）

【注　释】

[1]旺多姆纪念柱：在巴黎旺多姆广场，高44米，柱顶上有拿破仑的像。　[2]夺彩竿：夺彩竿的竿顶挂有奖品，能爬上取下者，即得此奖品。

【评　析】

对浮华虚伪的社会现实的谴责，对裂变的人性本身的拷问，对小人物悲剧人生的悲悯，是《珠宝》的基本主题。

作品的艺术构思很巧妙。两个人物的命运被象征着虚荣和金钱的珠宝所扭结，所左右。一个得珠宝（暗写），一个卖珠宝（明写），得珠宝者牺牲了女人最尊贵的东西——贞操，处在双重生活的夹缝中，靠虚伪和欺骗过日子；卖珠宝者卖掉了男人最起码的品质——廉耻，滚进道德滑坡的泥淖中，变成吃喝嫖赌的走肉。小小道具，连接着夫妻俩的人生大悲剧。这个悲剧故事并不复杂（主要写朗丹如何处置亡妻留下来的珠宝），情节安排却跌宕有致：夫妇感情融洽笃厚—看戏着凉肺炎送命—变卖珠宝得知真相—羞愧难当痛苦已极—恬不知耻食秽如饴—续弦规矩痛苦良多（耐人寻味的尾声）。

小说特点主要有三：因小见大地概括社会真相，不动声色地描绘生活，出人意料地安排情节。

【习　题】

1. 试谈这篇小说所表现的具有深刻社会意义的主题。

2. 小说在情节结构的安排上有何特点？

3. 本篇与莫泊桑另一名篇《项链》颇有相似之处，试分析两篇小说的异同点。

一个官员的死

契诃夫

安东·契诃夫(1860—1904),19世纪末俄国著名小说家、戏剧家。1879年考入莫斯科大学医学系,从此开始文学生涯。代表作有短篇小说《变色龙》《套中人》,中篇小说《草原》《第六病室》,剧本《三姐妹》《樱桃园》等。其短篇小说,表现了鲜明的现实主义风格,既有普希金式的单纯质朴,又有果戈理式的无情暴露。题材内容上倾向无情暴露,情节结构上崇尚单纯质朴,艺术表现上追求含蓄冷峻,语言风格上讲究精粹明快。其不朽功绩是把短篇小说的写作艺术推到了前所未有的高峰,创造了一种风格独特、言简意赅、艺术精湛的小说文体。

在一个挺好的傍晚,有一个同样挺好的庶务官,名叫伊凡·德密特里奇·切尔维亚科夫[1],坐在戏院正厅第二排,用望远镜看戏:《哥纳维勒的钟》[2]。他凝神瞧着,觉得幸福极了。可是忽然间……在小说里,常常遇见这个"可是忽然间"。作家是对的:生活里充满多少意外的事啊! 可是忽然间,他的脸皱起来,他的眼睛眯缝着,他的呼吸止住了……他从眼睛上拿掉望远镜,弯下腰去,于是……"啊嚏!!!"诸君看得明白,他打喷嚏了。不管是谁,也不管是在什么地方,打喷嚏总归是不犯禁的。乡下人固然打喷嚏,巡官也一样打喷嚏,就连枢密顾问官[3]有时候也要打喷嚏。大家都打喷嚏。切尔维亚科夫一点也不慌,他拿手绢擦了擦脸,而且照有礼貌的人那样,往四下里看一看:他的喷嚏究竟搅扰别人没有。可是这一看不要紧,他却慌起来了。他看见坐在他前面正厅第一排的一个小老头正在拿手套使劲擦自己的秃顶和脖子,嘴里嘟哝着。切尔维亚科夫认出那个小老头是卜里兹查洛夫,在交通部任职的一位文职的将军[4]。

"我把唾沫星子喷在他身上了!"切尔维亚科夫想,"他不是我的上司,是别的部里的,不过那也还是难为情。应当道个歉才对。"

切尔维亚科夫咳了一声,把身子向前探出去,凑近将军的耳根小声说:

"对不起,大人,我把唾沫星子溅在您身上了……我一不小心……"

"不要紧,不要紧……"

"看在上帝面上,原谅我。我本来……我不是故意这样的!"

"唉,请您坐好吧! 让我看戏!"

切尔维亚科夫窘了,傻头傻脑的微笑,开始看戏。他看啊看的,可是不再觉得幸福了。他开始惶惶不安,定不下心来。到了休息时间,他走到卜里兹查洛夫跟前,在他身旁走了一忽儿,压下自己的胆怯,喃喃地说:

"我把唾沫星于喷在您身上了,大人……请您原谅……我本来……出于无意……"

"唉,够啦……我已经忘了,您却说个没完!"将军说,不耐烦地撇了撇他的下嘴唇。

"已经忘了,可是他的眼睛里有一道凶光啊,"切尔维亚科夫怀疑地瞧着将军,暗想,"而且他不愿意说话。我应当对他解释一下,说明我完全无意……说明打喷嚏是自然的法则,要不然他就会认为我有意唾他了。现在他固然没这么想，以后他一定会这么想！……”

一回到家，切尔维亚科夫就把自己的失态告诉他妻子。他觉得他妻子对这件事全不在意；她先是有点惊吓，可是等到听明白卜里兹查洛夫是在“别的”部里任职以后，就放心了。

“不过呢，你也还是去赔个不是的好，”她说，“要不然他就会认为你在大庭广众中举动不得体了！”

“说的就是啊！我已经赔过不是了，可是不知怎么他那样子挺古怪……一句好话也没说。不过那忽儿也没工夫说话。”

第二天切尔维亚科夫穿上新制服，理了发，上卜里兹查洛夫家里去解释……他一走进将军的接待室，就看见那儿有很多来请托事情的人，将军本人夹在他们当中，正在接受他们的请求。将军问过好几个请托事情的人以后，抬起眼睛来看着切尔维亚科夫。

“要是您记得的话，大人，昨天在阿尔卡琪娅[5]，”庶务员开口讲起来，“我打了个喷嚏……不小心喷了您……请原……”

“真是胡闹……上帝才知道这是怎么回事！您有什么事要我效劳吗？”将军对其次一个请托事情的人说。

“他不肯说话！”切尔维亚科夫暗想，脸色惨白了，“这是说：他生气了……不行，不能照这样了事……我要跟他说明白才行……”

等到将军跟最后一个请托事情的人谈完话，正要走进内室去，切尔维亚科夫就走过去跟在他后面，喃喃地说：

“大人！要是我斗胆搅扰大人，那只是出于一种可以说是悔恨的感觉！……那不是故意做出来的，请您务必相信才好！”

将军做出一副哭丧相，摆了摆手。

“唉呀，您简直是跟我开玩笑，先生！”他说完，就走进去，关上他身后的门。

“这怎么会是开玩笑？”切尔维亚科夫想，“根本就没有开玩笑的意思呀！他是将军，可是他竟不懂！既是这样，我也不愿意再对这个摆架子的人赔不是了！去他的！我给他写封信好了，我再也不来了！皇天在上，我说什么也不来了！”

切尔维亚科夫这么想着，走回家去。给将军的信，他却没写成。他想了又想，怎么也想不出来这封信该怎样写才好。他只好第二天再亲自去解释。

“昨天我来打搅大人，”等到将军抬起询问的眼睛望着他，他就喃喃地说，“可不是照您所说的那样是为了开玩笑。我原是来赔罪的，因为我在打喷嚏的时候喷了您一身唾沫星子……我从没想到要开玩笑。我哪儿敢开玩笑？要是我们沾染了开玩笑的习气，那可就会……失去……对人的尊敬了……”

“滚出去！！”将军忽然大叫一声，脸色发青，周身打抖。

“什么？”切尔维亚科夫低声问道，吓得呆如木鸡。

“滚出去！！”将军顿着脚又喊一声。

切尔维亚科夫的肚子里好像有个什么东西掉下去了。他什么也看不见，什么也听不见，退到门口，走出去，到了街上，一路磨磨蹭蹭地走着……他信步走到家里，没有脱掉制服，往长沙发上一躺，就此……死了。

（汝龙　译）

【注　释】

[1]切尔维亚科夫：这个姓是从"小虫"这个字变来的。　[2]《哥纳维勒的钟》：19 世纪法国作曲家普朗盖特创作的轻歌剧。　[3]枢密顾问官：旧俄时代的第三等文官，品位相当高。　[4]文职的将军：旧俄的文职官名，属于第三等或第四等官级。　[5]阿尔卡琪娅：古希腊一个安乐之邦的名称，常用作夏季露天花园和剧院的名字。

【评　析】

小说通过对切尔维亚科夫悲剧性命运的描写，表达了对人类尊严丧失的悲哀、对奴性主义的嘲讽、对沙皇专制制度的控诉。

作品没有头绪纷繁的情节，贯穿小说始终的只有"一个喷嚏""三次道歉"。"一个喷嚏"是情节的开端。打个喷嚏本来是件微不足道的生活小事，但对主人公来说竟如天塌地陷一般，于是乎道歉，道歉，再道歉。第一次道歉将军已宽恕，第二次道歉将军已厌烦，第三次道歉将军已大怒。道歉不仅没有消除他的心理恐惧，反而使他的心理压力愈来愈大，走向死亡是必然的。与情节结构相应，小说刻画人物重在揭示心理活动和思想情绪，挑选最富有代表性的特征加以巧妙概括，寥寥几笔就把人物神态、性格鲜明地勾画出来。

小说将悲喜剧因素融合在一起，借助于对人物言语、动作、心态的白描和漫画式的夸张来完成讽刺，使读者在笑声中深味社会的险恶和奴性心理的可悲。

【习　题】

1. 试分析切尔维亚科夫的性格特征。
2. 简谈这篇小说人物塑造的基本方法。
3. 以这篇小说为例，谈谈契诃夫小说简洁的风格。

最后一片叶子[1]

欧・亨利

欧・亨利(1862—1910)，19 世纪美国著名短篇小说家。其作品以轻松温暖的幽默笔调描写城市下层人民的悲欢离合和相濡以沫的友谊，揭露资本主义社会中的虚伪无耻、尔虞我诈的丑恶风气，嘲笑司法界的专横、腐败和昏庸，同时对弱女子和穷人的命运表示深切的同情。一生共创造短篇小说 300 多篇，有作品集《四百万》《西部之声》等，《警察与赞美诗》《最后一片叶子》《麦琪的礼物》都是其名篇。他的小说善于创造令人啼笑皆非而富于哲理的戏剧性场面，尤善设计出人意料的结尾，有"欧・亨利式的结尾"之美誉。

在华盛顿广场西边的一个小区里，街道都横七竖八地伸展开去，又分裂成一小条一小条的"胡同"。这些"胡同"稀奇古怪地拐着弯子。一条街有时自己本身就交叉了不止一次。有一回一个画家发现这条街有一种优越性：要是有个收账的跑到这条街上，来催要颜料、纸张和画布的钱，他就会突然发现自己两手空空，原路返回，一文钱的账也没有要到！

所以，不久之后不少画家就摸索到这个古色古香的老格林尼治村来[2]，寻求朝北的窗户、十八世纪的尖顶山墙、荷兰式的阁楼，以及低廉的房租。然后，他们又从第六街买来一些蜡烛、酒杯和一两只火锅，这里便成了“艺术区”。

苏和琼西的画室设在一所又宽又矮的三层楼砖房的顶楼上。“琼西”是琼娜的爱称。她俩一个来自缅因州，一个是加利福尼亚州人。她们是在第八街的“台尔蒙尼歌之家”吃份饭时碰到的，她们发现彼此对艺术、生菜色拉和时装的爱好非常一致，便合租了那间画室。那是五月里的事。到了十一月，一个冷酷的、肉眼看不见的、医生们叫做“肺炎”的不速之客，在艺术区里悄悄地游荡，用他冰冷的手指头这里碰一下那里碰一下。在广场东头，这个破坏者明目张胆地踏着大步，一下子就击倒几十个受害者，可是在迷宫一样、狭窄而铺满青苔的“胡同”里，他的步伐就慢了下来。

肺炎先生不是一个你们心目中行侠仗义的老的绅士。一个身子单薄，被加利福尼亚州的西风刮得没有血色的弱女子，本来不应该是这个有着红拳头的、呼吸急促的老家伙打击的对象。然而，琼西却遭到了打击；她躺在一张油漆过的铁床上，一动也不动，凝望着小小的荷兰式玻璃窗外对面砖房的空墙。

一天早晨，那个忙碌的医生扬了扬他那毛茸茸的灰白色眉毛，把苏叫到外边的走廊上。

“我看，她的病只有十分之一的恢复希望，”他一面把体温表里的水银柱甩下去，一面说，“这一分希望就是她想要活下去的念头。有些人好像不愿意活下去，喜欢照顾殡仪馆的生意，简直让整个医药界都无能为力。你的朋友断定自己是不会痊愈的了。她是不是有什么心事呢？”

“她——她希望有一天能够去画那不勒斯的海湾。”苏说。

“画画？——真是瞎扯！她脑子里有没有什么值得她想了又想的事——比如说，一个男人？”

“男人？”苏像吹口琴似的扯着嗓子说，“男人难道值得——不，医生，没有这样的事。”

“能达到的全部力量去治疗她。可要是我的病人开始算计会有多少辆马车送她出丧，我就得把治疗的效果减掉百分之五十。只要你能想法让她对冬季大衣袖子的时新式样感到兴趣而提出一两个问题，那我可以向你保证把医好她的机会从十分之一提高到五分之一。”医生走后，苏走进工作室里，把一条日本餐巾哭成一团湿。后来她手里拿着画板，装做精神抖擞的样子走进琼西的屋子，嘴里吹着爵士音乐调子。

琼西躺着，脸朝着窗口，被子底下的身体纹丝不动。苏以为她睡着了，赶忙停止吹口哨。

她架好画板，开始给杂志里的故事画一张钢笔插图。年轻的画家为了铺平通向艺术的道路，不得不给杂志里的故事画插图，而这些故事又是年轻的作家为了铺平通向文学的道路而不得不写的。

苏正在给故事主人公，一个爱达荷州牧人的身上，画上一条马匹展览会穿的时髦马裤和一片单眼镜时，忽然听到一个重复了几次的低微的声音。她快步走到床边。

琼西的眼睛睁得很大。她望着窗外，数着——倒过来数。

“十二，”她数道，歇了一会又说，“十一，”然后是“十”和“九”，接着几乎同时数着“八”和“七”。

苏关切地看了看窗外。那儿有什么可数的呢？只见一个空荡阴暗的院子，二十英尺以外还有一所砖房的空墙。一棵老极了的常春藤,枯萎的根纠结在一块,枝干攀在砖墙的半腰上。秋天的寒风把藤上的叶子差不多全都吹掉了,几乎只有光秃的枝条还缠附在剥落的砖块上。

“什么呀,亲爱的?”苏问道。

“六,”琼西几乎用耳语低声说道,“它们现在越落越快了。三天前还有差不多一百片。我数得头都疼了。但是现在好数了。又掉了一片。只剩下五片了。”

“五片什么呀,亲爱的。告诉你的苏娣吧。”

“叶子。常春藤上的。等到最后一片叶子掉下来,我也就该去了。这件事我三天前就知道了。难道医生没有告诉你?”

“哼,我从来没听过这种傻话,”苏十分不以为然地说,“那些破常春藤叶子和你的病好不好有什么关系?你以前不是很喜欢这棵树吗?你这个淘气孩子。不要说傻话了。瞧,医生今天早晨还告诉我,说你迅速痊愈的机会是,让我一字不改地照他的话说吧——他说有九成把握。噢,那简直和我们在纽约坐电车或者走过一座新楼房的把握一样大。喝点汤吧,让苏娣去画她的画,好把它卖给编辑先生,换了钱来给她的病孩子买点红葡萄酒,再给她自己买点猪排解解馋。”

“你不用买酒了,”琼西的眼睛直盯着窗外说道,“又落了一片。不,我不想喝汤。只剩下四片了。我想在天黑以前等着看那最后一片叶子掉下去。然后我也要去了。”

“琼西,亲爱的,”苏俯着身子对她说,“你答应我闭上眼睛,不要瞧窗外,等我画完,行吗?明天我非得交出这些插图。我需要光线,否则我就拉下窗帘了。”

“你不能到那间屋子里去画吗?”琼西冷冷地问道。

“我愿意呆在你跟前,”苏说,“再说,我也不想让你老看着那些讨厌的常春藤叶子。”

“你一画完就叫我,”琼西说着,便闭上了眼睛。她脸色苍白,一动不动地躺在床上,就像是座横倒在地上的雕像。“因为我想看那最后一片叶子掉下来,我等得不耐烦了,也想得不耐烦了。我想摆脱一切,飘下去,飘下去,像一片可怜的疲倦了的叶子那样。”

“你睡一会吧,”苏说道,“我得下楼把贝尔门叫上来,给我当那个隐居的老矿工的模特儿。我一会儿就回来的。不要动,等我回来。”

老贝尔门是住在她们这座楼房底层的一个画家。他年过六十,有一把像米开朗琪罗的摩西雕像那样的大胡子[3],这胡子长在一个像半人半兽的森林之神的头颅上,又鬈曲地飘拂在小鬼似的身躯上。贝尔门是个失败的画家。他操了四十年的画笔,还远没有摸着艺术女神的衣裙。他老是说就要画他的那幅杰作了,可是直到现在他还没有动笔。几年来,他除了偶尔画点商业广告之类的玩意儿以外,什么也没有画过。他给艺术区里穷得雇不起职业模特儿的年轻画家们当模特儿,挣一点钱。他喝酒毫无节制,还时常提起他要画的那幅杰作。除此以外,他是一个火气十足的小老头子,十分瞧不起别人的温情,却认为自己是专门保护楼上画室里那两个年轻女画家的一只看家狗。

苏在楼下他那间光线黯淡的斗室里找到了嘴里酒气扑鼻的贝尔门。一幅空白的画布绷在个画架上,摆在屋角里,等待那幅杰作已经二十五年了,可是连一根线条还没等着。苏把琼西的胡思乱想告诉了他,还说她害怕琼西自个儿瘦小柔弱得像一片叶子一样,对这个世界的留恋越来越微弱,恐怕真会离世飘走了。

老贝尔门两只发红的眼睛显然在迎风流泪,他十分轻蔑地嗤笑这种傻呆的胡思乱想。

“什么，”他喊道，“世界上真会有人蠢到因为那些该死的常春藤叶子落掉就想死？我从来没有听说过这种怪事。不，我才不给你那隐居的矿工糊涂虫当模特儿呢。你干吗让她胡思乱想？唉，可怜的琼西小姐。”

“她病得很厉害很虚弱，”苏说，“发高烧发得她神经昏乱，满脑子都是古怪想法。好，贝尔门先生，你不愿意给我当模特儿，就拉倒，我看你是个讨厌的老——老罗唆鬼。”

“你简直太婆婆妈妈了！”贝尔门喊道，“谁说我不愿意当模特儿？走，我和你一块去。我不是讲了半天愿意给你当模特儿吗？老天爷，琼西小姐这么好的姑娘真不应该躺在这种地方生病。总有一天我要画一幅杰作，我们就可以都搬出去了。”

“一定的！”

他们上楼以后，琼西正睡着觉。苏把窗帘拉下，一直遮住窗台，做手势叫贝尔门到隔壁屋子里去。他们在那里提心吊胆地瞅着窗外那棵常春藤。后来他们默默无言，彼此对望了一会。寒冷的雨夹杂着雪花不停地下着。贝尔门穿着他的旧的蓝衬衣，坐在一把翻过来充当岩石的铁壶上，扮作隐居的矿工。

第二天早晨，苏只睡了一个小时的觉，醒来了，她看见琼西无神的眼睛睁得大大地注视拉下的绿窗帘。

“把窗帘拉起来，我要看看。”她低声地命令道。

苏疲倦地照办了。

然而，看呀！经过了漫长一夜的风吹雨打，在砖墙上还挂着一片藤叶。它是常春藤上最后的一片叶子了。靠近茎部仍然是深绿色，可是锯齿形的叶子边缘已经枯萎发黄，它傲然挂在一根离地二十多英尺的藤枝上。

“这是最后一片叶子。”琼西说道，“我以为它昨晚一定会落掉的。我听见风声的。今天它一定会落掉，我也会死的。”

“哎呀，哎呀，”苏把疲乏的脸庞挨近枕头边上对她说，“你不肯为自己着想，也得为我想想啊。我可怎么办呢？”

可是琼西不回答。当一个灵魂正在准备走上那神秘的、遥远的死亡之途时，她是世界上最寂寞的人了。那些把她和友谊及大地联结起来的关系逐渐消失以后，她那个狂想越来越强烈了。

白天总算过去了，甚至在暮色中她们还能看见那片孤零零的藤叶仍紧紧地依附在靠墙的枝上。后来，夜的到临带来了呼啸的北风，雨点不停地拍打着窗子，雨水从低垂的荷兰式屋檐上流泻下来。

天刚蒙蒙亮，琼西就毫不留情地吩咐拉起窗帘来。

那片藤叶仍然在那里。

琼西躺着对它看了许久。然后她招呼正在煤气炉上给她煮鸡汤的苏。

“我是一个坏女孩子，苏娣，”琼西说，“天意让那片最后的藤叶留在那里，证明我是多么坏。想死是有罪过的。你现在就给我拿点鸡汤来，再拿点掺葡萄酒的牛奶来，再——不，先给我一面小镜子，再把枕头垫垫高，我要坐起来看你做饭。”

过了一个钟头，她说道：“苏娣，我希望有一天能去画那不勒斯的海湾。”

下午医生来了，他走的时候，苏找了个借口跑到走廊上。

“有五成希望。”医生一面说，一面把苏细瘦的颤抖的手握在自己的手里，“好好护理你会成功的。现在我得去看楼下另一个病人。他的名字叫贝尔门——听说也是个画家。也是肺炎。他年纪太大，身体又弱，病势很重。他是治不好的了；今天要把他送到医院里，让他更舒服一点。”

第二天，医生对苏说：“她已经脱离危险，你成功了。现在只剩下营养和护理了。”

下午苏跑到琼西的床前，琼西正躺着，安详地编织着一条毫无用处的深蓝色毛线披肩。苏用一只胳臂连枕头带人一把抱住了她。

“我有件事要告诉你，小家伙，”她说，“贝尔门先生今天在医院里患肺炎去世了。他只病了两天。头一天早晨，门房发现他在楼下自己那间房里痛得动弹不了。他的鞋子和衣服全都湿透了，冰凉冰凉的。他们搞不清楚在那个凄风苦雨的夜晚，他究竟到哪里去了。后来他们发现了一盏没有熄灭的灯笼，一把挪动过地方的梯子，几支扔得满地的画笔，还有一块调色板，上面涂抹着绿色和黄色的颜料，还有——亲爱的，瞧瞧窗子外面，瞧瞧墙上那最后一片藤叶。难道你没有想过，为什么风刮得那样厉害，它却从来不摇一摇、动一动呢？唉，亲爱的，这片叶子才是贝尔门的杰作——就是在最后一片叶子掉下来的晚上，他把它画在那里的。”

（黄源深　译）

【注　释】

[1]本篇又名《最后一片藤叶》。　[2]格林尼治村：美国纽约市西区的一个地名，住在这里的多半是作家、艺术家等。　[3]米开朗琪罗：1475—1564 年，文艺复兴时期意大利著名的画家、雕塑家、诗人、建筑师。他在罗马教皇朱利二世的墓碑上雕刻了摩西像。

【评　析】

这篇小说凸显“底层的温情”“平凡的高贵”，歌颂下层人民相濡以沫、患难与共的友谊。

小说故事由一片“叶子”巧妙地联系在一起。基本情节以生命和希望的象征“叶子”为线索：琼西染病命如飘叶—琼西等死悲数落叶—老贝得知命系藤叶—藤叶未落琼西脱险—藤叶画者淋病长逝。文中一明一暗两条线索，明写琼西因藤叶获得重生信念，暗写贝尔门画藤叶的温情与伟大，两条线索共时发展，存在着生命的置换，生病的琼西恢复健康，健康的贝尔门生病去世。贝尔门是个郁郁不得志的失败画家，但身上却有着英雄的本质，冷酷邋遢的外表下隐藏着善良而温情的心。为了挽救琼西的生命，他献出了自己的生命，他的伟大与高贵永远地浓缩在最后一片藤叶上。

小说在艺术上的显著特色是对“情节空白”（贝尔门“画叶”）的运用，“艺术空白”造成了读者的审美期待，使人读到最后猝然获得憬悟惊叹的审美愉悦。

【习　题】

1. 结合本作品，谈谈欧·亨利短篇小说的现实主义创作倾向。
2. 试分析贝尔门和琼西的形象。
3. 说说欧·亨利这篇小说情节结构（尤其是结尾）安排的特点。

乡村医生

卡夫卡

弗兰茨·卡夫卡(1883—1924),奥地利小说家,西方现代主义文学奠基人之一。出生于布拉格,自中学时代起,就接触大量哲学、文学作品。1902年开始写作,代表作为长篇小说《审判》《城堡》《美国》,中、短篇小说《变形记》《地洞》《饥饿艺术家》《乡村医生》等。卡夫卡小说运用怪异形象、象征手法和心理描写等艺术手法,构建了一个令人瞩目的“异化世界”,揭示了西方社会生活的某些本质,反映了第一次世界大战前后小资产阶级和知识分子孤独、恐惧、彷徨的心理,充满了悲观主义的色调。其作品风格冷峻、简洁、朴素。

我陷于极大的窘境:我必须立刻启程到十里之外的一个村子看望一位重病人,但狂风大雪阻塞了我与他之间的茫茫原野。我有一辆马车,轻便,大轮子,很适合在我们乡间道路上行驶。我穿上皮大衣,提上出诊包,站在院子里准备启程,但是,没有马,马没有啦,我自己的马在昨天严寒的冬夜里劳累过度而死了。我的女佣现在满村子里跑东跑西,想借到一匹马,然而我知道这纯属徒劳。雪越积越厚,行走越来越困难,我茫然地站在那里。这时那姑娘出现在门口,独自一人,摇晃着马灯。当然,有谁在这种时候会借他的马给别人跑这差事?我又在院子里踱来踱去,不知所措。我心烦意乱,苦恼不堪,用脚踢了一下那已经多年不用的猪圈的破门。门开了,摆来摆去拍得门枢啪啪直响。一股热气和类似马的气味扑面而来,里面一根绳子上一盏厩灯晃来晃去;低矮的棚圈里有个人蜷曲蹲在那里,脸上睁着一双蓝眼睛。他匍匐着爬过来,问道:“要我套马吗?”我不知道该说什么,只是弯下腰,想看看这圈里还有没有其他什么东西。女佣站在我身旁,说道:“人们都不知道自己家里有什么东西。”我们两个都笑了。

“喂,兄弟!喂,姑娘!”马夫喊着,于是两匹健壮的骠马相拥而现,它们的腿紧贴着身体,漂亮的马头像骆驼一样低垂着,仅靠着躯体运动的力量从与它们差不多大小的门洞里一匹跟着一匹挤了出来,但马上它们都站直了,长长的四肢,浑身散发着热气。“去帮帮他,”我说,听话的女佣便急忙过去给马夫递挽具。可是,不等她走近,马夫就抱住了她,把脸贴向她的脸。她惊叫起来,跑到我身边,脸颊上深深地留下两道红红的牙印。“畜生!”我愤怒地喊道:“你想挨鞭子吗?”但转念又想,他是个陌生人,我不知道他从哪里来,而且在大家拒绝我的时候自愿来帮助我。他好像知道我在想什么,所以并不计较我的威胁,只是向我转了一下身体,手里不停地套着马车。“上车吧,”他说。一点不假,一切已准备就绪。我发现这套马车非常漂亮,我还从来没坐过这么漂亮的马车呢。我高兴地上了车,说道:“不过,车我来驾,因为你不认识路。”“那当然,”他说,“我压根就不跟你去,我留在罗莎这里。”“不!”罗莎直喊,然后,预感到无法逃避的厄运的降临,跑进屋里。随后,我听到她拴上门链发出的叮当响声,又听见锁被锁上;我看见她还关掉了走廊的灯,又迅速穿过好几个房间,关灭了所有的灯,以使自己不被人找见。“你跟我一起走,”我对马夫说,“否则我不去了,不论怎样急迫。我不能想象为此行而把那姑娘送给你作为代价。”

“驾！”他吆喝一声，又拍拍手，顿时，马车就像激流之中的木块一样奔出。我听到马夫冲进我家里时屋门震裂的声音，然后，我的眼睛、耳朵以及所有感官只觉得一阵呼啸风驰电掣般掠过，但这瞬间即逝，因为，那病人家的院子就好像紧挨着我家的院门，我已经到达了。马儿静静地站在那儿，雪也不下了，只有月光撒满大地。病人的父母急匆匆迎出来，后面跟着他姐姐。我几乎是被从车里抬出来的。他们七嘴八舌，而我却不知所云。病人房间里空气污浊，令人无法呼吸，废旧的炉子冒着烟。我想推开窗户，但首先我要看看病人。他消瘦、不发烧、不冷、也不热，两眼无神。小伙子没穿衬衣，盖着羽绒被。他坐起身来，抱住我的脖子，对着我的耳朵悄声说道：“医生，让我死吧。”我看了一下四周，发现没人听见这话。病人的父母躬着身子呆站在一旁，等候着我的诊断。他姐姐搬来一把椅子让我放下诊包。我打开包，寻找工具。小伙子不断地从被窝里向我爬过来，提醒我别忘了他的请求。我抓出一把镊子，在烛光下试了试，然后又放回去。“是啊，”我渎神地想：“在这种情况下众神相助，送来了需要的马匹，又因为事情紧迫而送来第二匹，更甚者，还送来了马夫——”这时，我才又想起了罗莎。距她十里之遥，而拉车之马又无法驾驭，在这种情况下，怎样才能救她，怎样才能把她从马夫身下拉出来呢？现在，那两匹马不知怎么已经松开了缰绳，又不知怎么把窗户从外边顶开了，每匹都把头伸进一扇窗户，不受那家人的干扰，观察着病人。“我要立刻返回去。”我想，好像马儿也在催我动身。但我却任凭他姐姐脱掉我的皮大衣，她以为我热得脑胀。老人给我端来一杯郎姆酒，并拍了拍我的肩膀。献出心爱的东西表明他对我的信任。我摇了摇头，在老人狭隘的思想里我感到不适，仅鉴于此我拒绝喝那酒。他母亲站在床边叫我过去，我走过去，把头贴在小伙子胸口上，他在我潮湿的胡须下颤抖起来。那边，一匹马对着屋顶大声嘶叫。我知道的事已被证实：小伙子是健康的，只不过是有点供血不足，他那忧心忡忡的母亲给他喝了过多的咖啡。然而他却是健康的，最好干脆把他从床上赶下来。我并不是救世主，让他躺着吧。我供职于区上，忠于职守，甚至于过分；我薪俸微薄，但却慷慨大方，乐于帮助穷人，另外，我还要负担罗莎的生活。如此看来，小伙子也许是对的，我也想去死。在这漫长的冬日里，我在这里干什么呀！我的马死了，而且村子里又没人借给我一匹。我得从猪圈里拉出马来，如果不是意外得马，我就要用猪拉车了。事情就是这样。我向这家人点点头。他们对此一无所知，即使知道，他们也不会相信的。开个药方是轻而易举的，但是与这些人互相交流沟通，却是件难事。

现在，我的探诊也该结束了。人们又一次让我白跑一趟，对此，我已习惯了。这个区的人总是在夜里来按门铃，使我备受折磨。然而这次却还要搭上罗莎。这个漂亮的姑娘，多年来生活在我家里而没有得到我多少关心——这个代价太大了。我必须马上认真考虑一下，以克制自己，不致对这家人发火，虽然他们不管怎样也不会把罗莎还给我。但当我收拾起诊包，把手伸向我的皮大衣时，这家人站在一起，父亲嗅了嗅手里那杯朗姆酒，母亲可能对我深感失望——是啊，大家到底想要什么呢？——她满眼泪水，紧咬嘴唇；他姐姐摆弄着一块血迹斑斑的手帕，于是我准备在必要的时候承认这小伙子也许真的病了。我向他走过去，他对我微笑着，好像我给他端来了最美味的汤——啊，这时两匹马都叫了起来，这叫声一定是上面所安排，用以帮助我检查病人——而这时我发现：的确，这小伙子是病了。在他身体右侧靠近臀部的地方发现了一个手掌大小的伤口，玫瑰红色，有许多暗点，深处呈黑色，周边泛浅，如同嫩软的颗粒，不均匀地出现淤血，像露天煤矿一样张开着。这是远看的情况，近看则更为严重。谁会见此而不惊叫呢？在伤口的深处，有许多和我小手指一样大小的虫蛹，身体紫红，同时又沾满血污，它们正用白色的小头和无数小腿蠕动着爬向亮处。可怜的小伙子，你已经无可救药。我找到了你硕大的伤口，你身上这朵花送你走向死亡。这家人都很高兴，他们看着我忙这忙那，姐姐把这情况告诉母亲，母亲告诉父亲，父亲又告诉一些客人。这些人正踮着脚尖，张开双臂以保持平衡，从月光下走进敞开的门。“你会救我吗?”小伙子如泣如诉地悄声问我，伤口中蠕动的生命弄得他头晕目眩。我们这里的人就是这样，总是向医生要求不可能的事情。他们已经丧失了旧有的信仰，牧师闲居家中，一件接着一件撕烂他们的法衣，而却要求医生妙手回春，拯救万物。那么，随他们的便吧：我并非不请自到，如果你们要我担任圣职，我也就只得顺从。我一个年迈的乡村医生，女佣被人抢去了，我还能企望什么更好的事情呢！此时，这家人以及村子里的老者一齐走过来脱掉了我的衣服；一个学生合唱队在老师的带领下站在屋前，用极简单的声调唱着这样的歌词：

脱掉他的衣，他就能医，
若他不医，就致他于死地！
他只是个医生，他只是个医生。

然后，我被脱光了衣服，用手指捋着胡子，侧头静观着众人。我镇定自若，胜过所有的人，尽管我孤立无援，被他们抱住头、抓住脚、按倒在床上，但我仍然这样。他们把我朝墙放下，挨着病人的伤口，然后，都退出小屋，并关上了门；歌声也戛然而止，云块遮住了月亮，暖暖的被子裹着我，马头在窗洞里忽隐忽现地晃动着。“你知道，”我听见有人在耳边说，“我对你缺乏信任，你也不过是在某个地方被人抛弃了而不能自救。你没有帮我，反倒使我的病榻更小。我恨不得把你的眼睛挖出来。”“不错，”我说，“这是一种耻辱。但我现在是个医生，你要我怎样呢？相信我，事情对我也不容易。”“难道这样的道歉就会使我满足吗？哎，也许我只能这样，我一向都很知足。带着一个美丽的伤口我来到人世，这是我的全部嫁妆。”“年轻的朋友，”我说道，“你的缺点是不能总揽全局。我这个人去过附近所有的病房，我告诉你，你的伤并不那么可怕。伤口比较深，是被斧子砍了两下所致。许多人将半个身子置于树林中，却几乎听不到林中斧子的声音，更不用说斧子向他们逼近。”

“事情真是这样吗？还是你趁我发烧在欺骗我?”“确实如此。请带着一个医生用名誉担保的话去吧。”他相信了，安静下来不再做声。然而，现在是我考虑自我解救的时候了。马匹依然忠实地站在原位，我很快收集起衣服、皮大衣和出诊包，也顾不上去穿衣服。马儿如果还像来时那样神速，那么在某种程度上我就是从这张床上一下就跳上我的床。一匹马驯服地把头从窗户中退回去。我把我那包东西扔进车里，皮大衣丢得好远，只一个袖子紧紧挂在一个钩子上。这样就可以啦。我飞身上马。缰绳松弛下来，马匹也没有互相套在一起，而马车则晃晃悠悠地跟在后面，再后面皮大衣也拖在雪地里。“驾!”我喊道，但马并没有奔驰起来，我们像老人似的慢慢地驶过雪原，耳后久久地回响着孩子们那新而谬误的歌：“欢乐吧，病人们，医生已被放倒在你们的床上!”

我从未这样走进家门。我丢掉了兴旺发达的行医工作，一个后继者抢走了它。但无济于事，因为他无法取代我。在我家里那可憎的马夫正在施行暴虐，罗莎是他的牺牲品。我不忍再往下想。在这最不幸时代的严冬里，我一个老人赤身裸体，坐在人间的车子上，而驾着非人间的马，四处奔波，饱受严寒的折磨。我的皮大衣挂在马车后面，而我却够不着它，那伙手脚灵活的病人呢，也不肯动一动指头帮我一把。受骗了！受骗了！只要被夜间的铃声捉弄一次——这永远不可挽回。

（温仁百　译）

【评　析】

《乡村医生》用梦幻的笔法，表现了人世的冷漠、生活的荒诞和人生的窘迫。

故事看起来很简单，乡村医生在雪夜做了一次无效的出诊，归来竟然再也无法走进家门。故事情节的推进依循时间顺序：医生陷入窘境—骠马相拥而现—诊察患病青年—衣服被人剥光—医患同床对话—返回无家可归。整个叙事框架是现实的，但通篇小说弥漫着一种介于现实与非现实的神秘气氛，合理与荒诞完美结合的描写贯穿全文，渗透进小说的每一个角落。小说的自然环境是狂风大雪，寒冷并阻隔着必要的交通，这无疑有象征意义。人生窘迫和生活荒诞如影随形，世界是荒诞的，人是不幸的，反抗是徒劳的。人虽然预感到噩运的降临，但是无法逃匿。小说中人物艰窘的生存际遇象征着人类的普遍命运，具有深刻的警世意义。

不在真实的摹写中追求再现式的逼真，而以象征式的表现来追求真实中的荒诞和荒诞中的真实，这是卡夫卡小说的基本特征。

【习　题】

1. 这篇小说如何表现生活的荒诞与非理性？
2. 卡夫卡的创作贯穿着社会批判精神，这篇小说有怎样的警世意义？
3. 阅读《变形记》《地洞》等，谈谈卡夫卡小说的基本特征。

离　合

川端康成

川端康成（1899—1972），日本“新感觉派”代表作家，著名小说家。1924年在东京大学毕业后，走上创作道路。其代表作为《雪国》《伊豆的舞女》《千鹤》《睡美人》，并因《雪国》《千鹤》《古都》三部小说而获诺贝尔文学奖。其作品以虚无主义思想为基础，从直觉出发，由虚幻、哀愁和颓废三种因素构成基调，而以病态、失意、孤独、衰老、死亡来反映空虚的心理、细腻的感情和忧郁的生活，追求一种颓废的美。他创作的独特风格主要在于三点：人物描写细腻入微，结构布局自由灵活，文章情调既美且悲。

说是想跟人家的女儿结婚，而前来造访她隐居在远地的父亲，这或许也算得是现时的一个难得的好青年吧。一见之下，福岛就对这位名叫津田长雄的小伙子产生了好感。长雄还说要到她母亲那里去征得同意。

“不，她妈妈那里就不必去了。”福岛露出了一点惶惑的神情，“大概听久子说过吧，妻子跟我离了婚。”

“哦。”

“要跟我女儿久子结婚，你用不着千里跋涉嘛。”

“到这儿来看望您，我是乘飞机到大阪的，一天打个来回都成。”

“是坐飞机来的呀。”

东京至大阪的机票要花多少，福岛对此即便并不确切地知道，也会想到这大概是一位富裕而忙碌的青年。

“要说，到我内人那里去，也通火车呀。下车就到，比这儿方便多了。”说着，福岛把眸光转向校门，看看这位青年是否让小卧车等在那里。

“在走廊里站着说话，有点礼貌不周呀，天气好的话，是可以在那一带边走边谈的……”

“不过，老师您不是还得上课吗？”

“不，十分钟二十分钟的，就是让学生们等一等也没什么；只要安排他们自习，我也就抽得出身来。”

中学生们好奇心强，望到福岛先生站在走廊尽头同人谈话，也有的人当是发生了不寻常的事情，连打旁边走过都要避开一些。

“要是教员室也成的话，那就请进……类似接待室的房间倒是有的。”

“是。”

看到青年有些迟疑的样子，福岛接着说：“你是要急着回去吗？”

“不，一来因为我不晓得老师您会不会立刻同意……”青年露出明朗的表情，“您要是同意的话，那我还有话要跟您说呢。”

“是久子让你到这来的？”

“是的。”

“那就跟我刚才说的一样，只要久子觉得合适就成。这是久子的自由嘛。我只是打遥远的地方殷切地希望久子不要做错了这个自由的选择。假如发现选错了，我也许会提出忠告。尽管我是她的父亲，但从我的处境来说，也感谢你特意到这儿来。”

“是我应该向您致谢。”

“不过，久子没说要跟你一块儿来吗？”

“说过这样的话，可那就不太……”

“不太起劲，是吗？是久子不想来吗？”

“不，是因为我们想到突然两个人一块儿来，会不会反而伤害老师您的感情。”

“有道理。久子要是先写封信来，就不会这么突然了……”说着，福岛稍停了一下，“这么说，久子也求你到她妈妈那里去看望喽？”

“久子就是没说，我也想见见母亲，谈一谈，这对将来可能有好处。”

“说得真在理呀。那是久子的母亲，倒是千真万确的……最近，久子像是在跟她妈妈通信吧？”

“说是好几年没通信了。”

“是吗？祸从口出，有时候也会祸从信来嘛……信，会给将来留下证据……”

“老师，您下课以后，可以到府上拜访吗？”

"嗯,那就请你来吧。因为这机会恐怕不会再有……不是有句话说:'今天,不要放过今天嘛。'过了今天就不晓得什么时候再会了。还有两节课。我租了一家酒店的房子,独门独户,算不得'府上',你能先回去等我吗?"

福岛画了一张方位图交给了长雄,然后瞧着脚底下被雨淋湿了的地方,走进了教员室。长雄望了望他那看去不过五十二、三岁,但却显得老态龙钟的背影,然后沿着河边走去。河水仿佛上涨了,在河床的岩石处激起了波浪,也许是山影倒映的缘故,看上去一片碧绿。路上洼处的积水中,也是山影幢幢。

这里是三面环山的沿河镇子。说是镇子却又不大像,看来仿佛只是左近几个村庄的集合体。

山中梅雨并不像城市那样令人郁闷。长雄已征得情人的父亲同意他们结婚,感到喜悦也许是理所当然;同时,这富有风情的梅雨也使他觉得新奇。

这天晚上在酒店的独门独户的房间里,浅饮轻酌之后,福岛和长雄很早就躺下了。然而,熄灯以后,两人一时闭上双目,一时又在黑暗中茫然睁着眼睛,进行枕边夜谈。

这所独门独户的住处共有十六平方米和十二平方米两个房间,住了福岛一个人。这里虽也有些炊具,但伙食却是由上房的酒店供应。福岛的生活是简朴的。既然担任中学的数学教师,就还不能算是隐居,何况原本也不是显贵的身份。在东京当过电气技师,假若继续工作下去,如今也许会升到相当高的地位;可在战祸中工厂遭到破坏以后,回到乡下来就一直没动;战后心想权且临时当个教师,却一直干到今天。独生女儿久子到东京去,就职于一家制药公司的宣传部。父女俩互不补贴生活费,又没有什么要商量的事情,也就往往疏于音信。父亲的乡村生活一向没有变化,但随时都想象到女儿已该发生不大好同父亲商量的事情了。女儿一遇机会就催促父亲进京。犹如女儿时时劝父亲再婚而未实行一样,进京的事情也一直拖延下来。仿佛是要在这山中度过晚年了,也考虑到如果进京,将来会成为女儿的重负。然而,因为同妻子分手以后就跟女儿一起度日,至今还保持着父女的感情,同时也怀有女儿日益远远离去的寂寞。

前来要求同女儿结婚的这位青年,提出哪管住上两三天呢,也请他到东京去看看女儿。据说,久子殷切地恳求这位青年回京时把父亲带上,父亲高兴得几乎要流下热泪,可以晓得,久子似乎以为既然自己相信长雄,父亲也会对长雄寄以信任。

潺潺的流水声直通枕底,今宵水急,尽管不多也听得到几声蛙鸣。

"今天夜里也不会看到萤火虫。"福岛对长雄说,"朝河的窗户没安木板套窗,只镶了玻璃,连萤火虫都能望到呀。挂上窗帘似乎要好些,但我清晨起得早,心想没用,也就没挂。也许因为是乡村教师,生活就变得懒散了。山峦和原野花枝繁茂,可是城里人却在狭窄的庭院培植菊花或种上蔷薇。这些习性,我都没有。这么说,城里的人们,对于山里的花木和野草鲜花什么的,却是出人想象之外地知道得很少哩。这是因为没有见到过,这也是人们意料不到的嘛。我也是这样,原先住在东京,总以为只有那里是最有生活价值的,整天在公司的研究室和工厂之间来来往往,赶到在乡村住下来,才觉察到也并非如此。话虽这么说,但还没像陶渊明那样感到幸福……"

"久子小姐总是为老师的技术惋惜哪。"

"战争期间变成了时代的落伍分子。战后又被时代丢在后面了。在这儿,不再读专门的书籍,打中学的图书馆里借出些别的书读,读得可真不少哇。在电学以外,真是还存在着各种各样的世界，对我来说，那都是新的世界呢。说了这类话，你可能对久子的父亲感到失望吧，不过……”

“不，不会是那样的。”

“失望也好嘛。我这么说也许是扯谎。瞧，我大概是在想给你一个好印象了。刚才已经说过，感谢你前来看我。我本来以为久子多半要自由结婚的，或者已经做了类似结婚的事情。”

“我想，来这儿还是做对了。”

“我也是这么想。在我跟久子两个人一起生活的时候，心想这孩子结了婚，我恐怕会感到非常寂寞的。不过，说来也真奇怪呢，你这么一来看我，情况就恰恰相反了；一直觉得离得我越来越远的久子，今天在这里仿佛忽然又向我走近了。这是一种怎样的心理呢。”

“您这么想，对我来说也是值得庆幸的。”

“你究竟是什么人呢。咱俩这样并枕而眠，可我今天才初次见到你。对我来说，直到今天以前，你不过是个毫不相干的人。如今咱们竟然会感到亲近，产生好感，睡在这个房间里。虽然，你或许已经对久子的父亲感到失望……”

“没有那样事。我倒是在想，我没叫老师失望就好了。”

“阔别很久，我能到东京去看久子，也是沾了你的光啊。但是，假若没有久子，咱俩就连彼此都生活在人世上也都无从晓得，可能完全是路人哪。单从把你跟我结合起来这个意义来看，我就会感到宛若久子来到跟前了。”

“是啊。老师跟久子小姐打什么时候就没再见面哪？”

“嗯，有两年了吧。打从久子正月来到这山里——本来学校有长时间的假期，我可以到东京去，从前倒是去过。”福岛追索着记忆，“久子是个跟母亲的关系淡薄的孩子呀，不觉得她有点好强吗？不过，并非因为母亲是个坏女人才离婚的，久子也没有从母亲身上受到任何坏的影响哩。”

“我也听久子小姐说过，是一位好母亲。”

“小时候就离开母亲，只留下了美好的记忆，也是理所当然吧，又是个女孩子……就拿我来说，这样分居两地，她也可能觉得我是个没有出息的人，会不会认为我是个坏爸爸呢？”

“我总听她谈到老师。我们还商量过，请老师也到东京来住呢。”

“不，我就算了吧。尽管在这样的山里，但一旦安然定居下来，这儿也就有我生活的意义了。”福岛说罢，用手来回地抚摸着唇边自然生长的胡须。离了婚的妻子，竟然以异乎寻常的鲜明形象浮现在记忆之中，使他感到惊讶。

从这类似乡村的镇子到火车站要走二里路[1]。

翌日，福岛上完自己担负的课程，同长雄一起走过雨中的二里路，抵达大阪时，已经入夜了。

由于气候的缘故，飞机起飞时间误了大约两小时。飞行在雨云之上，看上去，云海时而变成山峰，仿佛飞机就要冲撞过去，使福岛感到不安。

航空公司的大轿车把乘客送到银座，夜已深沉，福岛就在那里同长雄分手，跟前来迎接的女儿到她租赁的宿舍落脚。

久子由于长雄的关系，对父亲有点腼腆，乍一见面仿佛是难以启齿，却在兴冲冲的举动中蕴含着喜悦。

“这住处很干净啊。”福岛环视室内。

“爸爸来么，收拾了一下呀。您看这花——石竹贵些，平日也不买它呀。”

“嗯？因为妈妈不在，才买了白色的石竹花嘛。”

“瞧您说的，不是那么回事儿呀。我想天气郁闷，白色的更好些。要是为了妈妈，那么白色的石竹花，就该是妈妈离开人世的象征了。

久子的眸子浮起了阴翳。

“是嘛。爸爸的镇子上没有卖石竹花的。你为爸爸买了这么多贵的花啊。花且不说，这屋子叫人感到清爽，也有着年轻姑娘的房间那种柔和气氛呀。这叫爸爸想起了同久子一块生活的情景啊。”

然后，福岛从皮包里取出一个报纸包来。

“可能太急着说了，这是爸爸能够送给久子的出嫁礼物，爸爸的全部存款。虽少了一点儿……”

“啊，爸爸！”

“今天呀——说今天也就是到下午为止，简直不能想象是生活在那样的山里，可的确是今天啊。这钱，也是今天让长雄君从银行取出来的。看来长雄君也给那银行惊呆了。那是在一间地窖上开了个窗子，就办起来的银行分理处呀。”

久子把接过钱的手放在膝头，噙着泪水。

“本来是想买点东西的，可又觉得还是你跟长雄君一起去看着买点什么，更开心些吧。”

“真对不起您！不过，都给了我，爸爸该发生困难了。”

“爸爸不会有什么困难。这月用这月的工资，对付乡下的生活是够用的呀，暑假期间也发工资。”

久子流着眼泪，并排铺好两套被褥。

“这些被褥挺讲究呀，怎么回事？”

“从长雄先生家里借来的，说是爸爸要来。”

“是吗？长雄君家里的人，对久子也都好吗？”

“是啊，待我都亲切。”

“那再好不过了，他家两位老人都在吗？”

“两位老人又结实，人又好。”久子边把枕头塞在套子里摇着说，“爸爸您累了吧？就睡吗？”

“睡吧，昨天夜里呀，跟长雄君两个人在我的房间里睡了，这想来也不像是昨夜里的事情，都是坐了飞机的关系吧。”

“感觉怎么样啊，您是头一回坐……误了点，我在羽田机场可真担心，刚才不跟您说过嘛。”

“嗯，还没有说爸爸是怎样担心哪。打机窗向外望，前面的云海仿佛是一座座山峰，越想越像是要撞上去呢。要真的撞上，我嘛只是一咬牙，就是那么回事了。可一想到长雄君，就是说久子在要结婚的关头失去情人，那该是多么悲哀呀！也许会成为年轻人一生的悲剧。该怎样搭救长雄君呢？爸爸曾做过这样的空想：抱住来保护他……”

“瞧您！”

“只是空想吧，其实抱不抱都一样。再说，即便是做出保护的样子抱住他一起摔下去，那也只不过是爸爸自己一刹那的恐怖表现罢了。可是，久子对于长雄和爸爸，更为谁担心呀?”

“为你们俩嘛。”

“不，刚才是说笑话。”

久子等福岛钻进被窝，把父亲的西服叠起来。

“爸爸您没带来换的衣服吧，给您借一身睡衣就好了，一疏忽就忘记了，对不起您。”

“借外人的睡衣——那可太不客气了。”

“您来的时候也没发现吧? 您看久子的睡衣也成的话，就给您拿出来吧?”

“那就借来穿穿吧。”福岛蓦地爬起来，“穿着衬衫睡，总不得劲儿。”

久子看着父亲穿了自己的睡衣的模样，有趣地笑着，也钻进被窝里去。

今天夜里与昨天不同，没有熄灯，自然爷两个想接着说说话。父亲转向女儿那面，把上边那支胳膊伸出被子。睡衣的一只袖子的白地印染着一只大蜻蜓。

“昨天夜里，同长雄君并枕睡在一起，觉得有点奇怪哩。怎么说，不是头一回见面的人嘛。就这样，两个人没感到什么不安，而是怀着亲近的感情一起入睡。这样的邂逅在人生当中倒是有，但像爸爸这样平凡的人，却是难得遇上几回。嗯，恐怕是头一回吧。想来，这也是因为有久子呀，尽管久子并不在场，却觉得仿佛久子也来到身边，而感到了幸福。我跟长雄君当面说过久子选中了一个好人哪。你说长雄君怎么着，跑到学校来就说想同久子结婚，爸爸可真没有想到呀。”

“加急电报说已得到爸爸同意，那是在飞机到达之前收到的，但是直到望见您打飞机上下来以前，真是很担心哩。”

“为什么!”

“想爸爸您会不会生我的气……”

“是吗? 爸爸常常自己想过，即便不满意久子的结婚对象，也多半是闭上一只眼睛，尊重久子的自由。这回可好了。不过，久子，长雄君是你头一个爱的对象吗?”

久子严肃地屏住气息，在枕头上点了点头。

“那就更好。长雄君也幸福。不过，以前没有跟别的男人来往，收到过来信吗?”

久子红着脸有些犹豫的样子。

“收到过信。”

“那信就都烧了，今天晚上就烧。另外，还有什么能够叫你想起的东西……若有日记，连日记也……”福岛严厉地说。

“今天晚上就……?”

“今天晚上，也许是过激了。夜里弄得烟气腾腾的，邻人会觉得奇怪. 那就做个让步；明天早上也成，早上可得早点烧呀，要在长雄君来到以前啊。久子明天不到公司上班?”

“不，上班。”

“能起得来吗?”

“一个晚上不睡也没什么。还一点儿不困呢。”

“是吗? 那就再说一会儿话吧。”

“好的。”久子漫应着，她由于被父亲问到从前是否有过情人，看来似乎在搜寻着自己过去的某段经历，又像是想起了什么。

“你说长雄君的家是开油坊的……大吗?”

“大呀！现在好像不光是油坊……所以,他父亲为了继承家业,只上过中学,听说长雄先生是母亲疼爱的孩子。”

“是吗？久子出嫁的时候,也会希望妈妈能够在一旁呢,就是爸爸也都这么想过。这么说,是因为跟久子一起生活的时候啊,久子虽说还是少女,但常常摆起作妈妈的样子来,爸爸就想对久子这位‘小妈妈’也撒撒娇哩。当爸爸忽然意识到这种情况的时候,就觉得久子很可怜,心里很难受,自己也感到寂寞呀。后来,在乡下跟久子两地分居,还常常想起小久子跟爸爸装妈妈的神情来呢。”

“爸爸!”久子叫了一声,“我想见妈妈。”

“长雄君也说了,你们结婚,想去征求妈妈的同意哪……”

“我想自作主张单独去见妈妈,对爸爸不好。”

“那也是久子的自由呀,就跟结婚是久子的自由一样啊。久子就是瞒着我去见妈妈,我也不知道,就是这么回事嘛。再说,结婚以前,久子想见妈妈的心情也是可以理解的。你不是也让爸爸到东京来了嘛。睡在久子的房间里,爸爸真高兴啊!”

“我没想瞒着爸爸去见啊。”

“不,结婚以前向妈妈去告别,那用不着顾虑呀。久子结婚,爸爸反而觉得这是同久子难得的会面,也许是惜别的感情吧。在久子的房间里这么一呆,简直会想久子立刻就见到妈妈才好呢。真奇怪呀。大概依然因为久子是爸爸跟妈妈一起生的孩子吧。”

“真想请妈妈也到我这个房间里来哩,趁爸爸也在这里的时候……爸爸,就让我这么办吧,这是久子的请求。”

“唔。”福岛无言可对,沉吟片刻。

“爸爸,求求您!”

虽然是自己的孩子,当女儿闪动着美丽的眸光时,福岛也望着久子的眼睛。

“就趁我在的时候吗……？可我想明天,不,就在今天吧——今天就回去。”

“不成呀,爸爸！您要等我把妈妈请来,我想跟爸爸一块见到妈妈。求求您!”

“嗯。”

“答应了,爸爸……？那我真高兴呀！可以给妈妈打电报,发快信吧?”

“不用发快信吧。接到电报,妈妈从家里起身了,快信才会到嘛。”

“光打电报,不会说得很清楚,妈妈也许不来哪。我这就写。”说着,久子刷地爬了起来,开始写信。

“不过呀,妈妈会不会还在姥姥家呢？若是又结了婚,兴许不会来呀。”福岛虽是这么说了,久子却像没有听见,继续写下去。

久子只睡了不到三小时,却兴致勃勃地做着清晨的准备,福岛也不能再睡了。

久子上了班,福岛就倚着久子的小桌打起盹来。门扉被轻轻拉开,妻子明子悄悄地走了进来。半睡半醒之中,福岛还以为是在做梦,却清醒地睁开双眼望着妻子。

“收到电报就来了？快呀。”

“是啊。”

然而,收到久子的电报后再从信州赶到这里,无论怎么算,时间都不够。

“打哪儿来的?”

看来,这只能是久子事前就请她到东京来的了。

“亏了久子叫我来,才能见到您。”

“是嘛,女儿的热情不可违拒呀。明子也是打天空飞来的吧。我也是被拖着坐飞机来的。”福岛只说了这些,而未触及久子的弄虚作假,“是要跟久子结婚的小伙子来接我的呀。”

“是嘛。”

“久子要结婚,明子也知道了吗?”

“是的。”

久子的快信是不会到的。

“喂,别闷站着,坐下吧。”

“哎,心情特别激动,真不晓得从何说起呀。”明子沉静地坐在离开一点儿的地方。

“这就是女儿的房间啊。女儿自己劳动,一个人这样生活,不觉得有点不可想象吗?”

明子颔首,福岛仔细地望着明子。

“都十年了吧。可是你不见老哇,真年轻啊!我就不成了,当了乡村教师,人全老了。”

“不是嘛,只是添了几根白发……可是,不管是脸还是手,都还年轻啊。”

“明子跟我分手的时候,没有变嘛。”

“人死了也不会变成另外一个人的。您也丝毫没有变呀。见了面觉得很想念……”

“你想念我吗?这也许会成为我老来的安慰呢。我好像今后也不会发生什么异常的变化……久子总是催我到东京来呀,让久子也过了孤寂的生活。”

“可不是嘛。我给久子换尿布的时候,那孩子怎样蹬脚,腿在什么地方细得可爱等等,这些情景和别的各种事情,全部都还记得呢……那孩子就是不喜欢洗澡……”

“是的。就是因为她不想自己洗身子呀,明子走了以后,一个时期是我给她洗的。后来那孩子自己洗了,我就想可能是因为妈妈不在了。”

“请不要说下去了……”

“但是,若不和明子分手,我也兴许现在依然生活在东京呢。如果真像明子说的那样,人死了也不会变成另外一种人的话,也就可能不会发生同明子分手的事情了。我并非想要成为另外一种人哪。”

“您跟我说这样话,我就是死了也甘心啊!”明子眨着双眼低下头去。

“没再结婚吗?”

“是的。”

“有人提过媒吧。”

“有是有过,可我光想着什么时候总会见到您。即便不能重新和好,也总是想只要能见到您……如今,却在女儿的房间里、在女儿要结婚的时候……都是因为这孩子叫了我呀。”

“看上去这是间租价便宜的房子,可我打昨天夜里就心里感到温暖,能够宽心住下,真有点奇怪呀。”

“是这样啊,我们死了以后,久子一个人活着,我想依然是因为我们结过婚的呀。”

“啊?”福岛叮问着,“都说是黄泉路上无老少嘛。”

“我不喜欢那样。我依然是想在草叶底下守护着久子,您也要……”

“是吗?!”

“一切欲望都消失了，我也只在这个世界上留下个孩子呀……”

“是我把明子变成了这样的人吗？”

“是我自己变的，人都要变成这样的呀。”

“这么说，久子的青年对象为我到山里来，我毫无条件地表示感谢，也可能都是接近这种情况的表现吧。看着那枝白色的石竹花，而想起母亲节，也好像是为我装点在这里的。不过，明子来了，也可以认为是献给明子的花呀。”

“真格的……”明子欣赏着鲜花，晃晃悠悠影子似地摇着双肩；若说是颤抖，那颤抖的样子也很奇特。

“真年轻啊！”福岛再次这么说，“也许是因为穿着往年我看熟了的衣裳啊。”

“是您在京都给我买的衣裳呀。那天逛了宇治，划了船……我已经不再需要新衣裳，这都是往年的哩。”

“我往年的衣物都在战争中烧掉，什么都没了。明子身上的衣裳，竟然还留着往年的一点点影子，真觉得奇怪呢。噢噢，久子从前收到的男朋友的信件等等，今天早晨都叫她烧了，因为我有这方面痛苦的体验哪。”

“对不起您。”明子怯怯地说，“久子从前有过要好的人吗？”

“那不知道，也不是我而今该问的呀。反正烧了信什么的是事实。都烧了些什么，我没过问，兴许还有日记之类的东西吧。”

“连烧也烧不掉的东西也都……”

“你这是怎么说的。她跟你不一样啊。我们结婚以后，你还跟从前的情人通信，叫对方把信寄到娘家，等回娘家去读；还把信带回咱家来，瞒着我。你妈妈不但不劝戒，毋宁说仿佛跟你站在一块儿，收到寄给你的信就保存起来。我可不能那样娇惯久子。”

“请您不要提我母亲……”明子像是在喊叫地说着，摇了摇短发，露出痛苦的神色；短发乱蓬蓬的，没有恢复原状。福岛打了个寒战。

“这已经是很远的事情了。不过，那些信也都成了同你分离的原因嘛。往往在电车站的台阶上突然想起这件事来，我就忽地两腿发软，上不去台阶了。同你分手已经是很远的过去……”

“您说很远，很远，究竟用什么来衡量远和近呢？我都觉得似乎很近呀。我居住的地方并不那么远，什么时候都是在您和久子的近处呀。”

“你住在哪儿，今天是从哪儿来的？”

“就是您住的地方嘛。”

“那么说，兴许是那样。有女儿的地方，就有母亲吧。母亲就在女儿的心里，在女儿的屋里呀。到了这把年纪，我不以为你的心依然跟着那个写情书的男人呀。久子夫妻跟你来往我不会再干涉嘛。毋宁说，从现在起要使过去母女的淡薄缘分得到恢复才好。媳妇的婆婆[2]，不会那么干扰嘛。久子他们要是与津田家分居，兴许要你来照管他们的生活。”

“我已经做不到了。”明子悲凉地摇摇头，“只要那孩子幸福就成了，您也结结实实的……”

“咱们一块儿等久子回来，她该有什么表情呢？难为情的，兴许是咱俩哪……”

“不，我不能呆下去。她回来之前我就离开。那孩子跟您一起看见我在这里，要扰乱她的心呀。”

"嗯？不是久子叫你来的吗？——她知道你就住在近处。"

"似乎是住在近处，但是……"

明子把头低了一会儿，晃晃悠悠地摇了摇双肩，忽然又静悄悄地走出门去。

两三个小时以后，福岛似乎还在睡眼朦胧的时候，从信州的明子家拍来长长的加急电报。内容是：感谢好意，明子五年前逝世，久子的电报供于佛龛[3]。

福岛烧掉电报，心想，眼下先不把母亲逝世的消息告诉久子，就回山城去了。

（李芒　译）

【注　释】

[1]二里：约等于12华里。　[2]媳妇的婆婆：指女儿结婚后的婆婆。　[3]佛龛：供奉明子灵牌的地方。

【评　析】

《离合》主要写中学教师福岛与妻子明子的悲欢离合，表现他人生的寂寞与感伤。

作品主要由三个对话片段组成，福岛、长雄小镇夜话，福岛、久子东京夜话，福岛、明子幽明对话，再加上出人意料的尾声。小镇夜话，写津田长雄为了婚事前往小镇拜会福岛，未来的翁婿作了一番长谈。通过交谈，不仅交代了福岛如此处境的种种原因，且为下文埋下多处伏笔。东京夜话包括四个方面的内容：关于白色石竹花，为明子不在人世作暗示；关于飞机上的担心，为烧掉电报、隐瞒噩耗伏笔；关于原来的信件，为人生悲剧的叙述造成悬念；关于明子来京，为两人在幽梦中重逢铺垫。福岛和明子的长谈是小说的主体，他们一起回忆往事，怀念旧情。对话饱浸人物的情感，意在言外，温情依恋之中夹杂着阴冷之气，凄切而悲凉，哀婉而感伤。

小说题为"离合"："离"是现实的、肉体的，"合"是虚幻的、灵魂的。

【习　题】

1. 虚幻、哀愁和颓废三种因素构成川端小说的基调，以这篇小说为例加以阐释。

2. 川端小说结构布局自由灵活，请分析这篇小说叙事结构的艺术性。

3. 对话在这篇小说中相当突出，试分析本文人物对话的特色。

巨翅老人

马尔克斯

加夫列尔·加西亚·马尔克斯(1927—2014),哥伦比亚作家、记者,拉丁美洲魔幻现实主义文学的重要作家。18岁进国立波哥大大学攻读法律,1948年因哥伦比亚发生内战而辍学,开始从事新闻工作和文学创作。其主要作品有长篇小说《百年孤独》《家长的没落》《恶时辰》《霍乱时期的爱情》,中篇小说《没有人给他写信的上校》《一件事先张扬的凶杀案》等,还写有电影剧本、文学谈话录和报告文学。马尔克斯的作品以哥伦比亚农村为主要题材,主要特色是将幻想与现实巧妙结合,以反映社会现实生活,审视人生和世界。1982年获诺贝尔文学奖。

大雨连续下了三天,贝拉约夫妇在房子里打死了许许多多的螃蟹。刚出生的婴儿整夜都在发烧,大家认为这是由于死蟹带来的瘟疫,因此贝拉约不得不穿过水汪汪的庭院,把它们扔到海里去。星期二以来,空气变得格外凄凉。苍天和大海连成一个灰茫茫的混合体,海滩的细沙在三月的夜晚曾像火星一样闪闪发光,而今却变成一片杂有臭贝壳的烂泥塘。连中午时的光线都显得那么暗淡,使得贝拉约扔完螃蟹回来时,费了很大力气才看清有个东西在院子深处蠕动,并发出阵阵呻吟。贝拉约一直走到很近的地方,方才看清那是一位十分年迈的老人,他嘴巴朝下伏卧在烂泥里,尽管死命地挣扎,依然不能站起,因为有张巨大的翅膀妨碍着他的活动。

贝拉约被这恶梦般的景象吓坏了,急忙跑去叫妻子埃丽森达,这时她正在给发烧的孩子头上放置湿毛巾。他拉着妻子走到院落深处。他们望着那个倒卧在地上的人,惊愕得说不出话来。老人穿戴得像个乞丐,在剃光的脑袋上仅留有一束灰发,嘴巴里剩下稀稀落落几颗牙齿,他这副老态龙钟浑身湿透的模样使他毫无气派可言。那对兀鹰似的巨大翅膀,十分肮脏,已经脱掉一半羽毛,这时一动不动地搁浅在污水里。夫妻二人看得那样仔细,那样专注,以致很快从惊愕中镇定下来,甚至觉得那老人并不陌生。于是便同他说起话来,对方用一种难懂的方言但却是一种航海人的好嗓音回答他们。这样他们便不再注意他的翅膀如何的别扭,而是得出十分精辟的结论:即认为他是一位遭到台风袭击的外轮上的孤独的遇难者,尽管如此,他们还是请来一位通晓人间生死大事的女邻居看一看。她只消一眼,便纠正了他俩的错误结论。她说:"这是一位天使,肯定是为孩子来的,但是这个可怜的人实在太衰老了,雷雨把他打落在地上了。"

第二天,大家都知道了在贝拉约家抓住了一个活生生的天使。与那位聪明的女邻居的看法相反,他们都认为当代的天使都是一些在一次天堂叛乱中逃亡出来的幸存者,不必用棒子去打杀他。贝拉约手持着警棍整个下午从厨房里监视着他。临睡觉前他把老人从烂泥中拖出来,同母鸡一起圈在铁丝鸡笼里。午夜时分,雨停了。贝拉约与埃丽森达却仍然在消灭螃蟹。过了一会儿,孩子烧退醒了过来,想吃东西了。夫妇俩慷慨起来,决定给这位关在笼子里的天使放上三天用的淡水和食物,等涨潮的时候再把他赶走。天刚拂晓,夫妻二人来到院子里，他们看见所有的邻居都在鸡笼子前面围观，毫无虔诚地戏耍着那位天使，从铁丝网的小孔向他投些吃的东西，似乎那并不是什么神的使者，而是头马戏团的动物。贡萨加神父也被这奇异的消息惊动了，在七点钟以前赶到现场。这时又来了一批好奇的人，但是他们没有黎明时来的那些人那样轻浮，他们对这个俘虏的前途作着各种各样的推测。那些头脑简单的人认为他可能被任命为世界的首脑。另一些头脑较为复杂的人，设想他可能被提升为五星上将，去赢得一切战争。还有一些富于幻想的人则建议把他留做种子，好在地球上培养一批长翅膀的人和管理世界的智者。在当牧师前曾是一个坚强的樵夫的贡萨加神父来到铁丝网前，首先重温了一遍教义，然后让人们为他打开门，他想凑近看一看那个可怜的汉子，后者在惊慌的鸡群中倒很像一只可怜的老母鸡。他躺在一个角落里，伸展着翅膀晒太阳，四围满是清晨来的那些人投进来的果皮和吃剩的早点。当贡萨加神父走进鸡笼用拉丁语向他问候时，这位全然不懂人间无礼言行的老者几乎连他那老态龙钟的眼睛也不抬一下，嘴里只是用他的方言咕哝了点什么。神父见他不懂上帝的语言，又不会问候上帝的使者，便产生了第一个疑点。后来他发现从近处看他完全是个人：他身上有一种难闻的气味，翅膀的背面满是寄生的藻类和被台风伤害的巨大羽毛，他那可悲的模样同天使的崇高的尊严毫无共同之处。于是他离开鸡笼，通过一次简短的布道，告诫那些好奇的人们过于天真是很危险的。他还提醒人们：魔鬼一向善用纵情欢乐的诡计迷惑不谨慎的人。他的理由是：既然翅膀并非区别鹞鹰和飞机的本质因素，就更不能成为识别天使的标准。尽管如此，他还是答应写一封信给他的主教，让主教再写一封信给罗马教皇陛下，这样，最后的判决将来自最高法庭。

神父的谨慎在麻木的心灵里毫无反响。俘获天使的消息不胫而走，几小时之后，贝拉约的院子简直成了一个喧嚣的市场，以至于不得不派来上了刺刀的军队来驱散都快把房子挤倒的人群。埃丽森达弯着腰清扫这小市场的垃圾，突然她想出一个好主意，堵住院门，向每个观看天使的人收取门票五分。

有些好奇的人来自很远的地方。还来了一个流动杂耍班；一位杂技演员表演空中飞人，他在人群上空来回飞过，但是没有人理会他，因为他的翅膀不是像天使的那样，而是像星球蝙蝠的翅膀。地球上最不幸的病人来这里求医：一个从儿时开始累计自己心跳的妇女，其数目字已达到不够使用的程度；一个终夜无法睡眠的葡萄牙人受到了星星的嗓音的折磨；一个梦游病者总是夜里起来毁掉他自己醒时做好的东西；此外还有其他一些病情较轻的人。在这场震撼地球的动乱中，贝拉约和埃丽森达尽管疲倦，却感到幸福，因为在不到一个星期的时间里，他们屋子里装满了银钱，而等着进门的游客长队却一直伸展到天际处。

这位天使是唯一没有从这个事件中捞到好处的人，在这个临时栖身的巢穴里，他把全部时间用来寻找可以安身的地方，因为放在铁丝网旁边的油灯和蜡烛仿佛地狱里的毒焰一样折磨着他。开始时他们想让他吃樟脑球，根据那位聪明的女邻居的说法，这是天使们的特殊食品。但是他连看也不看一下，就像他根本不吃那些信徒们给他带来的食品一样。不知道他是由于年老呢，还是别的什么原因，最后总算吃了一点茄子泥。他唯一超人的美德好像是耐心。特别是在最初那段时间里，当母鸡在啄食繁殖在他翅膀上的小寄生虫时；当残废人拔下他的羽毛去触摸他的残废处时；当缺乏同情心的人向他投掷石头想让他站起来，以便看看他的全身的时候，他都显得很有耐心。唯一使他不安的一次是有人用在牛身上烙印记的铁铲去烫他，他呆了那么长的时间动也不动一下，人们都以为他死了，可他却突然醒过来，用一种费解的语言表示愤怒，他眼里噙着泪水，扇动了两下翅膀，那翅膀带起的一阵旋风把鸡笼里的粪便和尘土卷了起来，这恐怖的大风简直不像是这个世界上的。尽管如此，很多人还是认为他的反抗不是由于愤怒，而是由于痛苦所至。从那以后，人们不再去打扰他了，因为大部分人懂得他的耐性不像一位塞拉芬派天使在隐退时的耐性，而像是在大动乱即将来临前的一小段短暂的宁静。

贡萨加神父向轻率的人们讲明家畜的灵感方式，同时对这个俘获物的自然属性提出断然的见解。但是罗马的信件早就失去紧急这一概念。时间都浪费在证实罪犯是否有肚脐眼呀，他的方言是否与阿拉米奥人的语言有点关系呀，他是不是能在一个别针上触摸很多次呀，等等上边。如果不是上帝的意旨结束了这位神父的痛苦的话，这些慎重的信件往返的时间可能会长达几个世纪之久。

这几天，在杂耍班的许多引人入胜的节目中，最吸引人的是一个由于不听父母亲的话而变成蜘蛛的女孩的流动展览。看这个女孩不仅门票钱比看天使的门票钱少，而且还允许向她提出各色各样有关她的痛苦处境的问题，可以翻来覆去地查看她，这样谁也不会怀疑这一可怕情景的真实性。女孩长着一个蜘蛛体形，身长有一头羊那么大，长着一颗悲哀的少女的头。但是最令人痛心的不是她的外貌，而是她所讲述的不幸遭遇。她还几乎未成年时，偷偷背着父母去跳舞，未经允许跳了整整一夜，回家路过森林时，一个闷雷把天空划成两半，从那裂缝里出来的硫磺闪电，把她变成了一个蜘蛛。她唯一的食物是那些善良人向她嘴里投的碎肉球。这样的场面，是那么富有人情味和可怕的惩戒意义，无意中使得那个对人类几乎看都不愿看一眼的受人歧视的天使相形见绌。此外，为数很少的与天使有关的奇迹则反映出一种精神上的混乱，例如什么不能恢复视力的盲人又长出三颗新的牙齿呀，不能走路的瘫痪病人几乎中彩呀，还有什么在麻风病人的伤口上长出向日葵来等等。

那些消遣娱乐胜于慰藉心灵的奇迹，因此早已大大降低了天使的声誉，而蜘蛛女孩的出现则使天使完全名声扫地了。这样一来，贡萨加神父也彻底治好了他的失眠症，贝拉约的院子又恢复了三天阴雨连绵、螃蟹满地时的孤寂。

这家的主人毫无怨言，他们用这些收入盖了一处有阳台和花园的两层楼住宅。为了防止螃蟹在冬季爬进屋子还修了高高的围墙。窗子上也安上了铁条免得再进来天使。贝拉约还另外在市镇附近建了一个养兔场，他永远地辞掉了他那倒霉的警官职务。埃丽森达买了光亮的高跟皮鞋和很多色泽鲜艳的丝绸衣服，这种衣服都是令人羡慕的贵妇们在星期天时才穿的。只有那个鸡笼没有引起注意。有时他们也用水冲刷一下，在里面撒上些药水，这倒并不是为了优待那位天使，而是为了防止那个像幽灵一样在这个家里到处游荡的瘟疫。一开始，当孩子学会走路时，他们注意叫他不要太接近那个鸡笼。但是后来他们就忘记了害怕，逐渐也习惯了这种瘟疫。孩子还没到换牙时就已钻进鸡笼去玩了，鸡笼的铁丝网一块一块烂掉了。天使同这个孩子也是对其他人一样，有时也恼怒，但是他常常是像一只普通驯顺的狗一样忍耐着孩子的恶作剧，这样一来倒使得埃丽森达有更多的时间去干家务活了。不久天使和孩子同时出了水痘。来给孩子看病的医生顺便也给这位天使看了一下，发现他的心脏有那么多杂音，以至于使医生不相信他还像是活着。更使这位医生震惊的是他的翅膀，竟然在这完全是人的机体上长的那么自然。他不理解为什么其他人不也长这么一对。

当孩子开始上学时，这所房子早已变旧，那个鸡笼也被风雨的侵蚀毁坏了。不再受约束的天使像一只垂死的动物一样到处爬动。他毁坏了已播了种的菜地。他们常常用扫把刚把他从一间屋子里赶出来，可转眼间，又在厨房里遇到他。见他同时出现在那么多的地方，他们竟以为他会分身法。埃丽森达经常生气地大叫自己是这个充满天使的地狱里的一个最倒霉的人。最后一年冬天，天使不知为什么突然苍老了，几乎连动都不能动，他那混浊不清的老眼，竟然昏花到经常撞树干的地步。他的翅膀光秃秃的，几乎连毛管都没有剩下。贝拉约用一床被子把他裹起来，仁慈地把他带到棚屋里去睡。直到这时贝拉约夫妇才发现老人睡在暖屋里过夜时整宿地发出呻吟声，毫无挪威老人的天趣可言。

他们很少放心不下，可这次他们放心不下了，他们以为天使快死了，连聪明的女邻居也不能告诉他们对死了的天使都该做些什么。

尽管如此，这位天使不但活过了这可恶的冬天，而且随着天气变暖，身体又恢复了过来。他在院子最僻静的角落里一动不动地呆了一些天。到十二月时，他的眼睛重新又明亮起来，翅膀上也长出粗大丰满的羽毛。这羽毛好像不是为了飞，倒像是临死前的回光反照。有时当没有人理会他时，他在满天繁星的夜晚还会唱起航海人的歌子。

一天上午，埃丽森达正在切洋葱块准备午饭，一阵风从阳台窗子外刮进屋来，她以为是海风，若无其事地朝外边探视一下，这时她惊奇地看到天使正在试着起飞。他的两只翅膀显得不太灵活，他的指甲好像一把铁犁，把地里的蔬菜打坏了不少。阳光下，他那对不停地扇动的大翅膀几乎把棚屋撞翻。但是他终于飞起来了。埃丽森达眼看着他用他那兀鹰的翅膀扇动着，飞过最后一排房子的上空。她放心地舒了一口气，为了她自己，也是为了他。洋葱切完了，她还在望着他，直到消失不见为止，这时他已不再是她生活中的障碍物，而是水天相交处的虚点。

1968 年于西班牙巴塞罗那

（韩水军　译）

【评　析】

《巨翅老人》以天使坠落小镇之后的遭遇为线索，刻画了小镇居民们的残忍和不人道，揭示了现实社会中人与人之间冷酷无情的关系。

小说的基本情节是：天使坠落小镇—居民围观天使—天使饱受折磨—天使受到冷落—天使飞离小镇。小镇上的人，对这位心地善良而无辜落难的天使态度是怎样的呢？贝拉约夫妇目睹人们对天使的折磨不加劝阻，反倒想起收门票发财的主意；贡萨加神父完全弄不清天使的来历，怀疑、否定又不断贬低、诋毁。小镇居民“毫无虔诚的戏耍着”他，肆无忌惮地推测甚至伤害他。后半部分插入蜘蛛女孩的情节，这个虚拟情节的插入，不仅增加了作品荒诞不经的魔幻色彩，而且对宗教神职人员作了辛辣的嘲讽。

小说把现实与幻想、真实与荒诞、写实与夸张、严肃与嘲讽等巧妙地结合起来，在总体构思上是魔幻的，在情节安排上是荒诞的，在形象塑造上是神异的，在细节描写上又是真实的。

【习　题】

1. 现实与幻像的结合是魔幻现实主义最突出的特色，结合本小说谈谈这种特色。
2. 试分析小说中“巨翅老人”形象的社会批判意义。
3. 小说的结尾出人意料，请谈谈这个结尾的含义。

参考文献

[1] 刘大杰. 中国文学发展史[M]. 上海：上海古籍出版社，1982.

[2] 游国恩等. 中国文学史[M]. 北京：人民文学出版社，1963.

[3] 袁行霈等. 中国文学史[M]. 北京：高等教育出版社，1999.

[4] 陆侃如，冯沅君. 中国诗史[M]. 天津：百花文艺出版社，1999.

[5] (日)吉川幸次郎. 中国诗史(章培恒，骆玉明译)[M]. 上海：复旦大学出版社，2012.

[6] 钱理群，温儒敏，吴福辉. 中国现代文学三十年[M]. 北京：北京大学出版社，1998.

[7] 洪子诚. 中国当代文学史[M]. 北京：北京大学出版社，2010.

[8] 中国大百科全书编辑部. 中国大百科全书·中国文学卷Ⅰ[M]. 北京：中国大百科全书出版社，1988.

[9] 中国大百科全书编辑部. 中国大百科全书·中国文学 Ⅱ[M]. 北京：中国大百科全书出版社，1986.

[10] 卢达等. 中国历代著名文学家评传(六卷)[M]. 济南：山东教育出版社，1985.

[11] 朱东润. 中国历代文学作品选(六卷本)[M]. 上海：上海古籍出版社，1980.

[12] 刘盼遂，郭预衡. 中国历代散文选[M]. 北京：北京大学出版社，1980.

[13] 林庚，冯沅君. 中国历史诗歌选[M]. 北京：人民文学出版社，2001.

[14] 王起，洪柏昭，谢伯阳. 元明清散曲选[M]. 北京：人民文学出版社，1988.

[15] 袁梅. 诗经译注(国风部分)[M]. 济南：齐鲁书社，1980.

[16] 俞陛云. 唐五代两宋词选释[M]. 上海：上海古籍出版社，2011.

[17] 龙榆生. 近三百年名家词选[M]. 上海：上海古籍出版社，2014.

[18] 黄瑞云. 诗苑英华[M]. 武汉：湖北教育出版社，2002.

[19] 黄瑞云. 词苑英华[M]. 武汉：湖北教育出版社，2003.

[20] 唐圭璋. 唐宋词简释[M]. 北京：人民文学出版社，2010.

[21] 唐圭璋. 宋词三百首笺注[M]. 北京：人民文学出版社，2013.

[22] 王国维. 人间词话[M]. 北京：中华书局，2009.

[23] 叶嘉莹. 迦陵论词丛稿[M]. 石家庄：河北教育出版社，1997.

[24] 傅庚生. 中国文学欣赏举隅[M]. 西安：陕西人民出版社，1983.

[25] 傅庚生. 杜甫诗论[M]. 上海：上海古籍出版社，1985.

[26] 胥树人. 李白和他的诗歌[M]. 上海：上海古籍出版社，1984.

[27] 袁行霈. 中国诗歌艺术研究[M]. 北京：北京大学出版社，2009.

[28] 宁宗一，鲁德才. 论中国古典小说的艺术——台湾香港论著选辑[M]. 天津：南开大学出版社，1984.
[29] 周振甫. 诗词例话[M]. 北京：中国青年出版社，2007.
[30] 周振甫. 文章例话[M]. 北京：中国青年出版社，2006.
[31] 陈振鹏，章培恒. 古文鉴赏辞典[M]. 上海：上海辞书出版社，1997.
[32] 萧涤非等. 唐诗鉴赏辞典[M]. 上海：上海辞书出版社，1983.
[33] 夏承焘等. 宋词鉴赏辞典[M]. 上海：上海辞书出版社，2003.
[34] 蒋星煜等. 元曲鉴赏辞典[M]. 上海：上海辞书出版社，2014.
[35] 人民文学出版社编辑部. 唐宋词鉴赏集[M]. 北京：人民文学出版社，1983.
[36] 人民文学出版社编辑部. 汉魏六朝诗歌鉴赏集[M]. 北京：人民文学出版社，1985.
[37] 华东师范大学中文系资料室. 古典文学名篇赏析[M]. 上海：上海教育出版社，1982.
[38] 华东师范大学中文系资料室. 古典文学名篇赏析（续编）[M]. 上海：上海教育出版社，1985.
[39] 沈祖棻. 宋词赏析[M]. 北京：中华书局，2008.
[40] 沈祖棻. 唐人七绝诗浅释[M]. 北京：中华书局，2008.
[41] 姜亮夫. 屈原赋今译[M]. 昆明：云南人民出版社，1999.
[42] 夏承焘. 唐宋词欣赏[M]. 北京：北京出版社，2009.
[43] 王兆鹏. 唐宋词名篇演讲录[M]. 桂林：广西师范大学出版社，2006.
[44] 徐应佩，周溶泉，吴功正. 中国古典文学名著赏析[M]. 太原：山西人民出版社，1982.
[45] 吴满珍. 大学语文作品赏析[M]. 武汉：华中师大出版社，2003.
[46] 郭纪金，高楠，赵有声. 中国文学阅读与欣赏[M]. 北京：首都师范大学出版社，2008.
[47] 王步高，丁帆. 大学语文（简编本）[M]. 南京：南京大学出版社，2008.
[48] 尚永亮，杨建波，吴天明. 大学语文[M]. 北京：中国人民大学出版社，2010.
[49] 徐中玉，齐森华. 大学语文[M]. 上海：华东师范大学出版社，2012.
[50] 百度文库 https://www.baidu.com